SPSS
统计分析从入门到精通（第二版）

杜琳琳　时立文　薛晓光　编著

清华大学出版社
北京

内 容 简 介

IBM 在收购 SPSS 后发布了最新版本 IBM SPSS Statistics 25.0。新版加入了一些新特性和功能，并跟 IBM 协作和部署服务系统进行整合。

全书共分 18 章，对 SPSS 的基本操作、SPSS 统计分析以及 SPSS 图形功能等进行了全面的介绍，并在本书最后列举了多个 SPSS 在各学科领域实际应用的案例，为读者的学习提供更多的便利。SPSS 基本操作部分，介绍了 SPSS 概述、数据文件的建立与操作；SPSS 统计分析部分，介绍了基本统计分析功能、平均值比较与检验、方差分析、相关分析、回归分析、非参数检验、聚类分析与判别分析、因子分析与主成分分析、生存分析、信度分析等统计分析过程；SPSS 图形功能部分，不仅介绍了基本统计图和交互图相关内容，还介绍了 SPSS 的主题地图功能。

本书内容翔实、语言简练、思路清晰、图文并茂、深入浅出、理论与实际设计相结合，通过大量的实例对 SPSS 进行了比较全面的介绍。

本书适合高等院校相关专业本科生、研究生，以及各领域从事统计分析和决策的相关人员学习参考。

本书封面贴有清华大学出版社防伪标签，无标签者不得销售。
版权所有，侵权必究。举报：010-62782989，beiqinquan@tup.tsinghua.edu.cn。

图书在版编目(CIP)数据

SPSS 统计分析从入门到精通/杜琳琳，时立文，薛晓光编著. —2 版. —北京：清华大学出版社，2020 (2021.8 重印)
ISBN 978-7-302-54140-0

Ⅰ. ①S… Ⅱ. ①杜… ②时… ③薛… Ⅲ. ①统计分析—软件包 Ⅳ. ①C819

中国版本图书馆 CIP 数据核字(2019)第 257518 号

责任编辑：魏　莹
装帧设计：杨玉兰
责任校对：李玉茹
责任印制：杨　艳

出版发行：清华大学出版社
网　　址：http://www.tup.com.cn, http://www.wqbook.com
地　　址：北京清华大学学研大厦 A 座　　邮　编：100084
社 总 机：010-62770175　　邮　购：010-62786544
投稿与读者服务：010-62776969, c-service@tup.tsinghua.edu.cn
质量反馈：010-62772015, zhiliang@tup.tsinghua.edu.cn

印 装 者：三河市科茂嘉荣印务有限公司
经　　销：全国新华书店
开　　本：185mm×260mm　　印　张：33.25　　字　数：808 千字
版　　次：2012 年 6 月第 1 版　2020 年 3 月第 2 版　　印　次：2021 年 8 月第 2 次印刷
定　　价：79.00 元

产品编号：080819-01

前言

SPSS 是世界上最早出现的统计分析软件，由美国斯坦福大学的三位研究生于 20 世纪 60 年代末开发，同时成立了 SPSS 公司，并于 1975 年在芝加哥组建了 SPSS 总部。1984 年 SPSS 总部首先推出了世界上第一个统计分析软件微机版本 SPSS/PC+，开创了 SPSS 微机系列产品的开发方向，极大地扩充了它的应用范围，并使其能很快地应用于自然科学、技术科学、社会科学的各个领域，世界上许多有影响的报纸杂志纷纷就 SPSS 的自动统计绘图、数据的深入分析、使用方便、功能齐全等方面给予了高度的评价与称赞。迄今为止，SPSS 软件已有 50 余年的成长历史，是世界上应用最广泛的专业统计软件。全球约有 25 万家产品用户，它们分布于通信、医疗、银行、证券、保险、制造、商业、市场研究、科研教育等多个领域和行业。

SPSS 是世界上最早采用图形菜单驱动界面的统计软件，它最突出的特点就是操作界面极为友好，输出结果美观漂亮。它几乎将所有的功能都以统一、规范的界面展现出来，用 Windows 的窗口方式展示各种管理和分析数据方法的功能，用对话框展示各种功能选项。用户只要掌握一定的 Windows 操作技能，粗通统计分析原理，就可以使用该软件为特定的科研工作服务。SPSS 采用类似 Excel 表格的方式输入与管理数据，数据接口较为通用，能方便地从其他数据库中读入数据。SPSS 包含多种成熟的统计过程，完全可以满足非统计专业人士的工作需要，极大地方便了中、高级用户。

本书共有 18 章，其中第 1 章到第 13 章为基础部分，第 14 章到第 18 章为应用案例部分。具体内容介绍如下：

第 1 章为概述部分，介绍 SPSS for Win 7 的新增功能，SPSS 对环境的要求和相关设置，以及 SPSS 的帮助系统，便于读者从整体上把握 SPSS 软件。

第 2 章介绍在 SPSS 中管理数据的一些基本操作，为后面的统计分析功能奠定基础。

第 3 章开始由浅入深地介绍 SPSS 中的统计分析功能，首先介绍其基本统计分析功能。

第 4 章至第 12 章为本书的核心部分，介绍 SPSS 中各模块的统计分析功能，包括平均值比较与检验、方差分析、相关分析、回归分析、非参数检验、聚类分析、判别分析、因子分析、主成分分析、生存分析、信度分析等常用统计功能。书中结合 SPSS 应用于各领域的大量实例对各模块功能进行详细的讲解，介绍了各种统计功能的原理及 SPSS 操作。

第 13 章介绍 SPSS 中的图形功能，不仅包括常用统计图形的创建过程，还包括交互图形的创建以及主题地图功能。

第 14 章至第 18 章介绍 SPSS 软件在各领域的应用实例，以丰富而深入的案例展现 SPSS 软件在社会科学、经济等领域的广泛应用。

本书由华北理工大学的杜琳琳、时立文、薛晓光编著，参与编写的人员还有陈艳华、张婷、封超、代小华、张冠英、刘博、王秀华等，在此一并向他们表示感谢。

由于编者水平有限，加上时间仓促，书中难免有一些不足之处，欢迎同行和读者批评指正。

编　者

目录

第1章 SPSS 概述 1
1.1 SPSS 25.0 的特点与新增功能 2
1.1.1 SPSS 25.0 的特点 2
1.1.2 SPSS 25.0 的新增功能 3
1.2 SPSS 25.0 对环境的要求 4
1.2.1 SPSS 25.0 对硬件的要求 4
1.2.2 SPSS 25.0 对软件的要求 4
1.3 SPSS 25.0 的安装、卸载、启动和退出 5
1.3.1 SPSS 25.0 的安装 5
1.3.2 SPSS 的启动与退出 7
1.4 SPSS 25.0 的设置 8
1.4.1 常规的功能设置 8
1.4.2 查看器的功能设置 9
1.4.3 设置有关数据的参数 10
1.4.4 货币的设置 11
1.4.5 设置输出窗口参数 13
1.4.6 设置图形输出参数 14
1.4.7 设置输出表格参数 15
1.4.8 文件位置的选择 16
1.4.9 设置脚本窗口参数 17
1.4.10 多重插补 18
1.4.11 语法编辑器 19

第2章 数据文件的建立与操作 21
2.1 数据基本概念 22
2.1.1 计量尺度 22
2.1.2 常量与变量 22
2.2 SPSS 数据的属性及定义方法 23
2.2.1 变量名 23
2.2.2 变量类型及定义方法 24
2.2.3 变量标签 28
2.2.4 变量缺失值 29
2.3 数据编辑器与数据文件 30
2.3.1 数据编辑器简介 30
2.3.2 建立数据文件 31
2.4 数据的编辑 33
2.4.1 查看变量信息 33
2.4.2 SPSS 数据的定位 34
2.4.3 插入与删除变量 35
2.4.4 插入与删除观测量 36
2.4.5 数据的剪切、复制和粘贴 37
2.4.6 撤销操作 38
2.5 数据文件的操作 38
2.5.1 数据文件的打开与保存 38
2.5.2 数据排序 39
2.5.3 数据文件的分解 40
2.5.4 数据文件的合并 40
2.5.5 数据文件的转置 43
2.5.6 清除数据 44
2.5.7 数据库文件的转换 44

第3章 基本统计分析功能 47
3.1 基本统计量的定义及计算 48
3.1.1 描述集中趋势的统计量 48
3.1.2 描述离散趋势的统计量 49
3.1.3 描述分布形态的统计量 49
3.2 统计报告 50
3.2.1 在线分析处理报告 50
3.2.2 个案摘要报告 52
3.2.3 行形式摘要报告 55
3.2.4 列形式摘要报告 60
3.3 频数分析 61
3.3.1 主要功能 62
3.3.2 频数分析操作步骤 62
3.3.3 实例分析 65
3.4 描述性分析 66
3.4.1 主要功能 66

3.4.2 描述性分析操作步骤 66
3.4.3 实例分析 67
3.5 探索性分析 70
3.5.1 主要功能 70
3.5.2 探索性分析操作步骤 70
3.5.3 实例分析 73
3.6 列联表分析 79
3.6.1 主要功能 79
3.6.2 列联表分析操作步骤 79
3.6.3 实例分析 84

第 4 章 平均值比较与检验 87

4.1 参数检验的基本步骤 88
4.2 平均值比较 89
4.2.1 简单介绍 89
4.2.2 平均值过程的 SPSS 操作 89
4.2.3 实例及结果分析 91
4.2.4 平均值过程语句 93
4.3 单一样本 T 检验(单样本 T 检验) 96
4.3.1 基本方法介绍 96
4.3.2 单一样本 T 检验的 SPSS
操作 96
4.3.3 实例及结果分析 97
4.3.4 单样本 T 检验过程语句 98
4.4 独立样本 T 检验(自变量列表-Samples T Test) 99
4.4.1 基本方法介绍 99
4.4.2 独立样本 T 检验的 SPSS
操作 100
4.4.3 实例及结果分析 102
4.4.4 独立样本 T 检验过程语句 103
4.5 配对样本 T 检验(Paired-Samples T Test) 104
4.5.1 基本方法介绍 104
4.5.2 配对样本 T 检验的 SPSS
操作 105
4.5.3 实例及结果分析 105

4.5.4 配对样本 T 检验过程语句 107

第 5 章 方差分析 109

5.1 方差分析概述及基本原理 110
5.1.1 方差分析的基本概念 110
5.1.2 方差分析的基本原理 111
5.2 单因素方差分析 112
5.2.1 单因素方差分析的基本
原理 112
5.2.2 单因素方差分析的 SPSS
操作 113
5.2.3 单因素方差分析的实例 117
5.2.4 程序说明 120
5.3 多因素方差分析 122
5.3.1 多因素方差分析的基本
原理 123
5.3.2 多因素方差分析的 SPSS
操作 124
5.3.3 多因素方差分析的实例 129
5.4 重复测量方差分析 133
5.4.1 重复测量方差分析的基本
原理 133
5.4.2 重复测量方差分析的 SPSS
操作 133
5.4.3 重复测量方差分析的实例 135
5.5 协方差分析 138
5.5.1 协方差分析的基本原理 138
5.5.2 协方差分析的 SPSS 操作 139
5.5.3 协方差分析的实例 139

第 6 章 相关分析 145

6.1 相关分析的基本概念介绍 146
6.1.1 相关分析的基本原理 146
6.1.2 相关系数的计算 147
6.2 相关分析的 SPSS 操作 149
6.2.1 相关分析的 SPSS 操作
步骤 149

6.2.2 相关分析的实例 151
6.3 偏相关分析 152
 6.3.1 偏相关分析的基本原理 153
 6.3.2 偏相关系数与简单相关系数
   之间的关系 154
 6.3.3 偏相关分析的 SPSS 操作
   步骤 154
 6.3.4 偏相关分析的实例 155
6.4 距离分析 159
 6.4.1 距离分析的基本概念 159
 6.4.2 距离分析的 SPSS 操作
   步骤 160
 6.4.3 距离分析的实例 166

第 7 章 回归分析 169

7.1 回归分析的统计检验 170
 7.1.1 回归方程的显著性检验 171
 7.1.2 回归系数的显著性检验 172
 7.1.3 残差分析 172
7.2 线性回归 174
 7.2.1 线性回归分析的基本原理 175
 7.2.2 线性回归模型 175
 7.2.3 线性回归分析的 SPSS
   操作 177
 7.2.4 线性回归分析的实例 182
7.3 曲线回归 186
 7.3.1 曲线回归分析的基本原理 187
 7.3.2 曲线回归分析的 SPSS
   操作 188
 7.3.3 曲线回归分析的实例 189
7.4 二元逻辑回归 192
 7.4.1 二元逻辑回归分析的
   基本原理 192
 7.4.2 二元逻辑回归分析的 SPSS
   操作 194
 7.4.3 二元逻辑回归分析的实例 198
7.5 非线性回归 201

 7.5.1 非线性回归分析的基本
   原理 202
 7.5.2 非线性回归分析的 SPSS
   操作 202
 7.5.3 非线性回归分析的实例 206

第 8 章 非参数检验 211

8.1 非参数检验基本介绍 212
 8.1.1 参数统计与非参数统计 212
 8.1.2 非参数检验的优点 213
 8.1.3 非参数检验的缺点 213
8.2 卡方检验 214
 8.2.1 卡方检验的基本原理 214
 8.2.2 卡方检验的 SPSS 操作 215
 8.2.3 卡方检验的实例 217
8.3 二项分布检验 219
 8.3.1 二项分布检验的基本原理 220
 8.3.2 二项分布检验的 SPSS
   操作 221
 8.3.3 二项分布检验的实例 222
8.4 游程检验 223
 8.4.1 游程检验的基本原理 223
 8.4.2 游程检验的 SPSS 操作 225
 8.4.3 游程检验的实例 225
8.5 单样本 K-S 检验 227
 8.5.1 单样本 K-S 检验的基本
   原理 227
 8.5.2 单样本 K-S 检验的 SPSS
   操作 228
 8.5.3 单样本 K-S 检验的实例 229
8.6 两独立样本检验 231
 8.6.1 两独立样本检验的基本
   原理 231
 8.6.2 两独立样本检验的 SPSS
   操作 234
 8.6.3 两独立样本检验的实例 235
8.7 多独立样本检验 238

	8.7.1	多独立样本检验的基本原理 238
	8.7.2	多独立样本检验的 SPSS 操作 239
	8.7.3	多独立样本检验的实例 240
8.8	两配对样本检验与多配对样本检验 242
	8.8.1	两配对样本检验与多配对样本检验的基本原理 242
	8.8.2	两配对样本检验与多配对样本检验的 SPSS 操作 245
	8.8.3	实例分析 246

第 9 章 聚类分析与判别分析 249

9.1 聚类分析与判别分析的基本原理 250
    9.1.1 聚类分析的基本概念及分类 250
    9.1.2 判别分析的基本概念 251
    9.1.3 聚类分析与判别分析的联系及区别 251
    9.1.4 聚类分析中"亲疏程度"的度量 251
9.2 快速聚类 254
    9.2.1 快速聚类的基本原理 254
    9.2.2 快速聚类的 SPSS 操作 255
    9.2.3 快速聚类命令语句 257
    9.2.4 快速聚类的实例 259
9.3 分层聚类 261
    9.3.1 分层聚类的基本原理 262
    9.3.2 分层聚类的 SPSS 操作 263
    9.3.3 分层聚类过程语句 268
    9.3.4 分层聚类的实例 274
9.4 判别分析 277
    9.4.1 判别分析的基本原理 277
    9.4.2 判别分析的 SPSS 操作 278
    9.4.3 命令语句 283
    9.4.4 判别分析的实例 288

第 10 章 因子分析与主成分分析 295

10.1 因子分析和主成分分析的基本概念 296
    10.1.1 因子 296
    10.1.2 因子载荷 297
    10.1.3 变量共同度 297
    10.1.4 因子的方差贡献 298
10.2 因子分析 298
    10.2.1 因子分析的基本原理 298
    10.2.2 因子分析的 SPSS 操作 300
    10.2.3 因子分析的实例 305
10.3 主成分分析 310
    10.3.1 主成分分析的基本原理 310
    10.3.2 主成分分析的实例 311

第 11 章 生存分析 315

11.1 生存分析的基本概念 316
    11.1.1 生存分析简介 316
    11.1.2 生存分析的数据类型 316
    11.1.3 生存分析的方法 317
    11.1.4 生存分析中的基本函数和参数模型 318
11.2 生命表分析 319
    11.2.1 生命表分析简介 319
    11.2.2 生命表分析的 SPSS 操作 320
    11.2.3 生命表的实例 322
11.3 Kaplan-Meier 分析 324
    11.3.1 Kaplan-Meier 分析简介 324
    11.3.2 Kaplan-Meier 分析的 SPSS 操作 325
    11.3.3 Kaplan-Meier 分析的实例 327
11.4 Cox 回归分析 333
    11.4.1 Cox 回归分析简介 333
    11.4.2 Cox 回归分析的 SPSS 操作 334
    11.4.3 Cox 回归分析的实例 338

第 12 章　信度分析 345
12.1　信度分析 346
12.1.1　信度分析的概念 346
12.1.2　信度分析的基本方法 347
12.1.3　信度分析的 SPSS 操作 348
12.2　信度分析的实例 350
12.3　进一步的分析 353
12.3.1　拆半信度系数模型 353
12.3.2　Guttman 模型 355
12.3.3　平行模型 356
12.3.4　信度对测量工具的检验 357

第 13 章　统计图形 359
13.1　SPSS 图形的基本功能 360
13.1.1　图形生成器 360
13.1.2　传统模式创建图形 360
13.2　条形图 361
13.2.1　条形图的类型和 SPSS 操作 361
13.2.2　简单条形图实例 363
13.2.3　复合条形图实例 370
13.2.4　堆积条形图实例 374
13.3　线图 378
13.3.1　线图的类型和 SPSS 操作 378
13.3.2　简单线图实例 380
13.3.3　多线线图实例 383
13.3.4　垂直线图实例 384
13.4　面积图 386
13.4.1　面积图的类型和 SPSS 操作 386
13.4.2　简单箱图实例 387
13.4.3　堆积面积图实例 389
13.5　饼图 390
13.5.1　饼图的类型和 SPSS 操作 391
13.5.2　饼图实例 392
13.6　高低图 393
13.6.1　高低图的类型和 SPSS 操作 393
13.6.2　简单高低图实例 395
13.6.3　分类高低收盘图实例 397
13.7　箱图 399
13.7.1　箱图的类型和 SPSS 操作 399
13.7.2　简单箱图实例 400
13.7.3　复合箱图实例 401
13.8　误差条图 403
13.8.1　误差条图的类型和 SPSS 操作 403
13.8.2　简单误差条图实例 404
13.8.3　复式误差条图实例 406
13.9　散点图 407
13.9.1　散点图的作图步骤 407
13.9.2　简单分布实例 408
13.9.3　重叠分布实例 410
13.9.4　3-D 分布实例 411
13.10　直方图 413
13.10.1　直方图的类型和 SPSS 操作 413
13.10.2　直方图的实例 414

第 14 章　SPSS 在智商测试和开发分析中的应用 415
14.1　智商测试和开发方法的现状及研究价值 416
14.2　不同智商测试方法差异分析 416
14.2.1　案例描述 416
14.2.2　操作步骤和结果分析 417
14.3　智商开发方法探索分析 422
14.3.1　案例描述 422
14.3.2　操作步骤和结果分析 422

第 15 章　SPSS 在病毒培养和病症分析中的应用 429
15.1　病毒培养和病症分析的现状及研究价值 430

15.2 钩端螺旋体培养计数分析 430
  15.2.1 案例描述 430
  15.2.2 操作步骤和结果分析 431
15.3 胃病病例判别分析 435
  15.3.1 案例描述 435
  15.3.2 操作步骤和结果分析 435

第 16 章 SPSS 在房地产交易分析中的应用 445

16.1 房地产交易分析的现状和研究价值 446
16.2 家庭购房需求分析 446
  16.2.1 案例描述 446
  16.2.2 操作步骤和结果分析 447
16.3 住房抵押申贷分析 458
  16.3.1 案例描述 458
  16.3.2 操作步骤和结果分析 459

第 17 章 SPSS 在企业经济效益评价中的应用 467

17.1 企业经济效益研究的现状和价值 468
17.2 企业经济效益分类分析 468
  17.2.1 案例描述 468
  17.2.2 操作步骤和结果说明 469
17.3 企业经济效益差异分析 484
  17.3.1 案例描述 484
  17.3.2 操作步骤和结果说明 484

第 18 章 SPSS 在商品营销管理分析中的应用 493

18.1 商品营销管理的现状和研究价值 494
18.2 商场营业时间分析 495
  18.2.1 案例描述 495
  18.2.2 操作步骤和结果分析 495
18.3 营销方式与销售量关系分析 497
  18.3.1 案例描述 497
  18.3.2 操作步骤和结果分析 497
18.4 销售额影响因素分析 501
  18.4.1 案例描述 501
  18.4.2 操作步骤和结果分析 502
18.5 电话线缆年销售量分析 507
  18.5.1 案例描述 507
  18.5.2 操作步骤和结果分析 508
18.6 新产品营销资料分析 512
  18.6.1 案例描述 512
  18.6.2 操作步骤和结果分析 513

第 1 章

SPSS 概述

　　SPSS(Statistical Package for Social Science)也称社会学统计软件,是在 SPSS/PC+的基础上发展起来的统计分析软件包。SPSS 是一种集成化的计算机处理和统计分析通用软件,是世界上公认的最优秀的统计分析软件包之一,被广泛应用于自然科学、社会科学的各个领域。近年来,SPSS 统计分析软件已被我国政府部门、医疗卫生、体育、经济等领域的工作者用于信息管理和决策分析工作,是许多大专院校本科生和研究生的必备技能。随着应用领域的不断扩大,SPSS 已由原来的名字改为 Statistics Product and Service Solution,即统计产品与服务解决方案。

1.1 SPSS 25.0 的特点与新增功能

SPSS 软件之所以深受各领域人士的青睐，与其操作简单、界面友好等特点是分不开的，如图 1-1 所示。而 SPSS 25.0 在以往版本的基础上又增加了一些新的功能，使得 SPSS 软件的操作更为简便、快捷，功能更加强大，能更好地适应不同用户的需求。

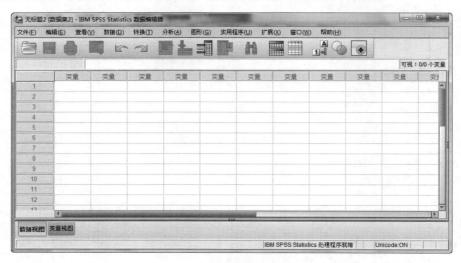

图 1-1　IBM SPSS Statistics 数据编辑器

1.1.1　SPSS 25.0 的特点

SPSS 与 SAS、SYSTAT 一起成为世界上公认的三大数据分析软件，为各个领域的科研工作者及其他用户所钟爱，原因在于它有以下特性。

- 多种实用分析方法。SPSS 提供了多种分析方法，从基本的统计特征描述到非参数检验、生存分析等各种高层次的分析。除此之外，SPSS 还具有强大的绘制图形、编辑图形的能力。
- 易于学习，易于使用，操作简单。对于 SPSS 25.0 而言，除了数据输入工作要使用键盘之外，其他的大部分操作均可以使用"菜单""对话框"来完成。同时 SPSS 还具备命令行方式的优点，采用菜单式操作与"语法"程序运行完美结合的方式，使熟悉 SPSS 语言的用户可以直接在语句窗口输入命令，并提交系统执行。还可以通过单击对话框中的"粘贴"按钮，自动生成"语言"程序代码，提交系统运行后就可实现指定功能，并以文件形式保存，从而降低了用户的工作量。这样用户就不必记忆大量的命令，使操作更简单，也使 SPSS 软件变得更加易学易用。
- 兼容多种数据文件格式，具有强大的图表功能。SPSS 软件可以与很多软件进行数据传输，DAT、SLK、DBF 等多种文件格式都可以在 SPSS 软件中打开。SPSS 软件还具有强大的图表功能，该软件分析所生成的图形可以保存为多种图形格式。

- 可以根据用户的需要和机器的配置情况，自由选择模块来安装。
- 内置 SaxBasic 语言。SPSS 软件内置了 SaxBasic 语言，该语言与"语法"命令语言混合编程，可以提高效率，便于高级用户的使用。

1.1.2 SPSS 25.0 的新增功能

SPSS 软件面向行业应用人员，软件设计上突出统计方法的成熟性、实用性、易用性、界面易操作性及与文字处理软件等的交互性。IBM 在收购 SPSS 后发布了最新版本——IBM SPSS Statistics 25(曾有段时间称作 PASW Statistics)。新版中加入了一些新特性和功能，包括广义线性混合模型(General Linear Mixed Models)、更快的性能、一个统计网页入口 portal、自动线性模型、一些语法改进、默认度量水平，增加了直复营销(Direct Marketing)功能，并与 IBM 协作和部署服务系统进行整合。其他一些小的 UI 界面变化，如 SPSS 的经典红色换成了 IBM 的蓝色，安装目录也略有变化，此处就不一一提及了。另外，IBM 针对 SPSS 25.0 提供了大量的信息和文档，包括插件、工具、命令语法参考和各个模块的指南等。

在 SPSS 25.0 中有什么新的功能呢？

1. 高级统计模块中的贝叶斯统计

新的贝叶斯统计函数，包括回归、方差分析和 T 检验。贝叶斯统计数据正变得非常流行，因为它解决了标准统计数据带来的许多误差。贝叶斯没有使用 p 值拒绝或不拒绝零假设，而是对参数设置了不确定性，并从观察到的数据中获取所有相关信息。贝叶斯程序和标准统计测试一样容易运行。只需几次点击，就可以运行线性回归、ANOVA、一个样本、pair-sample、独立样本 T 检验、二项比例推理、泊松分布分析、Pairwise Pearson 相关和 Log 线性模型来测试两个分类变量的独立性。

2. 新图表模板，可实现在 Word 等微软家族中编辑

这个新功能，通俗地说，就是 SPSS 输出的图表，可以不用在原始的输出界面进行编辑修改，而直接保存到 Word 等里面，再进行修改。

可以把大多数图表复制成微软的图形对象，这样就可以在 Microsoft Word、PowerPoint 或 Excel 中编辑标题、颜色、样式，甚至图表类型。

另外，SPSS 还提供了图表构建器，也就是图表的模板，可以选择模板点击创建发布质量图表。

还可以在构建图表时指定图表颜色、标题和模板，且默认的模板即使没有修改，也能制作一个漂亮的图表。

所有图表功能都可在基本版本中找到。

3. 将高级统计分析扩展到混合、genlin 混合、GLM 和 UNIANOVA

新版软件增加了最受欢迎的高级统计功能中的大部分增强功能。在混合线性模型(混合)和广义线性混合模型(genlin 混合)、一般线性模型(GLM)和 UNIANOVA 等方面都有增强。

4. 使用语法编辑器快捷方式更快地编写、编辑和格式化语法

对于编程或者使用语法的用户来说，新版增加了一些功能(以及相关的键盘快捷键)来简化语法、格式化和编辑语法。例如，可以加入行、重复行、删除行、删除空行、上下移动行，以及修剪前导或尾随空格等。

1.2 SPSS 25.0 对环境的要求

SPSS 25.0 对计算机的要求并不高，只需要普通的硬件、软件配置即可。但是，为了获得更好的数据运行速度，内存最好为 1GB。

1.2.1 SPSS 25.0 对硬件的要求

SPSS 25.0 对计算机硬件的要求并不高，但由于 SPSS 的主要用途是面向大型数据库，其运算一般涉及的数据量比较多。因此，一般需要计算机有较高的内存，如果要进行多因素分析、生存分析之类的大运算量的分析，计算机最好要有 512MB 的内存。

SPSS 25.0 对计算机硬件的基本要求如下：

- Pentium 系列的处理器。
- 至少 512MB 的内存。对于巨量数据的管理和复杂的统计分析，1GB 的内存能够保证较为理想的数据运行速度。
- 至少 1GB 的硬盘剩余空间。如果想要将 SPSS 25.0 的各模块(包括 SPSS Smart 查看器、SPSS Data Access Pack 等相关附件)全部安装，至少需要约 800MB 的硬盘剩余空间，只安装 SPSS 模块需要约 473MB 的硬盘剩余空间。
- CD-ROM 光盘驱动器，这是用光盘安装 SPSS 的基本要求。在网上安装 SPSS 软件则不需要光驱。
- S-VAD 显示器和与 Windows 2000/XP/Vista/Win 7/Win 10 兼容的图形适配卡。
- 支持 TCP/IP 网络协议的网络适配卡，用于访问 SPSS 公司的服务器，以获得服务和软件的升级。

1.2.2 SPSS 25.0 对软件的要求

SPSS 25.0 目前还没有汉化版本，但可运行在中文操作系统下，最新版本 SPSS 25.0 在含有中文的数据文件和图表等兼容性方面有了很大改善，不会出现在早期版本中经常遇到的乱码等问题。建议安装如下软件：

- Windows 2000/XP/Vista/Win 7/Win 10 操作系统，如果需要支持 SPSS 软件的中文输入和输出，应安装中文操作系统。
- Internet Explorer 8 或以上版本。
- Adobe Reader。用于阅读 PDF 格式的帮助文件和 SPSS 分析软件的相关文档，安装光盘中提供该软件。用户可根据自身需要进行选择性安装。

1.3 SPSS 25.0 的安装、卸载、启动和退出

SPSS 25.0 的安装、卸载、启动与退出和一般的 Win 7 应用软件基本一样，非常简便。

1.3.1　SPSS 25.0 的安装

SPSS 25.0 如同其他 Win 7 应用软件的安装一样，非常容易。下面简要介绍如何安装 SPSS 25.0。

（1）首先，开机启动 Win 7，双击安装包 SPSS_Statistics_25，如图 1-2 所示。

（2）文件解压后，出现正在安装对话框，系统正在配置 Windows Installer，引导完成安装，如图 1-3 所示。

图 1-2　双击安装包

图 1-3　正在准备安装界面

（3）系统出现 IBM 公司的简介，单击"下一步"按钮，如图 1-4 所示。

（4）在弹出的对话框中，选中"我接受许可协议中的全部条款"单选按钮，单击"下一步"按钮，如图 1-5 所示。

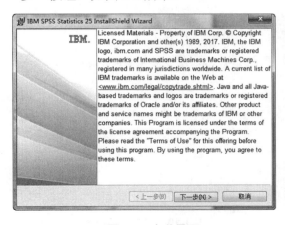

图 1-4　安装界面

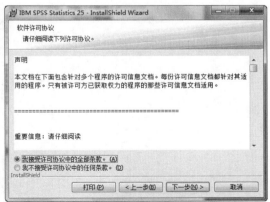

图 1-5　软件协议

(5) 在弹出的对话框中，可以选择后期是否使用 SPSS Python Essentials，这里选择"否"，如图 1-6 所示。

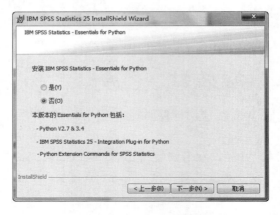

图 1-6　SPSS Python Essentials 选项

(6) 更改"目的地文件夹"安装路径，如图 1-7、图 1-8 所示。

图 1-7　安装路径　　　　　　　　　　　图 1-8　更改安装路径

(7) 在"已做好安装程序的准备"界面中，单击"安装"按钮，如图 1-9、图 1-10 所示。

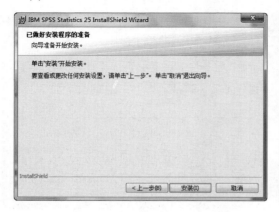 

图 1-9　准备安装程序　　　　　　　　　图 1-10　正在安装程序

(8) 安装向导完成,如图 1-11 所示。

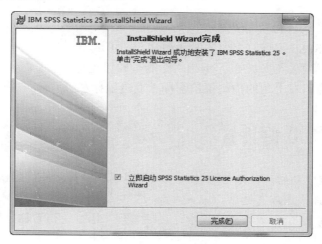

图 1-11　安装完成界面

1.3.2　SPSS 的启动与退出

1. SPSS 25.0 的启动

(1) 开机启动 Win 7 之后,选择"开始"处的"所有程序",然后单击"所有程序"处的 IBM SPSS Statistics,最后选择 IBM SPSS Statistics 25,即可开始运行 SPSS 25.0。或者,在 SPSS 软件安装结束后,在桌面创建 SPSS 25.0 的快捷方式。

(2) 双击打开 SPSS 25.0,弹出 SPSS 软件的文件对话框,如图 1-12 所示。

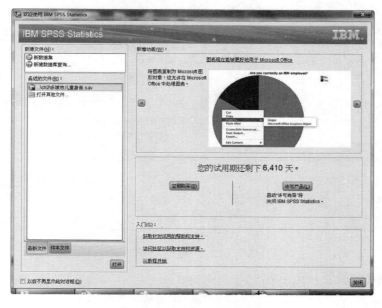

图 1-12　SPSS 文件对话框

2. SPSS 25.0 的退出

SPSS 25.0 有以下几种退出方法。
(1) 鼠标单击 SPSS 窗口右上角的叉状图标，即可退出。
(2) 用鼠标选择"菜单"中的"退出"命令，即可退出。
(3) 在 SPSS 窗口左上角的控制菜单图标上双击鼠标左键，即可关闭 SPSS 窗口。

1.4 SPSS 25.0 的设置

SPSS 25.0 安装成功后，首先要通过"选项"对话框设置系统的默认值和初始状态。在"编辑"菜单中选择"选项"选项，进入"选项"对话框。

SPSS 25.0 共有 12 个参数设置选项卡，包括常规、语言、查看器、数据、货币、输出、图表、透视表、文件位置、脚本、多重插补、语法编辑器。

1.4.1 常规的功能设置

"常规"选项卡中列出了一般性选项，可以设置相关功能参数，如图 1-13 所示。

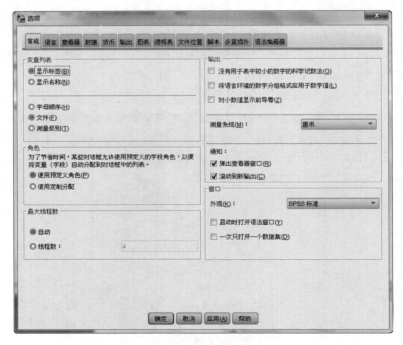

图 1-13 "常规"选项卡

1. 变量表顺序的设置

在"常规"选项卡中左边的第一栏为"变量列表"，通过此选项可以设置变量在变量表中的显示方式和显示顺序。

1) 变量的显示方式

显示标签：显示变量标签选项，如果选择此项，则变量标签显示在前，这是系统的默认方式；显示名称：显示变量名，如选择此项，则在变量表中只显示变量名。

2) 变量的显示顺序

字母顺序：表示变量的显示顺序，如选择此项，则表示按变量名的字母顺序排列；如选择"文件"选项，则表示按变量在数据文件中出现的先后顺序排列，这是系统的默认选项。选择显示顺序后，会在下一次打开文件时起作用。

2. 角色的设置

相当于拥有自己的文件夹，以不同的角色打开不同的对话框。

3. 最大线程数

可选择自动或手动设置最大线程数。

4. 输出

可进行以下三种输出设置。

(1) 没有用于表中较小的数字的科学记数法。

(2) 将语言环境的数字分组格式应用于数字值。

(3) 对小数值显示前导零。

也可以选择测量单位和设置以下两种通知方式：

(1) 弹出查看器窗口。

(2) 滚动到新输出。

5. 窗口

主要是操作与系统设置的功能，有两个选项卡。

(1) 启动软件时打开语法窗口，方便操作。

(2) 一次只能打开一个数据集，起到限制性作用。

1.4.2 查看器的功能设置

"查看器"选项卡提供了输出标签窗口显示的信息、图标、字体等选项，可以方便用户根据需求定义输出窗口，充分展现了 SPSS 软件的人性化设计，如图 1-14 所示。

1. 输出窗口初始化状态设置

"查看器"选项卡左侧是"项图标"栏，可以设置各种输出状态。

1) "项"参数框

此参数框用来选定要控制的输出项，包括日志、警告、附注、标题、页面标题、透视表、图表、文本输出、图像、树模型、模型浏览器。

2) "初始内容"选项组

该选项组是对"项"中选定的输出项的控制，包括"显示"选项和"隐藏"选项。

3) "对齐"选项组

该选项组用于控制输出内容的对齐方式,包括左对齐、居中、右对齐。

最下面的"在日志中显示命令"选项可以选择是否把 SPSS 命令显示在日志中。

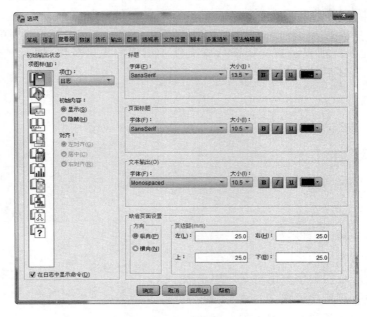

图 1-14 "查看器"选项卡

2. 标题、页面标题及文本输出的字体和大小选择

此三栏中,可以选择输出文本标题或页面标题,并且可通过下面的选项分别设置它们的字体、字型、字号和颜色等。

(1) 字体的设置:系统默认为宋体,用户也可以根据自己的喜好来选择其他字体。

(2) 文字大小的设置:用户根据需要自己选定文字的大小,系统默认为 14。

(3) 关于字体其他参数的设置:这和 Word 中的字体设置一样,"B"按钮用于加黑原字体,"I"按钮用于使原字体倾斜,"U"按钮用于在原字体上加下划线。

(4) 字体颜色的设置:用户可根据需要选择颜色,系统默认为黑色。

3. 缺省页面设置

(1) 设置缺省页面方向:纵向、横向。

(2) 设置页边距:上、下、左、右。

1.4.3 设置有关数据的参数

在"数据"选项卡中可设置相关参数,如图 1-15 所示。

1. 转换与合并选项

(1) "立即计算值"选项:如果选择此项,就会立刻执行要求的转换并同时读取数据文件。此项为系统默认选项。如果数据文件很大,且运行多项转换,可能要花费很多时间。

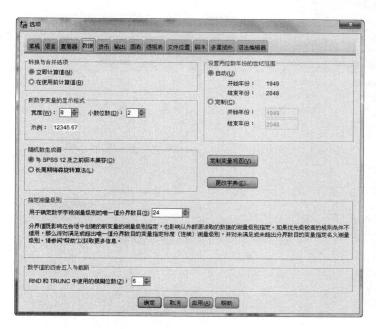

图 1-15 "数据"选项卡

(2) "在使用前计算值"选项：选择此项，会延迟转换，只有在遇到命令时，才执行转换和合并。如果数据文件很大，这种方式能明显地节约处理时间。但是，暂时挂起转换将限制在数据编辑器中要做的其他工作。

2. 新数字变量的显示格式

(1) "宽度"框，在此框中，可输入显示的数值总宽度。
(2) "小数位数"框，在此框中，可输入显示的数值小数位数。

3. 随机数生成器

包括"与 SPSS 12 及之前版本兼容"和"长周期梅森旋转算法"两个选项。

4. 设置两位数年份的世纪范围

以 100 年为间隔设置年限，在数据编辑中定义日期型格式的变量时使用，日期型变量的定义形式中以两位数表示年，如 11/03/06、36-OCT-06。

(1) "自动"选项：选择此项，则自动设置年限范围。系统指定为向前 69 年，向后 31 年。如当前年份为 2006 年，年份的变动范围为 1938 年到 2037 年。在定义两位数年份时，若定义 11/04/06，系统则自动识别为 2006 年 11 月 4 日。

(2) "定制"选项：选择此项，用户可自定义年份的变动范围。

1.4.4 货币的设置

"货币"选项卡用于自定义数值型变量格式，可以设置数值型变量输出格式的各种参数，如图 1-16 所示。

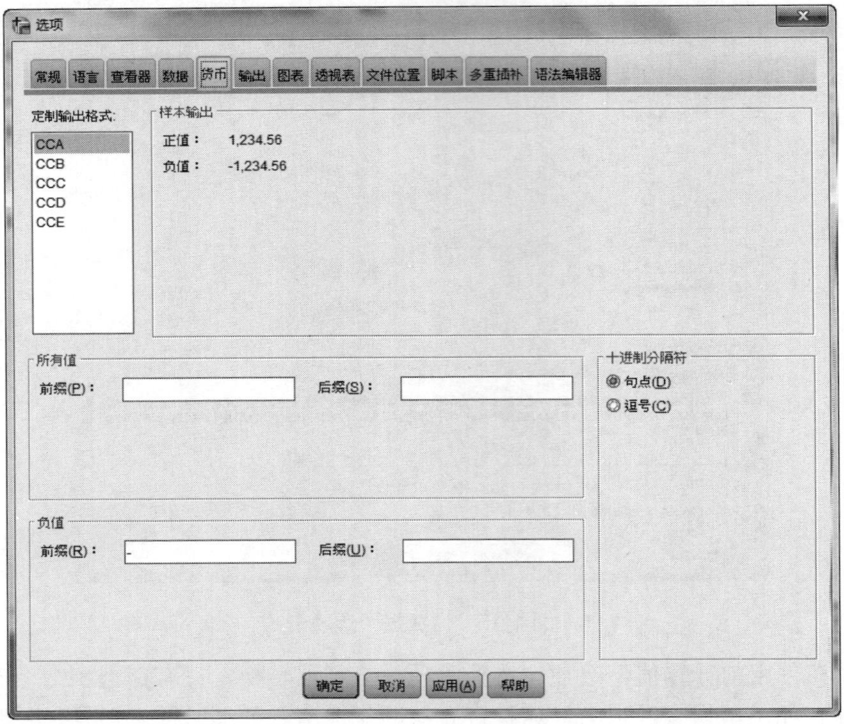

图 1-16 "货币"选项卡

1. "定制输出格式"栏

在此栏中可以设置五种自定义格式，包括 CCA、CCB、CCC、CCD 和 CCE。
在右边的"样本输出"栏输出标签栏内显示变量格式的预览。

2. "所有值"栏(设置首尾字符栏)

(1) 前缀：在此框内输入数值的首字符，这个字符将成为在所有值前面都显示的前缀。系统默认值为空格。

(2) 后缀：在此框内输入的值将成为在所有值后面都显示的后缀。系统默认值为空格。

3. "负值"栏(设置负数的首尾字符栏)

(1) 前缀：在此框内输入在所有负值前面显示的前缀。系统默认值为"-"。

(2) 后缀：在此框内输入在所有负值后面都显示的后缀。系统默认值为空格。

4. "十进制分隔符"设置栏

(1) "句点"选项：选择此项，则输出值中的小数点为圆点。系统默认值为句点。

(2) "逗号"选项：选择此项，则小数点为逗号。在完成所有的设置之后，其样本会显示在 Sample 输出标签栏中。

1.4.5 设置输出窗口参数

在"输出"选项卡中,可以设置输出结果与要点表时,变量值与变量标签一起输出,如图 1-17 所示。

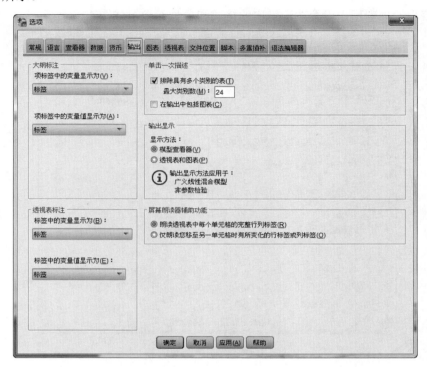

图 1-17 "输出"选项卡

1. 大纲标注

用来设定在输出大纲中使用的标签形式。

(1) "项标签中的变量显示为"栏:用于控制输出大纲摘要中的变量显示形式,已经输出的要点表不受影响。系统默认的显示方式为仅显示标签。

- "标签"选项,选择此项,则使用变量标签来标识每个变量。
- "名称"选项,选择此项,则使用变量名来标识每个变量。
- "名称和标签"选项,选择此项,则同时用变量名和变量标签标识每个变量。

(2) "项标签中的变量值显示为"栏:用于控制输出大纲摘要中的变量值和值标签的显示方式。已经输出的要点表不受影响。系统默认的显示方式为显示值标签。

- "标签"选项,选择此项,则使用变量值标签来标识每个变量值。
- "值"选项,选择此项,则使用变量值来标识每个变量值。
- "标签和值"选项,选择此项,则同时用变量值和变量值标签标识每个变量值。

2. 透视表标注(要点表标注)

该选项组的两个选项为"标签中的变量显示为"和"标签中的变量值显示为",用于控制输出的透视表格中的变量和变量值的显示方式,其设置和上述的大纲标注选项组一样。透视表通常是由横竖交叉的直线段构成的表格。

1.4.6 设置图形输出参数

"图表"选项卡用于设置图形输出的格式和各种参数,如图 1-18 所示。

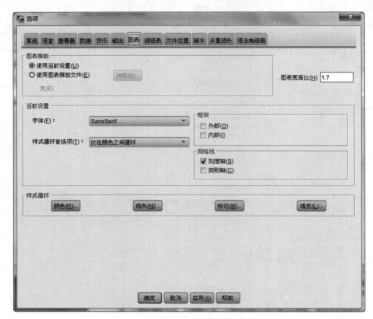

图 1-18 "图表"选项卡

1. "图表模板"栏("图形模板"栏)

(1) "使用当前设置"选项:选择此项,对新的图形属性采用本选项卡中的当前设置。

(2) "使用图表模板文件"选项:选择此项,则使用一个图形模板来确定图形的属性。可以单击"浏览"按钮来选择一个图形模板文件,图形文件必须是事先保存好的。如想生成一个图形模板文件,只需要生成一个带有所希望的属性的图形,然后保存即可。图形模板文件的扩展名为"*.sct"。

2. "当前设置"栏("通用设置"栏)

1) "字体"栏

在此栏内可选择输出图形所采用的字体。系统默认设置为宋体。

2) "样式循环首选项"栏(填充图案及线条)

可在下拉列表中设置图案填充颜色及线条样式。较早版本中在此选项的下拉列表中为 Cycle through colors, then patterns 和 Cycle through patterns only 两个选项,而在 SPSS 25.0 中则将 Cycle through colors, then patterns 更改为"仅在颜色之间循环"。

- "仅在颜色之间循环"选项:选择此项,会使用系统默认的 14 种颜色的调色板,用户可根据需要选择填充图案和线条样式。系统默认此选项。

- "仅在图案之间循环"选项：选择此项，则使用图案样式来代替颜色填充。

3. "图表宽高比"栏("图形纵横比例设置"栏)

在空白处输入希望的宽高比数值。系统默认的宽高比为 1.25，即纵：横=1：1.25。

4. "框架"栏

(1) "外部"复选框：选择此项，就会为整个图形画出一个更大的外边框将图形全部框于其中，包括标题和图例。

(2) "内部"复选框：选择此项，只会为输出的图形部分画出边框。

5. "网格线"("单元格"栏)

(1) "刻度轴"复选框：纵轴，选择此项，会在输出图形中显示纵轴上的刻度和水平网格线。

(2) "类别轴"复选框：分类轴，选择此项，会在输出图形中显示横轴上的刻度及垂直网格线。

1.4.7 设置输出表格参数

"透视表"选项卡用于设置输出表格的格式和输出外观。SPSS 25.0 提供了多种形式的透视表样板，在此处选定一种透视表样板，以后生成的一切表格都将以这种格式输出，如图 1-19 所示。

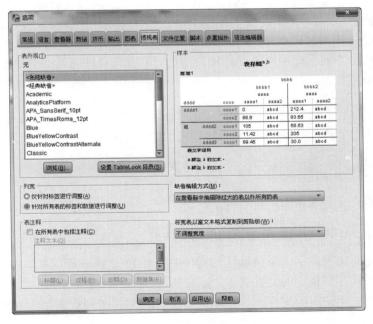

图 1-19 "透视表"选项卡

1. 表外观

在此栏内可以选择系统提供的表格输出时的外观样式以及存储路径。用户可以单击"浏览"按钮来选择样式所在的目录，再在目录中的外观样式中选定所需要的样式。右侧"样本"框里显示的是所选择的表格的样式草图预览。

2. 列宽

在此栏内可以设置透视表的列宽。

(1) "仅针对标签进行调整"选项：选择此项，就会按变量标签来调整列宽。这样做会使要点表看起来显得紧凑，但比标签宽的数据值就不会显示(星号表示数据值很宽而不能被显示)。

(2) "针对所有表的标签和数据进行调整"选项：选择此项，就会按变量标签和数据来调整列宽，使所有的值都能够被显示。

3. 表注释

可通过选择"在所有表中包括注释"选项显示表注释，并且可以在"注释文本"框中编辑注释内容。

4. 样本

可根据以上设置情况显示样本。

5. 缺省编辑方式

(1) "在查看器中编辑除过大的表以外所有的表"选项：选择此项，就能控制在观察窗口的要点表或一个单独窗口的激活。根据默认，双击要点表能激活观察窗口的表。用户可以在一个单独的表中激活要点表，或选择一个大小设置在观察窗口打开小的要点表，在一个单独的窗口打开大的要点表。

(2) "编辑中小表"选项：选择此项，则在观察窗口仅能编辑小的要点表。

(3) "在单独窗口中打开所有表格"选项：选择此项，则在一个单独的窗口打开表。

6. 将宽表以富文本格式复制到剪贴板

包括"不调整宽度""缩小至最适宽度""表格换行"三个选项。

1.4.8 文件位置的选择

"文件位置"选项卡用于选择文件的位置，如图1-20所示。

1. 打开对话框和保存对话框所使用的启动文件夹

(1) "指定的文件夹"：系统默认的文件路径都为C盘，所以要单击"浏览"按钮修改路径，将文件保存到指定的文件夹中。

(2) "最近一次使用的文件夹"：即最后使用的文件夹，系统会自动保存。

2. 会话日志

会话日志有"追加"和"覆盖"两种模式，将这些日志自动保存到日志文件夹中。

3. 临时文件夹

要列出的最近使用文件数：最近使用的文件数量列表。

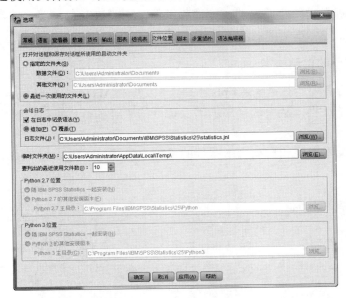

图 1-20　"文件位置"选项卡

1.4.9　设置脚本窗口参数

"脚本"选项卡用于设置启动 SPSS 用到的脚本程序文件的各种参数，如图 1-21 所示。

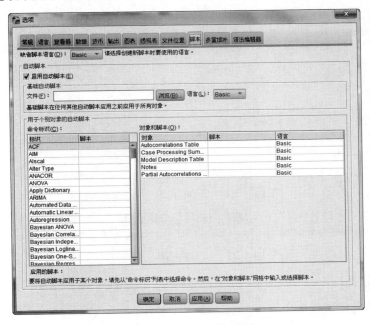

图 1-21　"脚本"选项卡

1. "自动脚本"栏("整体处理过程"栏)

可设置 SPSS 的整体脚本过程文件，该文件由软件内置，在安装 SPSS 软件时自动进行设置，包含其他脚本文件要调用的子过程和函数。一般情况下，用户切勿进行任何改动，否则可能会导致一些脚本文件无法正常运行。

2. 用于个别对象的自动脚本

首先设置是否需要运行 Autoscripts.sbs 程序。其中 Autoscript subroutine status 框中列出自动脚本文件的子过程，从中选择添加需要运行的子过程，也可以去掉先前自己设置的子过程。

要了解各种脚本文件和自动脚本文件的子程序的功能，可以打开脚本窗口，阅读相关的脚本过程文件。

1.4.10 多重插补

"多重插补"选项卡包括"标记插补数据""分析输出"选项，如图 1-22 所示。

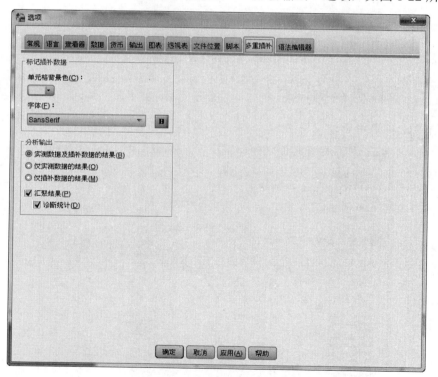

图 1-22 "多重插补"选项卡

1. 标记插补数据

(1) 选择单元格背景颜色。

(2) 选择字体，"B"表示是否加粗。

2. 分析输出

实测数据及插补数据的结果;仅实测数据的结果;仅插补数据的结果;汇聚结果;诊断统计。

1.4.11 语法编辑器

"语法编辑器"选项卡主要是对系统的语法、命令语言的字体颜色进行修改,如图 1-23 所示。

1. 语法颜色编码

选中"显示语法颜色编码"选项,会在工作过程中显示命令、子命令、关键字、值、注释、引号的状态,包括"B"(是否加粗)、"I"(是否倾斜)、"U"(是否加下划线)、字体颜色。

2. 错误颜色编码

选中"显示验证颜色编码"选项,可以对命令、在命令内的字体进行设置,这些设置可以让用户注意到系统给出的提示,不容易犯错。

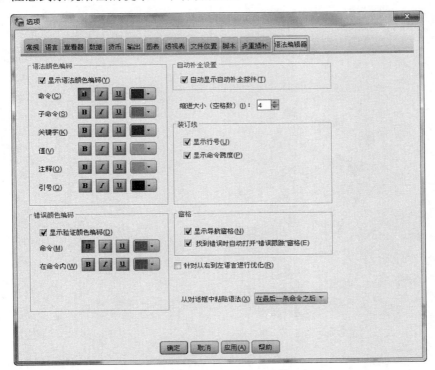

图 1-23 "语法编辑器"选项卡

3. 自动补全设置

选择"自动显示自动补全控件"选项,系统会自动显示自动补全控件设置。

4. 缩进大小

包括1～10缩进的设置，可突出重点。

5. 窗格

(1) "显示导航窗格"：选择后将在操作软件时更加方便快捷。

(2) "找到错误时自动打开'错误跟踪'窗格"：可以帮助及时地找到错误。

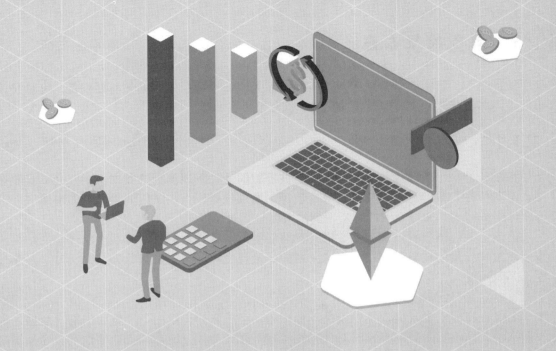

第 2 章
数据文件的建立与操作

　　建立 SPSS 数据文件是利用 SPSS 进行数据管理和统计分析的首要工作,只有建立了高质量的数据文件,才能保证数据分析结果的正确性与科学性。本章主要介绍 SPSS 数据文件的基本建立方法和操作步骤,以及一些数据文件的操作。

2.1 数据的基本概念

统计学中，数据包括常量和变量两种，而无论哪种类型的数据都需要度量，度量尺度由低级向高级分为定类尺度、定序尺度、间隔尺度。

2.1.1 计量尺度

在统计学中，观测数据是在自然的未被控制的条件下观测到的数据，如社会商品零售额、消费价格指数、汽车销售额、降雨量等。通过抽样调查，从研究对象全体中选取一部分个体组成样本，通过观测样本所得到的数据是试验数据。

但无论是观测数据还是试验数据，都需要度量。统计数据是对客观现象计量的结果，按照对事物计量的精确程度，可将所采用的计量尺度由低级向高级分为名义尺度、定序尺度、间隔尺度。

1) 名义尺度(Normina)

名义尺度即定类尺度，它仅仅是一种标志，用于区分变量的不同值和类别，数据之间没有次序关系。它是按照事物的某种属性进行平行分类和分组，如人口的性别、商品的名称、身份证号、商店类型等。

名义尺度的特点是其值测度了事物之间的类别差，而对各类之间的其他差别却无法从中得知，所有类的地位相等，可以随意排序。另外，其计量结果可以且只能计算每一类别中各元素出现的频率。

使用名义尺度定义变量时，必须符合穷尽和互斥的原则，该级别的数据可以用字符表示，也可以用字母表示。

2) 定序尺度(Ordinal)

定序尺度是对事物之间等级或顺序差别的一种测度。例如，考试成绩(优、良、中、差)、质量排序、学历等级(博士、硕士、学士、高中、初中、小学)等。

定序尺度的特点是可以测度类别差，还可以测度次序差，但无法测出数据之间的准确差值，所以其计量结果只能排序，不能进行算术四则运算。

3) 间隔尺度(Scale)

间隔尺度是指变量的取值是连续的区间。这种尺度又可以分为定距尺度和定比尺度。

定距尺度是对事物类别或次序之间间距的测度。例如，100 分制考试的成绩、公制的测量、重量、温度等。这种尺度的特点是其不仅能将事物区分为不同类型并进行排序，而且可准确指出类别之间的差距是多少。此外，定距尺度通常以自然或物理单位为计量尺度，因此测量结果往往表现为数值，可以进行加减运算。

2.1.2 常量与变量

1. SPSS 常量

SPSS 常量分为三种：数值型、字符型和日期型。其中，数值型常量表现为一个数值，而字符型则表现为括在单引号或双引号中的字符串，日期型为按日期格式表示的日期、时间和日期时间。

1) 数值型常量

数值型常量有两种书写方式：第一种为 25、1643.5 这种普通书写方式；第二种为科学记数法，这种记数法采用指数表示数值，主要用途为表示特别大或特别小的数值，如 1.34×E11 表示 $1.34×10^{11}$，2.54E-2 表示 $2.54×10^{-2}$。用户可以根据需要选取书写方式，但最好统一书写方式，以便及时发现错误。

2) 字符型常量

字符型常量是由单引号或双引号括起来的一串字符，如果字符串中带有""'""字符，则此字符串应用双引号括起来，如字符串"It's life"。

3) 日期型常量

日期型常量在 SPSS 中表现为特殊的格式，在下文中会详细讲述其格式及用法。

2. SPSS 变量

SPSS 变量共有三种类型：数值型、字符型和日期型。数值型变量按不同的要求分为五种。系统默认的为标准数值型变量(Numerical)。每种类型的变量由系统给出默认长度。长度即指该变量的显示宽度，也就是该变量所占的字节长度。总长度应包含小数点和其他分界符。系统的默认变量长度可以通过"编辑"菜单中的"选项"重新设置。

SPSS 变量与数学中的定义类似，均指值可变的量。但与一般数学中的定义不同的是，除了定义变量名之外，在 SPSS 中还要定义它的其他属性：变量类型(Type)、变量标签(Lable)、变量缺失值(Missing Value)、度量尺度(Measure)以及数据的显示属性，即显示宽度、列宽度和对齐方式等。在定义 SPSS 变量时至少应定义变量名和变量类型，而其他属性则可以采用默认值。有关 SPSS 变量的定义将在下节中详细讲解，这里不再赘述。

根据上文中所讲的数据的计量尺度，建立新的变量或者读取外部数据文件，以及打开 SPSS 25.0 或更早版本创建的数据文件时，SPSS 默认变量的度量尺度类型规则如下：

- 字符型变量设置为定类型变量。
- 具有变量值标签的数值型变量设置为定序型变量。
- 不含值标签且变量值小于 24 的数值型变量设置为定类型变量。
- 不含值标签且变量值大于 24 的数值型变量设置为定距型变量。

2.2 SPSS 数据的属性及定义方法

一个完整的 SPSS 数据结构包括变量名、变量类型、变量标签、变量缺失值。

2.2.1 变量名

变量名(Name)是变量参与分析的唯一标志，定义变量结构时首先应给出每个变量的变量名。否则，系统默认为 var00001、var00002、var00013 等。为变量命名要遵循如下规则。

- 首字符必须是字母或汉字，后面可以是任意字母、数字、句点或除"！""？""*"之外的任意字母或数字。
- SPSS 变量的变量名长度应少于 64 个字符(32 个汉字)。
- 不能用下划线"_"、句号"。"和圆点"."作为变量名的最后一个字符。
- SPSS 的变量名不能与 SPSS 的保留字相同。SPSS 的保留字为 ALL、AND、BY、EQ、GE、GT、LE、LT、NE、NOT、OR、TO、WITH 等。
- SPSS 系统中变量名是唯一的，并且不区别变量名中的大小写字符，如将 FAN 与 fan 看作同一个变量。

2.2.2 变量类型及定义方法

SPSS 的变量类型(Type)共有三种：数值型、字符型和日期型。数值型变量按不同的要求分为数值、逗号、点、科学记数法、日期、美元、定制货币、字符串、受限数字。

每种类型的变量都由系统给出默认长度、小数位和列宽度。长度即指该变量表示的显示宽度，也就是该变量所占的字节长度，总长度应包含小数点和其他分界符。列宽度是数值编辑窗口每列显示的字符位数。如果列宽度小于变量的宽度，则相应列中的数据显示为需要列宽较小的科学记数法，或者显示为若干个"*"号。

下面将介绍变量类型的分类和定义方法。

1. 数值型变量

数值型变量(Numeric)是 SPSS 中最常用的变量类型，一般由数字和其他特殊字符(如圆点、逗号、美元符号)等构成。SPSS 中的数值型变量有 6 种不同的表示方式。

1) 数值型(Numeric)

SPSS 默认的数值类型。如图 2-1 所示，标准型的系统默认宽度是 8 位，即整数部分+小数点+小数部分的位数，小数部分默认为 2 位，小数点用圆点。标准数值型变量的值用标准数值格式输出。小数点用圆点定义为标准数值格式的变量值可以用标准数值格式输入，也可以用科学记数法输入。

2) 科学记数法型(Scientific Notation)

科学记数法适合于显示数值很大或数值很小的变量，变量值显示为指数形式。如，2.14E+002 表示为 2.14×10^2，在数据编辑窗口中可以用以下方法输入：2.14E2、2.14D2、2.14+2、214、2.14E+2 等。

3) 逗号型(Comma)

加注逗号","的数值，定义带逗号的数值型变量，其值在显示时整数部分自右向左每 3 位用一个逗号作分隔符，用圆点作小数部分和整数部分的分隔符。默认长度为 8 位，小数为 2 位。逗号型数据的输入可以采用上面的任意形式，不必以逗号隔开，SPSS 显示时会自动在相应位置添加逗号。

4) 圆点型(Dot)

圆点型数据的显示方式和逗号型相反，即整数部分从个位开始每隔 3 位以一个圆点分隔，用逗号作为整数和小数部分的分隔号。如 1.2345 显示为 12.345,00，实际表示的是

1.2345E-4。不指定宽度则采用默认宽度，即 8 位，小数点位数为 2 位。定义带圆点的数值时可以输入带圆点的数值，也可以输入不带圆点的数值，还可以用科学记数法输入。

5) 美元型(Dollar)

美元型变量是在逗号型变量前加上美元符号"$"的数值型变量，如图 2-2 所示为美元型变量定义对话框。在美元型变量定义对话框中，给出了多种定义格式，用户可以根据需要选择定义格式，也可以自定义。如 1234.56 美元，用户可选择"$###，###.##"格式。系统默认数值宽度为 8 位，修改参数选项"宽度"的值，可改变变量宽度。

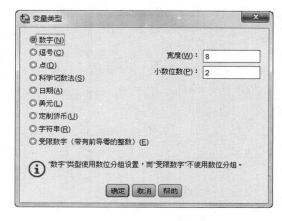 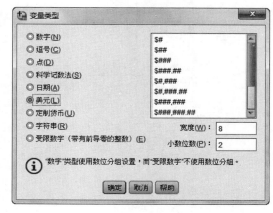

图 2-1　数值型变量定义　　　　　　　　图 2-2　美元型变量定义

6) 定制货币型(Custom Currency)

SPSS 提供了 5 种自定义数值变量的类型：CCA、CCB、CCC、CCD、CCE 型，系统默认为逗号数值型，如 123456.78 显示为 123,456.78，如图 2-3 所示。

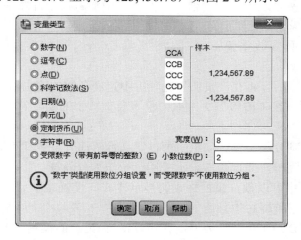

图 2-3　自定义货币型变量定义

用户可以通过"编辑"菜单中的"选项"命令来定义常用的数值型变量，在"选项"对话框中的"货币"选项卡中可自定义 CCA、CCB、CCC、CCD、CCE 的类型。在前一章中讲过"选项"中"货币"的用途，下面将具体介绍利用该选项卡自定义数值型变量的具体步骤。

首先，选择菜单栏中"编辑"菜单中的"选项"命令，之后切换到"货币"选项卡，如图 2-4 所示。

图 2-4 "货币"选项卡

以自定义 CCA 为例，可在"定制输出格式"选项组中选择 CCA。在"所有值"中包括"前缀"和"后缀"两个选项，在"前缀"文本框中输入数据开始字符，在"后缀"文本框中输入数据结束字符。如，要定义人民币的输入格式，则在"前缀"中输入"￥"，在"后缀"中输入"元"，再在数据编辑窗口中定义为 CCA 类型的数据中输入 1234，数据显示为"￥1234 元"。

定义完"所有值"后，再在"负值"选项组中定义负数的输出格式，同样包括"前缀"和"后缀"两个选项，在"前缀"文本框中输入负数数据开始字符，在"后缀"文本框中输入负数数据结束字符。

最后，在"十进制分隔符"选项组中可以定义数值部分整数和小数的分隔符，"句点"表示采用圆点作为分隔符，"逗号"表示采用逗号作为分隔符。

在"样本输出"中可以预览设置格式的显示样式。设置完毕后，依次单击"应用"按钮和"确定"按钮，设置即可生效。

CCB、CCC、CCD、CCE 四种类型数据的设置与 CCA 的设置方式相同，用户只需根据需要定义所有值、负数值以及十进制分隔符即可。

2. 日期型变量

日期型变量(Date)是用于表示日期和时间的数量类型。SPSS 提供了多达 29 种日期型变量的格式供用户选择，如图 2-5 所示。

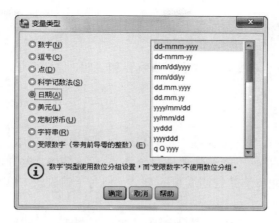

图 2-5　日期型变量定义

日期型变量的值是按规定的格式输入和显示的，它不能直接参与运算。如果需要日期型变量参与运算，必须先用日期函数将其进行转换。日期的格式有很多种，本书就日期格式仅介绍常用的几种。dd-mm-yyyy，它对应的是日日-月月-年年年年，如 1-12-2000；dd.mm.yy，它对应的是日日.月月.年年，如 29.12.99；hh:mm，它对应的是时时:分分，如 9:59；ddd:hh:mm:ss.ss，它对应的是日数:时时:分分:秒秒.百分秒，如 153:11:59:17.78。还有很多种日期格式，如果需要采用其他日期格式，可到 www.spss.com 上去查询或者查看 SPSS 使用手册。

3. 字符型变量

字符型变量(String)是非数值型变量类型，其值是由字符串组成的，如图 2-6 所示。

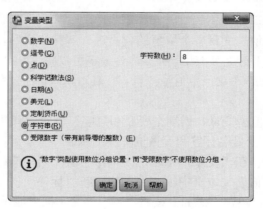

图 2-6　字符型变量定义

字符型变量的对话框中只有一个输入项："字符数"，表示输入变量字符的最大个数，系统默认为 8，用户可以根据需要进行修改。字符型变量有长短之分，字符数超过 8 个字符的称为长字符型变量，等于或少于 8 个字符的称为短字符型变量。

字符型变量不能参与运算，且字符型变量的大写字母和小写字母是有区别的，系统将同一字母的大、小写认为是两个不同的字符。

2.2.3 变量标签

变量标签是对变量名和变量值的进一步解释和说明，包括变量名标签(变量标签)和变量值标签(值标签)。

1. 变量名标签

变量名标签是对变量名含义的进一步解释说明。因为早期版本的 SPSS 软件中的变量名长度限制为 8 个字符，有时不能清楚地说明变量的含义，SPSS 25.0 for Win 7 中的变量名可定义 64 个字符，基本能够清楚说明变量的含义。但对于特别长的变量名说明仍需借助变量名标签。

变量名标签可由不超过 256 个字符(或 128 个汉字)组成，并且可以包含空格和 SPSS 保留字。变量标签是一个可选择属性，也可以不定义；同时，在统计分析结果中，一般不显示变量名标签的信息。

定义变量名标签时，在 SPSS 主窗口中单击左下角的"变量视图"按钮，使窗口切换至变量视窗，然后在相应变量名所在的行中的"标签"列添加变量名标签的内容，如图 2-7 所示。

名称	类型	宽度	小数	标签
VAR00001	数值(N)	8	2	学习前认识
VAR00002	数值(N)	8	2	学习后认识
VAR00003	数值(N)	8	2	人数

图 2-7 变量名标签

2. 变量值标签

变量值标签是对数值型变量各个取值的含义进行解释和说明，对于数据文件中用数值型变量表示非数值型变量时尤其有用。标签内容最多可以有 120 个字符。仍以图 2-7 中的变量为例，定义"学习前认识"这一数值型变量，取值为 0，1；并且变量值 0 表示"不重要"，1 表示"重要"。

变量值标签只对数值型变量、日期型变量和短字符型变量有效，长字符型变量(宽度超过 8 的字符型变量)没有变量名标签和变量值标签的属性。

定义变量值标签时，在"变量视图"视区单击"值"列中的按钮，则弹出定义变量值标签的对话框，在"值"文本框中输入变量值，在"标签"文本框中输入变量值所代表的含义，即变量值标签，单击"添加"按钮，下方的文本框中显示输入的变量值及其标签。输入完所有变量值标签后单击"确定"按钮，使对变量值标签的设置有效。如果输入有误，可单击文本框中显示的错误标签，然后单击"更改"按钮修改已经输入的标签。单击"删除"按钮可删除不需要的标签，如图 2-8 所示。

定义完变量值标签后，在 SPSS 主窗口中，单击菜单栏中的"视图"选项，然后单击"值标签"，如图 2-9 所示，则在 SPSS 主窗口中经过变量值标签定义的数值型变量显示为所定义的变量值，而不是数字。

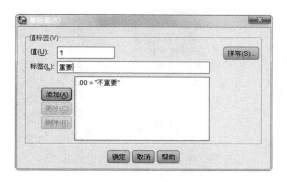

图 2-8　变量值标签对话框

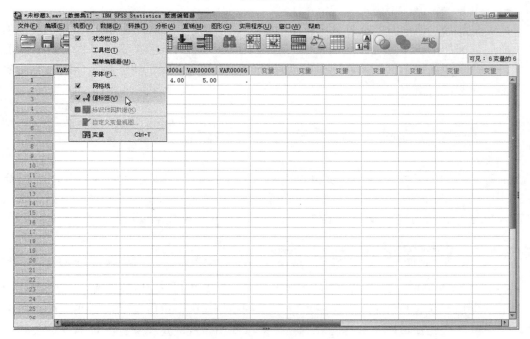

图 2-9　在主窗口定义显示变量值

2.2.4　变量缺失值

在数据收集过程中，有时会出现所记录的数据失真，或者没有记录等异常情况。例如，在学生体检中某学生的体重被记录为 250 千克，这显然是一个失真数据，不能使用，但其他数据在分析过程中还可以使用；在调查问卷中，被调查者没有填写调查表必须填写的某些数据，成为缺失值。这些情况称为数据缺失或数据不完全，缺失或不完全的数据在统计分析中是不能使用的。

SPSS 软件的另一特点就是可以通过指定缺失值的方式来定义缺失数据，这样就可以更好地利用其他有效数据。在"变量视图"视区，在"缺失"列单击相应变量单元格中的 按钮，打开对话框，如图 2-10 所示。

图 2-10 定义缺失值的对话框

在定义缺失值的对话框中包括 3 个选项。
- 没有缺失值：不指定缺失值。
- 离散缺失值：对数值型或字符型变量，用户指定缺失值为 1～3 个特定的离散值。
- 范围加上一个可选离散缺失值：选择该项，表示对数值型变量，用户缺失值定义在一个连续的闭区间和一个区间以外的离散值，"低"和"高"分别表示连续区间的左右端点，在"离散值"中输入区间以外的一个确定值。

2.3 数据编辑器与数据文件

了解了数据的基本属性和定义方法之后，接下来的工作就是将已经收集的数据录入 SPSS 中形成数据文件，以便进行数据的分析。在录入数据文件时，首先要定义数据结构，再输入数据，这样才能形成一个完整的数据文件。下面对数据编辑器进行简单介绍。

2.3.1 数据编辑器简介

SPSS 数据文件的录入方式和 Excel 基本类似，主要以电子表格的方式。启动 SPSS 25.0 for Win 7 之后，屏幕上将显示出如图 2-11 所示的窗口。这个窗口也就是 SPSS 的数据编辑器，用户可以在此窗口建立数据文件。在"变量视图"视区定义数据文件的变量及其变量属性。有关变量的类型、不同类型变量的属性及其定义方法在前面的章节中已经进行了详细讲解。单击界面左下角的"数据视图"按钮，将数据编辑窗口切换至"数据视图"视区，在空白的二维表格中即可输入数据。

1. 数据编辑器的构成

数据编辑器主要由四部分构成：标题栏、当前数据栏、输入数据栏、数据显示区。
- 标题栏：当数据显示区为一个已保存过的数据文件时，标题栏将显示此文件的名字；如果数据显示区显示的为一个新建的文件时，则标题栏显示的为"未标题 1 [数据集 0]－IBM SPSS Statistics 数据编辑器"。
- 当前数据栏：在标题栏和菜单栏及图标之下的两栏中，处于左边的即为当前数据栏。当前数据栏中用冒号分开了两个数字(或字符串)，其中前一个为当前光标所在处的记录号，后一个为其变量名。

图 2-11　数据编辑器窗口

- 输入数据栏：在标题栏和菜单栏及图标之下的两栏中，处于右边的一栏即为输入数据栏，此处显示光标所在处的数据值。
- 数据显示区：数据显示区处于 SPSS 界面的中部，它类似于 Excel 表格，在表格头部(横轴方向上)显示变量名，而在纵轴方向上的最左端则为观察序号。如同在 Excel 表格中选定单元格一样，SPSS 数据显示区选定的单元格也呈现为加黑的单元格，所选定的单元格中的数据值将显示在数据输入栏中。用户还可以根据习惯选择是否显示网格线，方法为选择"视图"中的"网格线"命令。"网格线"是一个重复开关选择项，如果它前面显示"√"则表示该功能已经激活，数据编辑器窗口显示网格线；反之，则表示数据编辑器窗口不显示网格线。系统默认为显示网格线。

2. 数据编辑器的功能

数据编辑器主要有以下功能：能编辑变量和观测量，能编辑数据，能定义系统参数。使用鼠标和数据菜单可实现编辑变量与观测量功能，在"编辑"中可实现数据的编辑功能，如剪切、复制、粘贴、清除、插入变量、插入观测量、查找等功能。通过"编辑"菜单中的"选项"可定义系统参数，在第 1 章中讲 SPSS 25.0 for Win 7 的设置时已经做过详细讲解，此处不再赘述。

2.3.2　建立数据文件

可以使用"文件"菜单中的"新建"命令建立一个数据文件，也可以在启动 SPSS 时选择"输入数据"选项输入新的数据文件。创建 SPSS 数据文件需要完成两个步骤：一是在"变量视图"视区定义变量及其属性；二是在"数据视图"视区录入数据文件的具体内容。

定义变量类型及其属性的内容在前一节中已经详细讲解过，可参照前一节的讲解学习。定义了数据结构的数据文件仅是具备了数据文件的基本框架，输入数据后才构成完整的 SPSS 数据文件。本节主要介绍在"数据视图"视区录入数据的方式。

在数据编辑器窗口录入数据可以有很多方法，下面介绍几种主要的录入方法。

1. 按单元格输入数据

要输入某个观测量的变量值，可以将鼠标移动到相应的单元格，单击左键，激活单元格，使之成为当前单元格，也可以用键盘将光标键移动至单元格，输入数据。录入完毕后，只需移动单元格到下一个指定位置，前一个单元格中自动显示录入的数据。

2. 按变量录入数据

选择某个变量所在的单元格为当前单元格，在该位置录入一个数据后按 Enter 键，当前单元格下方的单元格自动成为当前单元格，继续录入相应数据。按此方式录入的数据均为同一变量的值，又称按列录入方式。

3. 按观测量录入数据

选择某一个变量所在的单元格为当前单元格，在该位置录入数据后按 Tab 键，当前单元格所在位置的右边单元格成为当前单元格，继续录入相应数据。若要移动光标至当前单元格左边的单元格，则应按 Shift+Tab 组合键。按此方式录入的数据均为同一观测量的值，也称按行录入方式。

4. 输入带有变量值标签的数据

录入定义了变量值标签的数据，可以直接录入变量值，也可以通过变量值标签的下拉列表选择，还可以直接录入变量值标签，如图 2-12 所示。前面已经讲过，显示变量值标签可以通过"视图"菜单中的"值标签"命令来实现。但是，系统默认的是显示变量值而不是变量值标签。

图 2-12 带有变量值标签的数据

在值标签打开的情况下，虽然在数据编辑器窗口显示的是变量的值标签，但是在数据文件中存储的依然是变量值。

2.4 数据的编辑

在数据录入工作结束以后，并不能保证录入的所有数据都准确无误，需要对 SPSS 数据进行修改、删除、插入等操作。SPSS 25.0 for Win 7 提供了强大的数据编辑功能，在数据编辑器窗口的"数据视图"视区可进行数据的编辑。

2.4.1 查看变量信息

1. 如何查看变量信息

用户可以在数据编辑器窗口中选择"变量视图"视区浏览变量信息，也可以通过 SPSS 菜单中的"实用程序"选项下的"变量"命令来查看变量信息。后一种方法相对复杂，具体操作如下。

单击"实用程序"菜单中的"变量"命令，打开"变量"对话框，左侧是变量列表，列出了数据编辑器中的所有变量名。右侧是变量信息窗口，在此窗口显示左边变量列表中加亮的变量的信息，如图 2-13 所示。

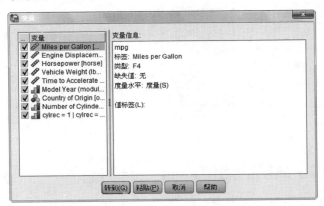

图 2-13 "变量"对话框

在图 2-13 中"变量信息"栏内显示的是变量的信息。其中，第一行代表变量名，图中为 mpg；第二行"标签"代表变量的标签，图中为 Miles per Gallon；第三行代表变量类型，图中为 F4，即为 4 个字符长、0 位小数点的数值型变量；第四行"缺失值"代表变量的缺省值定义，图中为无，即表示没有缺省值；第五行"度量水平"代表变量的测度类型，图中为度量；在一行空白之后为变量值标签。

单击"转到"按钮和"取消"按钮返回数据编辑器窗口。单击"粘贴"按钮，则将选中的变量名粘贴到"语法"窗口。单击"帮助"按钮，可以查看帮助信息。

2. 如何查看文件信息

在定义完变量之后，用户可以查看数据文件的详细信息。后期版本与 SPSS 10.0 for Windows 及更早版本相比，查看文件信息的方式有所不同。在早期版本中，查看文件信息是通过"实用程序"菜单中的"文件信息"实现的，在后来的版本中，则是通过"文件"菜单中的"显示数据文件信息"命令实现的。

要查看文件信息，用户可以单击"文件"菜单中的"显示数据文件信息"命令，打开SPSS 的输出窗口，在此窗口内可查看当前数据框中所有的已定义的变量的信息。这些信息包含变量在数据框中的位置、变量名、变量标签、变量标签值、变量显示格式、变量的缺省值等，SPSS 查看器窗口如图 2-14 所示。

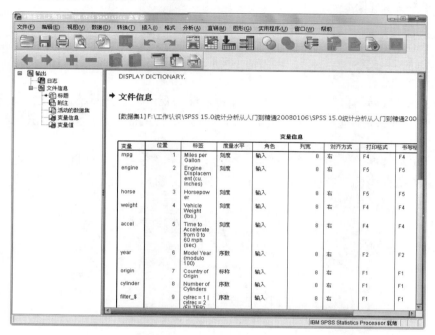

图 2-14　SPSS 查看器窗口

2.4.2　SPSS 数据的定位

有时输入编辑框的数据可能有错误，如果知道哪个数据有错误，就可以直接在数据所在的单元格中修改，即人工定位的方法。具体的操作方法是，首先激活要修改的单元格，然后输入正确的数值或字符串。人工定位的方法只适用于数据量较少的情况。

但要从大量的数据中寻找有错误的数据时，SPSS 系统提供了使操作更简单、更迅速的方法，即自动定位。自动定位是指 SPSS 按照用户给出的定位条件自动寻找满足条件的第一个单元格，并将其设置为当前单元格，这种方法适合于数据量较大的情况。定位条件可以是一个个案的序号，也可以是某个变量的变量值。

1.　按个案序号自动定位

通过指定任意个案的序号，将当前数据单元格定位到指定的个案的单元格上，并使指定的单元格成为当前单元格。

具体操作方法为：选择"编辑"中的"转至个案"命令，弹出对话框。在"转向个案数"文本框内输入需要定位的个案序号，单击"转向"按钮后，当前单元格自动移动到指定的个案序号相应的单元格内,如图 2-15 所示。如果输入的个案序号超过文件个案数量的最大值,系统自动将当前数据单元序号定义为最后一个个案所在行。

2. 按变量值自动定位

在当前数据单元格所在的列中,向下搜索满足指定条件的第一个个案,并将其设置为当前数据单元。具体操作方法为:选择"编辑"菜单中的"查找"命令,弹出"查找和替换"(变量值中寻找数据)对话框。在"查找"文本框中输入需要搜索的变量值,单击"查找下一个"按钮后,系统将自动向下搜索满足指定变量值的第一个个案,如图 2-16 所示。

图 2-15　"转向个案"对话框

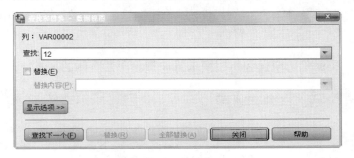

图 2-16　"查找和替换"对话框

如果所要查找的变量值为定义了小数部分的数值,在"查找"中输入"12",系统在当前列变量中查找显示为 12 的变量值,但由于显示格式为带有小数部分的数值,所以是无法查找到值为 12 的单元格的。

在运行查找的过程中,如果想停止查找,单击"关闭"按钮即可中止查找。

2.4.3　插入与删除变量

1. 插入变量

插入变量即在已有变量的基础上再在某个变量前增加一个新的变量。用户可以通过数据编辑器窗口菜单命令插入变量,也可以通过鼠标右键插入变量,还可以通过工具菜单栏插入变量。插入后,在该变量列的左侧出现一个名为 VAR0000n 的变量,n 为一个正整数,具体数值和数据文件的原变量名和插入变量的个数有关。系统默认插入的变量为标准数值型,变量值均为系统缺失值,用户可以根据实际需要修改变量属性和录入数据。

通过数据编辑器窗口菜单命令插入变量时,首先将光标移动到变量所在列的任意单元格上,然后单击"编辑"菜单中的"插入变量"命令即可。

使用鼠标右键插入变量时,首先将光标移动到数据编辑器窗口的相应变量名上,单击该变量名,选择此变量,即可将变量所在列的全部单元格反选。单击鼠标右键,在弹出的快捷菜单中选择"插入变量"命令,如图 2-17 所示。

利用工具菜单栏插入变量时,首先将光标移动到某变量所在列的任意单元格上,然后单击数据编辑器窗口中的工具栏按钮,同样可以在该变量左侧出现一个名为 VAR0000n

的新变量。

2. 删除变量

删除一个变量也就是在数据编辑器窗口删除某个变量所在列及该变量的全部数据。

删除变量可以通过鼠标右键和"编辑"菜单命令两种方式完成。

利用鼠标右键删除变量的操作方法同上文所讲的插入变量的方法一样,只是在快捷菜单中选择"剪切",而不是"插入变量"。

通过"编辑"菜单删除变量的操作与插入变量的操作也基本类似,只是选择的命令应该是"剪切"而不是"插入变量"。

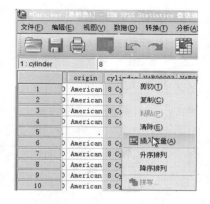

图 2-17　利用鼠标右键插入变量

操作完毕后,待删除的变量和所有变量值被删除,其右侧的变量自动依次左移一列。

2.4.4　插入与删除观测量

1. 插入观测量

插入一个观测量就是在数据编辑器窗口的某个个案前插入一个新的个案。插入后,原来选定的观测值下移一行,新增观测值的序号代替原来选定的个案序号。与插入变量的操作类似,也可以通过鼠标右键和"编辑"菜单两种方式插入观测值。

通过"编辑"菜单命令插入观测值时,先将光标移动到某选定的个案序号上,也可以直接选定某个个案所在行的任意一个单元格,单击鼠标,然后选择"编辑"菜单中的"插入个案"命令。这样,就可以插入一个新的观测量。

通过鼠标右键插入新的观测量时,先将该个案所在行反显。反显的方法同上,即将光标移动到某选定的个案序号上单击,然后单击鼠标右键,在弹出的快捷菜单中选择"插入个案"命令,如图 2-18 所示。

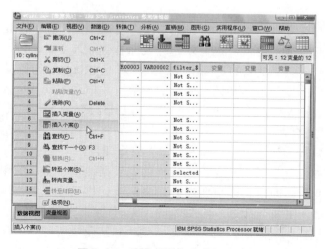

图 2-18　选择"插入个案"命令

操作完毕后，SPSS 自动在当前个案前插入一个空行，用户可以在该空行录入一个新的观测量。

2. 删除观测量

删除一个观测量也就是删除一个个案的所有数据，其方法与上文所讲的删除一个变量的方法类似，同样可以通过"编辑"菜单和鼠标右键完成。不同的是，删除变量时是将变量所在列反显，而删除观测量时应该将观测量所在行反显，其他操作均类似，反显的操作方法在上文插入观测量中已经讲解。读者可参照上文进行学习。

2.4.5 数据的剪切、复制和粘贴

数据的剪切、复制与粘贴的步骤如下。

1. 选择操作对象

对数据进行剪切、复制和粘贴，首先要选定操作对象。有两种方法可以选定操作对象，一是单击鼠标右键，在弹出的快捷菜单中选择；二是使用菜单项"编辑"中的各项命令。

选择观测量，将光标置于选择的观测量序号上，单击鼠标左键，该观测量所在行会被反显；选择变量，将光标置于选择的变量名上，单击鼠标左键，该变量所在列会被反显；连续地选择一些单元格，可以采用鼠标键来完成。如选择某个观测量的第二到十个值，可用鼠标左键先单击某一端的一个单元格，然后按住鼠标左键，拖动到另外一端，即可选定目标。还可以使用键盘操作，在某个端点单元格上按 Shift 键，然后使用方向键选定目标。这些操作与 Excel 的操作相同。

2. 数据的剪切与粘贴

1) 剪切操作

如果要移动选定的内容，可以单击鼠标右键，在弹出的快捷菜单中选择"剪切"命令，或者在"编辑"菜单中选择"剪切"命令，即可完成剪切操作。

2) 粘贴操作

如果要把选中的内容复制到某一位置，可以单击鼠标右键，在弹出的快捷菜单中选择"粘贴"命令，或者在"编辑"菜单中选择"粘贴"命令，即可完成粘贴操作。

3) 删除操作

如果要删除选定的内容，可以单击鼠标右键，在弹出的快捷菜单中选择"清除"命令，或在"编辑"菜单中选择"清除"命令，即可完成删除操作。

3. 复制选定内容到指定位置

1) 复制一个观测量

选定要复制的观测量并复制它，然后用鼠标单击观测量要插入的位置，单击鼠标右键，在弹出的快捷菜单中选择"粘贴"命令，也可以单击"编辑"菜单中的"粘贴"命令，就可将观测量插入指定的空观测量处。

2) 复制一个变量

先选定要复制的变量并复制它，然后用鼠标单击变量要插入的位置，单击鼠标右键，

在弹出的快捷菜单中选择"粘贴"命令，也可以单击"编辑"菜单中的"粘贴"命令，就可将变量插入指定的空变量处。

2.4.6 撤销操作

在用户对数据进行操作之后，如果想恢复到操作前的状态，可以单击"编辑"菜单中的"撤销"命令，也可以在图标栏单击"撤销"图标。

2.5 数据文件的操作

数据文件输出到数据编辑器中以后，就可以用 SPSS 的统计过程进行分析了。但有时可能由于没有按照要求取样，或需要对全部数据进行重新分类以后再处理，这样就需要对原数据文件进行编辑和转换。因此，对数据文件的操作在统计分析中占据着举足轻重的位置，这些数据文件的实际操作能使用户在使用 SPSS 分析数据时更加准确、更加高效。数据文件的编辑主要使用主菜单中的"数据"菜单和"转换"菜单。本节将重点讲解在数据文件窗口中的一些基本操作。

2.5.1 数据文件的打开与保存

1. 打开数据文件

打开数据文件的具体步骤如下。

（1）单击菜单栏"文件"选项中的"打开"命令，或在工具栏上单击"打开数据"图标，弹出的对话框如图 2-19 所示。

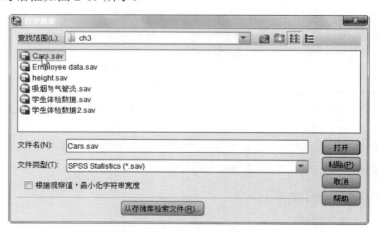

图 2-19 "打开数据"对话框

（2）在对话框中找到需要打开的数据文件。SPSS 中可以打开的数据文件主要有以下几种：*.sav：SPSS For Windows 建立的数据文件；*.sys：SPSS For Win 7 建立的语句文件；*.xls：Excel 建立的表格数据文件；*.dbf：数据库格式文件；*.sps：SPSS 的语句文件。需要注意的是，并不是所有文件都可以用 SPSS 软件直接打开，有些文件是需要转换的，关于文件的转换将在后面进行详细讲解，此处不再赘述。

(3) 在找到需要打开的数据文件之后，可以用鼠标双击文件名打开文件，也可以在选中文件后，单击对话框中的"确定"按钮。此时，屏幕会在数据窗口显示打开的数据文件中的数据。SPSS 25.0 for Win7 与以往版本相比，一个新的特色就是可以同时打开多个数据文件，即在打开新的数据文件时，已经打开的数据文件不会被关闭或覆盖。这一特点更加方便用户在不同的数据文件中进行数据操作。

2. 保存数据文件

将 SPSS 文件保存在磁盘中，可以保存为 SPSS STATISTICS 数据文件，也可以保存为其他格式的数据文件。保存数据文件可以使用"文件"菜单中的"保存"和"另存为"命令，也可以单击菜单栏下面的保存图标■完成。

在需要保存一个数据文件时，若这个数据文件是新建的，可以单击"文件"菜单中的"保存"和"另存为"命令，此时会打开保存文件的对话框；如果这个数据文件是已经保存过的或者是从磁盘上打开的，那么单击"文件"菜单中的"保存"命令，则将文件存到原文件的位置，单击"文件"菜单中的"另存为"命令，会打开保存文件的对话框，可以将文件存到另外一个位置。

SPSS 可选择的文件类型主要有 SPSS 文件、固定格式的 ASCII 文件、自由格式的 ASCII 文件、Excel 文件、dBASE 数据库文件、SAS 文件和 Stata 文件。需要注意的是，数据文件格式的选择对不同版本有不同的选择项，即使是同一种文件类型，不同版本之间也存在着兼容性问题，可能出现保存的文件在其他软件中无法打开或者丢失信息的情况。

2.5.2 数据排序

对数据进行排序对于分析数据是非常重要的，SPSS 中可以根据一个变量或几个变量进行排序。对数据排序可以通过"数据"菜单中的"排列个案"命令实现，具体步骤如下。

(1) 在菜单栏中的"数据"菜单中单击"排列个案"命令，打开"排序个案"对话框，如图 2-20 所示。

(2) 需要根据哪个变量排序，则单击该变量，然后单击■图标，该变量即被放入"排序依据"文本框。可以选择按多个变量排序。在有多个排序变量时，排序方法类似于字典的排序，可以把"排序依据"框内的第一个变量看作字母"a"，而把第二个变量看作字母"b"等。当第一排序变量大小相同时，比较第二变量，当第二变量相同时，将比较第三变量，依此类推。

(3) 在完成上一步骤后，■图标将变为■，如图 2-21 所示。此时，单击该按钮可取消已选定的排序变量。单击"粘贴"按钮可以生成操作的"语法"语句，单击"重置"按钮可取消所有已选定的排序变量，重新设置排序变量。

(4) 在"排列顺序"框内有两种排序的方式："升序"选项，即按所选定的排序变量的升序来排序；"降序"选项，即按所选定的排序变量的降序来排序。

(5) 单击"确定"按钮，即可进行排序工作；单击"取消"按钮取消操作；单击"帮助"按钮可获得该操作的帮助文档。

 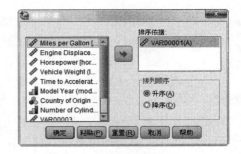

图 2-20 "排序个案"对话框　　　　图 2-21 选定变量后的"排序个案"对话框

2.5.3 数据文件的分解

在分析数据文件时，根据用户需要可以对文件进行分解。所谓的文件分解，并不是要把文件分成几个，而是根据实际情况，依据某一个或几个变量按照一定顺序把原有数据重新排列，把与所选定的一个或几个变量相关的数据在数据编辑器中集合在一起，以便集中操作和对比。

数据的分解通过"数据"菜单中的"拆分文件"来实现。在菜单栏的"数据"菜单中单击"分割文件"命令，弹出的对话框如图 2-22 所示。

在"分割文件"对话框中有以下选项：

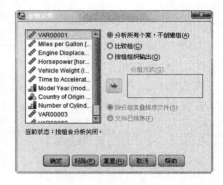

- 分析所有个案，不创建组：即对所有数据进行分析，不进行分组。这是系统的默认状态。在此状态下，有关分组的次一级菜单呈灰色显示，不可用。
- 比较组：选择此项则表示将分组后的分析结果放在一起查看。在进行分组后，分组变量将安置在同一个表格中比较输出。

图 2-22 "分割文件"对话框

- 按组组织输出：选择此项则表示将每一组分组分析结果单独显示出来，即按每个分组变量单独输出结果。

如果需要对文件进行分组，则选择"比较组"或"按组组织输出"，然后在左侧的变量框中选择需要进行分组的变量名，单击 按钮将之输入到右侧的"分组方式"文本框中。若选择了多个变量，分组变量的输入顺序对分组结果有影响。

在"分组方式"文本框下面有两个选项，其中"按分组变量排序文件"选项表示要求对数据文件按所选择的变量进行排序，而"文件已排序"选项则表示数据文件已经按所选择的变量进行排序。

设置完分组变量后，单击"确定"按钮，即可对数据文件进行分组。拆分后的文件将显示在数据编辑器窗口中以代替原文件。

2.5.4 数据文件的合并

有时分析数据文件时需要将几个数据文件合并在一起，数据文件共有两种合并方式：

横向合并和纵向合并。其中，横向合并是指从外部文件中增加变量到当前数据文件中，纵向合并是指从外部数据文件中增加观测量到当前数据文件中。

1. 增加变量

增加变量有两种方式：一是从外部数据文件中获取一些变量数据加入当前数据文件中；二是按关键变量合并，如同一个公司内的员工的工龄和工资分别在两个数据文件之中，两个数据文件有着同样的变量"名称"，在合并之后，新的数据文件中有公司员工的工龄和工资，但使用这种方法时两个数据文件之中一定要有一个共同的关键变量，而且还要求这两个数据文件的关键变量中有一定数量的相同值的观测量。

增加变量的具体步骤如下：用鼠标单击菜单栏"数据"菜单中的"合并文件"命令，选择"添加个案"，弹出的对话框如图 2-23 所示。

图 2-23　增加变量的选择合并文件对话框

因为 SPSS 25.0 for Win 7 可以同时打开几个不同的数据文件，所以在合并数据文件时，可以直接选择已经打开的数据文件，即"打开的数据集"文本框。在"外部 SPSS Statistics 数据文件"文本框下，单击"浏览"按钮可以从已经保存的 SPSS 数据文件中选择需要合并的文件。单击"继续"按钮进入下一步，弹出的对话框如图 2-24 所示。

图 2-24　增加变量的对话框

在增加变量的对话框中，"已排除的变量"列表框中显示新合并的数据文件中不包含的变量，包括外部数据文件中和工作数据文件重名的变量列表。变量名旁标有"*"号的变量表示当前工作数据文件中的变量，带有"+"号的表示外部数据文件的变量。只有"已排除的变量"列表框中重名的变量才可以作为关键变量，两个数据文件中关键变量相等的变量值是识别并且正确合并数据文件的重要依据。

如果要将"已排除的变量"列表框中的同名变量引入合并的数据文件，可以选择变量，再单击"重命名"按钮，对变量重命名，然后选择此变量，单击 按钮将其移动到"新的活动数据集"列表框中。

如果两个数据文件具有相同的个案数并且排列顺序一致，则不需要指定关键变量，只需单击"确定"按钮即可。否则，就需要选定关键变量，然后按照关键变量相同的排序方式重新对两个数据文件进行排序。"按照排序文件中的关键变量匹配个案"表示按照已排序文件的关键变量匹配个案。选择该项，同时激活三个选项，其中"两个文件都提供个案"表示对两个数据文件的全部个案进行合并；"非活动数据集为基于关键字的表"表示非活动数据文件为关键表，即将外部数据文件的变量值与活动数据集中对应变量的值相等的个案合并到活动数据集中；"活动数据集为基于关键字的表"表示活动数据集为关键表，正好与上一选项相反。

选择完合并变量后，单击"确定"按钮即可完成合并操作，并在当前数据编辑器窗口中显示合并后的数据文件。

2. 增加观测量

增加观测量，即个案合并，也称纵向合并，是在两个具有相同变量的数据文件中，将其中一个数据文件的个案追加到当前数据文件的个案中，形成新的数据文件。

与上述增加变量的操作类似，增加观测量应在菜单栏中选择"数据"菜单中的"合并文件"命令，然后选择"添加个案"选项，弹出的对话框如图2-25所示。

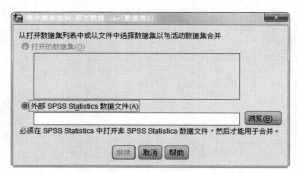

图2-25 添加个案对话框

与增加变量相似，可以直接选择一个已经打开的数据文件，也可以从已保存的数据文件中选择。在选定了数据文件之后，会弹出增加观测量对话框，如图2-26所示。

对话框左侧的"非成对变量"列表框中列出的是未匹配的变量，右侧的"新的活动数据集中的变量"列表框中的变量是两个数据文件中的文件名相同、类型相同的变量。若在"非成对变量"列表框中含有来自两个数据文件中变量名不同但数据的含义和属性都相同的变量,可以通过"对"命令匹配两个变量。

图 2-26　增加观测量对话框

"将个案源表示为变量"选项,表示在合并的数据文件中增加一个变量名为"源 01"的变量。变量值为"0"时,表示该个案来自于工作数据文件;变量值为"1"时,表示该个案来自于外部数据文件。

与增加变量一样,选择合并变量后,单击"确定"按钮即可完成合并操作,并在当前数据编辑器窗口中显示合并后的数据文件。

2.5.5　数据文件的转置

数据的转置(Transpose)可将数据文件行(个案)、列(变量)互换,类似于矩阵转置。

选择"数据"菜单中的"转置"选项,弹出"转置"对话框,如图 2-27 所示。

在左侧框中将要转置的变量选入右侧的"变量"框中,未被选入的变量将不会出现在新的数据文件中。如果左侧框中存在变量,这个变量的每一个值都互不相同,那么它就可以作为名称变量,名称变量的值会被转置为新变量的名称。如果不存在满足要求的变量,那么系统会自动给转置后的变量赋变量名。单击"确定"按钮,即可进行转置。转置后的数据编辑器窗口如图 2-28 所示。

图 2-27　"转置"对话框

CASE_LBL	字符串	3	0	无	无	10	左	
var001	数值(N)	8	2	无	无	10	右	未
var002	数值(N)	8	2	无	无	10	右	未
var003	数值(N)	8	2	无	无	10	右	未
var004	数值(N)	8	2	无	无	10	右	未
var005	数值(N)	8	2	无	无	10	右	未
var006	数值(N)	8	2		无	无	10	右	未

图 2-28　转置后的数据编辑器窗口

数据文件转置后，行与列互换，新数据文件的第一列为字符型变量，变量名为"CASE_LBL"，该列的变量值为原数据文件的所有变量名。原数据文件中的个案经转置后，变成新数据文件中的变量，变量名由 SPSS 重新指定，形成"var00n"。用户可以通过"转置"对话框中的"名称变量"来重新命名转置后所形成的新变量。

2.5.6　清除数据

我们常需要清除数据窗口的数据，以便输入新的数据。完成此项工作可以通过在菜单栏中选择"文件"选项，然后选择"新建"，再选择"数据"命令清除原有的数据，开始录入新的数据。

如果数据窗口的数据在最后一次保存后改动过，那么单击"数据"命令之后，会出现是否保存数据编辑器窗口中数据的对话框。如果选择"是"，则会保存数据，如果选择"否"，则不会保存数据。在做出选择之后，数据窗口会被清空。

2.5.7　数据库文件的转换

许多数据文件在操作时保存在一些其他格式的数据文件中，如 dBase、Foxbase、Foxpro、Orical 等数据库管理系统所建立的文件。要分析此类数据文件，首先应将此类数据文件转换为 SPSS 能够读取的文件。SPSS 软件提供了多种不同格式的数据文件读取和保存方式，甚至可以从不同格式的文本文件中方便地读取数据。另外，经 SPSS 软件处理的数据可以保存为其他格式的数据文件。

SPSS 可以读取的数据文件类型主要有 Excel 格式文件、dBASE 格式文件和 SAS 格式文件。

1. 打开一个已经存在的数据文件

直接转换的步骤为：在主菜单栏中选择"文件"|"打开"|"数据"命令，打开"打开数据"对话框，如图 2-29 所示。

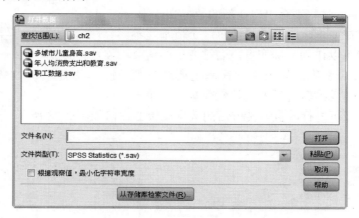

图 2-29　"打开数据"对话框

在"打开数据"对话框中，单击"文件类型"下拉按钮，会弹出一个下拉列表，在下拉列表中选择要打开的文件类型。也可在"查找范围"内选择要打开的数据文件的位置,单击"打开"按钮,找到要打开的数据库文件后,单击"确定"按钮,即可打开目标数据库文件。

2. 读取 Excel 格式的文件

读取其他格式的数据文件,以 Excel 为例。Excel 格式在数据文件中是比较常见的,SPSS 软件可以直接读取。

读取 Excel 格式文件,可以利用上面介绍的打开数据文件的方法,在图 2-29 的"文件类型"下拉列表框中选择"Excel(*.xls, *.xlsx, *.xlsm)"选项,单击"确定"按钮,即可在 SPSS 数据编辑器窗口打开此文件,如图 2-30 所示。

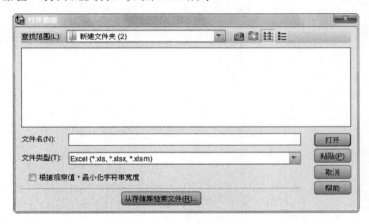

图 2-30 "打开数据"对话框

有一些格式的文件是不能被 SPSS 软件直接读取显示在数据编辑器窗口中的,比如文本格式的数据文件及 dBASE 数据库中的文件等,对于这些文件,用户可以借助帮助文档或者在 SPSS 主页上查询打开其他各种格式数据文件的方法。

第 3 章
基本统计分析功能

　　数据处理和统计分析过程通常是从基本统计量的计算和描述开始的,基本的统计分析包括统计报告分析、基本统计量的计算及数据的探索性分析等。
　　通过计算诸如样本均值、样本标准差等重要的基本统计量,并借助 SPSS 提供的图形功能,能够把握数据的基本特征和整体的分布形态,如均值、方差、标准差、均值标准误差、最大值、最小值、极差、偏度和峰度及其标准误差等,能够进行正态性检验、独立性检验等检验单变量的特征和多变量间的相互关系,还可以按照用户规定的格式输出报告,对进一步的统计推断和数据建模工作起到重要作用。另外,构建更复杂的统计算法同样离不开基本统计量的计算。

基本统计分析指的是分析菜单下的报告分析(报告)和描述性统计分析(描述统计)两项功能，这两项功能是 SPSS 窗口分析的重要功能，也是统计工作的出发点。利用基本统计分析模块，可以通过选择"描述统计"(描述性统计分析)中的各个过程实现，统计报告分析可以通过主菜单栏中"分析"菜单中的"报告"命令实现。

3.1 基本统计量的定义及计算

SPSS 提供的基本统计量大致可以分为 3 类：描述集中趋势的统计量、描述离散趋势的统计量、描述分布形态的统计量。只有首先明确了这些基本统计量的定义及计算方法后，才能采用正确的方法对已收集的数据进行分析。下面将分别介绍各统计量。

3.1.1 描述集中趋势的统计量

统计学中的集中趋势统计量是由样本值确定的量，样本值有向这个数据集中的趋势。测度集中趋势就是寻找数据一般水平的代表值或中心值，不同类型的数据用不同的集中趋势测度值，选择哪种测度值取决于数据的类型。描述集中趋势的统计量有很多，根据集中趋势的定义不同，可以分为样本均值、中位数、众数、百分位数。

1) 样本均值(Mean)

均值又称"算术平均值"，是指一组数的平均值，其数学定义为

$$\overline{X} = \frac{1}{n}\sum_{i=1}^{n} X_i$$

其中，n 为样本容量；X_i 为样本点的数值。样本均值反映了变量取值的集中趋势，或者平均水平，是最常用的基本统计量。如需要计算某个学生的平均成绩、某一科目的平均成绩等，都需要用到这个统计量。

均值适用于数值型数据，但缺点是易受极端值的影响。

2) 中位数(Median)

一组样本数据按升序或降序排列后，如果样本容量为奇数，取中间位置的数值；如果为偶数，则取中间两个数据的平均值。

中位数受数据变化影响比均值大，但不受极值的影响，在经济部门的统计工作中应用比较广泛，如某公司职工年龄的中位数。

3) 众数(Mode)

样本中出现次数(频数)最多的数值，众数的优点是不受极端值的影响。众数具有不唯一性，在一组样本中可能无众数或者有好几个众数。众数一般用于定类数据，也可用于定序数据和数值型数据，在定类数据中众数不是一个数，而是一个类别。

相邻两组频数相等时，众数组的中值即为众数。

4) 百分位数(Percentile Value)

类似于随机变量分位点的概念。将样本数据按升序排列后，排在前面 $p\%$ 的数据的右端点值称为样本的 p 分位数。常用的有 4 分位数(Quartiles)，指的是将数据分为 4 等分，分别位于 25%、50% 和 75% 处的分位数。百分位数适合于定序数据及更高级的数据，不能用于

定类数据。

百分位数的优点是不受极端值的影响。

3.1.2 描述离散趋势的统计量

统计学中描述离散趋势的统计量是样本值远离集中趋势统计量程度的定量化描述，说明了集中趋势测度值的代表程度，不同的数据有不同的离散趋势测度值。比较重要的离散趋势统计量有样本方差、样本标准差、均值标准误差、极差、离散系数等。

1) 样本方差(Sample Variance)

样本方差的数学定义为

$$\text{Var} = \frac{1}{n-1} \sum_{i=1}^{n} (x_i - \bar{x})^2$$

其中，n 为样本容量；x_i 为样本点的数值。从上述公式可以看出，样本方差是刻画样本数据关于均值的平均偏差平方的一个量，是描述样本离散趋势的最常用的统计量。样本方差越大，表明样本值偏离样本平均值的可能性就越大。

2) 样本标准差(Sample Standard Deviation)

由于样本方差的计算单位是样本值的平方，将样本方差开方后可以得到和样本值相同量纲的统计量，将样本方差开方后的统计量称为样本标准差。样本标准差和样本方差一样，也是度量样本离散程度的重要统计量。

3) 均值标准误差(Standard Error of Mean)

均值标准误差即样本均值的标准差，是描述样本均值和总体均值平均偏差程度的统计量。

4) 极差(Range)

极差是样本数据中最大值和最小值之差。显然，在样本容量相同的情况下，极差大的样本要比极差小的样本分散性更大，但极差易受样本最大值和最小值的影响，没有体现中间数值的信息，所以稳定性较差。

5) 离散系数(Coefficient of Variation)

离散系数也称标准差系数，即标准差与相应均值之比，主要用于测量相对离散程度，对不同组别离散数据进行比较。离散系数消除了数据水平高低和计量单位的影响。

3.1.3 描述分布形态的统计量

要从整体上全面把握样本数据的分布，仅有集中趋势和离散趋势统计量是不够的，还需要掌握数据分布的形态，如直方图的对称性、偏斜程度以及陡缓程度等。关于描述数据分布形态的统计量主要有偏度和峰度。

1) 偏度(Skewness)

偏度是描述取值分布形态对称性的统计量，由 Pearson 在 1895 年提出。偏度由样本的 3 阶中心矩与样本方差的 3/2 次方的比值而得，偏度的绝对值越大，表示数据分布的偏斜程度越高。来自正态总体的样本偏度近似为 0。

偏度系数有两种测量方式，分别为皮尔逊偏度系数 1 和皮尔逊偏度系数 2。偏度系数等于 0 属于正态分布；偏度系数大于 0 是右偏分布，表明较低的值占多数；偏度系数小于 0 为左偏分布，表明较高的值占多数。

2) 峰度(Kutosis)

峰度是描述变量取值分布形态扁平程度的统计量，由 Pearson 在 1905 年提出。峰度等于 0 表示数据分布的扁平程度适中，即正态分布；峰度大于 0 表示数据呈扁平分布；峰度小于 0 表明数据呈尖峰分布。

所以，在非参数检验中，利用偏度和峰度的值是否接近 0 作为检验数据是否呈正态分布的重要依据。

3.2 统计报告

在分析处理数据时，有时需要含有多种统计量的报表，从而获取一些有价值的信息，以便做更深的分析。

SPSS 的所有统计结果都会以表格的形式输出在结果浏览窗口中，但这里介绍的是比统计分析结果更简单明确的数据报表。SPSS 的报告功能(报告)是以表格的形式，按照一定的要求对数据进行列表以表现数据内在的联系，让用户在进行具体分析之前先大致了解数据之间的内在联系，以便更准确地确认进一步分析所应使用的工具。

运用报告功能可以得到许多统计学的基本指标，如均值、方差、标准差、最大值、最小值、偏度、峰度及标准误差等，能够进行常态性检验、独立性检验等检验单变量的特征及与多变量之间的相互关系，还可以按照用户规定的格式输出报表。

3.2.1 在线分析处理报告

在线分析处理报告(Online Analytical Processing，OLAP)，该过程按一个或多个分组变量所分的组，计算所考查连续变量的总体值、均值以及其他基本统计量，并且以分层的方式输出结果，表中每一层是依据一个分组变量的结果输出。

在建立或打开一个数据文件后，即可进行在线分析处理。

在主菜单栏中选择"分析"|"报告"命令，单击"OLAP 立方体"命令，弹出"OLAP 立方体"对话框，如图 3-1 所示。左侧为所有变量，右侧包含两个文本框，即"摘要变量"文本框和"分组变量"文本框。

进入"摘要变量"文本框中的变量要求是数值变量，SPSS 程序将自动对该框中的变量做摘要分析。从左侧的源变量框中，选择取值有限的数值型或字符型变量作为分组变量进入"分组变量"文本框，SPSS 程序将自动按照每个分组变量的类别进行摘要分析。

需要说明的是，这里的分组变量在实际的运算过程中并不起分组的作用，而仅仅是确定进入统计过程的观测量的范围。以 Employee Data 数据文件为例，选择 Current Salary 作为摘要变量，而 Educational Level 作为分组变量，要计算学历的平均工资水平，那么在输出结果中显示的并不是每个学历的平均工资水平，而是所有属于观测量的工资的总平均值。

选择了摘要变量和分组变量之后，单击"统计量"按钮，弹出统计量对话框，如图 3-2

所示。选择需要输出的统计量。可供选择的统计量有：中位数、组内中位数、均值的标准误、最小值、最大值、范围、第一个、最后一个、方差、峰度、峰度的标准误、偏度、偏度的标准误、调和均值和几何均值等。

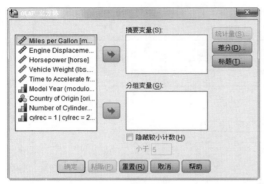

图 3-1　"OLAP 立方体"对话框　　　　图 3-2　统计量对话框

系统默认的需要分析的统计量包括合计、个案数、均值、标准差、总和的百分比、总个案数的百分比，用户可根据需要选择添加或删除一些统计量。

单击"帮助"按钮，可得到相关的帮助文档。在选择完需要分析的统计量之后，单击"继续"按钮，回到如图 3-1 所示的"OLAP 立方体"对话框中，单击"确定"按钮即可进行相关的摘要分析。

下面以"Employee Data.sav"数据文件为例做简单的在线分析。

(1)　在菜单栏中选择"报告"菜单，然后单击"OLAP 立方体"命令，打开"OLAP 立方体"对话框。

(2)　选择"Current Salary"作为摘要变量，而"Educational Level"作为分组变量。单击"统计量"按钮，弹出统计量对话框。

(3)　在这里仅选择"合计""均值"和"标准差"三个统计量做简单示例分析。在统计量对话框中将不需要的统计量从"单元格统计量"文本框中移出。操作方法为单击要移出的统计量，然后单击 按钮，即可完成操作。

(4)　选择完需要分析的统计量之后，单击"继续"按钮返回到"OLAP 立方体"对话框，单击"确定"按钮即可完成操作。系统将自动进行相关的摘要分析。分析结果输出窗口如图 3-3 所示。

在分析结果输出窗口中，包括"案例处理摘要"表格和"OLAP 立方体"表格。"案例处理摘要"表格说明了观测量的一些基本情况，包括已包含、已排除和总计。而"OLAP 立方体"表格是分层报告，输出了均值、标准差和合计。在这个表格中输出的是用户所有要分析的统计量。

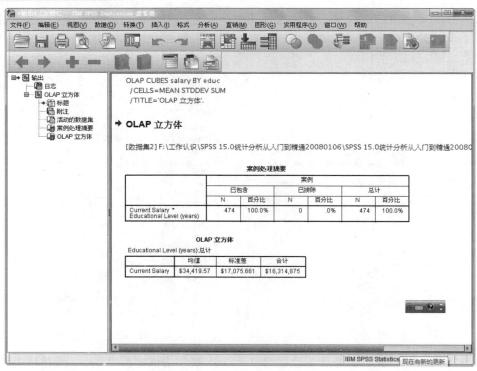

图 3-3　OLAP 分析结果输出窗口

3.2.2　个案摘要报告

个案摘要报告(Case 摘要)，也称观测量摘要报告，主要用于按指定分组统计量不同水平的交叉汇编(即类内各子类的统计量)，对变量进行记录列表，并计算相应的统计量。它主要为定量数据的描述服务，可以利用"个案汇总"预览以及打印数据。所以对已知数据进行统计分析时，先对数据的实际统计量以交叉列表的形式显示，有利于用户比较直观地掌握数据的基本特征，可以提高统计分析的效能。

分组变量可以是一个，也可以有多个，如果是多个的话，将在所有水平进行交叉组合。每个组中，变量值可以显示出来，也可以不显示。对大数据集，可以仅列出前面的观察值。

在建立或打开一个数据文件后，就可进行个案摘要分析了。同样，在主菜单栏中单击"分析"菜单，然后单击"报告"命令，选择"个案汇总"选项，打开"摘要个案"对话框，如图 3-4 所示。

在"摘要个案"对话框中，左侧是所有变量的变量列表，右侧的"变量"文本框用于选择需要进行记录汇总分析的变量，如果选入多个变量，则系统会在同一张表格内依次对它们进行分析。"分组变量"文本框中选择用于分组的变量，分组变量可以是数值型或是短字符型变量，变量值仅表示分类，取值应尽可能少。如果选择了多个分组变量，则系统会按各个变量不同取值的交叉汇编对汇总变量进行分析，并在表格合适的位置给出各个分组变量不同取值的合计结果。"显示个案"选项用于确定是否输出详细的记录列表，选择该选项后，下面的三个复选框被激活，用于选择具体的输出方式。系统默认输出前 100 个记录，并且不显示无效或缺失记录。统计量对话框用于选择需要输出的一些常用的统计量，属性和 OLAP 过程相同，唯一的不同是这里的系统默认统计量只有 Number of Cases(观测量数目)，读者可参照上节进行学习。单击"选项"按钮，即可打开"选项"对话框，在该对话框中，可以确定输出结果的标题(Title)、脚注(Caption)、分组统计量的标题(Subheadings for Total)、在分析过程中是否剔除带有缺失值的观测量(Exclude Cases with Missing Values Listwize)以及标记缺失值(Missing Values appear as)等。

下面以 SPSS 内置数据文件"Employee Data.sav"为例讲解个案摘要报告的用法，要求为该数据文件中的前 12 个观测量值制作一个"员工信息概述表"，按照变量 Gender 对数据进行分组，对每组以及所有的变量 Salary、Prevexp 和 Jobcat 计算它们的观测量数目、均值和极值，并且不排除缺失值。具体操作如下。

打开 Employee Data 数据文件后，单击主菜单栏中的"报告"菜单，然后单击"摘要个案"命令，弹出"摘要个案"对话框。

选择概述变量 Jobcat、Prevexp 和 Salary，进入"变量"文本框，选择 Gender 作为分组变量并加入"分组变量"文本框。由于要求输出数据文件中前 12 个观测量值，所以在"将个案限制到前"右边的文本框中输入 12，以限制观测量数目，由于要在报表中显示缺失值，所以取消勾选"仅显示有效个案"复选框，同时取消勾选"显示个案号"复选框，不显示观测量在数据文件中的序。

单击"统计量"按钮，弹出统计量对话框，选择"个案数""范围"和"均值"统计量作为将要计算的统计量，如图 3-5 所示。

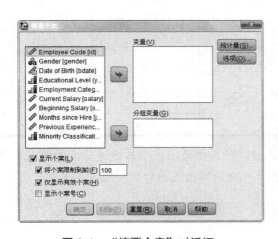

图 3-4 "摘要个案"对话框　　　　　图 3-5 统计量对话框

单击"继续"按钮回到"摘要个案"对话框。单击"选项"按钮，进入"选项"子对话框，设置"标题"为"员工信息概述表"，并且勾选"总计副标题"，在表中的分组内显示"总计"。

单击"继续"按钮，回到"摘要个案"对话框，设置完毕，单击"确定"按钮进行分析，报表出现在浏览窗口，见表 3-1。

表 3-1 员工信息概述表

			Current Salary	Employment Category	Previous Experience (months)
Gender	Female	1	$21,450	Clerical	381
		2	$21,900	Clerical	190
		3	$21,900	Clerical	missing
		4	$27,900	Clerical	115
		5	$24,000	Clerical	244
		6	$30,300	Clerical	143
		总计 N	6	6	6
		全距	$8,850	0	381
		均值	$24,575.00	1.00	178.83
	Male	1	$57,000	Manager	144
		2	$40,200	Clerical	36
		3	$45,000	Clerical	138
		4	$32,100	Clerical	67
		5	$36,000	Clerical	114
		6	$28,350	Clerical	26
		总计 N	6	6	6
		全距	$28,650	2	118
		均值	$39,775.00	1.33	87.50
	Total	N	12	12	12
		全距	$35,550	2	381
		均值	$32,175.00	1.17	133.17

在这个报表前面还有一个观测量的概述表，在其中列出了参与概述分析的所有有效观测量数、被排除的观测量数以及全部观测量数和它们所占的百分比，见表 3-2。

表 3-2 Case Processing 摘要(a)

	案 例					
	已 包 含		已 排 除		总 计	
	N	百分比	N	百分比	N	百分比
Current Salary * Gender	12	100.0%	0	.0%	12	100.0%
Employment Category * Gender	12	100.0%	0	.0%	12	100.0%
Previous Experience (months) * Gender	12	100.0%	0	.0%	12	100.0%

3.2.3 行形式摘要报告

行形式摘要报告和列形式摘要报告(报告 合计 Maries in 行/Columns)这两个过程是专门用于生成复杂报表的，它们均可以对输出表格进行精确定义，以满足用户的各种要求。不仅如此，为了方便用户使用，其输出的结果均为纯文本格式，如果不满意，可根据需要将它们导入任何文字处理软件进行编辑，这是其一个显著特点。这也是 SPSS 设计人性化、个性化的表现。

在建立或打开一个数据文件后，就可进行行形式摘要分析了。在主菜单栏中选择"分析"菜单，单击"报告"子菜单，然后选择"按行汇总"命令，打开"报告：行摘要"对话框，如图 3-6 所示。

由于有很多输出的格式需要精确定义，"报告：行摘要"对话框接口上有很多按钮组件，比较复杂，为了便于了解和利用，它们按用途组合成按钮组，下面分别进行讲解。

1. "数据列变量"栏

从左侧的源变量框中选择要进行报告分析的变量进入"数据列变量"文本框。每选择一个变量进入框内，单击"格式"按钮，打开"报告：中断格式"对话框，在其中对每一变量的输出格式进行设置，如图 3-7 所示。

图 3-6　"报告：行摘要"对话框　　　　图 3-7　"报告：中断格式"对话框

在"列标题"文本框中输入变量的列标题，如果不输入，系统将把输出变量的标签或者名称作为变量列标题。

在"列标题调整"下拉列表框中可以选择列标题对齐的方式：左(左对齐)、居中(居中对齐)、右(右对齐)，系统默认为右(右对齐)；在"列中位数的位置"栏中选择变量值所处的位置，如果选择"自右边的偏移量"选项，将以缩进的形式输出，数值缩进的位置从右开始，字符缩进的位置从左开始，"偏移数量"参数框用于键入缩进的数值，如果选择"在列中居中"选项，变量值将位于列中央。

在"列宽"参数框中可以键入列宽数值。如果不设列宽，SPSS 将根据以下原则自动设置列宽：如果输出数值标签，那么列宽为数值标签中的最长者；如果输出变量值，那么列宽为变量所定义的宽度；如果设置了列标题，那么列宽为列标题的最长者；如果没有设置列标题，那么列宽为所输出的变量标签的最长者。

在"列内容"栏中选择输出的内容。如果选择"值"选项，将输出变量值；如果选择"值标签"选项，将输出变量标签。

2. "分组列"栏

进入该框中的变量作为分组变量，可以有多个，选中分组变量后，该栏中"摘要""选项""格式"三个按钮被激活。

在"排序顺序"栏中确定分组变量排序的规则，选中"升序"表示从左到右按升序排列，选中"降序"表示从左到右按降序排列。

如果已经按分组变量排好序，勾选"数据已经排序"复选框，将会节省时间。

单击"摘要"按钮，将会打开"报告：最终摘要行"对话框，如图 3-8 所示，在该对话框中可以确定分组后列变量要输出的统计量。

在"报告：最终摘要行"对话框中列出的统计量包括："值的和"项，输出列变量之和；"值的均值"项，输出列变量的均值；"最小值"项，输出列变量中的最小值；"最大值"项，输出列变量中的最大值；"个案数"项，输出列变量中观测量的数目；"上百分比"项，输出列变量中高于"值"框中设定值的观测量数占总数的百分比；"下百分比"项，输出列变量中低于"值"框中设定值的观测量数占总数的百分比；"内百分比"项，输出列变量中位于"低"与"高"框中设定值的观测量数占总数的百分比；"标准差"项，输出标准差；"峰度"项，输出峰度；"方差"项，输出方差；"偏度"项，输出偏度。

单击"选项"按钮，即可打开"报告：中断选项"对话框，在该框中可以进行页面设置，如图 3-9 所示。

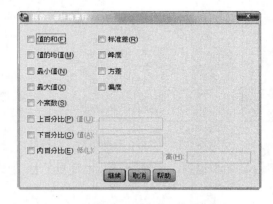

图 3-8　"报告：最终摘要行"对话框

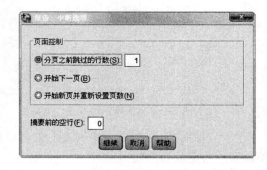

图 3-9　"报告：中断选项"对话框

在"报告：中断选项"对话框中，"页面控制"栏用于进行页面设置：选中"分页之前跳过的行数"项，并在参数框中输入不超过 20 的数，表示分组变量间的间距行数；选中"开始下一页"项，表示每个分组变量都在新的一页输出；选中"开始新页并重新设置页数"项，表示在新的一页输出下一个分组变量，并接着上一页的页码输出下一页的页码；在"摘要前的空行"参数框输入分组标题和报告内容之间的间距，最多可插入 20 行空白。

单击"格式"按钮,打开"格式"对话框,可进行分组变量输出格式的选择,与"数据列"栏中的"格式"选项功能一样。

3. "显示个案"复选框

勾选此项将会输出一个单独的观测量列表。

4. "预览"复选框

勾选此项,表示只输出报告的第一页,便于用户查看报告的格式。

5. 报告栏

在该栏中对整个报告进行管理,包括"摘要""选项""布局"和"标题"四个选项。

单击"摘要"按钮,打开"报告:最终摘要行"对话框,对整个报告的所有统计量进行管理,与上文所讲的"分组列"栏中的"摘要"选项功能一样,读者可参照上文进行学习。

单击"选项"按钮,打开"报告:选项"对话框,在该对话框中可进行缺失值和输出页码的设置,如图3-10所示。

勾选"按列表排除含有缺失值的个案"复选框,表示剔除带有缺失值的观测量;在"缺失值显示为"参数框中输入一个字符,代表系统和用户的缺失值;在"计算页数的起点"参数框中设置报告的起始页码,可以输入0～99999的任一个数。

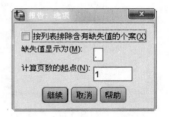

图3-10 "报告:选项"对话框

单击"布局"按钮,打开"报告:布局"对话框,对整个报告的输出布局进行设置,如图3-11所示。

"报告:布局"对话框中各选项含义如下。

"页面布局"栏中可以设置每一页的输出格式:"一页的开始行"参数框中输入的数值表示报告的每一页输出从第几行开始;"结束行"参数框中输入的数值表示报告的每一页输出在第几行结束;"一行的开始列"参数框中输入的数值用于规定每一页输出的左边间距;"结束列"参数框中,规定每一页输出的右边间距;"对齐"栏中可以选择输出报告内容的对齐方式,但是右对齐和中间对齐只有在规定了每一页输出的左边间距和右边间距的情况下才有效。

"页标题和页脚"栏中可以设置页面的标题、脚注和页面的距离:在"标题后面的行"参数框中可以设置标题与报告的距离;在"页脚前面的行"参数框中可以设置脚注与报告的距离。

"分组列"栏中可以设置分组变量显示的位置:勾选"所有分组都在第一列中"复选框,表示所有的分组变量值均位于第一列,并且"每个分组列的缩进"参数框被激活,在该参数框中可以设置分类变量值缩进的位置,系统默认值为2个空格。

"列标题"栏中可以设置列标题的输出格式:勾选"为标题加下划线"复选框表示在列标题下添加下划线;在"标题后面的行"参数框中设置列标题下的空白行数,默认值为1行;在"垂直对齐"参数框中可以选择列标题的对齐方式,"底端"表示列标题的底部对齐,"顶端"表示列标题的顶部对齐。

"数据列行与分组标注"栏中设置分组变量的显示位置:选中"自动垂直对齐"项表示分组变量值显示于统计量的同一行,并且覆盖统计量标题;选中"显示在同一行上"项,分组变量值显示在统计量的上一行;选中"显示在标注下面"项,设置分组变量值与统计量间的空白,在其下面的参数框中键入空白行数。

单击"标题"按钮,打开"报告:标题"对话框,如图3-12所示。

图3-11 "报告:布局"对话框

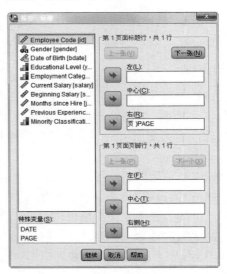

图3-12 "报告:标题"对话框

在"报告:标题"对话框中可以规定标题和脚注的输出内容和格式,每页可设置多达10行的标题及脚注。在"第1页面标题行"栏中设置标题,在"第1页面页脚行"栏中设置脚注。当设置完一行的标题或脚注的输出内容后,单击"下一张"按钮可进入下一行的设置,再单击"上一张"按钮可返回上一行;"左""中心""右"分别是左对齐、居中和右对齐,可以选择变量进入某一框内,或者直接键入标题或脚注;"特殊变量"框中可以选择特殊变量的值作为标题或脚注,选择DATE将输出系统时间,选择PAGE将自动编排页码。

下面以SPSS内置数据文件cars为例讲解"报告 按行汇总"的用法和操作。要求对cars.sav按不同产地和气缸数计算汽车功率(horse)以及汽车加速到60 mph所需时间(accel)的计数、平均数及标准差,并给出在不同产地中,该时间在20 s以上车型所占比例。

这个案例的要求相当复杂,最容易想到的解决方法是用各种描述过程计算出所需统计量,然后手工编辑。但是,使用SPSS的"报告 按行汇总",用户可以大大简化操作,只需进行一次就可得到所需结果。下面给出此例的具体操作步骤和结果。

```
上机操作步骤
分析→报告→报告 摘要 in 行 s (如图3-6所示)
数据列变量:accel、horse                    选择需要分析的变量:accel、horse
选择变量accel: 格式 (如图3-7所示)           定义变量accel的输出格式
  列标题:输入"汽车加速能力"                  将报表中的accel名称改为"汽车加速能力"
  继续
Break Columns: origin、Cylinder             选择origin、Cylinder作为分组变量
```

第3章
基本统计分析功能

```
选择变量 origin: 摘要 (如图 3-8 所示)
    均值 of values                              选择计算分组变量
    Standard deviation                          选择计算标准差
    Number of cases
    Percentage above:    value: 20              分组计算 accel>20 的记录所占比例
    继续
选择变量 origin: 格式 (如图 3-7 所示)            定义变量 origin 的输出格式
    列标题：输入"汽车原产地"                     将报表中 origin 的变量名称改为"汽车原产地"
    继续
选择变量 Cylinder: 摘要 (如图 3-8 所示)
    均值 of values                              选择计算分组变量
    Standard deviation                          选择计算标准差
    Number of cases
    继续
报告: 摘要                                      定义报表底部汇总栏需要计算的统计量
    均值 of values
    Standard deviation
    Number of case
    继续
确定
```

执行上述操作后，在浏览窗口就可得出相关的分析结果。由于分析结果太长，这里不一一列出，结果的第一页如下所示。

报告

PAGE   1

汽车原产地	Number of Cylinders	Horsepower	汽车加速能力
.	.		
	均值	93	9
	N	1	1
	StdDev	.	.
	均值	93	9
	N	1	1
	StdDev	.	.
	>20	100.0%	.0%
American	4 Cylinders		
	均值	81	17
	N	69	72
	StdDev	11	2

6 Cylinders		
均值	100	16
N	73	74
StdDev	13	2

首先输出的是标题,由于只有系统默认的页号作为右侧标题,因此输出 Page 1;从第二行开始输出变量名称,每一变量各占一列,在定义了名称的地方相应的变量名被替换成所输入的字符串,并且由于名称占据了 1~2 行,它们根据设置沿底端对齐;随后,是默认的一行横线和一行空行。

然后是具体的分析结果,按照先 origin 后 cylinder 的取值顺序进行分组描述。正如前文所讲,输出的具体结果采用纯文本格式,用户可根据需要将结果编辑为任何格式。

3.2.4 列形式摘要报告

列形式摘要报告与行形式摘要报告不同的地方在于,行变量为分组变量值,列变量为进行分析的变量,并且对每个摘要变量只有一个统计量输出。但是与"报告 按行汇总"相比,"报告 按列汇总"更加容易定义,这也使得它比较简单,更方便操作。

同样,在"分析"菜单中选择"报告"子菜单,然后单击"报告 按列汇总"命令,弹出"报告:列摘要"对话框,如图 3-13 所示。

"报告 按列汇总"程序的大部分功能都与上一节所讲的"报告 按行汇总"一致,这里不再赘述。下文只介绍其与"报告 按行汇总"不同的地方。

1. "数据列变量"栏

从图 3-13 可以看出,"报告:列摘要"对话框和"报告:行摘要"对话框非常相似,只是"摘要"按钮被放在了"数据列变量"组中,并且该组增添了一个"插入总计"按钮,用于加入汇总变量。

"插入总计"按钮比较特殊,单击之后并不弹出对话框,而是直接在"数据列变量"框中添加一个名叫"总计"的系统汇总变量,随后可对该变量进行进一步的定义,以求出需要的汇总指标。此处系统汇总变量所采用的并非原始数据,而是变量的相应指标。

选中"总计"变量,单击"摘要"按钮,打开摘要对话框,该对话框与前述摘要对话框不一样。在摘要对话框中,从左侧变量框中挑选至少两个要计算和的变量进入右侧变量框,然后单击"继续"按钮返回到主对话框。

2. "分组列"栏

选中一个分组变量后,"选项"按钮和"格式"按钮同时变亮,单击"选项"按钮,打开选项对话框,如图 3-14 所示。

"选项"选项用于对分组输出时的页面进行设置,功能与"报告:行摘要"中的"选项"选项一样,只是多了"小计"组,用于选择是否为该分组变量的每一个取值计算小计结果。勾选"显示小计"复选框,将显示每一类分组变量小计,"标签"框用于键入分组变量的标签。

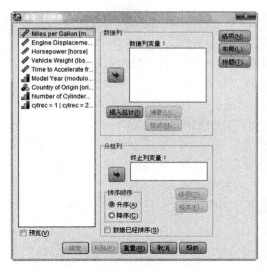

图 3-13 "按列汇总"对话框

图 3-14 选项对话框

3. 报告栏

在该栏中规定整个报告的输出内容和格式。该栏中的"布局"选项和"标题"选项均与行形式摘要报告中的选项功能一致,这里主要讲"选项"选项中一些不同的地方。

选项对话框用于定义整个报表输出中的一些选项,与"报告:行摘要"中的功能基本一致,只是左上方增添了"总计"栏,用于选择是否为所分析的变量给出总的合计结果。

单击"选项"按钮,弹出选项对话框,如图 3-15 所示。

在"总计"栏中勾选"显示总计"复选框,表示在每一列的底部显示该列的总和,"标签"框用于键入标签。

其他的选项与"报告 按行汇总"的各选项功能一致,读者可以以上文中的数据文件 cars.sav 为基础,以上文行形式的摘要报告中所讲例题为例,根据列形式摘要报告的相关知识,制作一份列形式摘要报告。

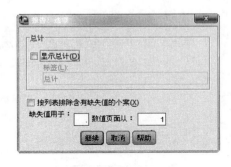

图 3-15 选项对话框

3.3 频数分析

频率分布表是在描述性统计中最常用的方法之一,SPSS 中的"频率"过程就是专门为产生频数分布表而设计的。SPSS 的频数分析过程可以对单变量的多数类型的数据进行,也可以产生多个统计量和统计图形。下面主要介绍其功能及相关操作。

3.3.1 主要功能

频率，也是频数，就是一个变量在各个变量值上取值的个案数。如果要了解学生某次考试的成绩，需要计算学生所有分数取值，以及每个分数取值有多少人用频数分析，可了解变量取值的分布情况。

SPSS 中的频数分析过程可以方便地产生详细的频数分布表，即对数据按组进行归类整理，形成各变量的不同水平的频数分布表和常用图形，以便对各变量的数据特征和观测量分布状况有一个概括的认识。此外，频数分析还可以按要求给出某个百分点的数值，而且它更适用于对分类变量以及不服从正态分布的连续性变量进行描述。

此外，频数分析还可对数据的分布趋势进行初步分析，以便于掌握数据分布基本情况，以做进一步的数据分析。

3.3.2 频数分析操作步骤

建立或打开了数据文件后，即可进行频数分析。在数据编辑器窗口中，单击主菜单栏中的"分析"菜单，选择"描述统计"子菜单，然后单击"频率"命令，打开如图 3-16 所示的对话框。

在"频率"对话框左侧的源变量框中选择一个或多个变量，单击 ➡ 按钮，使其进入右侧的"变量"文本框中作为频数分析的变量。

勾选下方的"显示频率表格"复选框，将显示频数分布表。系统默认选中此项。

1. "统计量"选项

单击"统计量"按钮，打开如图 3-17 所示的"频率：统计量"对话框。

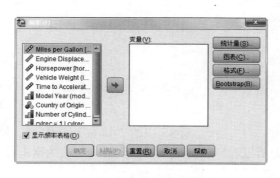

图 3-16 "频率"对话框

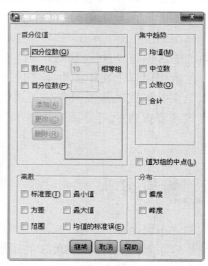

图 3-17 "频率：统计量"对话框

该对话框主要用于确定将要在输出结果中出现的统计量，具体的选项及其功能如下。

1) "百分位值"栏

选择该栏中的选项，表示输出百分位数；"四分位数"复选框表示输出四分位数，即显示 25%、50%、75%的百分位数；"割点"复选框表示将数据平均分为所设定的相等等份，在参数框所设置的数值范围必须是 2～100 的整数；"百分位数"复选框用于显示由用户自定义的百分位数，在参数框中输入数值的范围为 0～100。输入数值后单击"添加"按钮。也可以重复此操作过程，键入多个百分位数。如果要删除已键入的百分位数，选中要删除的数，单击"删除"按钮。如果要修改已键入的百分位数，选中该数，在参数框中输入新数，单击"更改"按钮即可。

2) "离散"栏

选择此栏中各复选框表示所需计算的统计量如下：

标准差　　　　　　　　　　最小值
方差　　　　　　　　　　　最大值
范围，即最大值与最小值之差　均值的标准误

3) "集中趋势"栏

此栏中各统计量代表含义如下：

均值　　　　　　　　　　　众数
中位数　　　　　　　　　　合计

4) "分布"栏

此选项组给出计算描述分布的统计量。

(1) 偏度：显示偏度和偏度的标准误差。如果样本符合正态分布，那么此值为 0。右偏时为正数，样本的分布具有一个较长的右尾；左偏时为负数，样本的分布具有一个较长的左尾。如果此值大于 1，那么样本肯定不符合正态分布。

(2) 峰度：显示峰度和峰度的标准误差。标准正态分布的峰度值为 0，如果峰度大于 0，变量值分布要比标准正态峰高。如果峰度小于 0，变量值分布要比标准正态峰低。

5) "值为组的中点"复选框

勾选该复选框，在计算百分位数值和中位数时，如果数据已经分组，就用已经分组的数据计算百分位数和中位数。

设置完"统计量"之后，单击"继续"按钮，确认操作并返回到"频率"对话框。

2. "图表"选项

单击"图表"按钮，打开"频率：图表"(频数分析：图形)对话框，如图 3-18 所示。设置图形的类型及坐标轴等。

在"频率：图表"对话框中显示两个选项组，分别是图表类型和图表值。

1) "图表类型"框

该选项组给出关于图形输出的 4 种方式："无"选项是系统默认状态，表示不输出任何图形；"条形图"选项表示输出条形图，各条高度代表变量各分类的频数；"饼图"选项表示输出显示饼图，图中各块代表变量各分类的频数；"直方图"选项表示输出显示直方图，此图仅适用于区间型数值变量。选择了"直方图"选项后下方的"在直方图上显示正态曲线"复选框被激活，选择该项时表示在显示的直方图中添加正态曲线图，用于推断

数据是否近似服从正态分布。

2)　"图表值"框

该选项组只有选择了条形图或饼图选项才有效，在该选项可以选择 SPSS 图形取值的计算方式，有两个单选项，分别为："频率"选项，系统默认此选项，选择该项表示图形中的度量用相应变量的个案频数表示，即纵轴表示频数；"百分比"选项，选择该项表示图形中的度量用相应变量的个案占个案总数的百分比表示，即纵轴表示百分比。

设置完毕后，单击"继续"按钮，返回到"频率"对话框。

3. "格式"选项

单击"格式"按钮，打开"频率：格式"(频数分析：格式)对话框，如图 3-19 所示。

图 3-18　"频率：图表"对话框

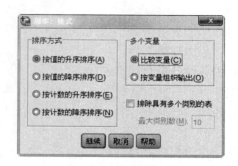
图 3-19　"频率：格式"对话框

在该对话框中可以设置输出的频数分析表的格式。对话框中的各项含义如下。

- "排序方式"选项组中的选项用于设置频数分析表中数据的排列顺序，包括 4 个单选项："按值的升序排序"选项是系统默认项，表示按变量升序排列；"按值的降序排序"选项，表示按变量降序排列；"按计数的升序排序"选项，表示按变量各种取值出现的频数的升序排列；"按计数的降序排序"选项，表示按变量各种取值出现的频数的降序排列。

  但是，如果设置了直方图或百分位数输出，那么不管用户如何设置，频数表都将按变量值升序排列。

- "多个变量"选项组用于进行多变量频数分析时设置表格的显示方式，包括两个单选项："比较变量"是系统默认选项，选择该项表示不同变量的统计量显示在同一张列表中；"按变量组织输出"选项表示不同变量的统计量分别显示在不同的表格中。

- "排除具有多个类别的表"复选框，选择该项时下面的"最大类别数"文本框被激活，输入最大的显示分类变量，即输出的组数不能大于窗口中输入的数值，系统默认值为 10。例如，样本中体重设定的分组值为 11，在该复选框中键入 10，就不会输出频数分布表。

设置完成后，单击"继续"按钮，返回到"频率"对话框。

所有选择完成后，单击"确定"按钮即可进行频数分析。"粘贴"按钮用于将所设定的统计过程及选择项对应的程序粘贴到"语法"程序窗口中,"重置"按钮用于重新设置选择项,"取消"按钮用于取消所设置的选项并关闭对话框,单击"帮助"按钮可打开相关的帮助文档。

3.3.3 实例分析

下面利用一个实例介绍通过"频率"过程进行频数分析及编制频数分析表的操作步骤及方法,以便更直接地掌握"频率"过程的用法。

以数据文件"住房状况调查.sav"为例,对变量"分组后的人均面积"进行简单的频数分析。由于该变量是分组变量,所以不计算相关的最小值、最大值、平均值等统计量,要求输出带正态分布曲线的直方图。具体操作步骤如下。

首先,在菜单栏中单击"分析",选择"描述统计"子菜单,然后单击"频率"命令,打开"频率"主对话框。选择"分组后的人均面积"作为需要分析的变量,单击 ▶ 按钮进入"变量"文本框。

由于本案例中不要求计算其他统计量,所以不用在"统计量"中进行相关设置,只需在"图表"中选择图形类型即可,选择"直方图",并勾选"在直方图上显示正态曲线"复选框。

设置完毕后,单击"粘贴"按钮可以将所设定的统计过程及选项对应的程序粘贴到"语法"程序窗口中。

该操作过程的语法程序语句如下:

```
FREQUENCIES
  VARIABLES=mj
  /STATISTICS=STDDEV MINIMUM MAXIMUM JEAN
  /HISTOGRAM NORMAL
  /ORDER= ANALYSIS .
```

单击"确定"按钮系统开始分析,得到表 3-3 的结果。该表包括各变量值的频数、各变量值所占的百分比、有效值所占的百分比、累积百分比、合计。

表 3-3 "分组后的人均面积"频数分析表

		Frequency	Percent	Valid Percent	Cumulative Percent
Valid	10 平方米以下	337	11.3	11.3	11.3
	10~20 平方米	1342	44.8	44.9	56.1
	20~30 平方米	835	27.9	27.9	84.0
	30 平方米以上	478	16.0	16.0	100.0
	Total	2992	100.0	100.0	
Missing	System	1	.0		
Total		2993	100.0		

从表 3-3 可以看出,占百分比最多的是"10~20 平方米"的变量,占总变量数的 44.8%,说明在所收集到的所有数据中,人均居住面积在 10~20 平方米的人最多。

如图 3-20 所示，是带正态曲线的直方图，从图中可以看到数据的分布与标准正态分布基本一致。

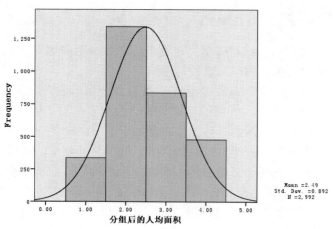

图 3-20　频数分析的直方图

3.4　描述性分析

描述性统计量是研究随机变量变化综合特征(参数)的重要工具，它们集中描述了变量变化的特征，如果仅需要了解统计量的值，则使用描述过程计算更加简洁扼要。

SPSS 的描述性分析过程的功能和上节中介绍的"频率"过程基本类似，主要以计算数值型单变量的统计量为主，没有图形功能。

描述性过程还有个特殊功能，那就是可将原始数据转换成标准常态评分值，并以变量中的形式存入数据库中，以便后续分析时使用。

3.4.1　主要功能

调用此过程可对变量进行描述性统计量分析，计算并列出一系列相应的统计指标，包括均值、算术和、标准差、最大值、最小值、方差、全距和均值标准误差等，并且可将原始数据转换成标准 Z 分值存入数据库，即在数据集中生成一个新的变量，该变量自动命名为"Z+原变量名称"，大小即为原变量的标准常态变换结果。

所谓 Z 分值是指某原始数值比其均值高或低多少个标准差单位，高的为正值，低的为负值，相等的为零。

3.4.2　描述性分析操作步骤

在数据窗口建立或打开一个数据文件后，即可进行描述性分析。

在数据编辑器窗口中单击主菜单栏中的"分析"选项，然后选择"描述统计"子菜单，单击"描述"命令,打开"描述性"对话框,如图 3-21 所示。

在左侧的源变量框中选择一个或多个变量作为待分析的变量,单击 按钮移入"变量"框中。

在左侧的源变量框下方有一个"将标准化得分另存为变量"复选框。勾选该框,表示对"变量"框中选中的变量进行标准化产生相应的 Z 分值,并且作为新变量保存在数据窗中,新变量的变量名为"Z+原变量名"。例如,"班级"变量所对应的新变量名称为"Z班级"。

标准化计算公式为

$$Z_i = \frac{X_i - \overline{X}}{S}$$

其中,X_i 为变量 x 的第 i 个观测值;$\overline{X}$ 为变量 x 的平均数;S 为标准差。Z 分值表示一个变量值与该变量的平均值之差是标准差的倍数。

单击右侧的"选项"按钮,打开"描述:选项"(描述分析选项)对话框,如图 3-22 所示,指定输出哪些基本统计量以及输出结果显示的顺序。

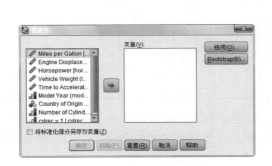

图 3-21 "描述性"对话框

图 3-22 "描述:选项"对话框

基本统计量的功能在本章的前部分已经讲过,读者可参照前文进行学习,此处不再赘述。系统默认的摘要变量包括均值、标准差、最小值和最大值。

与前面所讲的不同之处就是在"描述选项"对话框中增加了"显示顺序"选项组,用于设置输出顺序。当"变量"框中有多个变量时,"显示顺序"确定其输出顺序:选择"变量列表"项表示按"变量"框中的排列顺序进行输出;选择"字母顺序"项表示按各变量的首字母顺序进行输出;选择"按均值的升序排序"项表示按均值的升序排列;选中"按均值的降序排序"项表示按均值的降序排列。

设置完毕后,单击"继续"按钮,返回到"描述性"对话框。单击"确定"按钮,执行统计量的描述性分析。

3.4.3 实例分析

为了让读者更好地理解"描述"分析过程,以"学生体检数据.sav"数据文件为例,对某校 3 个班级中 16 名学生的体检数据进行描述性分析，以班级为单位列表计算年龄、体重、身高的统计量，要求包括极差、最小值、最大值、均值、标准差和方差。

具体数据见表 3-4。

表 3-4　3 个班级的学生体检数据表

班　级	性　别	年　龄	体　重	身　高
1	2	15	46.00	156.00
1	1	15	50.00	160.00
1	1	14	38.00	150.00
2	1	16	60.00	170.00
2	2	16	60.00	165.00
1	2	14	41.00	149.00
1	1	13	48.00	155.00
2	1	16	55.00	165.00
2	2	17	50.00	160.00
2	1	17	65.00	175.00
3	2	18	65.00	165.00
3	1	18	70.00	180.00
3	1	17	68.00	176.00
3	2	17	58.00	160.00
3	2	18	61.00	162.00
3	1	16	55.00	171.00

在本例中需要对所有数据进行分组，以班级作为分组变量。在"描述"过程中并没有提供分组的功能，分组功能的实现需要借助上一章所讲的"拆分文件"过程，具体操作读者可参照第 2 章进行学习。

下面讲解具体的操作步骤。

首先打开数据文件，按"班级"变量对数据进行分组。在菜单栏中选择"数据"|"拆分文件"命令，打开拆分文件的对话框，勾选"比较组"复选框，将"班级"变量选入"分组方式"文本框，单击"确定"按钮即可完成分组。

在主菜单栏中打开"描述性"对话框，在变量列表框中选择变量"年龄""体重""身高"，单击 按钮将选中的变量移动到"变量"文本框中，并勾选"将标准化得分另存为变量"复选框，即要求以变量形式保存 Z 分值。

选择完变量后，单击"选项"按钮，弹出"描述：选项"对话框，进行统计量的选择。在本例中，选择"范围""最小值""最大值""均值""标准差""方差"。然后单击"继续"按钮确认选择并返回对话框。

设置完毕后，单击"确定"按钮，系统将执行描述性分析。单击"粘贴"按钮，得到如下所示的语句程序。

```
/*描述性统计分析命令语句
DESCRIPTIVES
```

```
VARIABLES=性别 年龄 体重 身高  /SAVE
/STATISTICS=MEAN STDDEV VARIANCE RANGE MIN MAX .
```

具体分析结果见表3-5。

表3-5　描述性统计分析结果

描述统计

班级		N	范围	最小值	最大值	均值	标准差	方　差
1	性别	4	1	1	2	1.25	.500	.250
	年龄	4	2	13	15	14.00	.816	.667
	体重	4	12.00	38.00	50.00	44.2500	5.67891	32.250
	身高	4	11.00	149.00	160.00	153.5000	5.06623	25.667
	Valid N (listwise)	4						
2	性别	5	1	1	2	1.40	.548	.300
	年龄	5	1	16	17	16.40	.548	.300
	体重	5	15.00	50.00	65.00	58.0000	5.70088	32.500
	身高	5	15.00	160.00	175.00	167.0000	5.70088	32.500
	Valid N (listwise)	5						
3	性别	6	1	1	2	1.50	.548	.300
	年龄	6	2	16	18	17.33	.816	.667
	体重	6	15.00	55.00	70.00	62.8333	5.84523	34.167
	身高	6	20.00	160.00	180.00	169.0000	8.00000	64.000
	Valid N (listwise)	6						

从表3-5中可以看到各统计量的值，包括观测量个数、最小值、最大值、均值、标准差和方差。表中给出了3个班级的相应统计量，随着平均年龄的增加，体重和身高的平均值都在明显增加；同时，相应的标准差也有增大的趋势。

这时打开原数据集，可以看到增加了Z性别、Z年龄、Z体重三列，这是变量的Z分值，如图3-23所示，可以将其保存起来做其他分析。

1 : Z身高　1.28300580517155　Visible: 9 of 9 Va

	班级	性别	年龄	体重	身高	Z性别	Z年龄	Z体重
1	1	男	15	50.00	160.00	-.50000	1.22474	1.01252
2	1	男	14	38.00	150.00	-.50000	.00000	-1.10056
3	1	女	14	41.00	149.00	1.50000	.00000	-.57229
4	1	男	13	48.00	155.00	-.50000	-1.22474	.66034
5	2	男	16	60.00	170.00	-.73030	-.73030	.35082
6	2	女	16	60.00	165.00	1.09545	-.73030	.35082
7	2	男	16	55.00	165.00	-.73030	-.73030	-.52623
8	2	女	17	50.00	160.00	1.09545	1.09545	-1.40329
9	2	男	17	65.00	175.00	-.73030	1.09545	1.22788
10	3	女	18	65.00	165.00	.91287	.81650	.37067
11	3	男	18	70.00	180.00	-.91287	.81650	1.22607
12	3	男	17	68.00	176.00	-.91287	-.40825	.88391
13	3	女	17	58.00	160.00	.91287	-.40825	-.82689
14	3	女	18	61.00	162.00	.91287	.81650	-.31365
15	3	男	16	55.00	171.00	-.91287	-1.63299	-1.34012

图3-23　保存了Z分值的数据集

3.5 探索性分析

探索性分析可以对变量进行更为深入详尽的统计分析，主要用于对数据的性质、分布特点等完全不了解时，检验数据是否有错误，获得数据的基本特征及对数据规律做初步的观察。

在常用描述性统计指标的基础上，探索性分析(探索)增加了有关数据详细分布特征的文字与图形描述，如茎叶图、箱形图等，显得更加详细、完整，还可以为以方差齐性为目的的变量交换提供线索，有助于用户制订更进一步的分析方案。

3.5.1 主要功能

调用此过程可对变量进行初步的考查核实，它在一般描述性统计指标的基础上，增加有关数据其他特征的文字与图形描述，显得更加细致与全面，有助于用户对数据进行进一步分析。

该过程可以检查数据是否有错误、考查样本分布特征，以及对样本分布规律做初步考查。通常情况下，过大或过小的数据可能是奇异值或是错误数据，对这样的数据要找出并剔除，因为奇异值和错误数据往往对分析结果影响很大，导致不能真实掌握数据的总体特征。通过分析其原因，决定是否从数据文件中剔除或者进行相关处理。

样本分布特征对统计分析的重要性毋庸置疑，许多分析方法对数据的分布都有一定要求，如某些分析方法要求样本来自正态总体，对两组数据均值差异性的分析需要根据其方差是否相等选择计算公式。另外，想通过初步观察尽可能地发现内在的一些规律，如两个变量是否有某种相关性。SPSS 的探索分析过程和其他过程(如 Compare means 模块和 Correlate 模块的很多过程)都提供了常用的检验方法供用户选择。

探索分析过程将提供在分组和不分组的情况下常用的统计量与图形。其结果一般以图形的方式将奇异值、非正常值、丢失的数据以及数据自身的特点表示出来；探索分析过程也可以用于确定奇异值、丢失值和进行假设检验。

探索性分析的因变量必须是定距型变量，分组变量可以是定序型或者定类型变量。本节将讨论如何利用探索分析过程通过各种图形基本统计量等对数据进行初步分析。

3.5.2 探索性分析操作步骤

在数据窗口建立或打开一个数据文件后，就可进行探索性分析了。

和前面所讲分析过程类似，选择"分析"|"描述统计"|"探索"命令，即可打开"探索"对话框，如图 3-24 所示。

打开数据文件后，需要选择摘要变量。摘要变量，也称解释变量，必须是数值型变量。从"探索"对话框左侧的源变量框中选择一个或多个变量进入右侧的"因变量列表"框作为因变量，此时单击"确定"按钮可以获得摘要变量的一系列基本统计量和图形。

选择摘要变量后，如果需要分组，则可选择分组变量，分组变量实际就是因变量。"因子列表"框中的变量即为分组变量,从左侧的源变量框中进行选择,可以是字符型变量,对因变量的分析将按该变量的观测值进行分组分析。可以有多个分组变量,这时会按多个变量的交叉组合进行分组。

"标注个案"即标签变量,该框中的变量作为标识符,在输出诸如异常值时,用该变量进行标识,如果该项缺选,系统自动寻找 id 变量作为标签变量,一般只允许有一个标识符。

图 3-24 "探索"对话框

在对话框的左下方有"输出"选项组,该选项组中有三个选项,各个选项的意义如下:选中"两者都"选项后,"统计量"按钮和"图"按钮都加亮,表示可以同时输出基本统计量和图形;选中"统计量"选项,则只有"统计量"按钮加亮,表示只输出基本统计量;选中"图"选项,则只有"图"按钮加亮,表示只输出图形。

下面详细介绍"探索"对话框中的"统计量""图""选项"三个选项。

1) 统计量对话框

在"输出"选项组中选择"两者都"或"统计量"选项时,"统计量"按钮被激活,单击该按钮,弹出"探索:统计量"(探索性分析:统计量)对话框,如图 3-25 所示。

"描述性"选项为系统默认选项,要求输出基本的描述性统计量,包括均值、中位数、5%的调整均值、标准误差、极差、最大值、最小值、范围、4 分位数、峰度和偏度等。选择该项时,需要在下方的"均值的置信区间"参数框中输入 1%~99%的任意值,根据该值算出置信区间的上下限,系统默认值为 95%。

"M-估计量"复选框用于进行 M-估计,可以输出 4 种稳健极大似然估计量。对于长尾对称分布或数据有极端异常值时,利用稳健估计量估计总体均值要比样本均值或中位数有更好的稳定性。根据样本值的权重不同,可以得到不同的估计量,主要有 4 种,包括稳健估计量(Huber)、非降稳健估计量(Hampel)、波估计量(Andrew)、复权重估计量(Tukey)。

"界外值"复选框用于输出数据的离群点,将输出 5 个最大值和 5 个最小值,并在输出窗口中加以标明。

"百分位数"复选框用于输出百分数,包括 5%、10%、25%、30%、75%、90%和 95%的百分位数。

2) 图对话框

在"输出"选项组中选择"两者都"或"图"选项时,"图"按钮被激活,单击该按钮,弹出"探索:图"(探索性分析:绘图)对话框,如图 3-26 所示。

在该对话框中可以设置要输出的统计图形及其参数,包括以下 3 个主要选项组。

"箱图"选项组用于设置所显示的箱图的参数的选项。只有在主对话框中指定了不止一个因变量时,"箱图"选项组才有效。其中,"按因子水平分组"选项表示不同分组的同一因变量显示在同一个箱图中,用于比较同一变量在分组变量值不同水平上的值的分布情况;"不分组"选项表示在同一组的不同因变量显示在一个箱图中,用于比较同一分组水平下的不同变量值的分布;"无"选项表示不显示任何箱图。

图 3-25 "探索：统计量"对话框　　　　图 3-26 "探索：图"对话框

"描述性"选项组用于设置图形描述选项，可以指定因变量值的图形，有两个单选项："茎叶图"是系统默认的选择项，表示生成茎叶图；"直方图"表示生成直方图。

对于正态分布的检验，有如下选项及含义。

"带检验的正态图"复选框表示输出正态概率和离散正态概率图，同时输出 K-S 统计量中的 Liliefors 显著水平检验，如果观测数目不超过 20，将用 W-S 统计量代替 K-S 统计量。

"伸展与级别 Levene 检验"栏只有指定分组变量的情况下才有效，用于数据转换的散布对水平图的设置。对于所有的散布水平图，显示数据转换后的回归曲线的斜率和方差齐性的 Levene 稳健检验。其中，选中"无"选项表示不输出分布-水平图；选中"幂估计"选项，表示对每一组数据产生一个中位数范围的自然对数与四分位范围的自然对数的散点图，同时在满足每组数据方差相等的条件下对数据进行幂变换的估计；选中"已转换幂"选项，表示根据用户在 Power 参数框中指定的变换对原始数据进行变换，可以选择使用的变换有 Natural log(自然对数)、1/Square root(-1/2 次方)、Reciprocal(-1 次方)、Square root(1/2 次方)、Square(平方)、Cube(三次方)；选中"未转换"选项，表示不对数据进行转换，产生原始数据的散布图。

3) 选项对话框

在"探索"对话框中单击右上角的"选项"按钮，弹出"探索：选项"(探索性分析：选项)对话框，如图 3-27 所示。

在该对话框中只有"缺失值"一栏，用于设置对缺失值的处置方式。

"按列表排除个案"复选框是默认选择项，勾选该项　图 3-27 "探索：选项"对话框
表示对所有的分析中，剔除因变量或分组变量中带有缺失值的观测量。

"按对排除个案"复选框表示在分析过程中剔除当前分析中的缺失值个案。

"报告值"复选框表示将分组变量中的缺失值单独分为一组，输出频数时将标出缺失组。

3.5.3 实例分析

下面通过一个实例来详细介绍"探索"过程的功能和具体操作步骤，以便更直观地掌握探索性分析过程。

以数据文件"height_1.sav"为例，该数据文件包含某地城市和农村 12 岁儿童身高数据各 60 例，下面利用"探索"过程进行数据分析。

1. 操作步骤

选择"分析"|"描述统计"|"探索"命令，即可打开"探索"对话框。

选择 height 变量进入"因变量列表"框作为待摘要变量，选择 area 变量进入"因子列表"框作为分组变量。

在"输出"选项组中，选择"两者都"选项。

单击"统计量"按钮，打开"统计量"对话框，勾选"描述性""M-估计量""界外值""百分位数"复选框，单击"继续"按钮，确认选择并返回"探索"对话框。

单击"图"按钮，打开"图"对话框。选择"箱图"栏中的"按因子水平分组"选项，选择将分组结果显示在同一张图上；选择"描述性"栏内的"茎叶图"复选框，输出茎叶图，同时勾选"带检验的正态图"复选框，进行正态性检验；选择"伸展与级别 Levene 检验"栏中的"幂估计"选项，估计幂次使组间方差齐，单击"继续"按钮，确认选择并返回"探索"对话框，单击"确定"按钮完成设置并执行探索性分析。

2. 输出结果及分析

所有操作的语法命令语句如下：

```
EXAMINE
  VARIABLES=height BY area
  /PLOT BOX PLOT STEMLEAF NPPLOT SPREADLEVEL
  /COMPARE GROUP
  /MESTIMATORS HUBER(1.339) ANDREW(1.34) HAMPEL(1.7,3.4,8.5) TUKEY(4.685)
  /PERCENTILES(5,10,25,50,75,90,95) HAVERAGE
  /STATISTICS DESCRIPTIVES EXTREME
  /CINTERVAL 95
  /MISSING LISTWISE
  /NOTOTAL.
```

执行上述操作后，生成了很多统计图表，下面按照 SPSS 的生成顺序逐一讲解其具体含义。

本例中每组有效数据各 60 例，无缺失数据。见表 3-6。

表 3-7 输出的是描述性统计量。在本例中，由于利用变量 area 将数据分成两组，所以统计结果也分为两组输出。其中，增加了数据的可信区间，以系统默认的 95%置信度表示。

表 3-8 输出数据的 M 均值估计。在上文中提到，在 SPSS 中根据权重系数的不同，提供了 4 种估计方法。表 3-8 下方的注释分别给出了 4 种方法的权重系数。如果由"探索"过程计算出来的均值和 M 均值有很大的差距，那么就应注意数据中是否有异常值。

表 3-6 观测量摘要表

Case Processing 摘要

	area	Cases					
		Valid		Missing		Total	
		N	Percent	N	Percent	N	Percent
height	1	60	100.0%	0	0.0%	60	100.0%
	2	60	100.0%	0	0.0%	60	100.0%

表 3-7 身高的分组描述性统计量

描述

	area			统计量 ic	Std. Error
height	1	均值		138.9917	1.03205
		95% Confidence Interval for 均值	Lower Bound	136.9265	
			Upper Bound	141.0568	
		5% Trimmed 均值		138.9519	
		中位数		139.6500	
		方差		63.908	
		Std. Deviation		7.99422	
		最小值		123.10	
		最大值		155.80	
		范围		32.70	
		Interquartile 范围		9.83	
		偏度		−0.086	0.309
		峰度		−0.441	0.608
	2	均值		139.7000	0.90396
		95% Confidence Interval for 均值	Lower Bound	137.8912	
			Upper Bound	141.5088	
		5% Trimmed 均值		139.5204	
		中位数		139.7000	
		方差		49.029	
		Std. Deviation		7.00206	
		最小值		122.70	
		最大值		160.30	
		范围		37.60	
		Interquartile 范围		8.15	
		偏度		0.344	0.309
		峰度		1.017	0.608

表 3-8 M 均值估计量

M-估计量

	area	Huber's M-Estimator(a)	Tukey's Biweight(b)	Hampel's M-Estimator(c)	Andrew's Wave(d)
height	1	139.3861	139.4465	139.3063	139.4438
	2	139.5890	139.4894	139.5227	139.4896

a   The weighting constant is 1.339.
b   The weighting constant is 4.685.
c   The weighting constants are 1.700, 3.400 and 8.500.
d   The weighting constant is 1.340*pi.

表 3-9 给出了分位点信息。其中 Tukey's Hinges 表示的是绘制箱图时所用的分位点数据，它的计算方法和一般的百分位数略有不同。

表 3-9 分位点表

Percentiles

		area	Percentiles						
			5	10	25	50	75	90	95
Weighted Average (Definition 1)	height	1	125.4100	126.1400	134.2250	139.6500	144.0500	150.3900	152.6700
		2	128.2450	131.0800	135.4000	139.7000	143.5500	147.6800	154.1800
Tukey's Hinges	height	1			134.3500	139.6500	143.7000		
		2			135.5000	139.7000	143.4000		

表 3-10 给出了两组数据的极值信息，通过该表可以快速查找异常值。

表 3-11 是正态性检验结果表。这里分别利用 K-S 检验和 S-W 检验两种方法来确定变量是否服从正态分布。其中，统计量代表检验统计量值的值，df 代表自由度，Sig.代表显著水平。一般来说，Sig.>0.05 则代表接受原假设。由于表中两种方法的 Sig.值均大于 0.05，因此接受变量服从正态分布的假设。

表 3-12 是方差齐次性检验表，从上至下分别表示依赖于均值、中位数、中位数调整自由度，以及去掉极值的均值的检验结果。此时，Sig.>0.05，可以确认方差是齐次的。

如图 3-28 所示为地区 1 的身高茎叶图。茎叶图包括频数(Frequency)、茎(Stem)、叶(Leaf)3 部分，茎是整数部分，叶是小数部分。Stem width 表示茎宽，每行的茎和叶组成的数字再乘以茎宽，即得到实际数据的近似值，表示实际数据中有频数表示的数目靠近该近似值的值为 10.00。关于茎叶图的具体知识将在统计图形一章中进行详细讲解，此处不再赘述。

表 3-10　极值表

Extreme Values

height	area			Case Number	Value
	1	Highest	1	55	155.80
			2	16	154.80
			3	10	152.70
			4	33	152.10
			5	56	150.70
		Lowest	1	37	123.10
			2	22	124.30
			3	42	125.40
			4	23	125.60
			5	57	126.00(a)
	2	Highest	1	76	160.30
			2	115	156.90
			3	61	154.40
			4	77	150.00
			5	94	148.50
		Lowest	1	63	122.70
			2	119	125.40
			3	89	128.20
			4	108	129.10
			5	62	130.30

表 3-11　正态性检验表

Tests of Normality

	area	Kolmogorov-Smirnov(a)			Shapiro-Wilk		
		统计量 ic	df	Sig.	统计量 ic	df	Sig.
height	1	.080	60	.200(*)	.977	60	.328
	2	.076	60	.200(*)	.981	60	.490

* This is a Lower bound of the true significance.
a Lilliefors Significance Correction.

如图 3-29、图 3-30 所示为地区 1 身高数据的 Q-Q 图和 Q-Q 趋势图。从图形看，数据很好地服从了正态分布，这和表 3-11 所得出的结论相吻合。

表 3-12 方差齐次性检验表

Test of Homogeneity of 方差

		Levene 统计量 ic	df1	df2	Sig.
height	Based on 均值	1.625	1	118	.205
	Based on 中位数	1.476	1	118	.227
	Based on 中位数 and with adjusted df	1.476	1	117.530	.227
	Based on trimmed 均值	1.622	1	118	.205

```
height Stem-and-Leaf Plot for
area= 1

 Frequency    Stem &  Leaf

     2.00       12 .  34
     8.00       12 .  55667778
     7.00       13 .  1133444
    15.00       13 .  566666678899999
    16.00       14 .  0001112222223444
     5.00       14 .  56677
     6.00       15 .  000224
     1.00       15 .  5

 Stem width:      10.00
 Each leaf:        1 case(s)
```

图 3-28 地区 1 的身高茎叶图

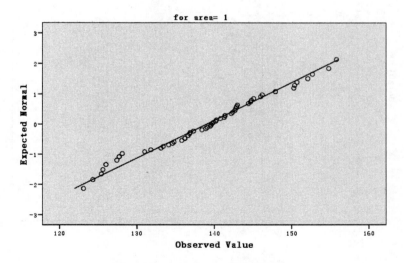

图 3-29 地区 1 身高数据的 Q-Q 图

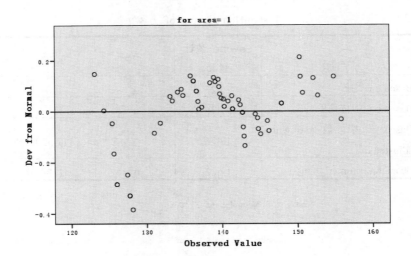

图 3-30　地区 1 身高数据的 Q-Q 趋势图

如图 3-31 所示为两个地区身高的箱图，由于前面在"图"中选择的是"按因子水平分组"选项，所以两地区的箱图绘制在同一张图上。各部分的含义为：方箱是箱图的主体，上下边为四分位数，中心粗线为中位数，变量的 30%的观测值落在这一区域中；方箱上下两条纵向直线是触须线，触须线外的两端线为本体的最大值与最小值，本体是指除离群值外的变量值；离群值用"。"表示。"。"旁的数据是指该离群值记录号。

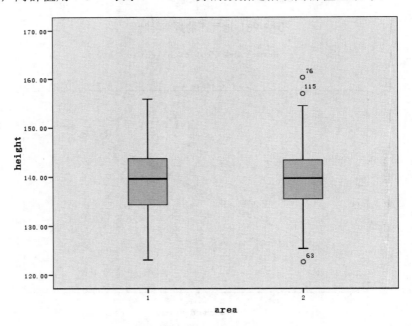

图 3-31　两地区身高的箱图

3.6 列联表分析

在考虑变量之间关系时，通常摘要变量之间的相关程度。对于数值型变量，通常计算相关系数和进行回归分析，而对于定类型变量则通常采用列联表过程进行分析。列联表给出了多个变量在不同取值下的数据分布，从而摘要变量之间的相互关系。

3.6.1 主要功能

对于数值型变量，考虑其相关关系的通常办法是计算相关系数和进行回归分析，如果要研究离散变量的名义变量和有序变量有无相关，最常用的检验办法是列联表独立检验。列联表检验的零假设是两变量 X 和 Y 相互独立，计算一个 χ 统计量，与列联表中频数取值和零假设下期望取值之差有关，当 χ 很大时否定零假设。

调用列联表分析过程可进行计数资料和某些等级资料的列联表分析，一个行变量和一个列变量可以形成一个二维列联表，再指定一个控制变量就形成一个三维列联表，如果指定多个行、列、控制变量，就会形成一个复杂的多维列联表。在分析中，可对二维和多维列联表(RC 表)资料进行统计描述和 χ 检验，并计算相应的百分数指标。此外，还可计算四格表确切概率(Fisher's 精确 Test)且有单双侧(One-Tail、Two-Tail)、对数似然比检验(Likelihood Ratio)以及线性关系的 Mantel-Haenszelχ 检验。

3.6.2 列联表分析操作步骤

在数据窗口建立或打开一个数据文件后，就可进行列联表分析了。

在主菜单栏中单击"分析"菜单，选择"描述统计"子菜单，然后选择 "交叉表"命令，弹出"交叉表"对话框，如图 3-32 所示。

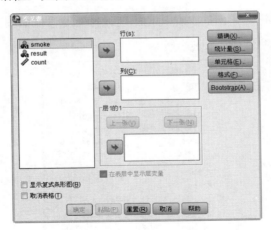

图 3-32 "交叉表"对话框

在"交叉表"对话框的右侧为"行"文本框，该框中为分布表中的列变量，列变量必须是数值型或字符型等分类变量。

在"行"文本框下方为"列"文本框,该框中的变量作为分布表中的行变量,和"行"文本框的要求一样,必须是数值型或字符型等分类变量。

"层1的1"文本框中的变量作为控制变量,将决定频数分布表中的层。可以有多个控制变量,如果要增加一个新的控制变量,可单击"下一张"按钮,然后选入一个变量;如果要修改已经选入的变量,单击"上一张"按钮即可。

在"交叉表"对话框的下方有两个复选框:"显示复式条形图"复选框表示显示每一组中各变量的分类条形图;"取消表格"复选框表示只输出统计量,不输出多维列联表。

单击"精确"按钮,弹出的"精确检验"对话框如图3-33所示。该对话框用于定义确切概率的计算。"仅渐进法"表示只计算近似概率;Monte Carlo 表示用 Monte Carlo 法计算精确概率,可自行设置置信度和抽样次数;"精确"表示在给定时间内计算精确概率的值,如果超出给定时间则停止计算。

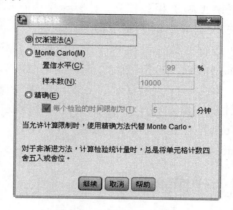

图 3-33 "精确检验"对话框

下面就"统计量""单元格""格式"三个按钮进行简单介绍。

1) 统计量对话框

单击"统计量"按钮,弹出的"交叉表:统计量"对话框如图3-34所示,该对话框用于设置列联表输出的内容和形式。

图 3-34 "交叉表:统计量"对话框

(1) "卡方"复选框。

该复选框表示是否进行卡方检验。通常情况下显示皮尔逊卡方检验、似然比卡方检验、线性相关卡方检验、费歇精确检验、耶茨校正卡方检验的检验结果。

这几种检验的作用是不同的。皮尔逊卡方检验常用在二维表中对行变量和列变量进行独立性假设检验,似然比卡方检验可以用于对数线性模型的检验。费歇精确检验和耶茨校正卡方检验也存在差别,当样本数小于 40 或一个单元格中的期望频数小于 3 时,使用费歇精确检验;当样本数大于或等于 40,至少有一个单元格中的期望频数小于 3 时,使用费歇精确检验;当样本数大于或等于 40,至少有一个单元格中的期望频数大于 3 时,使用耶茨校正卡方检验。

(2) "相关性"复选框。

选中该复选框将进行相关系数的检验,有两项结果显示:Pearson 相关系数(r)用来检验两变量的线性相关程度;Spearman 相关系数用来检验秩序之间的关联程度。其值都在-1 到 1 之间,-1 表示完全负相关,1 表示完全正相关,0 意味着不相关。

(3) "名义"栏。

该栏适用于定义分类变量的相关性指标,共有四个复选框。

① "相依系数"复选框。

该复选框表示基于卡方检验基础上对相关性的检验。其数值在 0 和 1 之间,但不可能达到 1,其值为 0 时表示行和列变量之间不相关,其值越靠近 1,表明变量间相关性越强。其值的大小与表中行列数目有关。计算公式为

$$C = \sqrt{\frac{\chi^2}{\chi^2 + N}}$$

其中,N 为样本数量。

② "Phi 和 Cramer 变量"复选框。

该复选框也是用来刻画相关性的,Phi 系数基于卡方检验基础上,其计算公式为

$$P = \sqrt{\frac{\chi^2}{N}}$$

Cramer 系数的计算公式为

$$V = \sqrt{\frac{\chi^2}{N(k-1)}}$$

其中,k 为行变量、列变量水平数中较小的一个。

③ Lambda 复选框。

当用自变量预测因变量时,Lambda 系数反映这种预测降低错误的比率。Lambda 系数为 1 时,表明自变量完全预测因变量;Lambda 系数为 0 时,预测完全没有效果。

④ "不定性系数"复选框。

选中该框将显示不确定系数,表示用一个变量预测其他变量时降低错误的比率。例如,不确定系数为 83%时,已知一个变量的知识在预测其他变量时,可以减少 83%的错误。不确定系数有对称和不对称两种。

(4) "有序"栏。

该栏适用于有序变量，用于定义有序变量的相关性系数，共有四个复选框。

① Gamma 复选框。

Gamma 系数反映两个有序变量间的对称相关性，其值为-1～1。当 Gamma 系数的绝对值靠近 1 时，两个变量有很强的关联；当 Gamma 系数的值靠近 0 时，两个变量有很小或没有相关性。在二维列联表中，显示 0 阶 Gamma 值，在高维列联表中，显示条件 Gamma 值。

② Somers'd 复选框。

该检验是 Gamma 检验的非对称推广，二者不同之处仅在于根据自变量配对的成对数据的含量。和 Gamma 检验一样，该值为-1～1。当其绝对值靠近 1 时，两个变量有很强的关联；当值靠近 0 时，两个变量有很小或没有相关性。

③ Kendall's tau-b 复选框。

该复选框是对有序变量或秩变量相关性的非参数检验，把有相同值的观测量也列入计算过程中。该系数的符号表明相关性的方向，绝对值表明相关性的大小，绝对值越大，相关性越大，绝对值越小，相关性越小。取值范围为-1～1，取 1 或-1 只有在正方形列联表中才有可能。

④ Kendall's tau-c 复选框。

该检验和 Kendall's tau-b 检验的不同点在于，采用该检验时将相同的观测值从计算中剔除。取值范围为-1～1，符号表明相关性的方向，绝对值表明相关性的大小，绝对值越大，相关性越大，绝对值越小，相关性越小。取 1 或-1 只有在正方形列联表中才有可能。

(5) "按区间标定"栏。

该栏只有一个复选框 Eta，用于检验相关性，其值为0～1，值为0表明没有相关性，值靠近 1 表明有很强的相关性。该检验适用于因变量是区间变量(如收入)，而自变量是取有限分类值(如性别)的相关性分析。有两个 Eta 值可用，一个适用于行变量是区间变量，另一个适用于列变量是区间变量。

(6) Kappa 复选框。

Cohen's Kappa 系数用来检验内部一致性，即两个评估人对同一对象的评估是否具有一致性，其值为0～1，1 表明两种评估完全一致，0 表明两种评估没有共同点。仅适用于两个变量使用同一个分类变量且分类值一样的情况。

(7) "风险"复选框。

该复选框用于检验某事件发生和某因子之间的关系，如可以检验肺癌和吸烟的关系。

(8) McNemar 复选框。

选中该复选框将进行两个相关的二值变量的非参数检验，如用卡方分布检验响应的变化。该检验只有在行列数相等时才能用。在"实验前和实验后"的因素设计中，该检验对探测由于实验干扰而产生反应的变化十分有效。一般显著水平小于 0.03 即被认为十分有效。

(9) "Cochran's and Mantel-Haenszel 统计量"复选框。

选中该复选框将进行一个二值因素变量和一个二值相应变量的独立性检验和齐次性检验，在 Test common odds ratio equals 框中只能输入正数，系统默认值为 1。

设置完毕后单击"继续"按钮，返回"交叉表"对话框。

2) 单元格输出对话框

单击"单元格"按钮，弹出"交叉表：单元显示"对话框，如图 3-35 所示。在该对话框中可以选择在列联表中输出的统计量，包括计数、百分比、残差、Z-检验等。

(1) "计数"栏。

用于定义输出频数，包括观察值(O)、期望值(E)和隐藏较小计数(H)三种。"观察值"复选框表示输出观测值的实际数量；"期望值"复选框表示行、列变量在统计上是独立的或不相关的，将在单元格中输出期望的观测值的数量；"隐藏较小计数"复选框表示可以设置将小于某数的计数隐藏，以便于显示。

(2) "百分比"栏。

该栏用于定义需要计算的百分数，包括行百分数(Row)、列百分数(Column)和总体百分数(Total)。

"行"复选框表示输出单元格中观测量的数目占整行全部观测量数目的百分比；"列"复选框表示输出单元格中观测量的数目占整列全部观测量数目的百分比；"总计"复选框表示输出单元格中观测量的数目占全部观测量数目的百分比。

(3) "残差"栏。

① "未标准化"复选框。

选中该复选框，表示计算非标准化残差。残差是观察值和期望值之差，由此可见，正的残差意味着行、列变量相互独立时，单元格中的观测值比应该出现的值要大。

② "标准化"复选框。

选中该复选框表示计算标准化残差，即上述的残差除以标准差，其均值等于 0，标准差等于 1。

③ "调节的标准化"复选框。

选中该复选框，表示计算调整后残差。

(4) "Z-检验"栏。

"比较列的比例"复选框可以调整文件列的比例。

(5) "非整数权重"栏。

当频数因为加权而变成小数时，在该选项组中对频数进行取整，其包括 5 种取整方法："四舍五入单元格计数"表示对频数进行四舍五入取整；"四舍五入个案权重"表示对加权样本在使用前进行四舍五入取整；"截短单元格计数"表示对频数进行舍位取整；"截短个案权重"表示对加权样本在使用前进行舍位取整；"无调节"表示不进行调整。

设置完毕后单击"继续"按钮，返回"交叉表"对话框。

3) 表格对话框

单击"格式"按钮，弹出"交叉表：表格"对话框，如图 3-36 所示。

在"行序"栏中可以决定各行的排列顺序："升序"项表示将各行变量值按升序排列；"降序"项表示将各行变量值按降序排列。

设置完毕后单击"继续"按钮，返回"交叉表"对话框。结束所有相关设置后，单击"确定"按钮执行列联表分析。

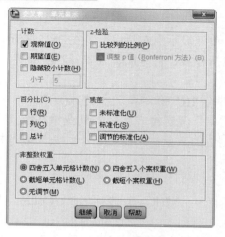

图 3-35 "交叉表：单元显示"对话框

图 3-36 "交叉表：表格"对话框

3.6.3 实例分析

四格卡方检验和 R×S 卡方检验是"交叉表"过程中最常用的功能，下面以数据文件"吸烟与气管炎.sav"为例简单说明四格表卡方检验。

"吸烟与气管炎.sav"数据文件是根据调查 339 名 50 岁以上的人的吸烟习惯与患慢性气管炎病的数据而建立的，数据来源于复旦大学出版社出版的《概率论》，以此数据文件为例探讨吸烟者与不吸烟者患慢性气管炎的概率，说明吸烟与患慢性气管炎之间的关系。

在进行相关分析之前，首先建立数据文件，如图 3-37 所示。

	smoke	result	count
1	是	患病	43.00
2	是	健康	162.00
3	否	患病	13.00
4	否	健康	121.00

图 3-37 "吸烟与气管炎"的 SPSS 数据文件

1. 操作步骤

先对数据进行预处理。单击"数据"菜单，选择"加权个案"项，弹出"加权个案"对话框，选中"加权个案"单选框，单击  按钮，将变量 count 放入"频率变量"框中，单击"确定"按钮完成加权。

然后选择"分析"|"描述统计"|"交叉表"命令，打开"交叉表"对话框。

将 smoke 变量选入"行"框中，作为行变量，然后将 result 变量选入"列"框中，作为列变量。同时选中"显示复式条形图"复选框，选择绘制分组条图。

单击"统计量"按钮，打开"统计量"对话框，选中"卡方"复选框，单击"继续"按钮返回主对话框。

设置结束，单击"确定"按钮，完成设置并执行列联表分析。

2. 输出结果及分析

上述操作的语法程序语句如下所示。

```
WEIGHT
  BY count .
CROSSTABS
  /TABLES=smoke  BY result
  /FORMAT= AVALUE TABLES
  /STATISTICSIC=CHISQ
  /CELLS= COUNT
  /COUNT ROUND CELL
  /BARCHART .
```

在执行操作后,产生了 4 个图表,包括数据摘要表、列联表、卡方检验表和分组条图。下面对所生成的结果进行分析。

表 3-13 给出了数据的基本情况。

表 3-13 统计摘要表

Case Processing 摘要

	Cases					
	Valid		Missing		Total	
	N	Percent	N	Percent	N	Percent
smoke * count	339	100.0%	0	.0%	339	100.0%

表 3-14 给出了数据的 2×2 列联表。与原始数据在形式上基本一致。

表 3-14 列联表

smoke * result Crosstabulation

		result		Total
		患病	健康	患病
smoke	否	13	121	134
	是	43	162	205
Total		56	283	339

表 3-15 给出了数据的卡方检验结果,共使用了 5 种检验方法,计算的统计量主要包括检验统计量(Value)、自由度(df)、双侧近似概率(Asymp.Sig.2-sided)、双侧精确率(精确 Sig.2-sided)、单侧精确概率(精确 Sig.1-sided)。

从表 3-15 可以看出,各种检验方法显著水平都远小于 0.005,所以有理由拒绝吸烟与患病是独立的原假设,认为吸烟与患支气管炎是相关的。

表 3-15 下方注释 b 为 "0 单元格的期望值小于 5,表格最小期望值为 22.14"。注释 b 主要用于决定选择何种卡方检验方法的结果。

表 3-15 卡方检验表

卡方 Tests

	Value	df	Asymp. Sig. (2-sided)	精确 Sig. (2-sided)	精确 Sig. (1-sided)
Pearson 卡方	7.469(b)	1	.006		
Continuity Correction(a)	6.674	1	.010		
Likelihood Ratio	7.925	1	.005		
Fisher's 精确 Test				.007	.004
N of Valid Cases	339				

a. Computed only for a 2×2 table.

b. 0 单元格 (.0%) have expected count less than 5. The 最小值 expected count is 22.14.

如图 3-38 所示,相当于表 3-14 的直观表示。本例虽然不能直接从图形中得出结论,但图形还是很明确且直观地说明了很多问题。

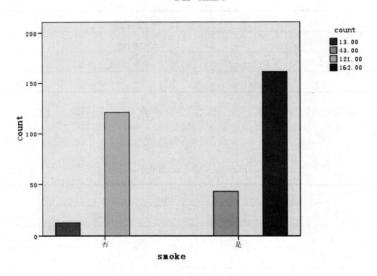

图 3-38 分组条图

第 4 章
平均值比较与检验

  在总体已知的情况下对总体包含的参数进行推断的问题称为参数检验问题。参数检验不仅可以针对一个总体的检验，也可以针对两个或多个总体的比较问题。当总体分布未知时，根据样本推断总体的分布类型和参数值的大小的过程称为非参数检验。统计学中经常通过样本来分析总体，即从样本的观察或试验结果的特征来对总体的特征进行估计和推断。

  在随机抽取样本时，每一个个体被抽到的概率是相等的，因此会抽到一些数值较大或较小的个体，致使样本统计量与总体参数之间有所不同，但是平均值不相等的两个样本却不一定来自平均值不同的总体。判别两个样本是否来自平均值不同的总体，则通常对平均值进行比较与检验，其中最常用的方法就是 T 检验。

本章所讲的平均值过程和 T 检验过程都可以通过"分析"菜单中的"比较平均值"子菜单实现。平均值过程用于计算指定变量的综合描述统计量，当观测量按一个分类变量分组时，平均值过程可以进行分组计算。T 检验过程是对样本进行 T 检验的过程，包括单一样本 T 检验、独立样本 T 检验和配对样本 T 检验。单一样本 T 检验(单样本 T 检验)是检验单个变量的平均值是否与假设检验值(给定的常数)之间存在差异；独立样本 T 检验(自变量列表 Samples T test)用于检验两组来自独立总体的样本，其独立总体的平均值或中心位置是否一样；配对样本 T 检验(Paired-Sample T test)用于检验两个相关的样本是否来自具有相同平均值的总体。至于 One-Way ANOVA 过程，则将在下一章中进行讲解。

4.1 参数检验的基本步骤

对正态总体参数的检验过程一般包括参数的假设检验和参数估计。在总体已知的情况下对总体包含的参数进行推断的问题称为参数检验问题。参数检验不仅可以针对一个总体的检验，也可以针对两个或多个总体的比较问题。当总体分布未知时，根据样本推断总体的分布类型和参数值的大小的过程称为非参数检验。

假设检验的基本原则是依据统计推断原理，即小概率事件在一次特定的抽样中一般是不会发生的，如果发生了小概率事件，我们就有理由拒绝原假设。

在具体操作中，首先应给定所谓的小概率，一般取 0.01 或 0.05，即显著性水平。所设置的显著性水平太小，容易发生"取伪"错误；显著性水平太大，则容易发生"弃真"错误。这就是统计学中的两类错误。在概率学中，"弃真"的错误称为第 I 类错误，"取伪"的错误称为第 II 类错误。

一般而言，参数假设的基本步骤可以归纳如下。

1. 给出检验问题的原假设

根据检验问题的要求，将需要检验的最终结果作为原假设，也称零假设，通常表述为 $H_0: \mu=\mu_0$。例如，要检验一个班的期中考试英语科目的平均成绩是否为 80，由此可做出零假设，$H_0: \mu=80$。

2. 选择检验统计量

在统计推断中，总是通过构造样本的统计量并计算统计量的概率值进行推断，一般构造的统计量应服从或近似服从常用的已知分布，如平均值检验中最常用的 t 分布和 F 分布等。

3. 计算检验统计量的观测值及其发生的概率值

在给定零假设前提下，计算统计量的观测值和相应概率 p 值。概率 p 值就是在零假设 H_0 成立时检验统计量的观测值发生的概率，该概率间接地给出了样本值在零假设成立的前提下的概率，对此可以依据一定的标准来判定其发生的概率是否为小概率。

4. 在给定的显著性水平下，做出统计推断结果

一般来说，我们总是控制犯第 I 类错误的概率，使之不大于 α。α 的大小视具体情况而

定，这种只考虑犯第Ⅰ类错误的概率，而不考虑犯第Ⅱ类错误的概率的检验，称为显著性检验。α 就是显著性水平，即弃真概率，一般取 0.01 或 0.05。当检验统计量的概率 p 值小于显著性水平时，则小概率事件发生，我们有理由怀疑原假设的正确性，从而拒绝原假设；反之，则应该接受原假设。

所以，在 SPSS 的检验问题中，都是利用概率 p 值和显著性水平进行比较，做出拒绝原假设或接受原假设的结论。SPSS 系统自动计算概率 p 值，但显著性水平由用户事先设定。

在检验过程中，SPSS 不仅可以计算统计量的概率 p 值，还可以给出在一定的置信度下，检验量的置信区间，这属于统计分析中参数估计的内容。参数估计中构造的统计量和统一参数的检验中的统计量是相同的，这时可以同时给出假设检验和参数估计结果的关键所在。

4.2 平均值比较

平均值比较(平均值过程)倾向于对样本进行描述，它可以对需要比较的各组计算描述指针，进行检验前的预先分析。平均值过程的优势在于所有的描述性统计变量均按因变量的取值分组计算，无须先进行文件拆分过程，将输出结果中各组的描述指标放在一起，便于相互比较分析。

4.2.1 简单介绍

平均值过程计算指定变量的综合描述统计量，包括平均值、标准差、总和、观测量数、方差等一系列单变量描述统计量，当观测量按一个分类变量分组时，平均值过程可以进行分组计算。例如，要计算某地区高考的数学成绩，SEX 变量把考生分为男生、女生两组，平均值过程可以分别计算男生、女生的数学成绩。平均值过程还可给出方差分析表和线性检验结果。使用平均值过程求若干组的描述统计量，目的在于比较，因此必须分组求平均值。这是与描述过程的不同之处。

4.2.2 平均值过程的 SPSS 操作

与其他统计分析过程的操作一样，平均值过程的大部分功能可以完全由窗口管理实现，这给用户带来了很大方便。

在主菜单栏中单击"分析"菜单，选择其中的"比较平均值"子菜单，然后单击"平均值"命令，弹出的"平均值"对话框如图 4-1 所示。

在"平均值"对话框的右侧为"因变量列表"文本框，该框中的变量作为因变量，通常认为受自变量影响或决定，因此被用来预测或建模。要从源变量框中选取变量进入该框，只需选中所要选取的变量，然后单击 按钮即可。如果选中两个以上的变量，系统将会在同一张输出表中依次给出其分析结果。

位于"因变量列表"文本框下方的"自变量列表"文本框中的变量是自变量，又被称为预测变量或解释变量。要执行"平均值"过程，该框中必须有至少一个变量。选中变量进入该框后，可以看到框上方的"下一个"按钮被激活，单击该按钮进入下一层，下一层的自变量将再细分样本。要回到上一层，单击"上一个"按钮即可。

单击"选项"按钮，即可打开"平均值：选项"对话框，如图 4-2 所示。

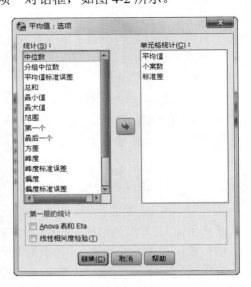

图 4-1　"平均值"对话框　　　　图 4-2　"平均值：选项"对话框

"单元格统计"文本框中为在输出结果中显示的统计量，其排列顺序即为输出时的显示顺序。可供选择的统计量显示在"统计"列表框中，包括合计、个案数、平均值、中位数、组内中位数、平均值标准误差、最小值、最大值、范围、标准差、方差、峰度、峰度的标准误、偏度、偏度的标准误、第一个、最后一个、占总和的百分比、总个案数的百分比、几何平均值、调和平均值。选择完需要分析的统计量后单击"继续"按钮，确认选择并返回"平均值"对话框。

很多统计量都是在前几章中提到过的，读者可参照前面的讲解进行学习。在"单元格统计"文本框中，系统默认的统计量包括平均值、个案数、标准差。

在"平均值：选项"对话框的下方是"第一层的统计"栏。该栏中有两个复选框，用于选择是否检验第一层的分组变量对结果变量的影响有无统计学意义。

其中，"Anova 表和 Eta"复选框表示对第一层自变量进行单因素方差分析，并计算 Eta 统计量的值和 η。方差分析的零假设是，第一层自变量各水平上的因变量平均值都相等。η 统计量表明因变量和自变量之间联系的强度。η 是因变量不同组中差异所解释的方差比，是组间平方和与总平方和之比；而"线性相关度检验"复选框用于检验线性相关性，即不同组的平均数之间是否存在线性趋势。实际上也就是进行单因素方差分析，并且在分析中产生 R 和 $R2$，其检验的假设为因变量平均值是第一层自变量值的线性函数。只有在控制变量有基本的数量级(如自变量表示年龄或人种，不能是房屋颜色或居住城市等)，且自变量有三个水平以上时方可使用。R 和 $R2$ 测度线性拟合的良好度，R 是观测值与预测值之间的相关系数，$R2$ 是决定系数。如果第一层中有多个因变量，则 SPSS 只对最后一个因变量计算 R 和 $R2$。

4.2.3 实例及结果分析

下面以数据文件"house.sav"为例对平均值过程的操作以及结果进行说明,以使读者更加直观地了解平均值过程的功能以及对其结果的分析。

1. 操作步骤

(1) 在数据管理窗口中打开"house.sav"数据文件,如图 4-3 所示。

	district	price	sale	var	var
1	城中心	3300	3500		
2	城中心	3600	3500		
3	卫星城	2400	2350		
4	城中心	3500	3650		
5	近郊区	2250	2300		
6	远郊区	1760	1800		
7	远郊区	1850	1780		
8	远郊区	1880	1750		
9	卫星城	1950	1950		
10	卫星城	1900	1950		
11	近郊区	1780	1650		
12	近郊区	1850	1780		
13	近郊区	1840	1700		
14	城中心	2800	2800		
15	城中心	3050	3200		
16	远郊区	1670	1650		
17	远郊区	1680	1650		
18	近郊区	1850	1900		
19	近郊区	1780	1680		
20	卫星城	2050	2000		
21	卫星城	2020	2100		

图 4-3 "house.sav"的数据

(2) 在主菜单栏中的"分析"菜单中选择"比较平均值"菜单,然后单击"平均值"命令,打开"平均值"对话框。

(3) 在"平均值"对话框左侧变量列表框中选中 price 变量和 sale 变量,单击 ► 按钮,将其移入"因变量列表"文本框中,并将 district 变量移入"自变量列表"文本框中。然后,单击"选项"按钮,打开"均值:选项"对话框,如图 4-4 所示。

(4) 在"均值:选项"对话框中选择需要分析的统计量,在"单元格统计量"中,选中平均值、标准差、最小值、最大值和个案数 5 个统计量。然后单击"继续"按钮,返回"平均值"对话框。

(5) 在"平均值"对话框中单击"确定"按钮,完成设置并执行操作。

2. 输出结果及分析

有了前一章的基础,本章中对"平均值"分析结果的解读就相对简单得多。

表 4-1 是早已熟悉的观测量摘要表,说明了观测量总个数为 21,其中有效值为 21 个,无缺失值。

表 4-2 分为 5 部分,分别对城中心、卫星城、近郊区、远郊区的"标价"变量和"最终出售价格"变量进行了平均值、标准差、最小值、最大值和个案数 5 个统计量的分析,第 5 部分为总计,对所有的观测量就 5 个统计量进行分析。

图 4-4 选入因变量、自变量并打开"均值：选项"对话框后的界面

表 4-1 数据摘要表

Case Processing Summary

	个案					
	已包含		未包含		总计	
	N	百分比	N	百分比	N	百分比
标价 * 地段	21	100.0%	0	.0%	21	100.0%
最终出售价格(单位：元/平方米) * 地段	21	100.0%	0	.0%	21	100.0%

表 4-2 平均值过程分析报告

报告

地 段		标 价	最终出售价格(单位：元/平方米)
城中心	平均值	3250.00	3330.00
	N	5	5
	标准差	327.872	338.378
	最小值	2800	2800
	最大值	3600	3650
卫星城	平均值	2064.00	2070.00
	N	5	5
	标准差	196.799	168.077
	最小值	1900	1950
	最大值	2400	2350

续表

地 段		标 价	最终出售价格(单位：元/平方米)
近郊区	平均值	1891.67	1835.00
	N	6	6
	标准差	178.596	244.929
	最小值	1780	1650
	最大值	2250	2300
远郊区	平均值	1768.00	1726.00
	N	5	5
	标准差	95.760	71.624
	最小值	1670	1650
	最大值	1880	1800
总计	平均值	2226.67	2220.95
	N	21	21
	标准差	627.482	680.955
	最小值	1670	1650
	最大值	3600	3650

从表 4-2 可以看出，就平均值而言，城中心为 3250，卫星城为 2064，近郊区为 1891.67，远郊区为 1768，而总体的平均值为 2226.67，从这些数据可以看出 4 个地段房价的差距。在表 4-2 中还有最终售出价格的平均值、标准差、最小值、最大值的统计分析数据，此处不再一一讲解。

在 4.2.2 节中我们讲到，在平均值过程中可以选择分层变量对变量进行分层分析，但本例中没有用到这一方法，读者可自行练习，并尝试对结果进行分析。对于本例中没有涉及的平均值过程的其他功能，也可以选择相应例子自行练习，以更好地掌握平均值过程。

4.2.4 平均值过程语句

1. 标准语句

除了完全窗口管理，还可以使用命令语句和子命令调用平均值过程，以便于高级用户的操作。平均值过程的命令格式可以简化为：

```
平均值 因变量串 y₁, y₂…[ALL] BY 自变量串 [BY 控制变量]
       [/STATISTICS=[ANOVA][LINEARITY][ALL][NONE]]
```

具体的语法语句如下：

```
MEAN [TABLES=]{varlist}BY varlist[BY…][/varlist…]{ALL}
[/MISSING={TABLE**}{INCLUDE}{DEPENDENT}]
[/CELL=[MEAN**][COUNT**][STDDEV**][MEDIAN][GMEDIAN][SEMEAN]
[SUM][MIN][MAX][RANGE][VARIANCE][KURT][SEKURT][SKEW]
[SESKEW][FIRST][LAST][NPCT][SPCT][NPCT(var)][HARMONIC]
```

```
[GEOMETRIC][DEFAULT][ALL][NONE]]
[/STATISTICS=[ANOVA][{LINEARITY}][NONE**]]{ALL}
```

平均值语句是调用平均值过程的语句。"/"后面的是子命令，"[ ]"中的子命令是可以选择的。子命令中的选择项分为两类：使用"[ ]"括起来的是可以并列选择的，即可以同时选择若干个在[ ]中的选择项；使用"{}"括起来的选择项只能选择其一。

2. 语句说明

1) 平均值语句

平均值语句是调用平均值过程的语句，可以在该语句中指定因变量和作为自变量的分类变量，也可以使用子命令形式指定因变量和自变量。

(1) TABLES=varlist 形式。

这是指定因变量的方式，可以使用"TABLES="，也可以省略，直接在平均值关键字后面列出因变量的变量表，至少指定一个因变量。

BY 后面的自变量必须是分类变量，平均值过程按 BY 变量的值分组对因变量进行分析。每个 BY 分语句定义一个控制层，所以必须有至少一个 BY 分语句。一个控制层可以指定若干个分类变量作为层控制变量，有几个 BY 分语句就有几个控制层。控制层数(BY 分语句数目)和每层中的分类变量数目，以及每个分类变量的水平数决定观测量如何分组。

(2) "/" 形式。

为平均值语句提供因变量表和 BY 变量的另一种方法是使用子命令方式，即在"/"后面直接列出因变量表，并且紧接着 BY 后面列出各层的分类。

2) MISSING 子命令

平均值过程对自变量是缺失值的，作为该自变量的一个水平单分一组给出统计量。

使用 MISSING 子命令指定处理因变量缺失值的方法，共有 2 个选择项。

(1) TABLE 项。

TABLE 是系统默认的对缺失值的处理方法，观测任意一个变量时，都会从分析中剔除带缺失值的观测量，这样，包括在表中的每个观测都有一个对所有变量来说非缺失值的全集。当使用"/"分割一个表时，缺失值对每个表分别进行处理。

(2) INCLUDE 项。

该项将用户定义的缺失值当作合法值处理，参与分析因变量列表项，该项仅对因变量剔除用户缺失值，认为所有自变量缺失值都是合法的。

3) 单元格统计量 S 子命令

单元格统计量 S 子命令指定对由 BY 变量确定的分析单元计算哪些统计量，可供选择的统计量有：

- DEFAULT，所有系统默认的统计量，包括平均值、标准差、单元内观测量数目。
- 平均值，单元平均值是系统默认的统计值。
- STDDEV，标准差，是系统默认的统计值。
- SUM，单元内的因变量值的总和。
- VARIANCE，单元方差，它等于单元标准差之平方。
- MEDIAN，中位数。

- GMEDIAN，各组中位数。
- SEMEAN，平均值的标准误差。
- SUM，总和。
- MIN、MAX 和 RANGE，最小值、最大值和范围。
- KURT、SEKURT，峰度和峰度的标准误差。
- SKEW 和 SESKEW，偏度和偏度的标准误差。
- FIRST、LAST，各分组第一个和最后一个观测的因变量的值。
- NPCT，每组观测量数占总数的百分比[NPCT(var)]。
- SPCT，每组因变量总和占总和的百分比[SPCT(var)]。
- HARMONIC，调和平均数。
- GEOMETRIC，几何平均数。
- ALL，以上所有描述统计量。
- NONE，不计算描述统计量。

4) 统计量子命令

该子命令指定对第一层分类变量进行统计分析，可以指定以下选择项：

- ANOVA，对第一层变量进行单变量方差分析。
- LINEARITY，当第一层变量的水平数大于、等于 3 时，对第一层变量进行线性度测度。指定此项，会给出因变量观测值与预测值之间的相关系数和对线性回归的方差分析的假设检验结果。
- ALL，选择以上两项分析。
- NONE，对第一层变量不做特殊分析。

** 如果省略子命令，系统自动选择默认项进行分析计算，默认项标有双星且使用黑体字。例如：

```
平均值 TABLES=V1 TO BY GROUP
/统计量=ANOVA
```

该程序要求以 V1、V2、V3、V4、V5 为因变量，GROUP 为自变量分组进行平均值比较，省略了单元格统计量子命令，相当于要求计算算术平均数、标准差、各分组中观测量数。程序将进行一维方差分析。

3. 举例说明

以 4.2.3 节中的分析为例，程序如下：

```
MEAN
 TABLES=price sale BY district
 /CELL MEAN COUNT STDDEV MIN MAX .
```

读者可以与 4.2.3 节对照弄懂各语句的意思。

4.3 单一样本 T 检验(单样本 T 检验)

单样本 T 检验过程,即单一样本 T 检验,主要用于进行样本所在母体平均数与已知母体平均数的比较。也就是说,单一样本 T 检验是处理一个正态总体在方差未知时总体平均值与某一已知数是否有显著性差异的假设检验。

4.3.1 基本方法介绍

单一样本 T 检验是用于检验单个变量的平均值是否与假设检验值(给定的常数)之间存在显著性差异。例如,研究某地区高考数学平均分数与去年分数(定值)的差异。单样本 T 检验要求样本来自于服从正态分布的单总体,之所以称为 T 检验,是因为检验过程中构造的统计量服从 t 分布,也称为单样本的平均值检验。

如果已知总体均数,进行样本均数与总体均数之间差异显著性检验也属于单一样本的 T 检验。例如,研究某地区高考数学平均分数与全省高考数学平均分数的差异,这就是进行样本均数与总体均数之间差异显著性检验即进行单一样本的 T 检验来解决的问题。

单一样本 T 检验假设样本 $x_1, x_2, x_3, \cdots, x_n$ 来自正态总体 $N(\mu, \sigma^2)$,样本的方差为 S^2,对于平均值 μ 的检验问题,其基本步骤如下:

(1) 建立原假设:H_0:$\mu = \mu_0$,H_1:$\mu \neq \mu_0$。即原假设为总体平均值与检验值之间不存在显著差异。

(2) 构造统计量:

$$t = \frac{\bar{x} - \mu_0}{S/\sqrt{n}}$$

其中,n 为样本个数;$\bar{x}$ 为样本平均值;S 为样本标准差。该变量服从自由度为 $(n-1)$ 的 t 分布。

(3) 利用原假设和样本数据计算 t 统计量和其对应的 p 值。

(4) 对比 p 值和 α,结合原假设做出推断,如果 p 值 $<\alpha$,则拒绝原假设,得出总体平均值与检验值之间存在显著差异的结论;如果 p 值 $>\alpha$,则不能拒绝原假设,应认为总体平均值与检验值之间不存在显著差异。

单一样本 T 检验过程对每个检验变量给出的统计量有:观测量个数、平均值、标准差和平均值的标准误差,还给出了每个数据值与假设检验值之间的差的平均值,以及进行该差值为 0 的 T 检验和该差值的置信区间,用户可以指定这一显著性水平。

SPSS 的操作结果中还显示了平均值标准误差(Std.Error,平均值),即 t 统计量的分母部分。

4.3.2 单一样本 T 检验的 SPSS 操作

创建或打开数据文件后,即可进行"单样本 T 检验"分析。和"平均值"过程一样,

"单样本 T 检验"过程的打开也在"分析"菜单下,选择"分析"|"比较平均值"|"单样本 T 检验"命令,即可打开"单样本 T 检验"对话框,如图 4-5 所示。

"单样本 T 检验"对话框比较简单,包括"检验变量"文本框和"检验值"参数框。

其中,"检验变量"文本框中的变量是要进行检验的变量,从源变量框中选取变量进入该框,只需选中所要选取的变量,然后单击 按钮即可。

"检验值"参数框用于输入一个定值,作为假设检验值。系统默认值为 0。

和其他的统计分析过程一样,在"单样本 T 检验"对话框的右上方有"选项"按钮,单击该按钮,即可打开"单样本 T 检验:选项"对话框,如图 4-6 所示。

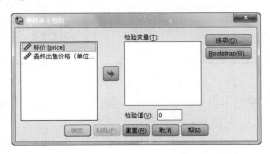

图 4-5　"单样本 T 检验"对话框

图 4-6　"单样本 T 检验:选项"对话框

在"单样本 T 检验:选项"对话框中有"置信区间百分比"参数框,该参数框中可以输入数值为 1~99 的置信区间,一般取为 90、95、99 等数值。SPSS 将自动给出这个置信区间的上下限,需要说明的是,计算置信区间的变量不是样本值,而是样本值和假设检验值(Test Value)的差。

在"置信区间百分比"参数框下方是"缺失值"选项组,在该选项组中可以选择缺失值的处置方式,包括以下两个复选框:"按分析顺序排除个案"复选框表示在检验过程中,仅剔除参与分析的缺失值;"按列表排除个案"复选框表示剔除所有含有缺失值的个案。系统默认为前者,以便充分利用数据。

4.3.3　实例及结果分析

以数据文件"pulse.sav"为例来进行说明,已知某地区成年男子的脉搏平均数为 72 次/分,"pulse"是根据该地区邻近山区随机抽取的 20 名健康成年男子的脉搏值而建立的数据文件。现在根据该数据文件推断山区成年男子的脉搏平均数是否与该地区成年男子有所不同。

1. 操作步骤

(1) 打开数据文件"pulse.sav",在主菜单栏中的"分析"菜单中选择"比较平均值"子菜单,然后单击"单样本 T 检验"命令,打开如图 4-5 所示的"单样本 T 检验"对话框。

(2) 将变量 pulse 选入"检验变量"文本框。

(3) 在"检验值"参数框中输入已知母体平均数 72。

(4) 单击"确定"按钮完成设置并执行上述操作。

2. 输出结果及分析

利用上述实例进行分析，输出结果如下。

表 4-3 是脉搏测量值的统计量摘要表，包括观测量个数、平均值、标准差和平均值的标准误差。

表 4-3　单一样本统计量

单一样本统计量

	N	平均值	标准差	Std. Error 平均值
脉搏测量值	20	75.05	2.892	.647

表 4-4 为单一样本 T 检验的结果，第一行注明了检验参数"检验值"为 72，即用于比较的已知母体平均数为 72，下面从左到右依次为 t 值、自由度 df、显著性水平(Sig.2-tailed)、平均数的差值(Mean Difference)、置信区间(Confidence Interval)。

表 4-4　单一样本检验结果

单个样本检验

	检验值=72					
					差分的 95%置信区间	
	t	df	Sig.(双侧)	均值差值	下　限	上　限
脉搏测量值	4.716	19	0	3.050	1.70	4.40

从表 4-4 中可以看出，t 值为 4.716，自由度为 19，显著值为 0，样本平均值与检验值的差为 3.050，该差值 95%的置信区间是 1.70～4.40。显著性水平小于 0.05，所以我们有理由拒绝原假设，认为山区男子和该地区男子的脉搏数有显著差别，具体来说，可以认为山区男子的脉搏数更高。

4.3.4　单样本 T 检验过程语句

1. 标准语句

One Sample T Test 过程语句的形式如下：

```
T-TEST TESTVAL=value
/VARIABLES=varlist
[/MISSING={ANALYSIS**}[INCLUDE]]
         {LISTWISE  }
[/CRITERIA=CIN[{(0.95 )}]]
              {(value) }
```

其中，T-TEST 命令是调用 T-TEST 过程的命令语句。"TESTVAL="后面指定假设检验值，"VARIABLES="后面跟着要检验的变量名列表。这几个语句是必需的，其他子命令则可以选择。

2. 语句说明

(1) T-TEST 命令。

T-TEST 是命令关键字,"TESTVAL="后面指定假设检验值。

(2) VARIABLES 子命令。

该子命令用来指定分析变量,等号后面跟着变量名表,可以指定多个变量,但必须是数值型变量。

(3) MISSING 子命令。

该子命令用来选择处理缺失值的方法,共有 3 种方法:

- ANALYSIS 在检验变量中含有缺失值的观测将不被计算。
- LISTWISE 在任何一个变量中含有缺失值的观测都将不被计算。
- INCLUDE 对用户定义的缺失值作为合法值参与分析。

(4) CRITERIA=CIN 子命令。

该子命令用于指定平均值差值的置信区间,有两种方法:

- 0.95 是系统默认值。
- 用户给出自己的值。

3. 举例说明

4.3.3 节中的例题完全可以用一个很简单的语句来实现。在主对话框中单击"粘贴"按钮,出现的文本框中有下列程序,或在输出结果的 Log 一栏中会显示语法程序语句。运行该程序可以得到相同的结果。

```
T-TEST
  /TESTVAL = 72
  /MISSING = ANALYSIS
  /VARIABLES = pulse
/CRITERIA = CI(.95) .
```

4.4 独立样本 T 检验(自变量列表–Samples T Test)

独立样本 T 检验(自变量列表-Samples T Test),就是对来自两个不同总体平均值之间的差异性进行检验,用于检验两个独立样本是否来自具有相同平均值的总体,独立样本 T 检验的实质就是对两个样本的平均值之差进行 T 检验。

4.4.1 基本方法介绍

独立样本 T 检验(自变量列表-Samples T Test)用于检验两组来自独立总体的样本,其独立总体的平均值或中心位置是否一样。如果两组样本彼此不独立,应该使用配对 T 检验(Paired Sample T Test);如果分组不止一个,应该使用 One-Way ANOVA 过程进行单变量方差分析;如果想比较的变量是分类变量,应该使用 Crosstabs 功能。

独立样本 T 检验还要求总体服从正态分布,如果总体明显不服从正态分布,则应该使用一种非参数检验过程(Nonparametric Test)。

独立样本 T 检验的步骤和一般参数检验的步骤基本一致。

(1) 构造原假设。H_0：$\mu_x=\mu_y$，H_1：$\mu_x \neq \mu_y$。即原假设为两总体平均值之间不存在显著差异。独立样本 T 检验需要检验两样本平均值之间是否存在显著差异。

(2) 构造统计量。独立样本 T 检验均质检验的前提是两个独立的总体分别服从 $N(\mu_1, \sigma_1^2)$ 和 $N(\mu_2, \sigma_2^2)$。在零假设成立的条件下，独立样本 T 检验使用 t 统计量。构造独立样本 T 检验的 t 统计量分为两种情况。

如果两总体方差相等，则构造 t 统计量定义为

$$t = \frac{(\overline{X}-\overline{Y})-(\mu_x-\mu_y)}{\sqrt{\frac{1}{n_1}+\frac{1}{n_2}}\sqrt{\frac{(n_1-1)s_x^2+(n_2-1)s_y^2}{n_1+n_2-2}}}$$

如果两总体方差未知且不相等时，构造的 t 统计量定义为

$$t = \frac{(\overline{X}-\overline{Y})-(\mu_x-\mu_y)}{\sqrt{\frac{s_x^2}{n_1}+\frac{s_y^2}{n_2}}}$$

可见，独立样本 T 检验的结论在很大程度上取决于两个总体的方差是否相等。这就要求在检验两总体平均值是否相等之前，首先要对两总体方差的齐性进行检验。在统计分析中，如果两个总体的方差相等，称之为满足方差齐性。在 SPSS 的独立样本 T 检验中，系统会自动给出 Levene's 方差齐性检验的结果。

(3) 利用原假设和样本数据计算 t 统计量和其对应的 p 值。在给定原假设前提下，SPSS 将检验之 0 代入统计量的 $\mu_1-\mu_2$ 部分，得到检验统计量的观测值，以及根据 t 分布的分布函数计算出 p 值。

(4) 在给定的显著性水平下，做出统计推断结果。当检验统计量的概率 p 值小于显著性水平时，则拒绝原假设，认为两个总体平均值存在显著差异；反之，当 p 值大于显著性水平时，则接受原假设，认为两总体平均值之间不存在显著差异。

4.4.2 独立样本 T 检验的 SPSS 操作

创建或打开一个数据文件之后，即可进行相应的独立样本 T 检验。

在主菜单栏中选择"分析"菜单，然后选择"比较平均值"子菜单，在子菜单下，单击"独立样本 T 检验"命令，即可打开"独立样本 T 检验"主对话框，如图 4-7 所示。

在"独立样本 T 检验"主对话框的右侧为"检验变量"文本框，该框中的变量是要做检验的变量。要从源变量框中选取变量进入该框，只需选中所要选取的变量，然后单击 按钮即可。

在"检验变量"文本框下方是"分组变量"文本框，该框中的变量是分组变量。分组变量有且只能有一个，用于将样本分为两组来检验。分组变量必须是两值变量或具有某种分类特征的变量，前者如性别，后者如体重，可以 60 kg 为分界值，比 60 kg 重的为一组，比 60 kg 轻的为一组。

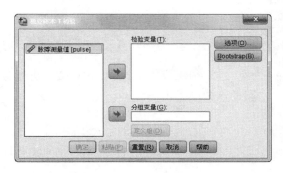

图 4-7 "独立样本 T 检验"主对话框

在选择变量进入"分组变量"文本框后,"定义组"按钮被激活。单击"定义组"按钮,即可打开如图 4-8 所示的"定义组"对话框。

在该对话框中,分别在"组 1"和"组 2"文本框中输入作为第一组和第二组样本的分组变量值,就把样本按该分组变量分成了两组。例如,如果分组变量是性别,"1"代表"男","2"代表"女",那么,在"组 1"后的文本框中输入"1","组 2"后的文本框中输入"2",就按性别把样本分成了两组。

如果分组变量是连续型的定距型变量,可以在"割点"文本框中输入分割点,分割点把数据分为两部分,大于该数值的数据为一组,小于该数值的数据为另一组。例如,如果分组变量是体重,选中该选项,并输入 60 kg,就把样本分成了两组。

单击"继续"按钮确认设置并返回主对话框。

和其他统计分析过程一样,在主对话框中单击"选项"按钮,即可打开"独立样本 T 检验:选项"对话框,如图 4-9 所示。

图 4-8 "定义组"对话框　　　图 4-9 "独立样本 T 检验:选项"对话框

该对话框中可以设置置信区间和对缺失值的处理办法。在"置信区间百分比"参数框中输入置信水平,系统默认值为 95%,和前文所讲的一样,置信水平可以是 1~99 的数值。

"缺失值"选项组用于定义对缺失值的处理方式,包含两个单选项:"按分析顺序排除个案"表示在分析过程中,仅剔除参与分析的缺失值;"按列表排除个案"表示剔除含有缺失值的所有个案。

定义结束后,单击"继续"按钮确认设置,并返回主对话框。单击"帮助"按钮可获得相应的帮助文档。

所有定义完成后,在主对话框中单击"确定"按钮,即可执行独立样本 T 检验。

4.4.3 实例及结果分析

以数据文件"test.sav"为例,进行独立样本 T 检验,并对结果进行分析。数据文件"test.sav"是对某班 14 名学生某次物理考试成绩的汇总。

1. 操作步骤

（1）选择"分析"|"比较平均值"|"独立样本 T 检验"命令,打开"独立样本 T 检验"主对话框。

（2）将变量 score 选入"检验变量"框中作为检验变量。

（3）将变量 sex 选入"分组变量"框中作为分组变量。

（4）单击"定义组"按钮,打开"定义组"对话框,在"组 1"后的文本框中输入 1,"组 2"后的文本框中输入 2,然后单击"继续"按钮返回主对话框。

（5）单击"确定"按钮结束设置并执行操作。

2. 输出结果及分析

输出结果见表 4-5 和表 4-6。

表 4-5 是分组统计量表,列出的统计量包括观测量个数、平均值、标准差和平均值的标准误差。

表 4-5 统计量摘要值

Group 统计量

	sex	N	平均值	标准差	Std. Error 平均值
score	男	7	82.7143	3.14718	1.18952
	女	7	76.8571	2.54484	.96186

表 4-6 是独立样本 T 检验结果,"假设方差相等"行是假设方差相等时进行的独立样本 T 检验,当方差相等时看这一行的结果;"假设方差不相等"行是假设方差不相等时进行的独立样本 T 检验,当方差不相等时看这一行的结果。

表 4-6 独立样本 T 检验结果

独立样本检验

	方差方程的 Levene 检验		均值方程的 T 检验					差分的 95% 置信区间	
	F	Sig.	t	df	Sig.(双侧)	均值差值	标准误差值	下限	上限
score 假设方差相等	.622	.445	3.829	12	.002	5.85714	1.52975	2.52410	9.19018
假设方差不相等			3.829	11.496	.003	5.85714	1.52975	2.50784	9.20645

从表 4-6 可以看到，显著值为 0.000<0.05，所以有理由拒绝原假设，认为两总体的平均值是不相等的。

4.4.4 独立样本 T 检验过程语句

1. 标准形式

独立样本 T 检验过程语句的标准形式为：

```
T-TEST GROUPS=varname({1,2**})
{value}
{value,value}
/VARIABLES=varlist
[/MISSING={ANALYSIS**}[INCLUDE]]
{LISTWISE}
[/CRITERIA=CIN[{(0.95 )}]]
{(value)}
```

其中，T-TEST 命令是调用 T-TEST 过程的命令语句。VARIABLES 是指定分析变量的子命令。这两个语句是必需的，其他子命令则可以选择。

2. 语句分析

1) T-TEST 命令

T-TEST 是命令关键字，"GROUPS=" 后面指定分组变量名，并必须在后面的圆括号中给出分组方法。共有三种表示方法的选择项，根据实际情况选择其中一种。

(1) {1,2**}。

这种表示方法是最常用的，独立样本 T 检验是检验两组样本平均值差异性的，分组变量一般有两个水平，最常用的是 1 和 2。

(2) (值)。

这种表示方法适用对连续变量做分组变量，或者虽然是分组变量但其值水平数多于两个的情况。用分界值的方法分组时，括号中写入分界值即可。

(3) (值,值)。

这种表示方法适用于当分组变量不是常用的 1 或 2 时，或者分组变量水平是确定的，但多于 2 个的情况。括号中指定用于分组的变量水平。例如，如果分组变量是年龄，其水平有 16、17、18，要比较的是 16 和 17 两组，则为(16, 17)。

2) VARIABLES 子命令

该子命令用来指定分析变量，等号后面跟着变量名表。

3) MISSING 子命令

该子命令用来选择处理缺失值的方法，共有 3 种方法：

- ANALYSIS 在检验变量中含有缺失值的观测将不被计算。
- LISTWISE 在任何一个变量中含有缺失值的观测都将不被计算。
- INCLUDE 对用户定义的缺失值作为合法值参与分析。

4) CRITERIA=CIN 子命令

该子命令用于指定平均值差值的置信区间，有两种方法：

- 0.95 是系统默认值。
- 用户给出自己的值。

3. 举例说明

对 4.4.3 节中的例题，也可以用下列语法程序语句实现。

```
T-TEST
  GROUPS = sex('1' '2')
  /MISSING = ANALYSIS
  /VARIABLES = score
/CRITERIA = CI(.95) .
```

4.5 配对样本 T 检验(Paired-Samples T Test)

配对的概念指的是两个样本的值之间存在着对应关系。配对样本的两个样本值之间的配对是一一对应的，并且两个样本的容量相同。配对样本 T 检验用于检验两个相关样本是否来自具有相同平均值的正态总体，即推断两个总体的平均值是否存在显著差异。

4.5.1 基本方法介绍

配对样本 T 检验(Paired-Samples T Test)用于检验两个相关的样本是否来自具有相同平均值的总体，即用于进行配对设计的差值平均数与母体平均数 0 比较的 T 检验。配对设计有两种情况：一是对同一个受试对象处理前后的比较，如考查同一组人在参加一年的长跑锻炼前后的心率是否有显著差异。这时，每个人一年前的心率和一年后的心率是相关的，心率较快的人锻炼后仍相对其他人较快。但是，这种设计由于在结果中混杂了时间因素的映像，现在已经不再推荐。二是将受试对象按情况相近者配对(或者自身进行配对)，分别给予两种处理，以观察两种处理效果有无差别，如对一种减肥茶的效果统计，将受试者分为服用减肥茶前的体重和服用减肥茶后的体重两种情况，进行平均值的比较，以观察减肥茶的功效。

在配对设计得到的数据中，每对数据之间都有一定的关系，如果采用成组的 T 检验就无法利用这种关系，浪费大量数据。而且，在很多情况下，待检验的成对总体的平均值不再满足独立性条件，因此不能使用独立样本 T 检验的办法。

配对样本 T 检验是求出每对观测量值之差，所有样本值的观测值之差形成一个新的单样本，显然，如果两个样本的平均值没有显著差异，则样本值之差的平均值应该接近零，这实际就转换成了一个单样本的 T 检验。所以，配对样本 T 检验就是检验差值的来自总体平均值是否为零，这就要求差值的来自总体服从正态分布。

配对样本 T 检验的步骤和一般参数检验步骤完全一致，下面讲解配对样本 T 检验的一般步骤。

(1) 提出原假设。配对样本需要检验两个总体平均值是否存在显著性差异。其原假设为 H_0：$\mu=0$，H_1：$\mu\neq 0$，即原假设为总体平均值未发生显著变化。

(2) 设$(X_1, Y_1), (X_2, Y_2), \cdots, (X_n, Y_n)$为配对样本，差值 $d_i=X_i-Y_i$，$i=1, 2, \cdots, n$。在原假设

成立的条件下，差值的来自总体 d 的平均值为零，配对样本 T 检验使用 t 统计量，构造的 t 统计量为

$$t = \frac{\bar{d} - (\mu_1 - \mu_2)}{S/\sqrt{n}}$$

当 $\mu_1-\mu_2=0$ 时，t 统计量服从自由度为 $n-1$ 的 t 分布。

(3) SPSS 将检验值 μ_0 代入 t 统计量，利用原假设和样本数据计算 t 统计量及根据 t 分布的分布函数计算出概率 p 值。

(4) 给定显著性水平，做出统计推断结果。当检验统计量的概率 p 值小于显著性水平时，则拒绝原假设，认为两个总体的平均值有显著差异；反之，如果检验统计量的概率 p 值大于显著性水平时，则接受原假设，认为两个总体平均值无显著差异。

4.5.2 配对样本 T 检验的 SPSS 操作

在主菜单栏中选择"分析"|"比较平均值"|"配对样本 T 检验"命令，即可打开"配对样本 T 检验"主对话框，如图 4-10 所示。

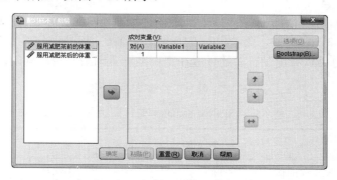

图 4-10 "配对样本 T 检验"主对话框

在"配对样本 T 检验"主对话框的右侧是"成对变量"框，该框中的变量作为分析变量，总是成对出现。只有在同时选中两个及两个以上变量时，才能激活 ➡ 按钮，单击 ➡ 按钮即可在"成对变量"框中看到 Variable1 和 Variable2 这两个变量。

在主对话框中单击"选项"按钮，即可打开如图 4-11 所示的"配对样本 T 检验：选项"对话框。

该对话框的主要功能是确定置信水平和对缺失值的处理办法。关于该对话框的各选项意义及其设置，在前面各节已经详细讲解过，读者可参考前文进行学习。

图 4-11 "配对样本 T 检验：选项"对话框

4.5.3 实例及结果分析

下面以一个例子讲解配对样本 T 检验的功能及对其结果的分析。一种新上市的减肥茶

需要做市场调查，对 35 个消费者进行了测试，分别统计了这 35 个受试者服用减肥茶前后的体重数据，形成 35 个配对。现在按照 95%的置信区间，说明减肥食品是否有效果（$\alpha=0.01$），以及探讨为保证所用的方法有效，应该做怎样的假设。

1. 操作步骤

（1）打开数据文件"tea.sav"，其中，服用减肥茶前的体重定义为变量 Variable1，服用减肥茶后的体重定义为变量 Variable2。

（2）在主菜单栏中选择"分析"|"比较平均值"|"配对样本 T 检验"命令，即可打开"配对样本 T 检验"主对话框。

（3）在如图 4-11 所示的对话框中，在"置信区间百分比"内输入置信度，本例中采用系统默认的 95%的置信度，单击"继续"按钮确认设置并返回主对话框。

（4）单击"确定"按钮即可完成设置并执行配对样本 T 检验。

2. 输出结果及分析

该例的配对样本 T 检验结果如下。

表 4-7 给出了 4 个描述性统计量，包括平均值、样本个数、标准差、标准误差。从表 4-7 中可以看出，变量 before 的均数（平均值）、标准差（SD）、标准误（SE of 平均值）分别为 88.8286、5.85353、0.98943，变量 after 的均数、标准差、标准误分别为 81.5829、7.88071、1.33208。从直观上可以看出受试者的体重在服用减肥茶前后是有差异的。

表 4-7　配对 T 检验描述统计量

Paired Samples 统计量

		平均值	N	标准差	Std. Error 平均值
Pair 1	服用减肥茶前的体重	88.8286	35	5.85353	0.98943
	服用减肥茶后的体重	81.5829	35	7.88071	1.33208

表 4-8 说明本例共有 35 对观察值，相关系数(C)为 0.559，相关系数的显著性检验表明显著水平为 0.000，说明两个变量之间高度相关。

表 4-8　配对 T 检验相关性

Paired Samples Correlations

		N	Correlation	Sig.
Pair 1	服用减肥茶前的体重 & 服用减肥茶后的体重	35	0.559	0.000

表 4-9 给出了变量 before 和变量 after 两两相减的差值的平均数（平均值）、标准差(Std.Deviation)、差值均数的标准误差(Std.Error 平均值)分别为 7.24571、6.69409、1.13151，95%置信区间(95% CI)的上、下限分别为 9.54521、4.94622。配对检验结果表明 t 为 6.404，自由度为 34，双尾显著性水平为 0.000，这一值小于 0.01，因此可以拒绝原假设，认为两变量之间的差别具有显著性差异，即认为减肥茶的效果是显著的。

表 4-9　配对样本 T 检验结果

成对样本检验

		成对差分					t	df	Sig.(双侧)
		平均值	标准差	平均值的标准误差	差分的 95% 置信区间				
					上限	下限			
对 1	服用减肥茶前的体重-服用减肥茶后的体重	7.24571	6.69409	1.13151	9.54521	4.94622	6.404	34	.000

但是，需要说明的是，为保证上述检验方法的有效性，应假设两变量之差 X_2-X_1 服从正态分布。

4.5.4　配对样本 T 检验过程语句

1. 标准形式

配对样本 T 检验过程语句的标准形式是：

```
T-TEST PAIRS=varlist[WITH varlist
[(PAIRED)]]
[/varlist...]
[/MISSING={ANALYSIS**}[INCLUDE]]
         {LISTWISE  }
[/CRITERIA=CIN[{(0.95 )}]]
              {(value)}
```

可以看出该语句和 4.4.4 节介绍的自变量列表 Samples T Test 过程语句很相似。

其中，T-TEST 命令是调用 T-TEST 过程的命令语句。varlist 是指定分析变量的子命令。这两个语句是必需的，其他子命令则可以选择。

2. 语句分析

1) T-TEST 命令

T-TEST 是命令关键字，"PAIRS="后面跟的是变量对，只能是数值型变量，必须至少指定一对变量。变量对共有三种表示方法，根据实际情况选择其中一种。

(1) WITH 简单配对格式。

这种表示方法是最常用的，用 WITH 连接两个变量表，然后在圆括号中加"PAIRED"，表明前面的变量是配对关系。

配对关系中 WITH 前面的第一个变量与其后的第一个变量必须是一对，WITH 前面的第二个变量与其后的第二个变量是一对，依此类推。因此 WITH 前后的变量表数目必须相等，如果不相等，会给出错误信息。

(2) PAIRS=varlist 格式。

这种格式的意思是，变量表中的每一个变量都与变量表中的其他变量配对进行分析。例如，PAIRS=VAR1 VAR2 VAR3，那么配对格式是 VAR1 和 VAR2、VAR1 和 VAR3、

VAR2 和 VAR3。

(3) varlist/varlist 和 varlist WITH varlist。

这两种格式的效果是一样的，都是组合配对格式。运行时两个变量表中的变量分别进行组合，例如，VAR1 VAR2/VAR3，那么配对格式是 VAR1 和 VAR3、VAR2 和 VAR3。VAR1 VAR2 WITH VAR3 的意思和上述一样。

2) MISSING 子命令

该子命令用来选择处理缺失值的办法，共有 3 种办法。

- ANALYSIS 在检验变量中含有缺失值的观测将不被计算。
- LISTWISE 在任何一个变量中含有缺失值的观测都将不被计算。
- INCLUDE 对用户定义的缺失值作为合法值参与分析。

3) CRITERIA=CIN 子命令

该子命令用于指定平均值差值的置信区间，有两种方法。

- 95 是系统默认值。
- 用户给出自己的值。

3. 举例说明

4.4.4 节中的例题也可以用如下的语法程序语句来实现。

```
T-TEST
  PAIRS = before WITH after (PAIRED)
  /CRITERIA = CI(.95)
  /MISSING = ANALYSIS.
```

第 5 章
方 差 分 析

  在前一章中讨论了如何检验两总体均值是否相等的问题,但是在实际工作中常常需要对多个总体的均值进行比较,并分析它们之间的差异。于是引入了方差分析(ANOVA)的方法,方差分析也是统计学的一个重要范畴,是对观察结果的数据做分析的一种常用的统计方法,目的是检验两个或多个样本均数间差异的显著性意义。

方差分析也是一种假设检验，它是对全部样本观测值的变动进行分解，将某种控制因素下各组样本观测值之间可能存在的由该因素导致的系统性误差和随机误差加以比较，据以推断各组样本之间是否存在显著差异。若存在显著差异，则说明该因素对各总体的影响是显著的。

这种命名是因为在检验均数间差异是否具有统计学意义的过程中，我们实际上是通过比较方差而得到的。方差分析主要用于：均数差别的显著性检验、分离各有关因素并估计其对总变异的作用、分析因素间的交互作用和方差齐性检验。方差分析在心理学、医学、生物学方面都具有广泛的用途，如医学界研究几种药物对某种疾病的疗效，农业研究土壤、肥料、日照时间等因素对某种农作物产量的影响，不同饲料对牲畜体重增长的效果等，都可以用方差分析方法去解决。

根据观测变量的个数，可以将方差分析分为单变量方差分析和多变量方差分析；根据因素的个数，可以将方差分析分为单因素方差分析和多因素方差分析。在 SPSS 中，提供针对每一种类型方差分析方法的命令，包括"单因素 ANOVA 检验"(单因素简单方差分析)、"GLM 单变量"(单变量多因素方差分析)、"GLM Repeated Measure"(重复测量方差分析)、"GLM Variance Component"(方差估计分析)和"GLM Multivariate"(多变量多因素方差分析)。不同的方差分析方法适用于不同的实际情况，而且不同方法所构造的统计量也不相同。本章将对几个常用的方差分析方法进行介绍。

5.1 方差分析概述及基本原理

方差分析从观测变量的方差入手，研究诸多控制变量中哪些变量对观测变量有显著影响，以及对观测变量有显著影响的各个控制变量的不同水平，进而剖析控制变量各个水平的交互搭配对观测变量影响的程度。

方差分析认为控制变量值的变化受两类因素的影响：第一类是控制因素(控制变量)不同水平所产生的影响；第二类是随机因素(随机变量)所产生的影响。这里随机因素是指人为难以控制的因素，主要指试验过程中的抽样误差。

5.1.1 方差分析的基本概念

在方差分析中，有几个重要的基本概念。

1) 因素

在方差分析中，所要检验的对象称为因素。例如，在对不同行业的服务质量进行检验时，"行业"就是因素。在方差分析中，因素常常是某一个或多个离散型的分类变量。

2) 水平

因素的不同类别或不同取值称为因素的不同水平。因素的每一个水平可以看作一个总体。

3) 观测值

观测值就是进行方差分析时，在每个因素水平下所收集到的样本数据。

方差分析一般应满足 3 个基本假设，即要求各个总体应服从正态分布、各个总体的方差应相同以及观测值是独立的。

根据上述 3 个基本假设，方差分析对各个总体的显著性差异的推断就转化为对各个总体均值是否存在差异的推断了。假设因素有 k 个水平，每个水平的均值分别用 $\mu_1, \mu_2, \cdots, \mu_k$ 表示，要检验 k 个水平的均值是否相等，需要提出如下假设检验问题：H_0：$\mu_1=\mu_2=\cdots=\mu_k$，H_1：$\mu_1, \mu_2, \cdots, \mu_k$ 不全相等。

与假设检验方法比较，方差分析不仅可以提高检验效率，同时由于它是将所有的样本信息结合在一起，还增加了分析的可靠性。

5.1.2 方差分析的基本原理

方差分析研究分类型自变量对数值型因变量的影响，如它们之间有无关系、关系强度等，方差分析首先是检验总体的均值是否相等，进而判断分类型自变量对数值型自变量的显著性影响。而方差分析中判断总体均值是否相等一般是通过对数据误差来源的分析判断而得，因此，在方差分析中，区分误差的不同来源是重要的，以下介绍误差来源分析及方差分析的基本思想。

误差来源有两种情况：随机误差和系统误差。

- 即使在同一个因素下的观测值也是不同的，这是由于统计样本的抽取是随机的，所以它们之间的差异可以看成是由随机因素的影响造成的，或者说由于样本的随机性造成的，这种误差称为随机误差。
- 不同因素下的观测值是不同的，这种不同也可能是由因素自身的特点所决定的，这种误差是由系统性因素造成的，称之为系统误差。

数据误差是用平方和表示的。衡量同一水平下样本数据的误差，称为组内误差(With Groups)；衡量不同水平下的样本误差称为组间误差(Between Groups)。组内误差只包含随机误差，而组间误差既包含随机误差，也包含系统误差。

由误差来源的分析得知，判断分类型变量对数值型变量是否有影响，就是检验数值型变量存在差异的原因。如果这种差异主要是系统误差，则分类型变量对该数值存在显著影响。在方差分析的前提下，这一问题就转化为检验各因素水平下观测值之间的均值是否相等的问题。

根据统计学原理，组间均方和组内均方的比值构成 F 分布。给定显著性水平，通过和 F 分布统计量的概率 p 的比较，推断出总体均值是否存在显著性差异。

方差分析的核心就是方差可分解。这里所说的方差是通过计算各观测值偏离均值的平方和再除以 $n-1$(样本量减 1)而得到的。这样，在给定 n 值的情况下，方差就是离差平方和，简称 SST。方差分析认为，SST 会受到因素变量和随机变量两方面的影响。因此，将观测变量的总离差平方和 SST 分解为组间离差平方和 SSB 和组内离差平方和 SSE，即

$$SST = SSB + SSE$$

其中，SSB 是由于因素变量的不同水平引起的观测变量变动；SSE 是由随机因素引起的观测变量的变动。如果由于因素变量引起的观测变量的变动占观测量总变动的比例足够大，则可以认为因素变量对观测变量的影响是显著的，也即观测变量在不同因素水平下的均值存在显著差异。

方差分析中的检验是在组间变异(效应均方)与组内变异(误差均方)的方差比较的基础上

进行的。即使在零假设前提下(总体中组间均数不存在差异)，小样本均数仍有小的随机波动，因此组内变异方差应与组间变异方差大致相等。F检验是用来检验两个方差的比率是否明显大于1。

综上所述，方差分析的目的是检验均数(组间或变量间)差别是否具有统计学意义。该过程是通过分析方差而达到的，即通过将总变异分解为由随机误差造成的变异(SSE)与由均数差异造成的变异(SSB)两个部分。如果后者大于前者，并且具有统计学意义，我们将拒绝零假设，即认为总体中均数间存在差异。

5.2 单因素方差分析

单因素方差分析即一维方差分析，用来研究一个控制变量的不同水平是否对观测量产生了显著影响。这里，由于仅研究单个因素对观测值的影响，因此称为单因素方差分析。也就是说，单因素方差分析是检验由单一因素影响的多组样本某因变量的均值是否有显著差异的问题。

5.2.1 单因素方差分析的基本原理

方差分析把因变量的方差分解为由因素的不同取值能够解释的部分，和剩余的不能解释的部分，然后比较两部分，当能用因素解释的部分明显大于剩余的部分时，则认为因素差异是显著的。

方差分析有三个假设，即观测是彼此独立的、观测为正态分布的样本、由因素各水平分成的各组的方差相等。在这些假定满足时，就可以进行本节所说的单因素方差分析。

例如，比较若干种牌子的胶合板的耐磨情况，变量 BRAND 为试样的牌子，变量 WEAR 为试样的磨损量，共有 5 种牌子的胶合板，每种试验了 4 个试样。我们希望知道这 5 种牌子胶合板的磨损量有无显著差别，如果无显著差别我们在选购时就不必考虑哪一个更耐磨而只需考虑价格等因素，但如果结果有显著差异则应考虑使用耐磨性好的牌子。

这里，因素是胶合板的牌子，因变量为磨损量，当各种牌子胶合板磨损量有显著差异时，说明因素的取值对因变量有显著的影响。所以，方差分析的结论是因素对因变量有无显著影响。经典的方差分析只判断因素的各水平有无显著差异，而不管两个因素之间是否有差异，比如 5 个牌子中即使有 4 个牌子没有显著差异，只有 1 个牌子的胶合板比这 4 个牌子的都好，结论也是说因素是显著的，或因素的各水平间有显著差异。

从实质上而言，方差分析也是一种假设检验，它的基本步骤与前面介绍的 T 检验基本一致，只是方差分析采用 F 统计量而不是 T 统计量。

1. 建立原假设

在方差分析中，原假设构造为 H_0: $\mu_1=\mu_2=\cdots=\mu_k$，H_1: $\mu_1,\mu_2,\cdots,\mu_k$ 不全相等。其中，μ_k 为因素的第 k 个水平下的观测变量的总体均值，即单因素方差分析的原假设为不同因素水平下的观测变量各总体均值无显著差异。

2. 构造统计量

$$F = \frac{\text{MSB}}{\text{MSE}} = \frac{\text{SSB}/(k-1)}{\text{SSE}/(n-k)}$$

其中，n 为总样本数；SSB、SSE、SST 分别服从自由度为$(k-1)$、$(n-k)$、$(n-1)$的χ^2分布。F 统计量服从$(k-1, n-k)$各自由度的 F 分布。

3. 计算统计量的观测值和概率 p 值

该步骤的目的是计算检验统计量的观测值和相应的概率 p 值。SPSS 自动将相关数据代入 F 统计量进行计算。不难理解，如果控制变量对观测变量造成了显著影响，观测变量总的变差中控制变量影响所占的比例相对于随机变量必然较大，F 值显著大于 1；反之，如果控制变量没有对观测变量造成显著影响，观测变量的变差应归结为随机变量造成的，F 值接近 1。

4. 给定显著性水平α，得出结论

给定显著性水平α，并与检验统计量的概率 p 值进行比较。如果概率 p 值小于显著性水平α，则应拒绝原假设，即认为控制变量不同水平下观测变量各总体的均值存在显著差异，控制变量的各个效应不同时为 0 时，控制变量的不同水平对观测变量产生了显著影响；反之，如果概率 p 值大于显著性水平α，则应接受原假设，认为控制变量不同水平下观测变量各总体的均值无显著差异，控制变量的各个效应同时为 0 时，控制变量的不同水平对观测变量没有产生显著影响。

5.2.2 单因素方差分析的 SPSS 操作

建立或打开数据文件后，即可执行单因素方差分析(单因素 ANOVA 检验)。在主菜单栏中选择"分析"|"比较平均值"|"单因素 ANOVA 检验"命令，即可打开"单因素 ANOVA 检验"主对话框，如图 5-1 所示。

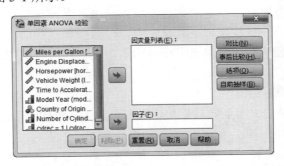

图 5-1 "单因素 ANOVA 检验"主对话框

如图 5-1 所示，在"单因素 ANOVA 检验"主对话框的右侧为"因变量列表"文本框，该框中列出要分析的所有因变量。要从左边源变量框中选取变量进入该框，只需选中所要选择的变量，然后单击 按钮即可。可以输入多个因变量。

在"因变量列表"文本框下方是"因子"文本框，该框中列出了因素。因素同样也是

分组变量，必须满足只取有限个水平。要从左边源变量框中选取变量进入该框，只需选中所要选取的变量，然后按向右的箭头即可。

在"单因素 ANOVA 检验"主对话框右方的选项按钮，用于对单因素方差分析进行相关设置，下面将分别介绍。

1) 对比对话框

在主对话框中单击"对比"按钮，即可打开"单因素 ANOVA 检验：对比"(单因素方差分析：对照)对话框，如图 5-2 所示。

该对话框有两个用途：对平均数的变动趋势进行趋势检验；定义根据研究目的需要进行的某些精确事后比较。该对话框比较专业，一般比较少用。

"多项式"选项用于定义在单因素方差分析中是否进行趋势检验，即将组间平方划分为趋势成分，对因变量按因子变量中的水平次序进行趋势检验。

"等级"下拉列表框和"多项式"配合，用于设定多项式的次数。可选项如下："线性"表示线性多项式，为

图 5-2 "单因素 ANOVA 检验：对比"对话框

系统默认选项；"二次项"表示二次多项式；"立方"表示三次多项式；"四次项"表示四次多项式；"五次项"表示五次多项式。如果选择了高次方曲线，系统会给出所有相应各低次方曲线的拟合优度检验结果，以供选择。

"系数"文本框用于精确定义某些组间平均数的比较。一般按照分组变量升序给每组一个系数值，但所有系数值之和为 0。列表中第一个系数对应于分类变量的最小值，最后一个系数对应于最大值。该文本框的输入方法是在"系数"中输入一个系数，单击"添加"按钮，使之进入下面的文本框中。依次输入各组均值的系数，在方形框中形成一列数值。因素变量分几组，就输入几个系数，多出的无意义。

可以同时建立多个多项式，一个多项式的一组系数输入结束，单击"下一页"按钮，输入下一组数据。如果要修改以前的系数，可以单击"上一页"按钮，回到前一组系数。找到要修改的系数后，该系数显示在编辑框中，可以在此进行修改，修改后单击"更改"按钮，在下面的系数显示框中就出现了正确的系数值。也可以选中系数后，单击"删除"按钮。

2) 事后多重比较对话框

在主对话框中，单击"事后比较"按钮，即可进入"单因素 ANOVA 检验：事后多重比较"(单因素方差分析：事后多重比较)对话框，如图 5-3 所示。

在该对话框中可以选择进行多重比较的方法。

该对话框中各项意义如下。

(1) "假定等方差"选项组给出方差相等时的确定多重比较方法，有如下选择方法。

① LSD(Least-Significant Difference)复选框。

LSD 即最小显著性差异法。用 T 检验完成组间成对均值的比较，检验的敏感度较高，即使是各个水平间的均值存在细微差别也有可能被检验出来，但此方法对第一类弃真错误不进行控制和调整。

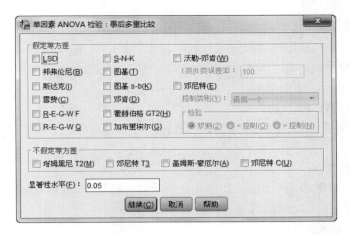

图 5-3 "单因素 ANOVA 检验：事后多重比较"对话框

② "邦弗伦尼"复选框。

即修正最小显著性差异法，用 T 检验完成组间成对均值的比较，但通过设置每个检验的误差率来控制整个误差率。因此，采用此方法看到的显著值是多重比较完成后的调整值。

③ "斯达克"复选框。

用 t 统计量完成多重配对比较，为多重比较调整显著值，但比邦弗伦尼方法的界限要小。

④ "雪费"复选框。

当各组人数不相等或者想进行复杂的比较时，用此方法比较合适。对所有可能的组合进行同步进入的均值配对比较。这种检验被用来检查组间均值的所有可能的线性组合，而不只是成对组合，并控制整体显著性水平等于 0.05。这种方法相对保守，有时候方差分析 F 值有显著性，用该方法进行事后比较却找不出差异。

⑤ R-E-G-WF 复选框。

Ryan-Einot-Gabriel-Welsch F 的简写，用 F 检验进行多重比较。

⑥ R-E-G-WQ 复选框。

Ryan-Einot-Gabriel-Welsch Q 的简写，根据 Student 极差统计量的 Ryan-Einot-Gabriel-Welsch 多重比较。

⑦ S-N-K 复选框。

S-N-K，即 Student-Newman-Keuls 方法，用 Student-Range 分布进行所有各组均值间的配对比较。如果各组样本含量相等或者选择了 Harmonic average of all groups(所有各组样本含量的调和平均数)即用所有各组样本含量的调和平均数进行样本量估计时，还将用逐步过程进行齐次子集(差异较小的子集)的均值配对比较。在该过程中各组均值按从大到小的顺序排列，最先比较最极端的差异。

⑧ "图基"复选框。

即 Tukey 显著差异法，用 Student-Range 统计量进行所有组间均值的配对比较，用所有配对比较集合的误差率作为实验误差率。

⑨ "图基 s-b"复选框。

用 Student-Range 统计量进行所有组间均值的配对比较，其临界值是前两种检验(图基和 S-N-K)的相应值的平均值。

⑩ "邓肯"复选框。

进行配对比较时，使用逐步顺序进行计算得出结果，与 Student-Newman-Keuls 检验的顺序一样，但是并不是给每一个检验设定一个误差率，而是给所有的检验的误差率设定一个临界值。

⑪ "霍赫伯格 GT2"复选框。

用 Student 统计量的，指用正态最大系数进行多重检验，与 Tukey's honestly significant difference 类似。

⑫ "加布里埃尔"复选框。

用正态标准系数进行配对比较，在单元数不等时，该方法比 Hochberg's GT2 更为有效。当单元数变化很大时，这种检验更加自由。

⑬ "沃勒-邓肯"复选框。

使用 T 检验进行多重比较检验，使用贝叶斯过程的多重比较检验。选中该复选框后，在其下的Ⅰ类/Ⅱ类误差率参数框中输入参数，规定 k 比率，也就是第一类、第二类误差比。

⑭ "邓尼特"复选框。

用 T 检验进行配对比较，方法是指定一组，其他各组与它比较。选中此方法，其下的"控制类别"参数框和"检验"栏都被激活。在"控制类别"参数框中，选择指定的组，有两个选项：Last 选择最后一组；First 选择第一组。在"检验"栏中选择 T 检验的方法：双侧是双侧检验，<控制是左侧检验，>控制是右侧检验。

根据对所研究的检索结果，除了参照所研究领域的惯例外，一般可以参照如下标准选取事后比较的方法：如果存在明确的对照组，要进行的是验证性的研究，即计划好的某两个或几个组间(和对照组)的比较，宜用邦弗伦尼法；若需要进行的是多个平均数间的事后比较(探索性研究)，且各组人数相等，适宜用图基方法；其他情况宜用雪费法。该标准仅供参考。

(2) "不假定等方差"选项组给出当方差不相等时的多重比较方法选项，检验方法共有四种。

① "塔姆黑尼 T2"复选框。

选中该复选框，表示用 T 检验进行配对比较检验。

② "邓尼特 T3"复选框。

选中该复选框，用 Student 最大系数进行配对比较检验。

③ "盖姆斯-豪厄尔"复选框。

这种方法有时比较自由，是指方差不齐时的配对比较检验。

④ "邓尼特 C"复选框。

选中该复选框，表示用 Student-Range 极差统计量进行配对比较检验。

一般认为盖姆斯-豪厄尔方法更好一些，推荐使用。但由于这方面统计学尚无定论，建议读者最好在方差不齐时直接使用非参数检验的方法，具体的事后比较方法会在相应章节进行讲述。

(3) "显著性水平"参数框。

在该文本框中规定显著性水平，和前面所讲的各种检验一样，系统默认的显著性水平为 0.05。

所有选择结束后，单击"继续"按钮，确认选择并返回主对话框。

3) 选项对话框。

在主对话框中单击"选项"按钮，即可打开如图 5-4 所示的"单因素 ANOVA 检验：选项"(单因素方差分析：选项)对话框。

该对话框用于规定输出的统计量、检验和缺失值的处理方法等，主要包括"统计"栏和"缺失值"栏。

(1) "统计"栏。

在该栏中可以选择需要输出的统计量。

① "描述"复选框。

选中该复选框，即要求输出描述统计量，包括观测量数目、均值、最小值、最大值、标准差、标准误差以及各组中每个因变量的 95%的置信区间。

② "固定和随机效应"复选框。

图 5-4 "单因素 ANOVA 检验：选项"对话框

选择该复选框，表示显示固定效应模型的标准差、标准误差和 95%置信区间以及显示随机效应模型的标准误差、95%的置信区间及方差成分间的估计值。

③ "方差齐性检验"复选框。

选中该复选框，表示要求用 Levene 统计量进行方差一致性检验。该方法不依赖于正态假设，即不要求样本一定服从正态分布。

④ "布朗-福塞斯"复选框。

选中该复选框，表示计算分组均数相等的布朗-福塞斯统计量。当不能把握方差齐性假设时，此统计量比 F 统计量更具稳健性。

⑤ "韦尔奇"复选框。

选中该复选框，表示计算分组均数相等的韦尔奇统计量。当不能把握方差齐性假设时，此统计量比 F 统计量更有优势。

(2) "平均值图"复选框。

选中该复选框，表示输出均数分布图，即根据各组平均数作图，同时可辅助对平均数间趋势做出判断。

(3) "缺失值"栏。

在该栏中选择缺失值的处置方式，有两个选项："按具体分析排除个案"选项表示在检验变量中含有缺失值的观测将不被计算；"成列排除个案"选项表示在任何一个变量中含有缺失值的观测都将不被计算。这和前面几个程序是相同的。

所有设置结束后单击"继续"按钮确认设置并返回主对话框。

在主对话框中单击"确定"按钮即可执行单因素方差分析。

5.2.3 单因素方差分析的实例

在利用 SPSS 进行单因素方差分析时，要注意数据的组织形式。SPSS 要求定义两个变量分别存放观测变量值和控制变量的水平值。

下面以一个例子讲解如何使用单因素方差分析过程，并对其分析结果进行解读。

某企业在制定某商品的广告策略时，收集了该商品在不同地区采用不同广告形式促销后的销售额数据，希望对广告形式和地区是否对商品销售额产生影响进行分析。该例数据在数据文件“district and sale .sav”中。

打开数据文件“district and sale .sav”后，即可进行单因素方差分析。这里，以商品销售额为观测变量，广告形式和地区为控制变量，通过单因素方差分析方法对广告形式、地区对销售额的影响进行分析。单因素方差分析的原假设为：不同广告形式没有对销售额产生显著影响(即不同广告形式对销售额的效应同时为0)。

1. 操作步骤

单因素方差分析的 SPSS 操作如下。

(1) 在数据管理窗口打开“district and sale .sav”数据文件，部分数据如图 5-5 所示。

	ad	district	sale
1	报纸	1.00	75.00
2	广播	1.00	69.00
3	体验	1.00	63.00
4	宣传品	1.00	52.00
5	报纸	2.00	57.00
6	广播	2.00	51.00
7	体验	2.00	67.00
8	宣传品	2.00	61.00
9	报纸	3.00	76.00
10	广播	3.00	100.00
11	体验	3.00	85.00
12	宣传品	3.00	61.00

图 5-5 “district and sale.sav”部分数据文件

(2) 在主菜单栏中的“分析”菜单中选择“比较平均值”菜单，然后单击“单因素 ANOVA 检验”命令，即可打开如图 5-1 所示的“单因素 ANOVA 检验”主对话框。

(3) 将“销售额”作为观测变量选入“因变量列表”文本框。

(4) 将“广告形式”作为控制变量选入“因子”文本框。控制变量有几个不同的取值，就表示控制变量有几个水平。

(5) 在如图 5-2 所示的“单因素 ANOVA 检验：对比”对话框中，在“等级”下拉框中选择“线性”。单击“继续”按钮确认选择并返回主对话框。

(6) 在如图 5-3 所示的“单因素 ANOVA 检验：事后多重比较”对话框中，选择 LSD 方法进行事后比较。单击“继续”按钮确认选择并返回主对话框。

(7) 在如图 5-4 所示的“单因素 ANOVA 检验：选项”对话框中选择“描述”选项输出描述性统计量，选择“平均值图”输出频数图。单击“继续”按钮确认选择并返回主对话框。

(8) 单击“确定”按钮完成设置，并执行单因素方差分析。SPSS 将自动分解观测变量的变差，计算组间方差、组内方差、F 统计量以及对应的概率 p 值，完成单因素方差分析的相关分析，并将计算结果输出到结果输出窗口中。

2. 输出结果及分析

按照上面的操作步骤进行单因素方差分析,所得结果如下。

表 5-1 为单因素方差分析表,并且进行了趋势检验。可以看到,观测变量的离差平方和为 26169.306,而趋势检验更进一步分解了组内方差,将其分解为:可被地区线性解释的变差,其值为 2101.250;不可被地区线性解释的变差,其值为 3764.833。从表 5-1 中可以看出,可被地区解释的变差实质是观测变量(销售额)为被解释变量、控制变量(地区)为解释变量的一元线性回归分析中的回归平方和部分,体现解释变量对被解释变量的线性贡献程度。

表 5-1 单因素方差分析表

ANOVA

销售额

			平方和	df	均方	F	显著性
组间	(组合)		5866.083	3	1955.361	13.483	.000
	线性项	对比	2101.250	1	2101.250	14.489	.000
		偏差	3764.833	2	1882.417	12.980	.000
组内			20303.222	140	145.023		
总数			26169.306	143			

如果只考虑广告形式单个因素的影响,则销售额总变差中,不同广告形式可解释的变差为 5866.083,抽样调查引起的变差为 20303.222,它们的方差分别为 1955.361 和 145.023,相处所得的 F 统计量为 13.483,对应的概率 p 值近似为 0。系统默认的显著性水平为 0.05,所以 p 值小于显著性水平,因此有理由拒绝原假设,认为不同的广告形式对销售额产生了显著影响,不同广告形式对销售额的影响效应不全为 0。

从表 5-2 可以看到,在"描述"结果中输出了样本个数、平均值、标准差、标准误差、95%置信区间、最小值和最大值,具体数据读者可结合表 5-2 进行分析。

表 5-2 描述性统计量表

描述

销售额

	N	均值	标准差	标准误	均值的 95% 置信区间		极小值	极大值
					下限	上限		
报纸	36	73.2222	9.73392	1.62232	69.9287	76.5157	54.00	94.00
广播	36	70.8889	12.96760	2.16127	66.5013	75.2765	33.00	100.00
宣传品	36	56.5556	11.61881	1.93647	52.6243	60.4868	33.00	86.00
体验	36	66.6111	13.49768	2.24961	62.0442	71.1781	37.00	87.00
总数	144	66.8194	13.52783	1.12732	64.5911	69.0478	33.00	100.00

表 5-3 为广告形式的事后比较结果表,从表中可以看出,"*"号代表不同的广告形式之间存在显著差异。从事后比较的结果可知,在 4 种广告形式中,报纸与宣传品、报纸与

体验、广播与宣传品、体验与宣传品之间的差异是显著的,即不同的广告形式对销售额的影响是具有显著差异的。

表 5-3 事后比较分析表

多重比较

销售额

(I) 广告形式	(J) 广告形式	均值差 (I-J)	标准误	显著性	95% 置信区间	
					下限	上限
报纸	广播	2.33333	2.83846	.412	-3.2784	7.9451
	宣传品	16.66667*	2.83846	.000	11.0549	22.2784
	体验	6.61111*	2.83846	.021	.9993	12.2229
广播	报纸	-2.33333	2.83846	.412	-7.9451	3.2784
	宣传品	14.33333*	2.83846	.000	8.7216	19.9451
	体验	4.27778	2.83846	.134	-1.3340	9.8896
宣传品	报纸	-16.66667*	2.83846	.000	-22.2784	-11.0549
	广播	-14.33333*	2.83846	.000	-19.9451	-8.7216
	体验	-10.05556*	2.83846	.001	-15.6673	-4.4438
体验	报纸	-6.61111*	2.83846	.021	-12.2229	-.9993
	广播	-4.27778	2.83846	.134	-9.8896	1.3340
	宣传品	10.05556*	2.83846	.001	4.4438	15.6673

*. 均值差的显著性水平为 0.05。

本节中就该例的一些简单操作做了详细介绍,介绍了趋势检验和 LSD 法事后比较。读者可以自行根据前面的讲解做以下工作:以地区为控制变量分析其对销售额的影响,在单因素方差分析中加入方差齐性检验、多重比较检验(S-N-K、雪费、邦弗伦尼等方法)、先验对比检验。

5.2.4 程序说明

1. 标准形式

单因素方差语法语句的标准形式是:

```
ONEWAY varlist BY varname
  [/POLYNOMIAL=n]
  [/CONTRAST=coefficient list]
  [/CONTRAAST=... ]
  [/RANGES={LSD}({0.05 })]
    {DUNCAN} {alpha}
    {SNK}
    {TUKEYB}
    {TUKEY}
    {MODLSD}
    {SCHEFFE}
```

```
    {ranges values}
[/RANGES=...]
[/STATISTICS=[NONE**]]
[DESCRIPTIVES]
[EFFECTS]
[HOMOGENEITY ]
[ALL]
[/POSTHOC =[SNK] [TUKEY] [BTUKEY]
 [DUNCAN] [SCHEFFE] [DUNNETT(refcat)]
 [DUNNETTL(refcat)] [DUNNETTR(refcat)]
 [BONFERRONI] [LSD] [SIDAK]
 [GT2] [GABRIEL] [FREGW] [QREGW]
 [T2] [T3] [GH][C]
 [WALLER ({100** })] [ALPHA({0.05**})]
 {kratio}
 {alpha }
[/MISSING={ANALYSIS**}[{EXCLUDE**}]]
 {LISTWISE}
 [{INCLUDE}]
[/MATRIX =[IN(file)][OUT(file)]]
```

其中，ONEWAY 语句调用 ONEWAY 过程，在该语句中必须指定因变量、因素变量，并在因素变量后面的括号里列出最大值和最小值。除开 ONEWAY 语句，其他子命令都为选择项。

(2.) **语句说明**

(1) 对比=n 语句与对比子命令。

用这两个子命令进行均值成对比较。对比=n 语句指定多项式的阶数，而对比子命令指定多项式的系数。特别是当多项式为线性时，对比=1 可以省略。

当使用对比子命令指定多项式的系数时，对比后面所列的系数表中系数排列的顺序必须与数据文件中因素水平值排列的顺序一致。当有多个多项式时，可以有多个对比语句，每个语句都定义一个多项式。

(2) RANGE 子命令。

该命令对均值进行多重比较，后面的列表是进行比较的方法，可以从中进行选择，可以选择一种，也可以有多种，但是每个 RANGE 子命令后只能跟一种方法，要用多种比较方法，必须用多个 RANGE 语句。系统缺省的显著值为 0.05，可以自己指定，放在括号中。

(3) STATISTICS 子命令。

该子命令指定要求输出的统计量，可供选择的项有：

- DESCRIPTIVE

选择该项，将会输出描述统计量，包括样本含量 N 、均值 Mean 、标准差 Std .Deviation、标准误差、95%的置信区间、最小值 Minimum、最大值 Maximum。

- EFFECTS

选择该项，将会进行有效性检验。

- HOMOGENEITY

选择该项，将会进行方差齐次性检验。

- ALL

选择该项，将会输出以上各项统计量。

(4) POSTHOC 子命令。

该子命令指定多重比较方法，可以一次指定多个，跟在"POSTHOC="后面，各种比较方法在 5.2.2 节中都有介绍。

(5) MISSING 子命令。

该子命令用于指定缺失值的处理方法，有如下选择项：

- ANALYSIS

选择该项，在检验变量中含有缺失值的观测将不被计算。

- EXCLUDE

选择该项，把带有缺失值的观测量从分析中剔除。

- INCLUDE

选中该项，不剔除带有缺失值的观测量。

- LISTWISE

选中该项，所有观测量都参与计算。

(6) MATRIX 子命令。

该子命令用于矩阵数据文件的输入或输出，IN 和 OUT 中至少要有一个变量。

3. 举例

5.2.3 节例题中的操作完全可以用一个很简单的语句来实现。在主对话框中单击"粘贴"按钮，出现的文本框中有下列程序：

```
ONEWAY
  sale BY ad
  /POLYNOMIAL= 1
  /STATISTICS DESCRIPTIVES
  /MISSING ANALYSIS
  /POSTHOC = LSD ALPHA(.05).
```

或者在输出结果的 Log 一栏中会显示语法程序语句。运行该程序语句可以得到相同的结果。

读者可以结合上文弄懂上面语句的意思。

5.3 多因素方差分析

多因素方差分析用来研究两个及两个以上的控制变量是否对观察变量产生显著性影响。多因素方差分析不仅能够分析多个因素对观测变量的影响，还能够分析多个控制变量的交互作用能否对观测变量的分布产生影响，进而能够找到有利于观测变量的最优组合。SPSS 通过"General Liner 模型"(一般线性模型)过程中的"单变量"命令来实现多因素方差分析。

5.3.1 多因素方差分析的基本原理

1) 多因素方差分析的简单介绍

在现实世界中，单个变量能够完全解释某一现象的例子极少。例如，探讨怎样长出较大的西红柿，需要考虑到植物的基因构成、土壤条件、光、温度等因素。在这种需要考虑多个因素的实验中，使用方差分析而不使用 T 检验(在 T 检验中是进行多次的两组比较)的一个重要原因在于前者效率更高，以较少的样本提供较多的信息，而且避免大量数据的浪费现象。方差分析优于简单的两组均数比较 T 检验的原因是，方差分析中我们可以控制其他因素而对每一个因素进行检验。

单因变量多因素方差分析用来研究两个及两个以上的控制变量是否对观察变量产生显著性影响。这个过程可以检验不同组之间均数由于受不同因素影响是否有差异的问题，既可以分析每一个因素的作用，也可以分析各因素之间的交互作用，还可以分析协方差和协方差交互作用，但协方差的分析将在后面的章节中专门讲解。

例如，在上节的案例中，通过分析发现不同广告形式对产品销售额有明显影响，不同地区对产品销售额也有显著影响，那么可以通过多因素方差分析了解不同地区和不同广告形式的组合是否对产品销售额有显著影响，以及哪种搭配更有利于产品销售，即在哪个地区使用哪种广告形式能获得更理想的销售额。

2) 多因素方差分析的基本步骤

方差分析问题属于推断统计中的假设检验问题，多因素方差分析的基本步骤与建设检验完全一致。

(1) 提出原假设。多因素方差分析的原假设 H_0 为：各控制变量不同水平下观测变量各总体的均值无显著差异，控制变量各效应和交互作用效应同时为 0，即控制变量和它们的交互作用没有对观测变量产生显著影响。数学表达式为：$a_1 = a_2 = \cdots = a_k = 0$，$b_1 = b_2 = \cdots = b_r = 0$。

(2) 构造检验统计量。多因素方差分析仍然采用 F 统计量，但在多因素方差分析中，控制变量可以进一步划分为固定效应和随机效应两种类型：固定效应通常指控制变量的各个水平是可以严格控制的，它们给观测量带来的影响是固定的，如温度、品种等；随机效应是指控制变量的各个水平无法作严格的控制，它们给观测量带来的影响是随机的，如城市规模、受教育水平等。

以两个控制变量为例，总变差分解为：SST=SSA+SSB+SSAB+SSE，其中，SST 为观测变量的总变差；SSA、SSB 分别为控制变量 A、B 独立作用的变差；SSAB 为控制变量 A、B 两两交互作用引起的变差；SSE 为随机变量引起的误差。通常称 SSA+SSB+SSAB 为主效应(Main Effects)，SSAB 为 N 向交互效应(N-Way)，SSE 为剩余(Residual)。

一般区分固定效应和随机效应是比较困难的，由于这两种效应的存在，多因素方差分析模型也有固定效应模型和随机效应模型之分。这两种模型分解观测变量变差的方式是完全相同的，主要差别体现在检验统计量的构造方面。

在固定效应模型中，各 F 统计量为：

$$F_A = \frac{\text{SSA}/(k-1)}{\text{SSE}/kr(l-1)} = \frac{\text{MSA}}{\text{MSE}}$$

$$F_B = \frac{SSB/(r-1)}{SSE/kr(l-1)} = \frac{MSB}{MSE}$$

$$F_{AB} = \frac{SSAB/(k-1)(r-1)}{SSE/kr(l-1)} = \frac{MSAB}{MSE}$$

在随机效应模型中，F_{AB} 统计量不变，其他两个 F 检验统计量分别为：

$$F_A = \frac{SSA/(k-1)}{SSAB/(k-1)(r-1)} = \frac{MSA}{MSAB}$$

$$F_B = \frac{SSB/(r-1)}{SSAB/(k-1)(r-1)} = \frac{MSB}{MSAB}$$

(3) 计算检验统计量观测值和概率 p 值。SPSS 会自动将相关数据代入各式，计算出检验统计量的观测值和概率 p 值。

(4) 给定显著性水平 α 值，并得出结论。给定显著性水平 α(系统默认为 0.05)，并与各个检验统计量的概率 p 值进行比较。

在固定效应模型中，如果 F_A 的概率 p 值小于显著性水平 α，则应拒绝原假设，认为控制变量 A 在不同水平下观测变量各总体的均值存在显著差异，控制变量 A 的不同水平对观测变量产生了显著影响；反之，如果 F_A 的概率 p 值大于显著性水平 α，则应接受原假设，认为控制变量 A 在不同水平没有对观测变量产生显著影响。对变量 B 和变量 A、B 交互作用的推断同理。

在随机效应模型中，应首先对 A、B 的交互作用是否显著进行推断，然后依次对 A、B 的效应进行检验。

5.3.2 多因素方差分析的 SPSS 操作

多因素方差分析可以完全通过窗口管理实现其功能，这对于用户来说是非常方便的。在主菜单栏的"分析"菜单中选择"一般线性模型"菜单项，在下一级菜单中选择"单变量"命令，即可打开"单变量"(单变量方差分析)主对话框，如图 5-6 所示。

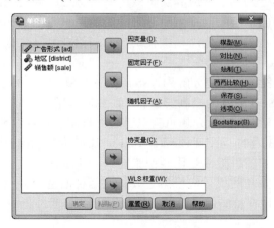

图 5-6 "单变量"主对话框

"单变量"主对话框的右侧有"因变量"文本框，该框中列出要分析的所有因变量，有且只有一个因变量。要从左边源变量框中选取变量进入该框，只需选中所要选取的变量，然后单击 按钮即可。

在"因变量"文本框下方是"固定因子"文本框，按照选择因变量的方式选择固定因子即可。

"固定因子"文本框下方是"随机因子"文本框，同样可以按照选择因变量的方式选择随机因子。

"协变量"文本框用于输入协变量。协变量是数值型预测变量，可以使用协变量和因变量决定一个回归模型。协变量的选择方法和上面所讲的方法一样。

"WLS 权重"文本框为权重变量框，在该框中列出加权二乘分析的权重变量。权重变量必须是数值型变量，如果权重是零、负数或缺失，该变量将不计入模型。如果一个变量在模型中用过，就不能再作为权重变量。

如图 5-6 所示，在"单变量"主对话框中有一系列扩展按钮，下面将一一介绍。

1) 模型对话框

在主对话框中单击"模型"按钮，即可打开如图 5-7 所示的"单变量：模型"(单变量方差分析：模型)对话框。

图 5-7 "单变量：模型"对话框

在该对话框中可以定义模型的类型，选择一种分解平方和的方法。该对话框中各项意义如下。

(1) "指定模型"栏。

在该栏中指定模型类型，有两个选择项。

① "全因子"项。

此项为系统默认方式，表示建立全模型。全模型包括所有因素变量的主效应、所有协变量的主效应和所有因素与因素的交互效应，不包括协变量的交互效应。如果选择此项，在该框中无须做其他操作，直接单击"继续"按钮返回。

② "设定"项。

选中此项，表示建立自定义模型。

选择"设定"选项后，在"因子与协变量"变量列表框中自动列出可以作为因素变量的变量名，名称后用括号内的字母 F 标识；也列出可以作为协变量的变量名，名称后用括号内的字母 C 标识。这些变量都是用户在主对话框中定义过的，模型将根据这些变量建立。

"模型"框中则列出选中的因素变量、协变量和交互作用。

(2) "构建项"栏。

该栏用于建立模型。单击"构建项"(创建项目)中的下拉箭头，在出现的下拉列表中选择要构建项目的类型："交互"项表示交互效应，可以建立所有被选变量最高水平的交互效应项目，为系统默认选项；"主效应"项表示指定主效应，选中该项可以建立每个被选变量的主效应；"所有二维"项表示指定所有二维交互效应；"所有三维"项表示指定所有三维交互效应；"所有四维"项表示指定所有四维交互效应；"所有五维"项表示指定所有五维交互效应。用户可从中选择任意一项。

(3) "平方和"下拉列表框。

在该框的下拉列表中可以选择分解平方和的方法，共有 4 个选项，意义如下："类型Ⅰ"选项，表示分层处理平方和，仅调整模型主效应前的项。适用于平衡的 ANOVA 模型、嵌套模型等。对于平衡的 ANOVA 模型，在这个模型中的一阶交互效应前指定主效应，二阶交互效应前指定一阶效应，依此类推。对于嵌套模型，是指第一效应嵌套在第二效应里，第二效应嵌套在第三效应里，依此类推；"类型Ⅱ"选项，表示对其他所有效应进行调整，一般适用于平衡的 ANOVA 模型、主因子效应模型、回归模型、嵌套模型；"类型Ⅲ"选项，表示对其他所有效应进行调整，一般适用于类型Ⅰ和类型Ⅱ中所列的模型、有缺失值的平衡和不平衡模型，这是系统默认的选项。"类型Ⅳ"选项，对没有缺失单元格的设计使用此方法，对任何效应计算平方和。一般适用于类型Ⅰ和类型Ⅱ所列的模型、无缺失值的平衡和不平衡模型。

2) 对比对话框

在主对话框中单击"对比"按钮，就可打开"单变量：对比"(多因素分析：对照)对话框，如图 5-8 所示。

该对话框有两栏："因子"文本框和"更改对比"栏。各栏功能如下。

(1) "因子"文本框。

在该框中列出了在主对话框中所选的因素，在因素变量名后面的括号中列出的是对比方法。可以利用"更改对比"修改对比方法。

(2) "更改对比"栏。

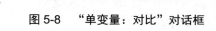

图 5-8 "单变量：对比"对话框

在该栏中可以修改对比方法。在"因子"文本框中选中想要修改对比方法的因素变量后，"更改对比"栏被激活。此时，单击"对比"右侧的下拉按钮，打开下拉列表。

单击选中的因素变量，参数框中显示可供选择的对比方法："无"选项表示不进行均数比较，为系统默认选项；"偏差"选项表示差别对照，选中该项将比较预测变量或因素的每个水平的效应和总平均效应，选择该项后，可以看到参数框下的"参考类别"栏刷亮，从中选择"最后一个"或"第一个"作为参考水平；"简单"选项表示简单对照，除了作为参考的水平，对预测变量或因素的每个水平都与参考水平进行比较，同样，参数框下的"参考类别"栏刷亮，从中选择"最后一个"或"第一个"作为参考水平；"差值"选项表示差分对照,除第一水平外,对预测变量或因素的每个水平的效应,都与该水平前面的水平的平均效应进行比较;Helmert 选项与选择"差值"相反,除最后一个水平外,对预测变量或因素的每个水平的效应,都与该水平后面的水平的平均效应进行比较;"重复"选项表示重复对照,每个水平与随后的一个水平进行比较;"多项式"选项表示多项式对照,比较线性效应、二次效应、三次效应等,常用于预测多项式趋势。

在"对比"参数框中设置对比方法后,单击"更改"按钮,改变了的对比方法显示在"因子"框中相应因素变量名后的括号中。

3) 绘制对话框

在主对话框中单击"绘制"按钮,即可打开"单变量:轮廓图"(多因素方差分析:轮廓图)对话框,如图 5-9 所示。

在该对话框中可以绘制一个或多个因素变量为参考的因变量均数分布图。在只有一个因素水平时,为因变量估计边缘均数的线图;在两个以上因素水平时,绘制分离线。

"因子"框中列出主对话框中所选的因素的变量名。右侧的 3 个列表框各自意义如下:"水平轴"框为横坐标框,在该框中的变量将作为均数分布图中的横坐标;"单图"框表示分离线,该框中的变量将作为均数分布图中的分割线依据的变量;"多图"为散点图框。

在下方的绘制栏中有添加、更改和删除 3 个按钮。当将"因子"框中的变量移动到相应的坐标轴窗口后,"添加"按钮被激活,单击该按钮后,所选的因素便能够出现在下方的文本框中。单击"更改"按钮可以修改已选择的因素变量,"删除"按钮则移出所选因素变量。

4) 两两比较对话框

在主对话框中单击"两两比较"按钮,即可打开"单变量:观测均值的两两比较"(多因素方差分析:多重验后比较)对话框,如图 5-10 所示。

图 5-9 "单变量:轮廓图"对话框

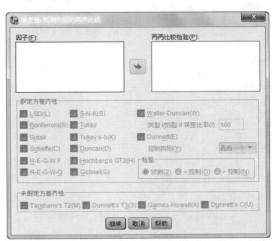

图 5-10 "单变量:观测均值的两两比较"对话框

在该对话框中可以选择多重比较方法。"因子"列表框中列出了所有的因素变量,在此列表框中选择因素变量,单击向右箭头按钮,将其移动到"两两比较检验"文本框,然后选择多重验后比较方法。事后多重比较共有 18 种不同的方法,在前面已经详细讲解过,此处不再赘述。

5) 保存对话框

在主对话框中单击"保存"按钮,即可打开"单变量:保存"对话框,如图 5-11 所示。

在该对话框中给出预测值、残差和诊断作为新的变量的保存选项,各个选项的意义如下所述。

"预测值"栏用于保存每个个案的预测值,共有 3 个选项:"未标准化"复选框表示保存非标准化预测;"加权"复选框表示加权非标准化预测值,只有在主对话框中选择了 WLS(Weighed Least Squares)变量的情况下才可选中该框,保存权重非标准化预测值;"标准误"复选框表示保存预测值均数的标准误差。

"残差"栏用于选择保存残差,共有 5 个选项:"未标准化"复选框表示保存非标准化残差值,即观测值和预测值之差;"加权"复选框只有在主对话框中选择了 WLS 变量的情况下才可以选择,保存权重非标准化残差;"标准化"复选框表示保存标准化残差,即 Pearson 残差;"学生化"复选框表示保存学生残差;"删除"复选框表示保存剔除残差,即因变量与修正预测值之差。

"诊断"栏给出诊断结果保存选项,该栏有两个选项:"Cook 距离"复选框表示保存 Cook 距离,Cook 距离衡量剔除回归模型中的某个因素时残差的变化量;"杠杆值"复选框表示保存非中心化 Leverage 值。

6) 选项对话框

在主对话框中单击"选项"按钮,即可打开"单变量:选项"(多因素方差分析:选项)对话框,如图 5-12 所示。

图 5-11　"单变量:保存"对话框

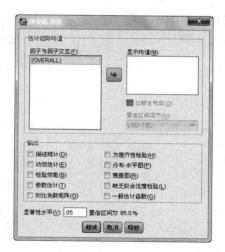

图 5-12　"单变量:选项"对话框

(1) "估计边际均值"栏。

在该栏中可以选择显示结果的因素变量,方法是在左侧的"因子与因子交互"列表框中选择因素和交互项,单击向右箭头按钮,将其移动到"显示均值"(显示因素的均数)文本框。

选定因素变量后,"比较主效应"复选框被激活,选中该复选框对主效应变量进行估计边际均值,并给出选定的主效应变量的不同水平间的均值差、标准差、显著水平和置信区间。在"置信区间调节"参数框中可以调整置信区间，可以选择 LSD(无)、Bonferroni、Sidak 3 种方法。这 3 种方法的具体意义在前面已经讲解过，读者可参照前文进行学习。

(2) "输出"栏。

在该栏中指定要求输出的统计量，包括以下 10 个选项。

① "描述统计"复选框。

选中该框，表示输出描述统计量，包括观测均数、表述差和例数。

② "功效估计"复选框。

选中该框，进行效应大小的估计，将计算每个效应的估计及参数估计、标准误差和置信区间。

③ "检验效能"复选框。

选中该框将给出计算功效的显著性水平 Alpha 值，就会显示根据对所有 F 和 T 检验的固定影响的假设的观测功效，系统默认的显著性水平是 0.05。

④ "参数估计"复选框。

选中该框，将进行参数估计，给出了各因变量与自变量的回归系数、标准误差、T 检验以及 95%的置信区间。

⑤ "对比系数矩阵"复选框。

选中该框，显示对照系数矩阵或 M 矩阵。

⑥ "方差齐性检验"复选框。

选中该框将进行方差齐性检验。

⑦ "分布-水平图"复选框。

选中该框，将绘制观测量均值对标准差或对方差的散点图。

⑧ "残差图"复选框。

选中该框，将绘制残差图。

⑨ "缺乏拟合优度检验"复选框。

选中该框，将进行拟合度不足的检验，检查独立变量和非独立变量间的关系是否被充分描述。

⑩ "一般估计函数"复选框。

选中该框，可以根据一般估计函数自定义假设检验，对比系数矩阵的行与一般估计函数是线性组合的。

(3) "显著性水平"参数框。

在该参数框中可以改变显著性水平框内多重比较的显著性水平。

5.3.3 多因素方差分析的实例

为了方便读者更加直观地掌握多因素方差分析过程，下面以某教学实验中的教改成绩数据为例，讲解多因素方差分析的操作步骤和结果分析。

某教学实验中，采用不同的教学方法和不同的教材分别进行教学实验，获得一系列数据，现在分析不同教法和不同教材对教改成绩的影响。数据如表 5-4 所示。

表 5-4 不同教材和教法对教改成绩的影响

教材	教法	教改成绩	教材	教法	教改成绩
1	1	90	1	3	140
1	1	100	1	3	150
1	1	90	1	3	150
1	1	80	2	1	90
1	2	110	2	1	100
1	2	120	2	1	120
1	2	90	2	1	110
1	2	80	2	2	120
1	3	180	2	2	130
2	3	130	2	2	110
2	3	140	2	2	120
2	3	120	2	3	150

1. 操作步骤

（1）首先根据表 5-4 建立数据文件"教改成绩.sav"。然后在新建的数据文件中定义变量和录入数据。关于新建数据文件的方法，在前面的章节中已经详细讲解过，此处不再赘述。

（2）在菜单栏中选择"分析"|"一般线性模型"|"单变量"命令，即可打开如图 5-6 所示的"单变量"主对话框。

（3）将"教改成绩"作为自变量选入"因变量"文本框中，"教法"和"教材"作为固定变量选入"固定因子"文本框中。

（4）在主对话框中单击"选项"按钮，打开如图 5-12 所示的"单变量：选项"对话框，在其中的"输出"栏下选择"描述统计"和"方差齐性检验"复选框，然后单击"继续"按钮确认并返回。

（5）在主对话框中单击"两两比较"按钮，打开如图 5-10 所示的两两比较对话框。选择变量"教法"进入"两两比较检验"列表框中，然后在"假定方差齐性"下选择 LSD、Tukey 方法。

（6）单击"确定"按钮执行上述操作。

2. 结果及分析

执行上述操作后，在输出窗口中出现所得结果。

表 5-5 为方差齐性检验的结果，$F(5, 18)=1.490$，Sig.$=0.242$，由此以及表格下方的表述可知，各个组样本总体方差是齐性的，满足方差检验的前提条件。

表 5-5　方差齐性检验表

误差方差等同性的 Levene's 检验(a)

因变量：教改成绩

F	df1	df2	Sig.
1.490	5	18	.242

Tests the null hypothesis that the 误差 variance of the 因变量 variable is equal across groups.

a. Design：截距+教材+教法+教材 * 教法。

由于在前面我们选择了"描述统计量"，要求输出描述性统计量，因此表 5-6 为描述性统计量表，包括平均数、标准差和样本个数。从表 5-6 可以直观地看出，第 3 种教法的平均数最高，而教材 1 和教法 3 的搭配是平均数最高的。教材 1 和教法 3 是否为最好的搭配，还需进一步检验。

表 5-6　描述性统计量表

描述统计量

因变量：教改成绩

教材	教法	均值	标准偏差	N
1	1	90.00	8.165	4
	2	100.00	18.257	4
	3	155.00	17.321	4
	总计	115.00	32.891	12
2	1	105.00	12.910	4
	2	120.00	8.165	4
	3	135.00	12.910	4
	总计	120.00	16.514	12
总计	1	97.50	12.817	8
	2	110.00	16.903	8
	3	145.00	17.728	8
	总计	117.50	25.580	24

表 5-7 为多因素方差分析表。方差分析的模型(校正模型)检验为 F=12.818，Sig.=0.000，说明所用的模型有统计学意义。

从表 5-7 可以看出，教法对教改成绩具有显著影响(F=26.455，Sig.=0.000)，而自变量教材对教改成绩没有显著影响，Sig.为 0.378，大于 0.05。但是教材和教法的交互作用对教改成绩具有显著影响(F=5.182，Sig.=0.017)，这说明不同教法和不同教材的交互作用对教改成绩产生了极显著的影响。

从表 5-8 可以看出，采用 LSD 和 Tukey 两种方法检验的结果是一致的。教法 1 与教法 3(均值差异为 47.50，Sig.=0.000)、教法 2 与教法 3(均值差异为 35.00，Sig.=0.000)存在显著性差异。而从表 5-8 也可以看出，在 3 种教法中，教法 3 对教改成绩的影响明显优于教法 1、教法 2 对教改成绩的影响。

表 5-7 多因素方差分析表

主体间效应的检验

因变量：教改成绩

源	类型 III 平方和	df	均　方	F	Sig.
校正模型	11750.000(a)	5	2350.000	12.818	.000
截距	331350.000	1	331350.000	1807.364	.000
教材	150.000	1	150.000	.818	.378
教法	9700.000	2	4850.000	26.455	.000
教材 * 教法	1900.000	2	950.000	5.182	.017
误差	3300.000	18	183.333		
总计	346400.000	24			
校正 总计	15050.000	23			

a　R Squared = .781 (Adjusted R Squared = .720).

表 5-8 多重验后比较表

多个比较

因变量：教改成绩

	(I) 教法	(J) 教法	均值差值(I−J)	标准误差	Sig.	95% 置信区间	
						下　限	上　限
Tukey HSD	1	2	−12.50	6.770	.183	−29.78	4.78
		3	−47.50*	6.770	.000	−64.78	−30.22
	2	1	12.50	6.770	.183	−4.78	29.78
		3	−35.00*	6.770	.000	−52.28	−17.72
	3	1	47.50*	6.770	.000	30.22	64.78
		2	35.00*	6.770	.000	17.72	52.28
LSD	1	2	−12.50	6.770	.081	−26.72	1.72
		3	−47.50*	6.770	.000	−61.72	−33.28
	2	1	12.50	6.770	.081	−1.72	26.72
		3	−35.00*	6.770	.000	−49.22	−20.78
	3	1	47.50*	6.770	.000	33.28	61.72
		2	35.00*	6.770	.000	20.78	49.22

基于观测到的均值。

　　误差项为均值方(错误) = 183.333。

*. 均值差值在 .05 级别上较显著。

5.4 重复测量方差分析

重复测量是对同一个因变量进行重复测度的一种实验设计技术,可以是同一条件下的重复,也可以是不同条件下的重复。进行重复测量方差分析的数据结构与其他类型的方差分析有所不同,它要求对被试的若干次测验结果作为单一因变量出现在数据文件中。

5.4.1 重复测量方差分析的基本原理

重复测量方差分析是对同一因变量进行重复测量的一种试验设计技术,可以是同一条件下进行的重复测量,目的在于研究各种处理之间是否存在显著性差异的同时,研究受试者之间的差异、受试者几次测量之间的差异以及受试者与各种处理间的交互效应。例如,研究一种教学方法对学生学习成绩的影响,在试验过程中,对被试者进行前测、后测,这种试验是在同一条件下进行的重复测量。

重复测量方差分析也可以是不同条件下的重复测度,目的在于研究各种处理间是否存在显著性差异的同时,研究形成重复测量条件间的差异以及这些条件与处理间的交互效应。例如,研究被试者对 3 种视觉刺激的反应,在试验过程中,每个被试者选用一种刺激方法重复测试 3 次,这种试验就是在不同条件下进行的重复测量。

在重复测量设计的方差分析中总离差平方和被分解为处理间的离差平方和、受试者之间的离差平方和、受试者之内的离差平方和。这些离差平方和除以各自的自由度得到相应的均方。它们与误差均方之商即为 F 检验的 F 值。

因素水平间的离差与受试者间的离差称为组间因素(Between-subject 因子 s)造成的组内离差,被试内的离差称为组内因素(With-subject 因子 s)造成的组内离差。

重复测量方差分析的数学计算公式较为复杂,涉及矩阵的运算,这里不做详细讲解,感兴趣的读者可以查找相关的统计学书籍进行对照学习。

进行重复测量方差分析的数据结构与其他类型的方差分析有所不同,它要求对被试的若干次测验结果作为单一因变量出现在数据文件中。

5.4.2 重复测量方差分析的 SPSS 操作

建立或打开数据文件后,即可进行重复测量方差分析。重复测量方差分析比较少用,所以此处只做简单介绍。

在主菜单栏中选择"分析"|"一般线性模型"|"重复度量" 命令,即可打开"重复度量定义因子"(重复测量设计方差分析组内因素定义)对话框,如图 5-13 所示。

在该对话框中可以定义组内因素名及水平。

1. "被试内因子名称"框

在该框中输入组内因素变量名,不能超过 8 个字符,不能和数据集的变量名重复,可以设定多个组内因素变量,但只能设定 18 个。

2. "级别数"栏

在该参数框中输入变量的水平数。当组内因素变量名框和该框都输入值时,下面的"添加"按钮变为有效,单击该按钮,定义表达式显示在大矩形框中。如果输入的组内因素变量名和大矩形框内已定义的变量名重复,"添加"按钮将不被激活。

在该参数框下方有"添加""更改"和"删除"3 个按钮,这 3 个按钮用于添加、修改和删除大矩形框中的定义表达式。当大矩形框内有已定义的表达式时,此时在组内因素变量名框和水平框内都输入值,"更改"按钮激活,单击该按钮,定义的新表达式替换原表达式显示在大矩形框中;当大矩形框内有已定义的表达式时,选中要删除的表达式,"删除"按钮激活,单击该按钮,即可删除选中的表达式。

3. "度量名称"栏

如果对每个组内因素所代表的变量的测量仍有重复,可以在"度量名称"栏的参数框中输入表示重复测试的变量,定义方法同上。

所有定义结束后,单击"定义"按钮,即打开"重复度量"对话框,如图 5-14 所示。

图 5-13 "重复度量定义因子"对话框

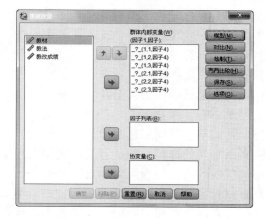

图 5-14 "重复度量"对话框

该对话框中各部分功能如下。

1) 因素框

最左边的框即因素框,该框中显示了在数据文件中输入的所有变量。

2) "群体内部变量"框

该框中显示了在组内因素定义对话框中定义的所有因素水平与测度的组合,标有群内变量,其后是已经定义的组内变量名。

在该框中有一系列的_?_(n),表示组内变量第 n 个水平。在左边因素框中选择用户认为是组内因素变量第 n 水平的变量,选中该变量后单击向右箭头按钮即可将其移入该文本框。此时,"_?_(1)"变为"变量名(1)"。用户可以通过单击 ↑ 按钮或 ↓ 按钮来调整文本框内变量的位置顺序以改变组内因素变量水平与原始变量的对应关系。

值得注意的是,组内因素变量水平组合表达式括号内是水平组合。

3) "因子列表"框

这是组间因素框,在该框中可以定义一个或多个组间因素变量,将原数据集分成几个独立的子集。

4)　"协变量"框

该文本框是协变量框，可以用协变量和因变量定义一个回归模型。

在该对话框右上方有"模型"按钮、"对比"按钮、"绘制"按钮、"两两比较"按钮、"保存"按钮、"选项"按钮，这些按钮的功能与前一节中所讲的一样，此处不再重复论述，读者可参照上一节进行学习。

5.4.3　重复测量方差分析的实例

下面以一个实例说明重复测量方差分析的应用及对分析结果的解读。

为研究 3 种不同的教学方法的教学结果，现选定 3 个班的学生作为实验对象，分别给每个班指定 1 种教学方法。研究时采用前后测量的方法进行实验测量，测得的数据如表 5-9 所示。现在采用重复测量方法进行方差分析。

表 5-9　重复实验所得数据

class	before	after	class	before	after	class	before	after
1	86	88	2	45	65	3	55	78
1	84	89	2	82	87	3	56	60
1	80	85	2	82	88	3	40	66
1	91	98	2	96	98	3	83	85
1	75	85	2	75	86	3	85	88
1	80	87	2	84	86	3	64	70
1	76	80	2	74	80	3	87	89
1	72	88	2	67	70	3	74	80
1	87	88	2	89	89	3	80	86
1	80	85	2	65	70	3	47	60

1.　操作步骤

(1) 根据表 5-9 所示数据定义变量，输入数据集，并将数据文件命名为"repeated"。用 before 表示前测，用 after 表示后测。

(2) 在菜单栏中选择"分析"|"一般线性模型"|"重复度量"命令，即可打开"重复度量定义因子"对话框。

(3) 在"被试内因子名称"框中删除原有的"因子 1"，输入组内因素名"cla"，在"级别数"框中输入因素水平数"3"，然后单击"添加"按钮，在大矩形框中显示 cla(3)。此时，"定义"按钮有效。

(4) 单击"定义"按钮，打开"重复度量"对话框。先后选择变量 class、前测成绩、后测成绩进入"群体内部变量"列表框。

(5) 单击"模型"按钮，打开模型对话框，选择"设定"，并将"cla"变量选入"群体内模型"列表框,单击"继续"按钮返回。

(6) 单击"选项"按钮,打开选项对话框。在"输出"栏中选择"描述统计",然后单击"继续"按钮返回。

(7) 单击"确定"按钮执行上述操作。

2. 输出结果及分析

执行重复测量方差分析后的结果如表 5-10~表 5-14 所示。

表 5-10 组内因素基本信息表

主体内因子

度量:MEASURE_1

cla	因变量
1	class
2	before
3	after

表 5-11 描述统计量

描述性统计量

	均值	标准偏差	N
class	2.00	.830	30
前测成绩	74.70	14.130	30
后测成绩	81.80	10.077	30

表 5-12 是多变量的检验结果,分别给出各检验量的 Pillai's 的跟踪、Wilks' Lambda、Hotelling's 的跟踪和 Roy's 最大根 4 种 T 检验值、F 检验值、假设检验的自由度、误差自由度及各检验的相伴概率。从检验结果可以看出,组内效应对测试成绩造成了显著影响,即各班级内的前测和后测成绩的差异比较显著。

表 5-12 多变量的检验结果

多变量检验(b)

Effect		值	F	假设 df	误差 df	Sig.
cla	Pillai's 的跟踪	.988	1178.845(a)	2.000	28.000	.000
	Wilks' Lambda	.012	1178.845(a)	2.000	28.000	.000
	Hotelling's 的跟踪	84.203	1178.845(a)	2.000	28.000	.000
	Roy's 最大根	84.203	1178.845(a)	2.000	28.000	.000

a. 精确统计量。

b. 设计:截距。

主体内设计:cla。

表 5-13 是组内效应方差分析的检验结果。通过 Sphericity Assumed、Greenhouse-Geisser、

Huynh-Feldt 和 Lower-bound 方法检验，给出各检验方法的第三类效应模型的平方和、自由度、均方、F 统计量及其自由度。并且，对误差进行了检验。结果表明，组内效应对测试成绩造成了显著影响，进一步证明了表 5-12 中的检验结果。

表 5-13　组内效应方差分析

主体内效应的检验

度量：MEASURE_1

源		III 型平方和	df	均方	F	Sig.
cla	采用的球形度	117037.400	2	58518.700	970.681	.000
	Greenhouse-Geisser	117037.400	1.207	96935.247	970.681	.000
	Huynh-Feldt	117037.400	1.231	95051.182	970.681	.000
	下限	117037.400	1.000	117037.400	970.681	.000
误差(cla)	采用的球形度	3496.600	58	60.286		
	Greenhouse-Geisser	3496.600	35.014	99.863		
	Huynh-Feldt	3496.600	35.708	97.922		
	下限	3496.600	29.000	120.572		

表 5-14 为组间效应检验表，从表中可以看出，组间效应的显著性水平 Sig.为 0.000，即组间差异显著，由于本例中不同班级采用不同的教学方法，所以结果表明不同教学方法之间的差异是显著的。

表 5-14　组间效应检验表

主体间效应的检验

度量：MEASURE_1

转换的变量：平均值

源	III 型平方和	df	均方	F	Sig.
截距	251222.500	1	251222.500	1385.462	.000
误差	5258.500	29	181.328		

上述操作也可通过以下语法程序语句实现，对于高级用户，可直接通过程序语句实现所需的分析过程。

```
GLM
  class before after
  /WSFACTOR = cla 3 POLYNOMIAL
  /METHOD = SSTYPE(3)
  /PRINT = DESCRIPTIVE
  /CRITERIA = ALPHA(.05)
  /WSDESIGN = cla .
```

5.5 协方差分析

协方差分析是利用线性回归的方法消除混杂因素的影响后进行的方差分析，这是在实际工作中经常考虑的问题。

协方差分析仍然沿承方差分析的基本思想，并在分析观测变量变差时，考虑了协变量的影响，认为观测变量的变动受四个方面的影响，即控制变量的独立作用、控制变量的交互作用、协变量的作用和随机因素的作用，并在扣除变量的影响后，再分析控制变量对观测变量的影响。

5.5.1 协方差分析的基本原理

通过上面的讨论，我们知道无论是单因素方差分析还是多因素方差分析，控制变量都是可控的，其各个水平可以通过人为的努力得到控制。但是，在实际工作中，有一些控制变量很难人为控制，而它们的不同水平也确实对观测变量产生了很大的影响。协方差分析就是利用线性回归的方法消除混杂因素的影响后进行的分析。

例如，考虑药物对患者某个生化指标的影响，比较实验组与对照组的该指标变化均值是否有显著性差异，以确定药物的有效性；同时，可能要考虑患者病程的长短、年龄以及原指标水平对疗效的影响，要消除这些因素的影响考虑药物疗效，即比较实验组和对照组之间该生化指标变化量均值的差异显著性。

因此，为更加准确地研究控制变量不同水平对观测变量的影响，应尽量排除其他因素对分析结论的影响。这一目的可以通过设计科学的实验方案(如拉丁方实验等)，对数据获取的过程和方式等加以控制，也可以从方法入手，在数据分析时利用有效的方法对影响因素加以排除，协方差分析正是这样的一种方法。

协方差分析将那些认为很难控制的控制因素作为协变量，并在排除协变量对观测变量影响的条件下，分析控制变量(可控)对观测变量的作用，从而更加准确地对控制因素加以控制。

在协方差分析中，作为协变量的一般都是定距型变量，因此协方差分析便涉及两行总类型的控制变量(品质型和定距型)和定距型观测变量，其中，如果将控制变量看作解释变量，将观测变量看作被解释变量，那么协方差分析便是一种介于方差分析和线性回归分析之间的分析方法。于是可参照回归分析中对解释变量的处理方式来处理协变量。另外，协方差分析中通常要求多个协变量之间无交互作用，且观测变量与协变量之间有显著的线性关系。

协方差分析的基本假设是：协变量对观测变量的线性影响是不显著的；在协变量影响扣除的条件下，控制变量各水平对观测变量的效应同时为零。仍然采用 F 统计量作为检验统计量，为各均方与随机因素引起的均方的比。如果相对于随机变量引起的变差，协变量带来的变差比例较大，即 F 值极大，则说明协变量是引起观测变量变动的主要因素之一，观测变量的变动可以部分地由协变量来线性解释；反之，如果相对于随机变量引起的变差，协变量带来的变差比例极小，即 F 值较小，则说明协变量没有给观测变量带来显著的线性影响。在排除了协变量的线性影响后，控制变量对观测变量的影响分析同方差分析。

5.5.2　协方差分析的 SPSS 操作

在利用 SPSS 进行协方差分析时，首先将协变量定义为一个 SPSS 变量。要分析一个变量能否作为协变量，首先可以绘制它与所参照变量的散点图。如果在不同的因素水平下，该变量与所参照的变量之间呈较为显著的线性关系，且各斜率基本相同，那么该变量即可作为协变量参与协方差分析。

SPSS 协方差分析的基本操作步骤如下。

(1) 首先，在主菜单栏中选择"分析"|"一般线性模型"|"单变量"命令，打开"单变量"主对话框。

(2) 打开主对话框后，选择观测变量进入"因变量"文本框中。

(3) 指定固定效用的控制变量到"固定因子"文本框中，指定随机效应的控制变量到"随机因子"文本框中。

(4) 指定作为协变量的变量到"协变量"文本框中。

从上述操作可以发现，SPSS 的多因素方差分析和协方差分析的对话框是同一个，所以，对话框中其他按钮的功能读者可参照上一节进行学习。前面提到，协方差分析是介于回归分析和方差分析之间的一种分析方法，因此在异方差情况下会产生与回归分析相同的问题。如果残差随协变量值的变化呈规律性变化，则认为存在异方差情况，可采用加权最小二乘法进行模型的参数估计，权数变量应选入"WLS 权重"文本框中作为权重参数。

至此，SPSS 将自动完成对各方差的分析，计算各 F 检验统计量的观测值和对应的概率 p 值及其他计算结果，并将结果输出到输出对话框中。

5.5.3　协方差分析的实例

下面以一个实际例子简单讲解协方差分析的使用及对其结果的解读。

打开数据文件"饲料效果.sav"，为研究 3 种不同饲料对生猪体重增加(wyh)的影响，将生猪随机分成 3 组各喂养不同的饲料(sl)，得到体重增加的数据。由于生猪体重的增加理论上会受到猪自身身体条件的影响，于是收集生猪喂养前的体重(wyq)的数据，作为自身身体条件的测量指标。

在进行协方差分析之前，首先要分析喂养前的体重能否作为控制变量，可通过预分析的方法进行检验，但此方法比较复杂，这里采用相对简单的散点图法。所绘制的散点图如图 5-15 所示。

从图 5-15 可以看出，在不同的饲料种类组中，生猪喂养前的体重和体重的增加量均呈比较明显的线性关系，且各斜率基本相同。因此，喂养前的体重可以作为协变量参与协方差分析。

在菜单栏中选择"分析"|"一般线性模型"|"单变量"命令，打开"单变量"主对话框。然后，在"单变量"主对话框中选择"喂养后体重的增加"作为自变量进入"因变量"文本框；"饲料种类"作为固定变量，进入"固定因子"文本框；而"喂养前体重"作为协变量进入"协变量"文本框。

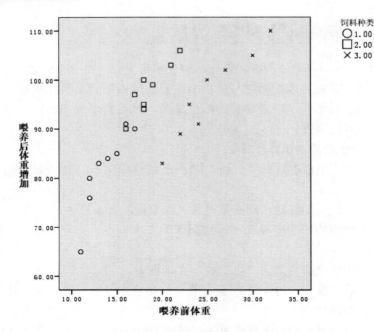

图 5-15 生猪喂养前体重与体重增加量的散点图

为了方便后面的比较分析，在操作步骤中，我们加入单变量多因素方差分析和均值对比的步骤。单变量多因素方差分析的步骤不再重述，读者可参照前文学习；而均值对比则需在如图 5-6 所示的主对话框中单击"对比"按钮，并选择"简单"，然后单击"更改"进行简单对照。分别以"最后一个"和"第一个"作为参照进行对比。在"单变量：选项"对话框中选择"描述统计"输出描述性统计量。

至此，SPSS 将自动进行协方差分析，得到结果如下。

表 5-15 中分别列出了各变差分解的情况、自由度、均方、F 统计量的观测值及概率 p 值。为说明数据，将该例的单变量多因素方差分析中的数据输出，如表 5-16 所示。

表 5-15 协方差分析结果表

Tests of Between-Subjects Effects

因变量：喂养后体重增加

源	类型 III 平方和	df	均　方	F	Sig.
校正　模型	2328.344(a)	3	776.115	68.196	.000
截距	980.448	1	980.448	86.150	.000
wyq	1010.760	1	1010.760	88.813	.000
sl	707.219	2	353.609	31.071	.000
误差	227.615	20	11.381		
总计	206613.000	24			
校正　总计	2555.958	23			

a. R 方 = .911(调整 R 方 = .898)。

表 5-16　单变量多因素方差分析结果表

Tests of Between-Subjects Effects

因变量：喂养后体重增加

源	类型 III 平方和	df	均　方	F	Sig.
校正 模型	1317.583(a)	2	658.792	11.172	.000
截距	204057.042	1	204057.042	3460.339	.000
sl	1317.583	2	658.792	11.172	.000
误差	1238.375	21	58.970		
总计	206613.000	24			
校正 总计	2555.958	23			

a. R Squared = .515 (Adjusted R Squared = .469).

表 5-17 为描述性统计量输出表格。

表 5-17　描述性统计量表

描述统计量

因变量：喂养后体重增加

饲料种类	均　值	标准偏差	N
1.00	81.7500	8.34523	8
2.00	98.0000	5.12696	8
3.00	96.8750	8.99901	8
总计	92.2083	10.54176	24

将表 5-15 与表 5-16 对比可发现，两种方法中的 SST 是相同的，均为 2555.958。但是随机变量可以解释的变差由 1238.375 减少为 227.615，这是由扣除了喂养前体重的影响造成的。其计算的基本思路是：由方差分析中随机因素可解释变差的定义可知，它们是观测值与各组均值差的平方和，为排除协变量对分析的影响，应首先在各组内部将协变量的作用扣除后，再计算随机变量可解释的变差。

在单因素协方差分析中，各个 F 检验统计量均以均方除以随机因素引起的均方。可以看到，喂养前体重对生猪体重的增加有显著的贡献；同时，在排除了喂养前体重的影响下，不同饲料对生猪体重的增加也存在显著的差异。从模型对观测数据的拟和优度看，考虑协变量的模型其 R^2 为 0.911，而不考虑协变量的模型其 R^2 仅为 0.515。

在表 5-17 中给出 3 种饲料的基本描述性统计量，从中可以直观地看出增加最多的是第二种，第一种是最不好的。但是，该结论是在没有排除协变量影响下的均值分析，合理的方式应该是对排除影响后的修正均值进行对比。这一要求可以通过"对比"中的 Simple 选项来实现，该选项的作用读者可参照多因素分析进行学习，在前面我们已经进行了相关操作。表 5-18 和表 5-19 是第一组和第三组的相应输出结果。

表 5-18 生猪体重协方差分析的均值对比结果(以第一组为标准)

对比 Results (K Matrix)

饲料种类 Simple 对比(a)			因变量(Variable) 喂养后体重增加
Level 2 vs. Level 1	对比 Estimate		4.542
	Hypothesized Value		0
	Difference (Estimate - Hypothesized)		4.542
	标准 误差		2.095
	Sig.		.042
	95% Confidence Interval for Difference	Lower Bound	.173
		Upper Bound	8.912
Level 3 vs. Level 1	对比 Estimate		−12.793
	Hypothesized Value		0
	Difference (Estimate - Hypothesized)		−12.793
	标准 误差		3.409
	Sig.		.001
	95% Confidence Interval for Difference	Lower Bound	−19.904
		Upper Bound	−5.682

a. 参考类别 = 1。

表 5-19 生猪体重协方差分析的均值对比结果(以第三组为标准)

对比 Results (K Matrix)

饲料种类 Simple 对比(a)			因变量(Variable) 喂养后体重增加
Level 1 vs. Level 3	对比 Estimate		12.793
	Hypothesized Value		0
	Difference (Estimate - Hypothesized)		12.793
	标准 误差		3.409
	Sig.		.001
	95% Confidence Interval for Difference	Lower Bound	5.682
		Upper Bound	19.904
Level 2 vs. Level 3	对比 Estimate		17.336
	Hypothesized Value		0
	Difference (Estimate - Hypothesized)		17.336
	标准 误差		2.409
	Sig.		.000
	95% Confidence Interval for Difference	Lower Bound	12.310
		Upper Bound	22.361

a. 参考类别 = 3。

表 5-18 和表 5-19 表明，第一种饲料比第三种饲料平均多增重 12.793，第二种比第三种平均多增重 17.336，第二种比第一种平均多增重 4.542，由此可见，第二种饲料最好，第一种次之，第三种最差。该结论和表 5-17 中所观察的结论稍有出入。第三种饲料最差，且远比第一种和第二种差。这是因为第三组生猪喂养前的体重明显高于第一组，如果仅按增重量分析饲料的效果是不完全的，如果相对于它们自身的身体情况(喂养前的体重)而言，由于饲料的差异，第三组的增长速度没有第一组高。协变量方差分析的优点就在于此，可以排除一些干扰因素而更全面地进行分析，从而得出更客观的结论。

第 6 章
相 关 分 析

  变量间的关系分为确定性关系和不确定性关系两类：确定性关系即通常所说的函数关系；非确定性关系即相关关系。

  相关分析用于描述两个变量之间关系的密切程度，它反映的是当控制了其中一个变量的取值后，另一个变量的变异程度。其显著特点是变量不分主次，被置于同等的地位。

  数据度量尺度不同，相关分析的方法也不同。连续变量之间的相关性常用 Pearson 简单相关系数来测定；定序变量的相关性常用 Spearman 秩相关系数或 Kendall 秩相关系数来测定；而定类变量的相关分析则要使用列联表分析方法。列联表分析方法在第 3 章中已经讲过，本章只讲解其他的几种相关分析方法。

6.1 相关分析的基本概念介绍

相关分析(相关)是研究变量之间关系紧密度的一种统计方法,应用广泛,是专业统计分析的基础。在统计分析中,常利用相关系数定量地描述两个变量之间线性关系的紧密程度。

6.1.1 相关分析的基本原理

相关分析用于描述两个变量之间关系的密切程度,它反映的是当控制了其中一个变量的取值后,另一个变量的变异程度。相关分析的主要目的是研究变量之间关系的密切程度,以及根据样本的资料推断总体是否相关。在统计分析中,常利用相关系数定量地描述两个变量之间线性关系的紧密程度。例如,家庭收入和支出、子女的身高和父母身高之间的关系。

回归方程的确定系数在一定程度上也是反映两个变量之间关系的紧密程度的,并且确定系数的平方根就是相关系数。但是确定系数一般是在拟合回归方程以后计算的,如果两个变量之间的关系并不紧密,那么拟合回归方程也就没有意义。因此相关分析往往在回归分析之前进行。

相关分析的一个显著特点是变量不分主次,被置于同等的地位。它的一些相关术语如下。

1) 直线相关

这是最简单的一种情况,两变量呈线性共同增大,或者呈线性一增一减的情况。这里讨论的范围基本上与直线有关。直线相关要求两个变量服从联合的双变量正态分布,如果不服从,则应考虑变量交换,或采用等级相关来分析。

2) 曲线相关

两变量存在相关趋势,但并非线性,而是呈各种可能的曲线趋势。此时如果直接进行直线相关分析,有可能出现无相关性的结论。曲线相关分析时一般都先将其进行变量交换,以将趋势交换为直线来分析,或者采用曲线回归方法来分析。

3) 正相关和负相关

如果 A 变量增加时 B 变量也增加,则称为正相关;反之,A 变量增加时 B 变量减少,则称为负相关。

4) 完全相关

完全相关是指两变量的相关程度达到了亲密无间的程度,即确定性的函数关系,当得知 A 变量取值时,就可以准确推算 B 变量的取值。完全相关又分为完全正相关和负相关两种。

反映变量之间关系紧密程度的指标主要是相关系数 r,相关系数的取值在-1 和+1 之间,当数值越接近-1 或+1 时,说明关系越紧密,接近于 0 时,说明关系不紧密。但是相关系数常常是根据样本的资料计算的,要确定总体中两个变量是否相关与样本的大小有一定关系,样本太小时可能出现较大的误差,因此相关分析中一个重要任务是根据样本相关系数来推断总体的相关情况。

在相关模型中假设两个变量 X 为自变量，Y 为因变量，这两个变量都是随机变量。因此在相关模型的假设下，如果要拟合回归直线，就有两条直线可以拟合。若是通过 X 去估计 Y，则应使 Y 的各点到直线的距离最短，即 $\sum(Y_i-Y_c)^2$ 最小；若是通过 Y 去估计 X，则应使 X 的各点到直线的距离最短，即 $\sum(X_i-X_c)^2$ 达到最小。一般情况下，这两条直线是不一致的，但是从相关的角度看，两者关系的紧密程度是一致的。

相关分析要对总体进行推断时，除了上述两个变量都是随机变量的假设外，还必须满足以下条件：当 X 取任意值时，Y 的条件分布为一正态分布；当 Y 取任意值时，X 的条件分布为一正态分布；X 与 Y 的联合分布是一个二维的正态分布。

由于存在抽样的随机性和样本数量较少等原因，通常样本相关系数不能直接用来说明样本来自的两总体是否具有显著的线性相关性，而需要通过假设检验的方式对样本来自的总体是否存在显著的线性相关关系进行统计推断。基本步骤如下：

(1) 提出原假设，即两总体无显著的线性关系。

(2) 构造检验统计量。由于不同的相关系数采用不同的检验统计量，因此在相关分析时，不同的过程需要构造不同的检验统计量，具体的相关系数内容在下文将详细讲解。

(3) 计算检验统计量的观测值及对应的概率 p 值。

(4) 根据计算结果，得出结论。如果检验统计量的概率 p 值小于给定的显著性水平 α，应拒绝原假设，认为两总体之间存在显著的线性关系；反之，如果检验统计量的概率 p 值大于给定的显著性水平 α，则应接受原假设，认为两总体之间无显著的线性关系。

6.1.2　相关系数的计算

反映两个变量之间密切程度的指标称为相关系数，样本的相关系数一般用 r 表示，总体相关系数一般用 p 表示。相关系数以数值的方式很精确地反映了两个变量之间线性相关的强弱程度。

对不同类型的变量，相关系数的计算公式也不同。在相关分析中，常用的相关系数主要有 Pearson 简单相关系数、Spearman 等级相关系数和 Kendall τ 相关系数等。其中，Pearson 简单相关系数(又称秩矩相关系数)适用于定距间隔测度，而 Spearman 秩相关系数和 Kendall 秩相关系数都是非参测度。下面就各相关系数的计算方法简单介绍。

1) Pearson 简单相关系数

Pearson 简单相关系数用来度量定距型变量间的线性相关关系。例如，测度收入和储蓄、身高和体重、工龄和收入等变量之间的线性相关关系时，可利用 Pearson 相关系数。Pearson 简单相关系数可以直接根据观察值计算，其公式恰好是矩的乘积形式，所以也称为积矩相关系数，或动差乘积相关系数。

Pearson 相关系数的计算公式为

$$r=\frac{\sum_{i=1}^{n}(x_i-\bar{x})(y_i-\bar{y})}{\sqrt{\sum_{i=1}^{n}(x_i-\bar{x})^2(y_i-\bar{y})^2}}$$

式中，n 为样本数；x_i 和 y_i 分别为两变量的变量值。上式可以进行演变，从而得到简单相关系数，即

$$r = \frac{1}{n}\sum_{i=1}^{n}\left(\frac{x_i - \bar{x}}{Sx}\right)\left(\frac{y_i - \bar{y}}{Sy}\right)$$

上式说明简单相关关系是 n 个 x_i 和 y_i 分别标准化后的积的平均数。从上面两个式子可知，简单相关系数有如下特点：x 与 y 的相关系数和 y 与 x 的相关系数是等价的；对 x 与 y 作线性变换后可能会改变它们之间相关系数的符号(相关的方向)，但是不会改变相关系数的值；相关系数能够用于度量两变量之间的线性关系，但它并不是度量非线性关系的有效工具。

Pearson 简单相关系数的检验统计量为 t 统计量，t 统计量的定义为

$$t = \frac{r\sqrt{n-2}}{\sqrt{1-r^2}}$$

其中，t 统计量服从自由度为 $n-2$ 的 t 分布。

SPSS 将自动计算 Pearson 简单相关系数、t 检验统计量的观测值和对应的概率 p 值。Pearson 相关系数应用较广，当 $r=0$ 时表示不存在线性相关，但不意味着 y 与 x 无任何关系；当 $0 \leq |r| \leq 0.3$ 时为微弱相关；当 $0.3 < |r| \leq 0.5$ 时，为低度相关；当 $0.5 < |r| \leq 0.8$ 时，为显著相关；当 $0.8 < |r| < 1$ 时，为高度相关；当 $|r|=1$ 时，为完全线性相关。

2) Spearman 等级相关系数

Spearman 等级相关系数用于度量定序变量间的线性相关关系。例如，军队教员的军衔与职称、产品质量的等级与返修次数等变量之间的线性相关关系，都可以利用 Spearman 相关系数。

Spearman 等级相关系数的设计思想与 Pearson 简单相关系数完全相同，唯一的区别在于在计算 Spearman 等级相关系数时，由于数据是非定距的，因此计算时无法直接采用原始数据(x_i, y_i)，而是利用数据的秩，即两变量的秩(U_i, V_i)代替(x_i, y_i)进行计算。关于秩的概念将在非参数检验中详细讲解。

Spearman 等级相关系数的计算方式为

$$r = 1 - \frac{6\sum_{i=1}^{n}D_i^2}{n(n^2-1)}$$

式中，$\sum_{i=1}^{n}D_i^2 = \sum_{i=1}^{n}(U_i - V_i)^2$，这里的$(U_i, V_i)$为两变量的秩。

小样本条件下，在原假设成立时 Spearman 等级相关系数服从 Spearman 分布；大样本条件下，Spearman 等级相关系数的检验统计量为 U 统计量，即

$$U = r\sqrt{n-1}$$

其中，U 统计量服从标准正态分布。

3) Kendall τ 相关系数

Kendall τ 相关系数比较难于讲解，它是用非参数检验方法来度量定序变量间的线性相关关系。Kendall τ 相关系数的计算仍基于数据的秩，利用变量的秩计算一致对数目 U 和非一致对数目 V。

显然，当一致对数目较大、非一致对数目较小时，两变量之间呈较强的正相关；当一致对数目较小、非一致对数目较大时，两变量呈较强的负相关；如果一致对数目和非一致对数目接近时，两变量呈较弱的相关关系。

Kendall τ 相关系数的检验统计量定义为：

$$\tau = (U-V)\frac{2}{n(n-1)}$$

在小样本条件下，Kendall τ 相关系数服从 Kendall 分布。在大样本条件下，采用的统计量为：

$$Z = \tau\sqrt{\frac{9n(n-1)}{2(2n+5)}}$$

其中，Z 统计量近似服从标准正态分布。

SPSS 将自动计算 Kendall τ 相关系数、Z 检验统计量的观测值和对应的概率 p 值。

Kendall τ 相关系数的值在-1 和+1 之间，其计算显得麻烦一些，但是其在原假设上的频率分布较简单，而且能推广来研究偏相关。

6.2 相关分析的 SPSS 操作

相关分析可以通过 SPSS 系统中"分析"菜单下的"相关"子菜单来实现，该模块给出相关分析的 3 个过程：双变量过程、偏相关过程和距离过程。本节选择双变量进行讲解，偏相关分析和距离分析将在后面的章节中单独讲解。

双变量过程包括相关分析和非参数相关分析过程，选择此选项，可以选择计算 Pearson 简单相关系数、Spearman 等级相关系数和 Kendall τ 相关系数。检验的假设为：相关系数为 0。可选择是单尾检验还是双尾检验。

6.2.1 相关分析的 SPSS 操作步骤

建立或打开数据文件后，即可进行相关分析。

在主菜单栏中，单击"分析"菜单，然后选择"相关"子菜单，再从中选择"双变量"命令，即可打开如图 6-1 所示的"双变量相关性"对话框。

在"双变量相关性"主对话框右侧为"变量"文本框，该文本框用于选入需要进行分析的变量，至少需要选入两个变量，如果选入了多个变量，则分析结果会以矩阵的形式给出两直线相关分析的结果。

下方的"相关系数"栏提供了 3 种相关系数的选项，在此栏内选择计算哪一种相关系数。

- "皮尔逊"选项。如选择此项，则会计算 Pearson 相关系数，即积矩相关系数。只有变量是连续型变量(又称等间隔测度变量)才能选用此项。这也是系统的默认选项。
- "肯德尔 tau-b"选项。如选择此项，则会计算 Kendall τ 相关系数，反映定序变量的一致性，它适合于有序变量或不满足正态分布假设的等间隔数据。
- "斯皮尔曼"选项。如选择此项，则会利用非参数检验方法计算 Spearman 相关系数，它也适合于有序变量或不满足正态分布假设的等间隔数据。

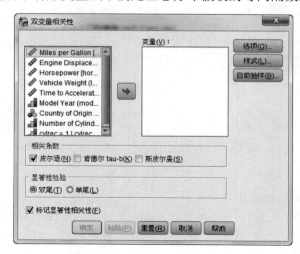

图 6-1 "双变量相关性"对话框

"显著性检验"栏用于选择检验的尾部分布，有以下两个选项："双尾"选项表示进行双尾检验，如果不清楚变量之间是正相关还是负相关时，应选择此选项，该选项为系统默认选项；"单尾"选项表示进行单尾检验，如果了解变量之间的相关关系是正的还是负的，则应选择此选项。

在主对话框中还有"标记显著性相关性"复选框，如选择此项，则在输出结果中标出有显著意义的相关系数。如果相关系数的右上角有"*"，则代表显著性水平为 0.05；如果相关系数的右上角有"**"，则代表显著性水平为 0.01。

在主对话框中有"选项"按钮，单击该按钮，即可弹出如图 6-2 所示的"双变量相关性：选项"(双变量相关分析：选项)对话框。

在"双变量相关性：选项"对话框中可以选择统计量的计算和缺失值的处理方式。

"统计"栏中可以选择计算哪些统计量："平均值和标准差"复选框表示计算均值与标准差，即对每一个变量输出均值、标准差和无缺省值的观测数；"叉积偏差和协方差"复选框表示对每一对变量输出叉积离差矩阵和协方差矩阵。叉积离差矩阵等于均值校正变量的积的总和，即 Pearson 相关系数的分子。

图 6-2 "双变量相关性：选项"对话框

"缺失值"栏用于选择处理缺省值的方法："成对排除个案"选项表示在计算某个统计量时，在这一对变量中排除有缺省值的观测，为系统默认选项；"成列排除个案"选项表示对于任何分析，剔除所有含缺省值的观测个案。

所有设置结束后，单击"确定"按钮，即可开始进行相关分析过程。

上述操作也可以通过语法程序语句来实现，程序语句如下：

```
CORRELATIONS
  /VARIABLES=weight coronary
  /PRINT=TWOTAIL NOSIG
  /STATISTICS DESCRIPTIVES XPROD
  /MISSING=PAIRWISE .
```

下面我们讲解一下整个程序的每一个语句所代表的意义：

第一行为"CORRELATIONS"，表示调用相关分析过程。

第二行为"/ VARIABLES =weight coronary"，表示参与相关分析的变量为 weight 和 coronary。

第三行为"/PRINT=TWOTAIL NOSIG"，表示统计分析过程会输出双尾检验的显著性概率值。

第四行为"/ STATISTICS DESCRIPTIVES XPROD"，表示输出描述性的统计量(均值、标准差和无缺省值的观测数)，还对每一对变量输出交叉矩阵和协方差矩阵。

第五行为"/MISSING=PAIRWISE ."，表示在计算某个统计量时，在成对变量中排除有缺省值的观测。最后有一个点号，表示命令语句结束。

6.2.2　相关分析的实例

下面以一个实例讲解简单相关分析的应用及对其结果的解读。以数据文件"体重与血压.sav"为例，该数据文件中的数据为某次体检中 12 名学生的体重和血压，现通过相关分析来观测学生的体重与血压是否相关。

1. 操作步骤

(1) 首先打开数据文件"体重与血压.sav"，数据如图 6-3 所示。

(2) 在数据编辑窗口中打开如图 6-1 所示的"双变量相关性"主对话框。

(3) 将变量 weight 和变量 pressure 作为自变量选入"变量"文本框，其他采用默认选择。

(4) 单击"选项"按钮，打开如图 6-2 所示的"双变量相关性：选项"(双变量相关分析：选项)对话框。选择"平均值和标准差"复选框和 "叉积偏差和协方差"复选框，然后单击"继续"按钮确认并返回主对话框。

(5) 单击"确定"按钮执行上述操作，开始相关分析。

	weight	pressure
1	68.00	95.00
2	48.00	98.00
3	56.00	87.00
4	60.00	96.00
5	83.00	110.00
6	56.00	155.00
7	62.00	135.00
8	59.00	128.00
9	77.00	113.00
10	58.00	168.00
11	75.00	120.00
12	64.00	115.00

图 6-3　学生体重与血压数据

上述操作也可以通过如下的语法程序语句来实现。高级用户可以直接使用程序语句进行操作，读者可以对照上文所讲的程序语句的含义读懂下面的语法语句。

```
CORRELATIONS
  /VARIABLES=weight pressure
  /PRINT=TWOTAIL NOSIG
  /STATISTICS DESCRIPTIVES XPROD
  /MISSING=PAIRWISE .
```

2. 结果解读

执行相关分析后,在输出窗口中得到如表6-1所示的表格,包括平均值(Mean)、标准差(Standard Deviation)和观测样本数(Number of Cases)。

表 6-1　描述性统计量表

描述性统计量

	均　值	标　准　差	N
weight	63.8333	10.14292	12
pressure	118.3333	24.73986	12

表6-2为相关分析结果表,从表中可以看出,体重(weight)和血压(pressure)之间的Pearson相关系数为-0.112,即$|r|=0.112$,表示两变量是微弱相关的,而两者之间不相关的双尾检验值(Sig. (2-tailed))为0.728,否定了二者不相关的假设。所以,根据表6-2可以得出结论:学生的体重与血压之间存在正相关性,当体重越高时,血压也越高。

表 6-2　相关分析结果表

相关性

		weight	pressure
weight	Pearson 相关性	1	-.112
	显著性(双侧)		.728
	平方与叉积的和	1131.667	-310.333
	协方差	102.879	-28.212
	N	12	12
pressure	Pearson 相关性	-.112	1
	显著性(双侧)	.728	
	平方与叉积的和	-310.333	6732.667
	协方差	-28.212	612.061
	N	12	12

6.3　偏相关分析

偏相关分析也称净相关分析,它在控制其他变量的线性影响下分析两变量间的线性相关,所采用的工具是偏相关系数(净相关系数)。运用偏相关分析可以有效地揭示变量间的真实关系,识别干扰变量并寻找隐含的相关性。偏相关分析可以通过"相关"子菜单中的"偏相关"命令实现。

6.3.1 偏相关分析的基本原理

相关分析中研究两事物之间的线性相关形式通过计算相关系数等方式实现，并通过相关系数值的大小来判定事物之间的线性相关强弱。但是，多个变量之间的相关关系是错综复杂的，这种相关关系中夹杂了其他变量所带来的影响，有时因为第三个变量的存在，相关系数不能真实地反映两个变量之间的线性相关程度，这样也就决定了二元变量相关分析的不精确性。因此，简单相关实际上不能完全反映两个变量之间的纯相关关系。

例如，研究农作物产量与雨量、气温的关系。假设高温多雨均有利于产量，而气温与雨量之间为负相关，在这种情况下，高温虽然对产量有利，但高温往往伴随着少雨而对产量不利，所以气温与产量之间的简单相关实际不能确切反映两者的真正关系。为了正确反映气温与产量之间的相关关系，必须将雨量固定，消除雨量带来的影响。

偏相关分析也称净相关分析，它在控制其他变量的线性影响下分析两变量间的线性相关性，所采用的工具是偏相关系数(净相关系数)，在 SPSS 中通过"相关"子菜单中的"偏相关"命令实现。运用偏相关分析可以有效地揭示变量间的真实关系，识别干扰变量并寻找隐含的相关性。控制一个变量时，偏相关分析称为一阶偏相关分析；当存在两个控制变量时，偏相关系数称为二阶偏相关；当控制变量的个数为零时，偏相关系数称为零阶偏相关，也就是相关系数。由于偏相关系数是固定其他因素而计算出某两个因素之间的相关系数，因此，偏相关系数可以解释为其他自变量的影响固定以后，某一自变量与因变量之间的关系。偏相关系数可以用来反映各个不同的自变量在解释因变量的离差上所起的相对作用。

利用偏相关系数进行变量间净相关分析的基本步骤如下。

(1) 计算样本的偏相关系数。利用样本数据计算样本的偏相关系数可以反映两变量间净相关的强弱程度，偏相关系数可以从不同的角度来说明，相应地也有不同的计算公式，但此处主要讲解一阶偏相关。

在分析变量 x_1 和 y 之间的净相关时，控制 x_2 的线性关系，则 x_1 和 y 之间的一阶偏相关定义为

$$r_{y_1 \cdot x_2} = \frac{r_{y_1} - r_{y_2} r_{12}}{\sqrt{(1-r_{y_2}^2)(1-r_{12}^2)}}$$

式中，r_{y_1}，r_{y_2}，r_{12} 分别表示 y 和 x_1 的相关系数；y 和 x_2 的相关系数；x_1 和 x_2 的相关系数。偏相关系数的取值范围及大小与相关系数相同。

(2) 提出原假设。偏相关分析的原假设为两总体的偏相关系数与零无显著差异。

(3) 构造检验统计量。偏相关分析采用 T 统计量作为检验统计量，其数学定义为

$$t = r\sqrt{\frac{n-q-2}{1-r^2}}$$

式中，r 为偏相关系数；n 为样本数；q 为阶数。T 统计量服从自由度为 $n-q-2$ 的 t 分布。

(4) 计算检验统计量的观测值及对应的概率 p 值。

(5) 根据所计算的结果，得出结论。如果检验统计量的概率 p 值小于给定的显著性水平 α，则应拒绝原假设，认为两总体的偏相关系数与零有显著差异，即两变量偏相关；反之，

如果检验统计量的概率 p 值大于给定的显著性水平 α，则应接受原假设，认为两总体的偏相关系数与零无显著差异。

6.3.2　偏相关系数与简单相关系数之间的关系

在相关模型的假设中，各个变量之间的地位是相同的，并不因变量和自变量而有所不同。因此当有 3 个变量时，可以分别用 x_1，x_2，x_3 表示，它们的偏相关系数也可以由简单相关系数得到。它们之间的关系如下

$$r_{123} = \frac{r_{12} - r_{13} \cdot r_{23}}{(1-r_{123})(1-r_{223})}$$

$$r_{132} = \frac{r_{13} - r_{12} \cdot r_{23}}{\sqrt{(1-r_{122})(1-r_{223})}}$$

$$r_{231} = \frac{r_{23} - r_{12} \cdot r_{13}}{\sqrt{(1-r_{122})(1-r_{123})}}$$

利用上述公式，还可以计算更高一级的偏相关系数。

6.3.3　偏相关分析的 SPSS 操作步骤

建立或打开数据文件后，即可进行偏相关分析。

在主菜单栏中的"分析"菜单中，选择"相关"子菜单，然后选择"偏相关"命令，即可打开如图 6-4 所示的"偏相关"(偏相关分析)主对话框。

"变量"列表框用于输入进行偏相关分析的变量，至少需要选入两个变量。如果选入了多个变量，则给出两两偏相关分析的结果。在左侧的变量列表框中选中需要选择的变量，然后单击 按钮即可。

"控制"列表框用于输入控制变量，其方法与选择相关变量一样。如果不选入控制变量，则进行的是简单相关分析。

"偏相关"主对话框中的其他选项基本与"双变量相关"主对话框一样。下方的"显著性检验"复选框用于选择检验的尾部分布："双侧检验"选项为系统默认选项，表示进行双尾检验，不清楚变量之间是正相关还是负相关时，应选择此项；"单侧检验"选项表示进行单尾检验，当相关方向很明确时，选择此项。

与简单相关分析不同的是，在"偏相关"主对话框的下方为"显示实际显著性水平"复选框，如选择此项则表示在显示相关系数时，显示实际的显著性概率。在输出结果中，如果相关系数的右上角有"*"，则代表显著性水平为 0.05；如果相关系数的右上角有"**"，则代表显著性水平为 0.01。

单击"选项"按钮，即可打开如图 6-5 所示的"偏相关性：选项"(偏相关分析：选项)对话框。

该对话框与图 6-2 所示的简单相关分析的对话框基本相同，只是"叉积偏差和协方差"复选框改变为"零阶相关系数"复选框。"零阶相关系数"复选框表示给出协变量在内所有变量的相关矩阵，即零阶相关矩阵，也称 Pearson 相关矩阵。

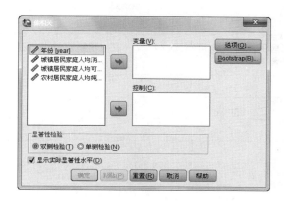 

图 6-4　"偏相关"主对话框　　　图 6-5　"偏相关性：选项"对话框

"偏相关性：选项"对话框中的其他选项在上一节中均有详细讲解，读者可参照上文进行学习，此处不再赘述。设置完毕后，单击"继续"按钮确认选择并返回主对话框。

所有设置结束后，单击"确定"按钮即开始进行偏相关分析过程。

若以系统内置数据文件"Cars.sav"为例，此分析过程的语法程序语句如下：

```
PATIAL CORR
  /VARIABLES= salary salbegin BY prevexp
  /SIGNIFICANCE=TWOTAIL
  /STATISTICS=DESCRIPTIVES CORR
  /MISSING=LISTWISE .
```

下面讲解一下整个程序的每一个语句所代表的意义：

第一行为"PATIAL CORR"，表示调用偏相关分析过程。

第二行为"/VARIABLES = salary salbegin BY prevexp"，表示参与偏相关分析的变量为 salary 和 salbegin，控制变量为 prevexp。

第三行为"/SIGNIFICANCE=TWOTAIL"，表示统计分析过程会输出双尾检验的显著性概率值，也可选择单尾检验，TWOTAIL 改变为 ONETAIL。

第四行为"/STATISTICS =DESCRIPTIVES CORR"，表示输出描述性的统计量(均值、标准差和无缺省值的观测数)，还对每一对变量输出普通的相关矩阵。

第五行为"/MISSING=LISTWISE ."，表示在计算某个统计量时，在成对变量中排除有缺省值的观测。最后有一个点号，表示命令语句结束。

6.3.4　偏相关分析的实例

前面我们讲过，由于第三变量的存在，在计算两个相互独立、没有联系的变量间的相关系数时，有时会得出相关系数显著不为 0 的结论，在统计学中，这种现象称为伪相关。在社会经济统计分析中，经常出现类似情况，会影响到所要分析的变量，得出错误的结论。

下面以一个社会经济统计中的实例讲解偏相关分析及伪相关的鉴别。表 6-3 为我国 1985—1999 年居民收入与支出的相关数据，分析城镇居民家庭人均消费、城镇居民家庭人均可支配收入、农村居民家庭人均纯收入三者之间的相关关系。(数据来源于中国统计年鉴)

表 6-3 居民收入与支出数据表

年份(year)	城镇居民家庭人均消费(X1)	城镇居民家庭人均可支配收入(X2)	农村居民家庭人均纯收入(X3)
1985	673.2	739.1	397.6
1986	799.0	899.6	423.8
1987	884.4	1002.2	462.6
1988	1104.0	1181.4	544.9
1989	1211.0	1375.7	601.5
1990	1278.9	1510.2	686.3
1991	1453.8	1700.6	708.6
1992	1671.7	2026.6	784.0
1993	2110.0	2577.4	921.6
1994	2851.3	3496.2	1221.0
1995	3537.6	4283.0	1557.7
1996	3919.5	4838.9	1926.1
1997	4185.6	5160.3	2090.1
1998	4331.6	5425.1	2162.0
1999	4615.9	5854.0	2210.3

1. 操作步骤

在 SPSS 中进行偏相关分析和伪相关的检验，其基本操作步骤如下：

(1) 根据表 6-3 所示的数据建立 SPSS 数据文件"居民收入与支出.sav"，城镇居民家庭人均消费作为变量 X1，城镇居民家庭人均可支配收入作为变量 X2，农村居民家庭人均纯收入作为变量 X3，年份作为变量 year。

(2) 进行简单相关分析。单击"分析"菜单，选择"相关"子菜单，然后选择"双变量"命令，打开如图 6-1 所示的"双变量相关性"(简单相关分析)主对话框。

(3) 将变量 X3、X1、X2 同时选入"变量"列表框中，其他设置采用默认选项。

(4) 单击"确定"按钮运行简单相关分析。

(5) 进行偏相关分析。在"相关"子菜单中选择"偏相关"命令，即可打开如图 6-4 所示的"偏相关"主对话框。

(6) 选择 X1、X3 作为相关变量进入"变量"列表框，X2 作为控制变量进入"控制"列表框，并在选项对话框中选择输出描述性统计量。

(7) 交换相关变量与控制变量，以 X2、X3 作为相关变量，X1 作为控制变量；以 X1、X2 作为相关变量，X3 作为控制变量。

(8) 单击"确定"按钮执行上述操作。

2. 结果解读

简单相关分析的结果如表 6-4 所示。

表 6-4 简单相关分析表

Correlations

		农村居民家庭人均纯收入	城镇居民家庭人均消费	城镇居民家庭人均可支配收入
农村居民家庭人均纯收入	Pearson Correlation	1	.994(**)	.994(**)
	Sig. (2-tailed)		.000	.000
	N	15	15	15
城镇居民家庭人均消费	Pearson Correlation	.994(**)	1	1.000(**)
	Sig. (2-tailed)	.000		.000
	N	15	15	15
城镇居民家庭人均可支配收入	Pearson Correlation	.994(**)	1.000(**)	1
	Sig. (2-tailed)	.000	.000	
	N	15	15	15

** Correlation is significant at the 0.01 level (2-tailed).

从表 6-4 可见，农村居民家庭人均纯收入与城镇居民家庭人均消费、城镇居民家庭人均可支配收入之间均存在显著的线性相关关系，城镇居民家庭人均消费与城镇居民家庭人均可支配收入之间完全相关(相关系数为 1.00)。从经济学上来讲，城镇居民家庭人均消费与城镇居民家庭人均可支配收入之间完全相关是合理的，具有经济意义。但农村居民家庭人均纯收入与城镇居民家庭人均消费之间均存在显著的线性相关关系却是无法解释的。由于城镇居民与农村居民是两个不同的群体，相互间的收入水平与消费水平不存在相关关系，因此，这是一种伪相关关系。

表 6-5 为描述性统计量的输出表格，包括均值(Mean)、标准差(Std. Deviation)和观测量个数(Number of Cases)。

表 6-5 描述性统计量表

Descriptive 统计量

	Mean	Std. Deviation	N
城镇居民家庭人均消费	2308.500	1444.5182	15
城镇居民家庭人均可支配收入	2804.687	1849.5023	15
农村居民家庭人均纯收入	1113.207	687.3561	15

表 6-6～表 6-8 分别为变量 X1、X2、X3 交叉进行偏相关分析的结果。下面结合这三个表格给出最后的分析结论。

表 6-6　X1 与 X3 的偏相关分析表

Correlations

Control 变量			城镇居民家庭人均消费	农村居民家庭人均纯收入
城镇居民家庭人均可支配收入	城镇居民家庭人均消费	Correlation	1.000	.022
		Significance (2-tailed)	.	.939
		df	0	12
	农村居民家庭人均纯收入	Correlation	.022	1.000
		Significance (2-tailed)	.939	.
		df	12	0

表 6-7　X1 与 X2 的偏相关分析表

Correlations

Control 变量			城镇居民家庭人均消费	城镇居民家庭人均可支配收入
农村居民家庭人均纯收入	城镇居民家庭人均消费	Correlation	1.000	.970
		Significance (2-tailed)	.	.000
		df	0	12
	城镇居民家庭人均可支配收入	Correlation	.970	1.000
		Significance (2-tailed)	.000	.
		df	12	0

表 6-8　X2 与 X3 的偏相关分析表

Correlations

Control 变量			农村居民家庭人均纯收入	城镇居民家庭人均可支配收入
城镇居民家庭人均消费	农村居民家庭人均纯收入	Correlation	1.000	.222
		Significance (2-tailed)	.	.447
		df	0	12
	城镇居民家庭人均可支配收入	Correlation	.222	1.000
		Significance (2-tailed)	.447	.
		df	12	0

从上面三个表格可以看出：当控制变量为 X2(城镇居民家庭人均可支配收入)，对 X1(城镇居民家庭人均消费)与 X3(农村居民家庭人均纯收入)进行偏相关分析时，X1 与 X3 的偏相关系数为 0.022，几乎为 0，说明二者之间没有相关关系；而 X2 与 X3 之间的相关系数为 0.222，但是根据前面的分析可知，这种高度相关是一种伪相关；X1 与 X2 之间的相关系数为 0.970，说明两者之间高度相关，即城镇居民家庭人均可支配收入与城镇居民家庭人均消费之间存在显著的相关关系。

上例中所有操作的语法程序命令语句如下：

```
PARTIAL CORR
  /VARIABLES= X1 X3 BY X2
  /SIGNIFICANCE=TWOTAIL
  /MISSING=LISTWISE .
PARTIAL CORR
  /VARIABLES= X1 X2 BY X3
  /SIGNIFICANCE=TWOTAIL
  /STATISTICS=DESCRIPTIVES
  /MISSING=LISTWISE .
PARTIAL CORR
  /VARIABLES= X3 X2 BY X1
  /SIGNIFICANCE=TWOTAIL
  /STATISTICS=DESCRIPTIVES
  /MISSING=LISTWISE .
```

6.4 距离分析

距离分析(距离)可以按照各种统计测量指标来计算各个变量(或记录)之间的相似性或不相似性(距离)，从而为下面继续进行的聚类分析等提供信息，以分析复杂的数据集。

6.4.1 距离分析的基本概念

距离分析(距离)是对观测量之间或变量之间相似或不相似程度的一种测度，是计算一对变量之间或一对观测量之间的广义的距离，以便用于其他分析过程，如聚类分析、引资分析等。

使用距离分析的过程中可将变量分类，在实际问题中经常需要分类，如在古生物研究中，通过挖掘出来的一些骨骼的形状和大小将它们进行科学的分类。又如在地质勘探中，通过矿石标本的物探、化探指标将标本进行分类。为了将样本(或指标)进行分类，就需要研究样本之间的关系，一种方法是用相似系数，性质越接近的样品，它们的相似系数越接近于 1(或-1)，而彼此无关的样品它们的相似系数则越接近于 0，比较相似的样品归为一类，不怎么相似的样品属于不同的类；另一种方法是将每一个样品看作空间上的一个点，并在空间定义距离，距离较近的点归为一类，距离较远的点应属于不同的类。

在距离分析过程中，主要利用变量间的相似性(Similarities)和不相似性(Dissimilarities)测度两者之间的关系。

1) 不相似性测度

对定距型变量间描述的统计量，主要有欧氏距离(Euclidean Distance)、平方欧氏距离(Squared Euclidean Distance)、切比雪夫距离(Chebychev Distance)、Block 距离(Block Distance)、闵可夫斯基距离(Minkowski Distance)等。

对定序型变量之间距离的描述，主要有卡方不相似测度(Chi-Square Measure)和 Phi 方不相似测度(Phi-Square Measure)。

对二值(只有两种取值)变量之间的距离描述，主要有欧氏距离(Euclidean Distance)、平方欧氏距离(Squared Euclidean Distance)、Lane and Williams 不相似性测度等。

2) 相似性测度

两变量之间可以定义相似性测度统计量，用来统计两变量之间的相似性进行数量化描述。针对定距型变量，主要有 Pearson 相关系数和夹角余弦距离(Cosine)等。

对于二值变量的相似性测度主要包括简单匹配系数(Simple Matching)、Jaccard 相似性指数、Hamann 相似性测度等二十余种。

相似性测度或不相似性测度还可用于其他模块，如因子分析、聚类分析以及多维尺度分析的进一步分析，以便分析复合数据集。

在通常使用的距离中，最常用的是欧氏距离。在使用 SPSS 进行距离分析时，会用到各种距离，我们将在下面逐一讲解。

6.4.2 距离分析的 SPSS 操作步骤

建立或打开数据文件后，即可进行距离分析。距离分析通过"相关"子菜单中的"距离"命令来实现。

在数据编辑器窗口的主菜单栏中单击"分析"菜单，选择"相关"子菜单，然后单击"距离"命令，打开如图 6-6 所示的"距离"主对话框。

"变量"列表框用于选入变量，"标注个案"(个案标识变量)列表框用于选入个案标识变量，以增加结果的可读性。

在"计算距离"选项组中选择计算距离的对象，有以下两个选项："个案间"选项，表示计算每一对个案之间的距离；"变量间"选项，表示计算每一对变量之间的距离。

在"度量标准"(测度)选项组中选择计算距离测度的类型，包括以下两个选项："不相似性"选项，如选择此项，则会计算不相似性矩阵，数值越大表示距离越远；"相似性"选项，如选择此项，则会计算相似性矩阵，数值越大表示距离越远。系统默认为"不相似性"选项。

"度量"按钮是"距离"对话框中最重要的一个按钮。选择"不相似性"和"相似性"，会分别弹出两个不同的对话框，下面详细讲解。

设置结束后，单击"确定"按钮，即可执行距离分析。

1) "不相似性"选项和不相似性测度

如果在"度量标准"栏下选择了"不相似性"选项，单击"度量"按钮，会打开"距离：不相似性度量"对话框，如图 6-7 所示。

"度量标准"(测度)栏中可以选择使用何种测度类型，包括"区间""计数""二分类"

3个单选按钮。

图 6-6 "距离"主对话框

图 6-7 "距离：不相似性度量"对话框

"区间"(等距间隔数据)选项表示要度量的变量(或观测)类型为间隔测度类型。在选择此项后，用户还需要从下面的下拉框中选择一种度量类型。首先我们用 x_i 代表变量的第 i 个分量，用 d_{xy} 表示变量 x 与 y 之间的距离，在下面讲解各种距离时要频繁使用此处定义的符号。

(1) "Euclidean 距离"选项。

如选择此项，则表示使用欧氏距离(Euclidean)来表示距离，Euclidean 距离是两变量之差的平方和的平方根，为系统默认选项，其公式为

$$d_{xy} = \sqrt{\sum_{i=1}^{n}(x_i - y_i)^2}$$

(2) "平方 Euclidean 距离"选项。

如选择此项，则使用欧氏距离的平方来表示距离，即两个变量之差的平方和，其公式为

$$d_{xy} = \sum_{i=1}^{n}(x_i - y_i)^2$$

(3) "Chebychev 距离"选项。

如选择此项，则使用切比雪夫距离来表示距离，其公式为

$$d_{xy} = \max_{1 \leq i \leq n} \sqrt{x_i - y_i}$$

(4) "块距离"选项。

如选择此项，则使用块距离，即区间距离，为变量的两个值之间差的绝对值之和，其公式为

$$d_{xy} = \sum_{i=1}^{n}|x_i - y_i|$$

(5) "Minkowski 距离"选项。

如选择此项，则使用闵可夫斯基距离，即两变量之差的 p 次幂绝对值之和的 p 次方根，

其公式为

$$d_{xy} = \sqrt[p]{\sum_{i=1}^{n}\left|(x_i - y_i)^p\right|}$$

(6) "设定距离"选项。

如选择此项，则让用户自己定义距离公式，表示两变量值之差的 p 次幂绝对值之和的 r 次方根。用户在"幂"框中设置分量值之差的幂次，在"根"框中设置开分量值之差的根次。

"计数"(计数数据)选项用于度量有序变量，表示选择了计数变量的选项。在选择此项后，用户还需要从下面的下拉框中选择一种测度类型："卡方统计量度量"选项表示进行卡方检验，即基于两组频数相等的卡方检验，测度的数量级取决于近似计算的两个变量或个案的总频数；"Phi-平方统计量度量"选项表示进行 Phi 方测度，即通过把不相似性的卡方检验除以联合频数平方根，使其正规化。

"二分类"(二值数据)选项表示度量的变量类型为二值变量，在选择此项后，用户还需要从下面的下拉框中选择一种测度类型。

(1) "Euclidean 距离"选项。

如选择此项，则使用欧氏距离来表示距离，根据四个标记算 SQRT($b+c$)，此处的 b 和 c 是在一项中出现而在另一项中不出现的对角元素。其最小距离为 0，最大距离为无穷大。

(2) "平方 Euclidean 距离"选项。

如选择此项，则使用二元欧氏距离的平方来计算不一致的个案数。其最小距离为 0，最大距离为无穷大。

(3) "S 尺度差分"选项。

如选择此项，则使用大小不同的测度来表示距离，范围为(0，1)的不对称指数。

(4) "模式差别"选项。

模式差异测度，是一个从 0 到 1 的不相似性测度，根据四格表计算 $bc/(n**2)$，其中，b 和 c 是在一项中出现而在另一项中不出现的对角元素，n 为观测个数。

(5) "方差"选项。

如选择此项，则表示以方差来表示距离。该测度范围为 0～1，从四格表中计算 $bc/4n$，其中，b 和 c 是在一项中出现而在另一项中不出现的对角元素，n 为观测个数。

(6) "形状"选项。

形状测度，在 0 到 1 的范围内测度距离。

(7) "Lance 和 Williams"选项。

Lance 和 Williams 不相似测度，如选择此项，则使用 Bray-Curtis 非等距系数来测度距离，它的值介于 0 和 1 之间。根据四格表计算 $(b+c)/(2a+b+c)$，其中，a 是在两项中均出现的观测相对应的元素，b 和 c 是在一项中出现而在另一项中不出现的对角元素。

用户可在"存在"和"不存在"文本框中输入改变某特性出现或不出现的值，系统默认为 0。

"转换值"(数值转换)栏允许用户在进行近似计算之前，设置转换数值的方式，但对二值数据不能进行标准化。在"标准化"栏后的下拉框中选择在进行计算之前，对变量或观测量进行标准化的方法。

- "无"选项，如选择此项，则对观测值或变量不进行标准化。
- "Z-得分"选项，如选择此项，则对观测值或变量标准化到 Z 分数。标准化后，其均值为 0，方差为 1。
- "全距从-1 到 1"选项，如选择此项，则对观测值或变量标准化到-1 到 1 之间的范围内。标准化方法是使用要标准化的观测值或变量除以观测值或变量值的范围。
- "全距从 0 t 到 1"选项，如选择此项，则对观测值或变量标准化到 0 到 1 之间的范围内。标准化方法是使用要标准化的观测值或变量减去最小的观测值或变量，然后再除以观测值或变量值的范围。
- "最大幅度为 1"选项，如选择此项，则对观测量或变量都除以观测量或变量的最大值。如果最大值为 0，则将所有变量或观测量取它们本身的负值。
- "均值为 1"选项，如选择此项，则对观测量或变量都除以观测量或变量的均值。如果均值为 0，则将所有的数值都加 1。
- "标准差为 1"选项，如选择此项，则观测量或变量都除以标准差。如果标准差为 0，其值保持不变。

除"无"选项以外，其他选项都可指定标准化对象："按照变量"表示对变量进行标准化；"按照个案"表示对观测量进行标准化。

"转换度量"(转换测度)栏允许对距离测度的结果进行转换。在距离测度计算完成后才进行对测度的转换，共有 3 种转换方法，可以选择多项，具体选项包括："绝对值"复选框，表示对距离取绝对值。如果仅对相关的数值感兴趣的话，可以使用这种转换。"更改符号"复选框，表示转变符号，把相似性测度值转换成不相似性测度值或相反。"重新标度到 0-1 全距"复选框，如选择此项则先减去最小值，然后除以范围差值，使距离标准化，对具有一定含义的标准化的测度一般不再使用此方法进行转换。

2) "相似性"选项和相似性测度

如果在主对话框中选择了"相似性"选项，单击"度量"按钮，则会打开"距离：相似性度量"对话框，如图 6-8 所示。

图 6-8 "距离：相似性度量"对话框

"度量标准"(测度)选项组给出选择相似性测度的类型，包括"区间"和"二分类"两个选项。

"区间"(等距数据)选项,用于度量间隔测度类型的变量(或观测值)。在选择此项后,用户还需要从"度量"后面的下拉框中选择一种相似性测度方式:"Pearson 相关性"选项表示使用 Pearson 相关系数,其取值在-1 和 1 之间,该项为系统默认选项;"余弦"选项表示使用夹角余弦来度量相似性。

"二分类"(二值数据)选项,表示度量的变量(或观测量)为二值数据。单击下面的下拉按钮,在弹出的下拉列表中提供了 20 种可供选择的二值数据相似性测度,具体如下。

(1) "Russell 和 Rao"选项。

系统默认选项,如选择此项,则使用二分点乘积为配对系数。

(2) "简单匹配"选项。

如选择此项,则以配对数与总对数的比例为配对系数。

(3) "Jaccard"选项。

如选择此项,则将分子与分母中的配对数与非配对数给予相同的权重。

(4) "骰子"选项。

如选择此项,则使用 Dice 配对系数,分子与分母中的配对数给予加倍的权重。

(5) "Rogers and Tanimoto"选项。

如选择此项,则使用 Rogers and Tanimoto 配对系数,分母为配对数,分子为非配对数,非配对数给予加倍的权重。

(6) "Sokal and Sneath 1"选项。

如选择此项,则使用 Sokal and Sneath Ⅰ型配对系数,分母为配对数,分子为非配对数,配对数给予加倍的权重。

(7) "Sokal and Sneath 2"选项。

如选择此项,则使用 Sokal and Sneath Ⅱ型配对系数,分子与分母均为非配对数,但分子给予加倍的权重。

(8) "Sokal and Sneath 3"选项。

如选择此项,则使用 Sokal and Sneath Ⅲ型配对系数,分母为配对数,分子为非配对数,分子与分母的权重相同。

(9) "Kulczynski 1"选项。

如选择此项,则使用 Kulczynski Ⅰ型配对系数,分母为总数与配对数之差,分子为非配对数,分子与分母的权重相同。

(10) "Kulczynski 2"选项。

如选择此项,则使用 Kulczynski 平均条件概率。

(11) "Sokal and Sneath 4"选项。

如选择此项,则使用 Sokal and Sneath 条件概率。

(12) "Hamann"选项。

如选择此项,则使用 Hamann 概率。

(13) "Lambda"选项。

如选择此项,则使用 Goodman-Kruskal 相似测度的 λ 值。

(14) "Anderberg's D"选项。

如选择此项,则以一个变量状态预测另一个变量状态。

(15)"Yule's Y"选项。

如选择此项,则使用 Yule 综合系数,属于 2×2 四格表的列联比例函数。

(16)"Yule's Q"选项。

如选择此项,则使用 Goodman-Kruskal γ 值,属于 2×2 四格表的列联比例函数。

(17)"Ochiai"选项。

如选择此项,则使用 Ochiai 二分余弦测量。

(18)"Sokal and Sneath 5"选项。

如选择此项,则使用 Sokal and Sneath Ⅴ型相似测量。

(19)"Phi 4 点相关性"选项。

如选择此项,则使用 Pearson 相关系数的平方值。

(20)"离散"选项。

如选择此项,则使用离散相似测量。

用户可在"存在"和"不存在"文本框中输入改变某特性出现或不出现的值,系统默认为 0。

"转换值"(数值转换)栏允许用户在进行近似计算之前,设置转换数值的方式,但对二值数据不能进行标准化。在"标准化"栏后的下拉框中选择在进行计算之前,对变量或观测量进行标准化的方法。

- "无"选项,如选择此项,则对观测值或变量不进行标准化。
- "Z-得分"选项,如选择此项,则对观测值或变量标准化到 Z 分数。标准化后,其均值为 0,方差为 1。
- "全距从-1 到 1"选项,如选择此项,则对观测值或变量标准化到-1 到 1 之间的范围内。标准化方法是使用要标准化的观测值或变量除以观测值或变量值的范围。
- "全距从 0 到 1"选项,如选择此项,则对观测值或变量标准化到 0 到 1 之间的范围内。标准化方法是使用要标准化的观测值或变量减去最小的观测值或变量,然后再除以观测值或变量值的范围。
- "最大幅度为 1"选项,如选择此项,则对观测量或变量都除以观测量或变量的最大值。如果最大值为 0,则将所有变量或观测量取它们本身的负值。
- "均值为 1"选项,如选择此项,则对观测量或变量都除以观测量或变量的均值。如果均值为 0,则将所有的数值都加 1。
- "标准差为 1"选项,如选择此项,则观测量或变量都除以标准差。如果标准差为 0,其值保持不变。

除"无"选项以外,其他选项都可指定标准化对象:"按照变量"表示对变量进行标准化;"按照个案"表示对观测量进行标准化。

"转换度量"(转换测度)栏允许对距离测度的结果进行转换。在距离测度计算完成后才进行对测度的转换,共有 3 种转换方法,可以选择多项,具体选项包括:"绝对值"复选框,表示对距离取绝对值,如果仅对相关的数值感兴趣的话,可以使用这种转换;"更改符号"复选框,表示转变符号,把相似性测度值转换成不相似性测度值或相反;"重新标度到 0-1 全距"复选框,如选择此项则先减去最小值,然后除以范围差值,使距离标准化,对具有一定含义的标准化的测度一般不再使用此方法进行转换。

上述分析过程也可以通过语法程序语句来实现，语法程序语句为：

```
PROXIMITIES
  weight accel mpg
  /VIEW=CASE
  /MEASURE= ABSOLUTE REVERSE RESCALE EUCLID
  /STANDARDIZE= NONE .
```

下面我们讲解一下整个程序的每一个语句所代表的意义：

第一行为"PROXIMITIES"，表示调用距离分析过程。

第二行为"weight accel mpg"，表示参与距离分析的变量为weight、accel和mpg。

第三行为"/VIEW=CASE"，表示统计分析过程计算观测值之间的距离。

第四行为"/MEASURE= ABSOLUTE REVERSE RESCALE EUCLID"，表示测度度量使用欧氏距离，使用绝对值，并将其变号，还进行标准化。

第五行为"/STANDARDIZE= NONE ." 表示在计算距离时，将距离不进行标准化。最后有一个点号，表示命令语句结束。

6.4.3 距离分析的实例

下面以一个实际案例简单说明距离相关分析的操作及其结果的解读。

为了对 20 种酒进行测评，现有 3 名品酒师分别品尝，并给出等级(0~10)，根据所得的数据建立数据文件"wine. sav"，计算 3 名品酒师所给分数的距离，以判断品酒师在品尝酒的口味之间的相似性。

1. 操作步骤

(1) 首先将数据文件在数据编辑器中打开，然后依次单击"分析"|"相关"|"距离"命令，打开如图 6-6 所示的"距离"主对话框。

(2) 在左边的源变量框中选择进行距离分析的变量 A、B 和 C 进入"变量"列表框中。

(3) 在"计算距离"栏内选择"变量间"选项，计算每一对变量之间的距离。

(4) 在"度量标准"栏内选择"相似性"选项，来分析变量之间的相似性，系统默认为使用 Pearson 相关系数来分析。

(5) 单击"确定"按钮，进行统计分析过程。

上述操作也可以通过下面语法程序语句来实现：

```
PROXIMITIES
  A B C
  /VIEW=VARIABLE
  /MEASURE= CORRELATION
  /STANDARDIZE= NONE .
```

读者可参照 6.4.2 节中的讲解读懂该程序语句。

2. 结果解读

表 6-9 为变量的基本信息表。

表 6-9 变量的基本信息表

案例处理摘要

案例					
有效		缺失		合计	
N	百分比	N	百分比	N	百分比
20	100.0%	0	.0%	20	100.0%

从表中可以看出，有效的观测量共有 20 个，而带缺省值的观测量为 0 个，共有 20 个观测量。

表 6-10 为相似性矩阵，也就是 Pearson 相关系数矩阵。

表 6-10 变量的基本信息表

近似矩阵

	值向量间的相关性		
	品酒师 A	品酒师 B	品酒师 C
品酒师 A	1.000	.670	.347
品酒师 B	.670	1.000	.414
品酒师 C	.347	.414	1.000

这是一个相似性矩阵。

从表 6-10 中可以看出，3 名品酒师之间，品酒师 A 与品酒师 B 之间的 Pearson 相关系数最大，为 0.670，体现两者之间比较相似；而比较而言，品酒师 A 与品酒师 C 之间的 Pearson 相关系数最小，为 0.347，两者之间的相似性测度也最小。因此，可以说明，品酒师 A 与品酒师 B 的评判标准和口味是比较相似的。

第 7 章
回 归 分 析

  回归分析是一种应用广泛的统计分析方法,在金融、经济、医学等领域都已成功地应用。它用于分析事物之间的统计关系,侧重观察变量之间的数量变化规律,并通过回归方程的形式描述和反映这种关系,帮助人们准确把握变量受其他一个或多个变量影响的程度,进而为预测提供科学依据。

回归分析(Regression)是研究一个因变量或多个因变量(自变量)与一个自变量(因变量)之间是否存在某种线性关系或非线性关系的一种统计学分析方法。回归分析一般解决以下问题：确定自变量与若干因变量之间关系的定量表达式，即回归方程式，并确定它们关系的密切度；运用控制可控变量的数值，借助于所求出的方程式来预测或控制自变量的取值；运行因素分析，从影响变量变化的因变量中，寻找出哪些因素对因变量产生了影响。

变量之间的联系可以分为两类，一类是确定性的，另一类是非确定性的。确定性的关系是指某一个或某几个现象的变动就会引起另一个现象确定的变动，它们之间的关系可以使用数学函数式确切地表达出来，即 $y=f(x)$，当知道 x 的数值时，就可以计算出一个确切的 y 值来，在自然科学中许多公式都是属于这一类型；非确定性关系，即两个或多个现象之间虽然存在着某种关系，但这种关系是不确定的或者说不是确切的函数关系，这主要是除了主要关系之外，还受到其他许多次要的微小因素的影响，因而变量之间围绕一定的函数关系而上下波动。在数理统计学中把这种非确定关系称为统计关系或相关关系。回归分析与上章中所讲的相关分析所研究的也主要是这一类的关系。

回归分析和相关分析虽然都是研究两个或两个以上变量之间的关系，但两者既有区别又有联系。区别主要是模型的假设以及研究的目的有所不同。在模型的假设方面，如果把研究的变量及其联系的形式做进一步的分析，就会发现这种联系具有不同性质，大致可分为两类：第一类以农作物的施肥量和产量之间的关系为例。施肥量是一个可以控制的变量，而农作物的产量则是不确定的。在考察两者之间的关系时，可以把施肥的数量控制在某一个数值，而农作物的产量却是不固定的，它围绕某个数值而变动，并服从一定的概率分布。这样在两个变量中一个是非随机变量，而另一个是随机变量。第二类以某个大学学生的身高和体重之间的关系为例。这两个变量都是不能控制的，如果观察某一身高的学生时，其体重各不相同，会形成一个分布；如果观察某一体重的学生时，其身高各不相同，会形成一个分布。两个变量均为随机变量，形成一个二元分布。数理统计学中把前者的分析称为回归分析，把后者的分析称为相关分析。

相关分析已经在上一章中进行过详细讲解，本章主要介绍回归分析的基本原理和操作方法。

在 SPSS 19.0 for Win 7 中，相关分析通过"回归"过程来实现，该模块主要包括以下几个命令：自动线性建模；线性，线性回归分析；曲线估计，曲线回归分析；二元 Logistic，二元 Logistic 回归分析；多项 Logistic 回归，多维 Logistic 回归分析；有序回归，有序回归分析；Probit，概率单位回归分析；非线性回归，非线性回归分析；权重估计，加权估计分析；二阶最小二乘法，二阶最小二乘回归分析；最佳尺度。

7.1 回归分析的统计检验

利用最小二乘法总能够计算出线性回归模型中的参数值，但由此确定的线性回归方程不能立即用于对实际问题的分析，还必须对回归方程的线性关系进行各种统计检验，包括回归方程的显著性检验、回归系数的显著性检验、残差分析等。

线性回归方程显著性检验的零假设为：H_0：$b=0$，即检验回归系数是否为零。如果为零，说明被解释变量和解释变量之间不具有线性关系，回归方程没有意义，线性回归方程不能够解释被解释变量和解释变量之间的关系。

7.1.1 回归方程的显著性检验

回归方程的显著性检验正是要检验被解释变量和解释变量与所有解释变量之间的线性关系是否显著，用线性模型来描述它们之间的关系是否恰当。回归方程显著性检验的基本出发点和拟合优度检验非常相似。在回归方程的显著性检验中采用方差分析的方法，研究 SST 中的 SSA 相对于 SSE 来说所占的比例。如果占有较大的比例，则表示 x 与 y 全体的线性关系明显；反之，如果所占的比例比较小，则表示 x 与 y 全体的线性关系不明显，利用线性模型反映二者的关系是不恰当的。回归方程显著性检验所构造的检验统计量正是基于这种思想。

一元线性回归方程显著性检验的原假设为：$\beta_1=0$，即回归系数与零无显著差别，当回归系数为零时，不论 x 取值如何变化都不会引起 y 的变化，x 无法解释 y 的变化，二者之间不存在线性关系。

采用 F 统计量作为检验统计量，其数学定义为

$$F = \frac{\sum_{i=1}^{n}(\hat{y}_i - \overline{y})^2}{\sum_{i=1}^{n}(y_i - \hat{y}_i)^2 / (n-2)}$$

F 统计量服从 $(1, n-2)$ 个自由度的 F 分布。SPSS 将自动计算检验统计量的观测值及相应的概率 p 值。同方差分析的思想一样，如果概率 p 值小于给定的显著性水平 α，则应拒绝原假设，认为回归系数与零有显著差别，被解释变量 y 与解释变量 x 的线性关系显著，x 应保留在回归方程中；反之，如果概率 p 值大于给定的显著性水平 α，则应接受原假设，认为回归系数与零无显著差别，被解释变量 y 与解释变量 x 的线性关系不显著，x 不应保留在回归方程中。

对于多元线性回归方程，其显著性检验的原假设为：$\beta_1=\beta_2=\cdots=\beta_p=0$，即各个偏回归系数与零无显著差异。当偏回归系数同时为零时，无论各个 x 取值如何变化都不会引起 y 的线性变化，所以 x 无法解释 y 的线性变化，x 与 y 全体不存在线性关系。

多元线性回归的显著性检验采用 F 统计量，其数学定义为

$$F = \frac{\sum_{i=1}^{n}(\hat{y}_i - \overline{y})^2 / p}{\sum_{i=1}^{n}(y_i - \hat{y}_i)^2 / (n-p-1)}$$

p 为多元线性回归方程中的解释变量的个数。F 统计量服从自由度为 $(p, n-p-1)$ 的 F 分布。SPSS 将自动计算检验统计量的观测值及相应的概率 p 值。同方差分析的思想一样，如果概率 p 值小于给定的显著性水平 α，则应拒绝原假设，认为回归系数与零有显著差别，被解释变量 y 与解释变量 x 的线性关系显著，x 应保留在回归方程中；反之，如果概率 p 值大于给定的显著性水平 α，则应接受原假设，认为回归系数与零无显著差别，被解释变量 y 与解释变量 x 的线性关系不显著，x 不应保留在回归方程中。

7.1.2 回归系数的显著性检验

回归系数的显著性检验是围绕回归系数(或偏回归系数)估计值的抽样分布展开的,由此构造服从某种理论分布的检验统计量,并进行检验。

在一元线性回归模型中回归系数估计值的抽样分布服从

$$\hat{\beta}_1 \sim N\left[\beta_1, \frac{\sigma^2}{\sum_{i=1}^{n}(x_i-\bar{x})^2}\right]$$

于是在原假设成立时,可构造 t 统计量为

$$t = \frac{\hat{\beta}}{\hat{\sigma}\Big/\sqrt{\sum_{i=1}^{n}(x_i-\bar{x})^2}}$$

t 统计量服从自由度为 $n-2$ 的 t 分布。SPSS 将自动计算 t 统计量的观测值和对应的概率 p 值。同方差分析的思想一样,如果概率 p 值小于给定的显著性水平 α,则应拒绝原假设,认为回归系数与零有显著差别,被解释变量 y 与解释变量 x 的线性关系显著,x 应保留在回归方程中;反之,如果概率 p 值大于给定的显著性水平 α,则应接受原假设,认为回归系数与零无显著差别,被解释变量 y 与解释变量 x 的线性关系不显著,x 不应保留在回归方程中。

多元线性回归方程的回归系数显著性检验的原假设为:$\beta_i=0$,即第 i 个偏回归系数与零无显著差异,即当回归系数为零时,不论 x_i 取值如何变化都不会引起 y 的变化,x_i 都无法解释 y 的变化,二者之间不存在线性关系。

在多元线性回归模型中偏回归系数估计值的抽样分布服从

$$\hat{\beta}_1 \sim N\left[\beta_i, \frac{\sigma^2}{\sum_{i,j=1}^{n}(x_{ji}-\bar{x}_i)^2}\right]$$

在原假设成立的前提下,可构造 t 检验统计量为

$$t_i = \frac{\hat{\beta}_i}{\hat{\sigma}\Big/\sqrt{\sum_{i,j=1}^{n}(x_{ji}-\bar{x}_i)^2}}$$

t_i 服从自由度为 $n-p-1$ 的 t 分布。SPSS 将自动计算 t_i 统计量的观测值和对应的概率 p 值。同方差分析的思想一样,如果概率 p 值小于给定的显著性水平 α,则应拒绝原假设,认为回归系数与零有显著差别,被解释变量 y 与解释变量 x 的线性关系显著,x 应保留在回归方程中;反之,如果概率 p 值大于给定的显著性水平 α,则应接受原假设,认为回归系数与零无显著差别,被解释变量 y 与解释变量 x 的线性关系不显著,x 不应保留在回归方程中。

7.1.3 残差分析

残差分析是回归方程检验中的重要组成部分,其出发点是:如果回归方程能够较好地

解释变量的特征与变化规律，那么残差序列中应不包含明显的规律性和趋势性。残差分析正是基于这种考虑并围绕对其数学定义式的检验展开，主要任务大致可归纳为：分析残差是否服从均值为零的正态分布，分析残差是否为等方差的正态分布，分析残差序列是否独立，借助残差探测样本中的异常值等。图形分析和数值分析是残差分析的有效工具。

所谓残差，是指由回归方程计算所得的预测值与实际样本值之间的差距，定义为

$$e_i = y_i - \hat{y}_i = y_i - (\beta_0 + \beta_1 x_1 + \beta_2 x_2 + \cdots + \beta_p x_p)$$

它是回归模型中 e_i 的估计值，由多个 e_i 形成的序列称为残差序列。

根据前面的内容可知，当解释变量 x 取某个特定的值 x_0 时，对应的残差当然有正有负，但总体上服从以零为均值的正态分布。可以通过绘制残差图对该问题进行分析，残差图也是一种散点图。图中一般横坐标为解释变量，纵坐标为残差。如果残差的均值为零，残差图中的点在纵坐标为零的横线上下随机散落。对于残差的正态性分析可以通过绘制标准化残差的概率图(P-P 图)来进行。

残差图有多种形式，常用的有以方程的自变量为横坐标，以残差 e_i 为纵坐标，将每一个自变量所对应的残差都画在平面上所形成的图形。如果回归直线对原始数据的拟合是良好的，那么残差的绝对数值应比较小，描绘的点应在 $e_i=0$ 的直线上下随机散布，这反映出残差 e_i 服从均值为 0、方差为 σ^2 的正态分布，符合原来的假设要求。若残差数据点不是在 $e_i=0$ 的直线上下呈随机散布，而是出现了渐增或渐减的系统变动趋势，则说明拟合的回归方程与原来的假设有一定差距。

残差序列的独立性也是回归模型所要求的，残差序列的前期和后期数值之间不应存在相关关系，即不存自相关。残差序列存在自相关性会带来许多问题，如参数的最小二乘估计不再是最优的，不再是最小方差无偏估计；容易导致回归系数显著性检验的 t 值偏高，进而容易拒绝原假设，使那些本不应该保留在方程中的变量被保留下来，并最终使模型的预测偏差较大。残差分析的独立性分析可以通过以下方式来实现。

1) 绘制残差序列的序列图

残差序列以样本期(或时间)为横坐标，以残差为纵坐标。对图形直线观察可以发现是否存在自相关性。如果残差随时间的推移呈有规律的变化，表明残差序列存在一定的正或负相关。

2) 计算残差的自相关系数

自相关系数是一种测度序列自相关强弱的工具，其数学公式为

$$\hat{\rho} = \frac{\sum_{t=2}^{n} e_t e_{t-1}}{\sqrt{\sum_{t=2}^{n} e_t^2} \sqrt{\sum_{t=2}^{n} e_{t-1}^2}}$$

自相关系数的取值范围为-1～1。接近 1 表明序列存在正自相关；接近-1 表明序列存在负自相关。

3) DW(Durbin-Watson)检验

DW 检验是推断小样本序列是否存在自相关的统计检验方法。其原假设为总体的自相关系数 ρ 与零无显著差异。采用的检验统计量为

$$\mathrm{DW} = \frac{\sum_{t=2}^{n}(e_t - e_{t-1})^2}{\sum_{t=2}^{n} e_t^2}$$

DW 取值为 0～4。当序列不存在自相关时，DW≈2(1-$\hat{\rho}$)。所以，对 DW 观测值的直观判断标准为：当 DW=4($\hat{\rho}$=-1)时，残差序列完全负负相关；当 DW=(2, 4)($\hat{\rho}$=(-1, 0))时，残差序列存在负自相关；当 DW=2($\hat{\rho}$=0)时，残差序列无自相关；当 DW=(0, 2)($\hat{\rho}$=(0, +1))时，残差序列存在正相关性；当 DW=0($\hat{\rho}$=1)时，残差序列存在完全正自相关。

如果残差序列存在自相关，说明回归方程没能够充分说明被解释变量的变化，还留有一些规律性没有被解释，也就是认为方程中遗漏了一些较为重要的解释变量，或者变量存在取值滞后性，或者回归模型选择不合适，不应选用线性模型，等等。

在前面的讨论中知道，无论解释变量取怎样的值，对应残差分析的方差都应相等，而不是随解释变量或被解释变量取值的变化而变化，否则认为出现了异方差现象。当存在异方差现象时，参数的最小二乘估计不再是最小方差无偏估计，不再是有效性估计；容易导致回归系数显著性检验的 t 值偏高，进而容易拒绝原假设，使那些本不应该保留在方程中的变量被保留下来，并最终使模型的预测偏差较大。异方差分析可以通过绘制残差图和等级相关分析两种方法实现。

等级相关分析是指在得到残差序列后首先取其绝对值，然后分别计算出残差和解释变量的秩，最后计算 Spearman 等级相关系数，并进行等级相关分析，具体过程已在方差分析中讲解过，读者可参照前面的章节进行学习。

如果等级相关分析中的检验统计量的概率 p 值小于给定的显著性水平 α，应拒绝等级相关分析的原假设，认为解释变量与残差间存在显著的相关关系，出现了异方差现象。如果存在异方差现象，可先对解释变量实施方差稳定变换后再进行回归方程参数的估计。通常，如果残差与预测值的平方根呈比例变化，可对被解释变量作开方处理；如果残差与预测值呈比例变化，可对解释变量取对数；如果残差与预测值的平方呈比例变化，可对解释变量取倒数。

另外，还可以利用加权最小二乘估计法实施回归方程的参数估计，利用残差分析探测样本中的异常值和强影响点，此处不做详细讲解，读者可参照统计学中的相关知识自行学习。

7.2 线性回归

回归分析(回归)是研究一个因变量或多个因变量(自变量)与一个自变量(因变量)之间是否存在某种线性关系或非线性关系的一种统计学分析方法。如果参与回归分析的自变量只有一个，就是线性回归分析，也称为一元线性回归分析，得到的结果称为直线回归方程；如果参与回归分析的变量有多个，则是多元线性回归分析。

7.2.1 线性回归分析的基本原理

1. 简单介绍

线性回归主要通过"回归"菜单中的"线性"过程实现,"线性"命令主要用于拟合多元线性回归模型,它和"二元 Logistic"过程是"回归"菜单中使用频率最高的两个程序,这是因为线性回归模型在功能、制造业中得到了广泛的应用。不仅如此,该模型还发挥了全书承上启下的重要功能:前面讲过的方差模型和相关分析与它有着极为密切的关系。

进行线性回归的前提是根据给定的数据对估计线性方程的位置参数 a 和 b,利用最小二乘法(Least Square 方法)可以得到参数的无偏估计,由于参数的估计值是根据样本值得到的,所以由此得到的数值只是真值 a 和 b 的估计值。

2. 回归分析的一般步骤

回归分析的一般步骤可以概括如下。

1) 确定回归方程中的解释变量和被解释变量

由于回归分析用于分析一个事物如何随事物的变化而变化,因此回归分析的第一步应确定哪个事物是需要被解释的,即哪个变量作为被解释变量(记为 y);哪些事物是用于解释其他变量的,即哪些变量是解释变量(记为 x)。回归分析正是要建立 x 与 y 之间的回归方程,并在给定 x 的前提下,通过回归方程预测 y 的平均值,关于回归模型的建立比较复杂,读者可以参照统计学中的讲解进行学习。

2) 确定回归模型

根据函数拟合方式,通过观察散点图确定应通过哪种学术模型来概括回归线。如果被解释变量和解释变量之间存在线性关系,则应进行线性回归分析,建立线性回归模型;反之,如果被解释变量和解释变量之间存在非线性关系,则应进行非线性回归分析,建立非线性回归模型。

3) 建立回归方程

根据收集到的数据以及前步所确定的回归模型,在一定的统计拟合准则下估计出模型中的各个参数,得到一个确定的回归方程。

4) 对回归方程进行各种检验

前面已经提到,由于回归方程是在样本数据基础上得到的,回归方程是否真实地反映了事物之间的统计关系以及回归方程能否用于预测等都需要进行检验,关于回归分析检验问题将在后面进行详细讲解。

5) 利用回归方程进行预测

建立回归方程的目的之一是根据回归方程对事物的未来发展趋势进行预测。

利用 SPSS 进行回归分析时,应重点关注上述第一步和最后一步,至于中间步骤,SPSS 会自动进行计算并给出最佳的模型。

7.2.2 线性回归模型

假设已收集到 n 对数据 $(x_i, y_i)(i=1,2,\cdots,n)$,这里的 x_i 可以认为是来自随机变量 x 的一组样本值，y_i认为是来自随机变量y的另一组样本值；当讨论y和x之间是否存在统计意义下的相互关系时，x和y又称为解释变量和被解释变量。在线性回归分析中，根据模型中解释变量的个数，可将线性回归模型分为一元线性回归模型和多元线性回归模型，相应的分析也就称为一元线性回归分析和多元线性回归分析。

1. 一元线性回归模型

如前所述，一元线性回归模型是指只有一个解释变量的线性回归模型，用于解释被解释变量与另一个解释变量之间的线性关系。

一元线性回归的数学模型为

$$y = \beta_0 + \beta_1 x + \varepsilon$$

该数学表达式表明，被揭示变量y的变化可由两个部分来解释：第一，由解释变量x的变化引起的y的线性变化部分，即$y=\beta_0+\beta_1 x$；第二，由其他随机因素引起的y的变化部分，即ε。

由此可以看出一元线性回归模型是被解释变量和解释变量间非一一对应的统计关系的良好诠释，即当x给定后y的值并非唯一，但它们之间可以通过β_0和β_1保持着密切的线性相关关系。由此，一元线性回归方程如下所示

$$E(y) = \beta_0 + \beta_1 x$$

上式表明x和y之间的统计关系是在平均意义下表述的，即当x的值给定后利用回归模型计算得到的y值是一个平均值。一元线性经验回归方程在二元平面上表示为一条直线，即回归直线，它表示解释变量x变化时引起的解释变量y的变化的估计值。

显示情况中，某一事物(被解释变量)总会受到多方面因素(多个解释变量)的影响。一元线性回归分析是在不考虑其他影响因素或在其他人为影响因素确定的条件下，分析一个解释变量是如何线性影响被解释变量的，因而是比较理想化的分析。

2. 多元线性回归模型

多元线性回归模型是指含有多个解释变量的线性回归模型，用于解释被解释变量与其他多个解释变量之间的线性关系。

多元回归分析的数学模型为

$$y = \varepsilon + \beta_0 + \beta_1 x_1 + \beta_2 x_2 + \cdots + \beta_p x_p$$

上式表示一个p元线性回归模型，其中有p个解释变量。它表明被解释变量y的变化可由两部分组成：第一，由p个解释变量x的变化引起的y的线性变化部分，即$y=\beta_0+\beta_1 x_1+\cdots+\beta_p x_p$；第二，由其他随机因素引起的$y$的变化部分，即$\varepsilon$。$\beta_0, \beta_1, \cdots, \beta_p$都是模型中的未知参数，分别为回归常数和偏回归系数，ε为随机误差，也是一个随机变量。

多元线性回归模型的回归方程为

$$E(y) = \beta_0 + \beta_1 x_1 + \beta_2 x_2 + \cdots + \beta_p x_p$$

估计多元线性回归方程中的未知参数是多元线性回归分析的核心任务之一。从几何意义上来讲，多元线性回归方程是p维空间上的一个超平面，即回归平面。

7.2.3 线性回归分析的 SPSS 操作

要分析的一些数据之间的关系,在得到这些数据之后,用户并不清楚这些数据之间呈何种关系,用户要选择分析方法来探索、解释数据之间的内在联系。用户在采用线性回归分析之前,应大致观察一下,数据之间是否有着一致的变动性,如果呈线性关系,那么可以采用线性回归方法,否则,用户可以直接采用其他的分析方法,以发现变量之间的内在联系。

SPSS 中一元线性回归分析和多元线性回归分析的功能是集成在一起的,都是通过"回归"子菜单中的"线性"过程来实现。下面介绍线性回归分析的 SPSS 基本操作步骤。

建立或打开数据文件后,即可进行线性回归分析。在主菜单栏中单击"分析"菜单,然后选择"回归"子菜单,单击"线性"命令,即可打开如图 7-1 所示的"线性回归"(线性回归分析)主对话框。

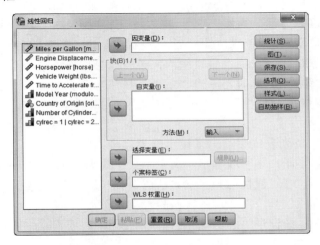

图 7-1 "线性回归"对话框

在主对话框中可以具体设定要建立什么样的回归模型,以及需要输出的结果。

"因变量"列表框是读者所熟悉的因变量框,可以从左侧源变量对话框中选入变量。也可从左边的源变量框中选出一个或多个变量进入"自变量"列表框内作为自变量,可以选入多个自变量。需要选入多个自变量时,单击"上一个""下一个"按钮可以进行选择。但是,因变量和自变量必须都是数值型变量,不能为其他类型的变量,否则会出现出错信息。

"个案标签"列表框用于选入个案标签,而"WLS 权重"列表框表示加权最小二乘,该选项只有在被选变量为权变量时才可选择。

采用不同的自变量、因变量和回归方法可建立不同的回归模型。如图 7-1 所示,在"方法"下拉列表框中的选项有输入、逐步、删除、向后、向前。

- "输入"选项:系统的默认选项,表示让所有选择的自变量都进入回归模型。
- "逐步"选项:如果 F 统计量充分小,在每一步,考虑所有的不在回归方程中的自变量,将使方程具有最小的 F 统计量值的变量加入这个方程。如果 F 统计量变得比较大，则将回归方程中的刚加入的变量删除。按照此方法操作，直到回归模型中没有变量可以被删除，回归模型之外也没有变量可以添加进来为止。

- "删除"选项：在建立回归模型之前，设定一定的条件，在建立回归模型时，根据条件删除自变量。
- "向后"选项：这是一种变量选择方法，首先让所有的自变量进入回归方程之中，然后逐一来删除它们。删除变量的判决标准是选项对话框中设定的 F 值。在删除的过程中，和因变量之间有最小的偏相关系数的自变量首先考虑被删除。如果一个变量满足被删除的条件，那么它就被删除，在删除了第一个变量之后，线性回归模型中剩下的自变量中有最小的偏相关系数的自变量就成为下一个删除的目标。删除过程进行到回归方程中再也没有满足删除条件的自变量为止。
- "向前"选项：这种变量选择方法恰好与"向后"选项的方法相反，它逐一地让自变量进入回归方程。变量进入回归方程的判决标准也是选项对话框中设定的 F 值。首先在所有的自变量中间，让和因变量之间有正最大或负最小相关系数的自变量进入回归方程，当然，这个自变量应满足进入标准。然后使用同样的方法，逐一地让自变量进入回归方程，直到没有满足进入标准的自变量为止。

如果选取了变量进入"选择变量"框内，该变量会用作指定分析个案的选择规则。此时，单击"规则"按钮，会打开"线性回归：设置规则"(线性回归分析：设定规则)对话框，如图 7-2 所示。

图 7-2　"线性回归：设置规则"对话框

在该对话框的下拉列表框中给出了设定临界值规则的选项：等于，不等于，小于，小于或等于，大于，大于或等于。

和其他过程一样，在"线性回归"主对话框中有"统计""图""保存""选项"几个按钮，各按钮的含义如下。

1) "线性回归：统计量"对话框

单击主对话框中的"统计"按钮，会打开"线性回归：统计量"对话框，如图 7-3 所示。下面介绍在此对话框中的选项。

(1) "回归系数"栏，在此栏内选择回归系数。

- "估计"复选框，输出有关回归系数及其相关测量。
- "置信区间"复选框，输出回归系数的 95%的置信区间。
- "协方差矩阵"复选框，输出协方差和相关矩阵。回归系数的方差-协方差矩阵在对角线上为方差，而在其他位置为协方差。
- "模型拟合度"复选框，选择该项会输出负相关系数 R、负相关系数的平方 R^2、修正的负相关系数的平方及其标准差。还会输出 ANOVA 表，在表中显示自由度、平方和、均值平方、F 统计量值和 F 统计量的 p 值。
- "R 方变化"复选框表示 R^2 改变量，提供从模型中添加或删除自变量时负相关系数 R 的平方的变动大小。如果对于某个自变量而言，负相关系数 R 的平方的变动比较大，说明这个自变量是因变量的一个好的预测因子。
- "描述性"复选框，表示输出描述性统计量，包括变量均值、标准差和单侧检验水平显著性矩阵。

- "部分相关和偏相关性"复选框,表示输出零阶相关系数、部分相关系数、偏相关系数。相关系数的值在-1 到 1 之间变动。相关系数的符号指示了相关方向,而相关系数的绝对值大小则指示了相关性的强弱,绝对值越大,相关性越强。方程中至少需要两个自变量。
- "共线性诊断"复选框,输出每个变量的容限及诊断共线性统计。当一个因变量是其他自变量的线性函数时,共线性问题或多维共线性问题实在是一件糟糕的事情。

(2) "残差"栏,该栏用于选择分析残差的选择项。

- Durbin-Watson 复选框,输出相关残差的 Durbin-Watson 统计量、残差和预测值的统计量。
- "个案诊断"复选框,输出满足选择条件(条件设置在"离群值"栏内)的观测量诊断表;"离群值"栏内设置奇异值的判断条件;"所有个案"选项可输出所有观测量的残差值。

2) "线性回归:图"对话框

在主对话框中单击"图"按钮,即可打开"线性回归:图"(线性回归分析:图形)对话框,如图 7-4 所示。

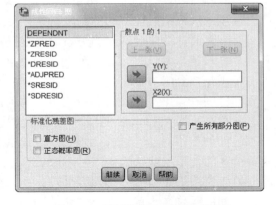

图 7-3 "线性回归:统计量"对话框　　　图 7-4 "线性回归:图"对话框

在"线性回归:图"对话框中可以分析资料的正态性、线性和方差齐性,还可以检验奇异值或异常值等,是研究回归分析中线性规律很有用的工具。

对话框左侧的列表框中包含选择绘制散点图的坐标轴变量,用户可以从列表框中选择变量作为 X(横轴变量)和 Y(纵轴变量);还可以通过单击"下一张"按钮来重复操作过程,以获得更多的图形。在源变量框内还有其他一些参数:ZPRED 选项,表示标准化的预测值;ZRESID 选项,表示标准化的残差;DRESID 选项,表示删除残差;ADJPRED 选项,表示修正后的预测值;SRESID 选项,表示用户化的残差;SDRESID 选项,表示用户化的删除的残差。

在左下角的"标准化残差图"选项组内,有两个选项:"直方图",表示输出带有正态曲线的标准化残差的直方图;"正态概率图",表示输出标准化残差的正态概率图,通常用来检验残差的正态性。如果分布是正态的,那么图上的点应形成一条对角线。

3) "线性回归：保存"对话框

在主对话框中单击"保存"按钮，会打开"线性回归：保存"(线性回归分析：保存)对话框，如图 7-5 所示。

在该对话框，可以保存运行过程中产生的部分或全部统计量。对话框中各选项的含义如下。

"预测值"栏提供了预测值选项：

- "未标准化"复选框，表示非标准化的预测值，保存模型对因变量的预测值。
- "标准化"复选框，表示保存标准化的预测值。对每个预测值都标准化，标准预测值的期望为 0，方差为 1。
- "调节"复选框，表示调整预测值。当一个观测没有进入回归模型时，保存对这个观测的预测值。
- "均值预测值的 S.E."复选框，保存预测值的标准误差。

在"距离"栏内有以下复选框：

- "Mahalanobis 距离"复选框。Mahalanobis 距离是计算自变量的一个观测与所有观测的均值的偏差的一种测度方式。当 Mahalanobis 距离对一个或某些自变量有极值时，就保存这个观测。
- "Cook 距离"复选框。Cook 距离是当从回归模型中排除一个观测时，对所有进入模型的观测的残差变动的测度。一个大的 Cook 距离表明，从回归模型中删除这一个观测时，这个观测对相关系数的改变有显著的影响。
- "杠杆值"复选框。杠杆值测量一个点对于回归直线的影响。中心杠杆值的变动范围是 0 到 $(N-1)/N$。

"预测区间"栏中可以设置包括均值和单值区间的上下限，有两个复选框："均值"复选框，保存对平均 response 的预测区间的上下界；"单值"复选框，表示保存一个观测量的预测区间的上下界。在选择"均值"复选框或"单值"复选框后，在"置信区间"栏内选定置信区间，系统默认的置信区间为 95%。

"残差"栏用于设置残差的保存选项："未标准化"复选框，表示保存模型的观测值和预测值之间的差别，也就是非标准化的残差。"标准化"复选框，保存标准化的残差。标准化的残差的期望为 0，方差为 1。注意：标准化残差也被称作 Pearson 残差。"学生化"复选框，保存用户化的残差。这个残差是这样得到的：用残差除以残差的方差的预测值。"删除"复选框，它保存被排除进入相关系数计算的观测量的残差，它是因变量与预测值之间的差值。"学生化已删除"复选框，它保存用户化的被删除的残差，它是用被删除的观测的残差除以残差的方差。

"影响统计量"栏中的选项反映剔除了某个案的数据以后回归系数的变化情况，有以下复选框。

- DfBeta 复选框，因消除一个观测值而引起的相关系数的变化值。包括常数的每一项的相关系数都要计算。
- "标准化 DfBeta"复选框，相关系数变化值的标准化。相关系数的变化来源于消除了某个观测量。
- DfFit 复选框，因消除一个观测值而引起的预测值的变化。

- "标准化 DfFit"复选框,预测值的变化的标准化。预测值的变化来源于消除了某个观测量。
- "协方差比率"复选框,消除一个观测值后的协方差矩阵的模与未消除之前的协方差矩阵的模之比。如果比值接近 1,那么这个观测量对协方差矩阵没有大的影响。

在图 7-5 中还有"系数统计"栏,如选择"创建系数统计"复选框,可将回归系数的结果存到指定文件中去。

4) "线性回归:选项"对话框

在主对话框中单击"选项"按钮,会打开"线性回归:选项"(线性回归分析:选项)对话框,如图 7-6 所示。

图 7-5 "线性回归:保存"对话框

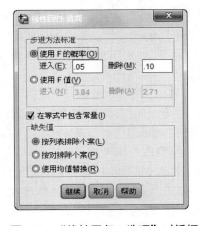

图 7-6 "线性回归:选项"对话框

在"步进方法标准"栏内给出利用逐步回归方法时进入值和删除值的标准,有以下几个选项。

"使用 F 的概率"选项,表示如果一个变量的 F 统计量的 p 值是小于进入值的,那么这个变量就进入模型。如果一个变量的 F 统计量的 p 值是大于删除值的,那么这个变量就从模型中删除。进入值必须小于删除值且都为正。如果用户希望模型中有更多的变量,那么就提高进入值;如果用户想减少模型中的变量个数,就减少删除值。

"使用 F 值"选项,如果一个变量的 F 统计量的值是小于进入值的,那么这个变量就进入模型。如果一个变量的 F 统计量的值是大于删除值的,那么这个变量就从模型中删除。进入值必须小于删除值且都为正。如果用户希望模型中有更多的变量,那么就提高进入值;如果用户想减少模型中的变量个数,就减少删除值。

在"步进方法标准"栏下面有"在等式中包含常量"复选框,回归方程中通常都有常数项。选择此项可以不显示常数项。

在图 7-6 的最下面有"缺失值"栏,用于选择处理缺失值的方式,有以下选项:"按列表排除个案"选项,如选择此项,则在任何分析中都排除那些有缺省值的观测量。只要观测量中有缺省值,就在所有的分析中不再考虑这个观测。"按对排除个案"选项,如选择此项,则变量配对计算某些统计量时,排除那些有缺省值的观测量。"使用均值替换"选项,如选择此项则用变量均值替换缺省值。这是回归分析较前面的分析过程中处理缺失值方式的不同之处。

7.2.4 线性回归分析的实例

线性回归可以适用于很多种情况,而且有的情况下,可以进行比较复杂的分析。下面以一个简单的实例进行讲解,侧重于对结果的解读。

1. 操作步骤

根据某地一年级 12 名女大学生的体重 x 和肺活量 y 的数据建立数据文件"7-1.sav",现试用直线回归过程描述其关系。

(1) 首先,打开数据文件"7-1.sav",然后按照前文所讲的操作步骤打开主对话框:在主菜单栏中单击"分析"菜单,然后选择"回归"子菜单,单击"线性"命令,即可打开如图 7-1 所示的"线性回归"(线性回归分析)主对话框。

(2) 将变量 y(肺活量)作为因变量选入"因变量"列表框,将变量 x(体重)作为自变量选入"自变量"列表框。

(3) 单击"统计"按钮打开如图 7-3 所示的"线性回归:统计量"对话框,从中选择"置信区间",输出回归系数 B 的 95%置信区间,选择"描述性",要求输出描述性统计量,选择"个案诊断"进行回归诊断,选择"所有个案",要求输出所有个案的标准化残差、实测值和预测值、残差。

(4) 单击"图"按钮打开"线性回归:图"(线性回归分析:图形)对话框,如图 7-4 所示。选用 DEPENDNT 和*ZPRED 作图,并且选择"直方图"给出正态曲线,选择"正态概率图"输出标准化残差的正态概率图(P-P 图)。

(5) 单击"确定"按钮,执行操作,进行线性回归分析。

2. 结果解读

下面对输出结果窗口中给出的表格和图形进行讲解。

表 7-1 为引入或剔除的变量,在本例中没有剔除变量。采用强迫引入法(进入),引入变量 x(体重)。

表 7-1 引入或剔除变量表

输入/移去的变量 [b]

模　型	输入的变量	移去的变量	方　法
1	体重 [a]	.	输入

a. 已输入所有请求的变量。
b. 因变量:肺活量。

表 7-2 为描述性统计量表，表中给出了平均值(Mean)、标准差(Std. 偏差)和观测量个数(N)。

表 7-2 描述性统计量表

描述性统计量

	均 值	标准偏差	N
肺活量	2.9025	.41442	12
体重	49.33	5.280	12

从表 7-3 中可以看出，Pearson 相关系数为 0.749，显著系数(Sig. (1-tailed))为 0.003，即两者之间显著相关。

表 7-3 相关分析表

相关性

		肺活量	体重
Pearson 相关性	肺活量	1.000	.749
	体重	.749	1.000
Sig. (单侧)	肺活量	.	.003
	体重	.003	.
N	肺活量	12	12
	体重	12	12

表 7-4 为模型摘要(Model Summary)表，包括相关系数 R、判定系数 R^2、调整判定系数 (Adjusted R Square)、估计值的标准误差(Std. Error of the Estimate)。

表 7-4 模型摘要表

模型汇总[b]

模型	R	R 方	调整 R 方	标准估计的误差
1	.749[a]	.562	.518	.28775

a. 预测变量：(常量)，体重。
b. 因变量：肺活量。

表 7-5 为方差分析表。

表 7-5 方差分析表

Anova[b]

模型		平方和	df	均方	F	Sig.
1	回归	1.061	1	1.061	12.817	.005[a]
	残差	.828	10	.083		
	总计	1.889	11			

a. 预测变量：(常量)，体重。
b. 因变量：肺活量。

表 7-5 中给出了自由度、均值的平方、F 统计量和显著性水平，肺活量与体重的显著性水平为 0.005。残差为 0.083，残差的进一步分析会在后面的表格中给出。

表 7-6 为回归系数表。

表 7-6 回归系数表

系数 [a]

模型		非标准化系数		标准系数	t	Sig.	B 的 95.0% 置信区间	
		B	标准误差	试用版			下限	上限
1	(常量)	.000	.815		.001	1.000	−1.815	1.816
	体重	.059	.016	.749	3.580	.005	.022	.095

a. 因变量：肺活量。

表 7-6 给出了非标准化系数、标准化系数、t 统计量、显著性系数、95%置信区间。可以看出，显著性水平分别为 0.020 和 0.005，即表示二者之间是显著相关的，和相关分析的表中给出的结果一致。

表 7-7 为回归诊断表格。

表 7-7 回归诊断表

案例诊断 [a]

案例数目	标准残差	肺活量	预测值	残差
1	.274	2.55	2.4711	.07889
2	−.942	2.20	2.4711	−.27111
3	.151	2.75	2.7064	.04359
4	−1.065	2.40	2.7064	−.30641
5	.325	2.80	2.7064	.09359
6	−.458	2.81	2.9417	−.13172
7	1.627	3.41	2.9417	.46828
8	.550	3.10	2.9417	.15828
9	1.392	3.46	3.0594	.40063
10	−.728	2.85	3.0594	−.20937
11	.305	3.50	3.4123	.08767
12	−1.433	3.00	3.4123	−.41233

a. 因变量：肺活量。

表 7-7 为体重的回归诊断表格，是对全部观测单位进行回归诊断(Casewise Diagnostics-all cases)的结果，显示每一例的标准化残差(Std. Residual)，因变量的观测值和预测值(Predicted 值)，以及残差(Residual)。

在表 7-8 中进一步给出了所有个案的残差数据，包括最小值、最大值、平均值和标准误差。

表 7-8 残差数据表

残差统计量[a]

	极小值	极大值	均值	标准偏差	N
预测值	2.4711	3.4123	2.9025	.31060	12
残差	−.41233	.46828	.00000	.27436	12
标准预测值	−1.389	1.641	.000	1.000	12
标准残差	−1.433	1.627	.000	.953	12

a. 因变量：肺活量。

输出结果窗口中给出了正态曲线的直方图、标准化残差的正态概率图(P-P 图)和散点图。

图 7-7 为带正态曲线的正态分布图。

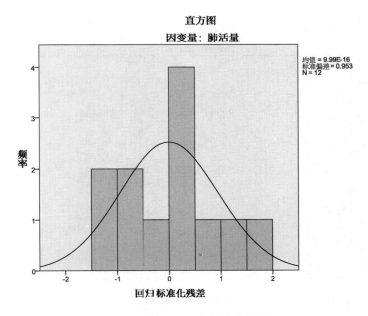

图 7-7 正态曲线直方图

图 7-8 为标准化残差的正态概率图(Normal Probability Plot，P-P 图)，图 7-9 为因变量的散点图。

从图 7-8 可以看出，标准化残差呈正态分布，散点分布在直线上或靠近直线，图 7-8 中的点基本都在直线上或直线附近，说明变量之间呈线性分布。从图 7-9 可以看出，两变量大致呈直线趋势，这也进一步说明了图 7-8 的结论。所以，我们可以推断，回归方程满足线性以及方差齐次的检验。

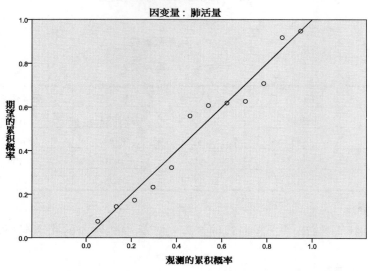

图 7-8　P-P 图

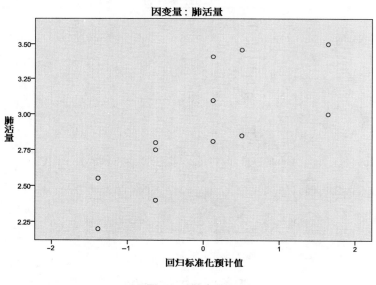

图 7-9　散点图

7.3　曲线回归

曲线参数估计(曲线估计)过程可以用于拟合许多常用的曲线,原则上只要两个变量之间存在某种可以被它所描述的数量关系,就可以用该过程来分析。但是,由于最佳化曲线拟合非常复杂,而该模块功能有限,因此在多数情况下曲线估计过程都只是一个预备分析步骤，随后应将曲线相关关系通过变量转换的方式转化为线性回归的形式来分析，或者采用其他专用的模块分析。

7.3.1 曲线回归分析的基本原理

在客观现象中，变量之间的关系并非都是直线关系，这说明了客观世界的复杂性，要根据不同的对象提出不同的方法。如果现象之间是一个曲线的关系，那么应该拟和什么样的曲线？这是一个非常复杂的问题。

变量之间的非线性可以划分为本质线性关系和本质非线性关系。所谓本质线性关系是指变量关系形式上虽然呈非线性关系(如二次曲线)，但可通过变量变换转化为线性关系，并可最终进行线性回归分析建立线性模型。本质非线性是指变量关系不仅形式上呈非线性关系，而且也无法通过变量变化转化为线性关系，最终无法进行线性回归分析建立线性模型。

研究两个变量之间的关系，一般可以制作散点图以粗略观察曲线的形状；另外，需要根据专业知识进行分析或从长期积累的数据中找出变量之间的函数类型。例如，在一定的条件下，玉米的产量与每亩株数(密度)的关系往往呈抛物线状。当密度较低时，产量随密度的提高而迅速增加，以后逐渐缓慢增加，当密度增加到一定程度后，再增加密度，产量反而下降。由此可知两者之间的关系可能用抛物线比较合适。又如在生物试验中，细菌的培养往往是由少到多越来越快成倍地增长，每一时刻的细菌总量与时间 t 有指数的关系。但在更多的情况下，不知道函数的形式，要根据试验数据结合理论分析和作散点图等方法进行模拟试验，选择恰当的曲线来拟和这些数据。

选用哪一种形式的回归方程才能最好地表示出一种曲线的关系往往不是一个简单的问题，可以用数学方程来表示的各种曲线的数目几乎是没有限量的。在可能的方程之间，以吻合度而论，也许存在着许多吻合得同样好的曲线方程。因此，在对曲线的形式的选择上，有必要对采取什么形式基于一定的理论，这些理论是由问题本质来提供的。

在 SPSS 中，系统提供了常见形式的本质线性模型，如表 7-9 所示。

表 7-9 常见的本质线性模型

模 型 名	回归方程	变量交换后的线性方程
二次曲线 (Quadratic)	$y = \beta_0 + \beta_1 x + \beta_2 x^2$	$y = \beta_0 + \beta_1 x + \beta_2 x_1$ ($x_1 = x^2$)
复合曲线 (Compound)	$y = \beta_0 + \beta_1^x$	$\ln(y) = \ln(\beta_0) + \ln(\beta_1) x$
增长曲线 (Growth)	$y = e^{\beta_0 + \beta_1 x}$	$\ln(y) = \beta_0 + \beta_1 x$
对数曲线 (Logarithmic)	$y = \beta_0 + \beta_1 \ln(x)$	$y = \beta_0 + \beta_1 x_1$ ($x_1 = \ln(x)$)
三次曲线 (Cubic)	$y = \beta_0 + \beta_1 x + \beta_2 x^2 + \beta_3 x^3$	$y = \beta_0 + \beta_1 x + \beta_2 x_1 + \beta_3 x_2$ ($x_1 = x^2$, $x_2 = x^3$)

续表

模型名	回归方程	变量交换后的线性方程
S 曲线 (S)	$y = e^{\beta_0 + \beta_1/x}$	$\ln(y) = \beta_0 + \beta_1 x_1$ ($x_1 = 1/x$)
指数曲线 (Exponential)	$y = \beta_0 e^{\beta_1 x}$	$\ln(y) = \ln(\beta_0) + \beta_1 x$
逆函数 (Inverse)	$y = \beta_0 + \beta_1/x$	$y = \beta_0 + \beta_1 x_1$ ($x_1 = 1/x$)
幂函数 (Power)	$y = \beta_0(x^{\beta_1})$	$\ln(y) = \ln(\beta_0) + \beta_1 x_1$ ($x_1 = \ln(x)$)
逻辑函数 (Logistic)	$y = \dfrac{1}{1/\mu + \beta_0 \beta_1^x}$	$\ln\left(\dfrac{1}{y} - \dfrac{1}{\mu}\right) = \ln(\beta_0) + \ln(\beta_1) x$

7.3.2 曲线回归分析的 SPSS 操作

建立或打开数据文件后，即可进行曲线回归分析。曲线回归通过"曲线估计"模块来实现。

在进行曲线回归之前，我们可以通过作出散点图的方法，观察自变量和因变量之间大致有何曲线关系，然后再选用合适的曲线方程来拟合。散点图可以在主菜单栏中选择"图形"|"散点"|"散点"|"简单分布"命令，打开"简单分布定义"对话框，决定横轴、纵轴。若从图形上判断，变量值之间大概具有曲线关系，即可开始进行曲线估计。

在主菜单栏中选择"分析"|"回归"|"曲线估计"命令，打开曲线回归主对话框，如图 7-10 所示。

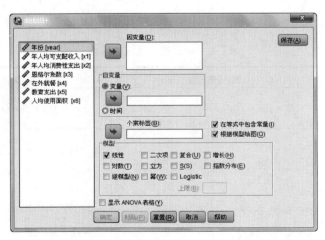

图 7-10 "曲线估计"(曲线回归)主对话框

在左边的变量列表中，将因变量选入"因变量"框中，作为曲线估计的被解释变量；而将自变量选入"自变量"栏中，作为回归分析的解释变量。

在自变量选项区域内有两个选项，用于确定自变量的类型："变量"选项表示普通变量，这是系统默认选项；"时间"选项表示所选择的自变量为时间序列变量。

还可以选择图形显示的变量标签，将选择变量移动到"个案标签"列表框即可，该变量的标签则作为散点图中点的标记。

在"模型"栏中可以选择曲线回归模型的拟合函数，可以选择多个拟合函数。SPSS 给出 11 种曲线类型，即表 7-9 中的 10 种模型和线性模型。线性模型(线性)为系统默认选项。如果选择 Logistic 曲线模型，则"上限"选项被激活，用户可在文本框中指定上限值。

"显示 ANOVA 表格"复选框表示对每一选定的模型给出综合方差分析表。

"在等式中包含常量"复选框，则表示在回归方程中将计算常数项。这是系统默认选项。

"根据模型绘图"复选框，表示将会绘制曲线拟合图，这是系统默认选项，将显示所选模型的连续曲线与观测值的线图。

在主对话框中单击"保存"按钮，出现"曲线估计：保存"(曲线回归：保存)对话框，如图 7-11 所示。

在"保存变量"栏内有三个复选框，它们分别是：

- "预测值"复选框，如选择此项，会保存因变量的预测值。
- "残差"复选框，如选择此项，会保存残差值。残差值是由因变量的观测值减去回归模型的预测值。绝对值大的残差指示了预测值与观测值是非常不符合的。

图 7-11　"曲线估计：保存"对话框

- "预测区间"复选框，如选择此项，会保存预测区间的上下限。对于每个模型的每个观测，都会保留预测区间的上下限。本例中选择了此复选框。除了这三个复选框之外，还有"%置信"参数框，在此参数框内，用户可以单击下拉按钮，然后选择预测区间的置信区间。

在"预测个案"栏内有两个选项，它们分别是：

- "从估计期到最后一个个案的预测"选项，如选择此项，会依估计周期的观测，对每一个观测都给出预测值。估计周期在对话框的底部。
- "预测范围"选项，如选择此项，还需要输入用户所希望通过它们来预测值的观测数。这能够用于时间序列中来预测值。当然，仅当用户以时间为自变量才可以选择。

单击"继续"按钮确认选择并返回主对话框。

所有设置结束后，单击"确定"按钮，即可开始进行曲线回归分析。

7.3.3　曲线回归分析的实例

下面以一个实例讲解曲线回归的应用，以帮助读者更直观地掌握该分析过程，包括 SPSS 的操作步骤和对结果的解读。

以 1999—2002 年中国人均消费支出和教育支出的数据建立数据文件"人均消费支出和教育.sav"，以对居民家庭教育支出和消费性支出之间的关系进行探讨。(数据来源于中国统

计年鉴)

1. 操作步骤

(1) 首先，打开数据文件"人均消费支出和教育.sav"，然后对数据作散点图，以观察数据的基本分布规律。在"图形"菜单中选择"散点图"，以教育支出作为纵轴，年人均消费性支出作为横轴。散点图如图7-12所示。

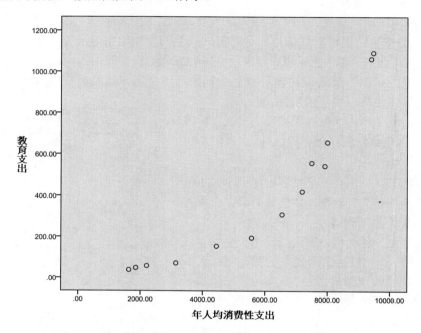

图 7-12 教育支出和年人均消费性支出的散点图

从图 7-12 中可以看出，教育支出和年人均消费性支出不呈直线分布，因此利用曲线回归进行分析。

(2) 在数据编辑窗口中依次单击"分析"|"回归"|"曲线估计"，打开如图7-10所示的"曲线估计"主对话框。

(3) 在主对话框中选择被解释变量教育支出进入"因变量"列表框。

(4) 选择解释变量消费性支出进入"自变量"列表框。

(5) 选择变量年份作为标记变量进入"个案标签"列表框。

(6) 在"模型"栏中选择几种回归模型，本例中我们选择"线性""二次项""复合""立方""指数分布"。

(7) 单击"确定"按钮确认操作，执行曲线回归分析。

2. 结果解读

执行上述操作后，在结果输出窗口输出一些表格和图形，下面对每个表格或图形一一解读。

表 7-10 为模型描述表。表中给出所使用模型的基本情况。

表 7-11 为观测个案摘要表。

表 7-10 模型描述表

模型描述

		模型名称	MOD_1
因变量		1	教育支出
方程		1	线性
		2	二次
		3	三次
		4	复合 [a]
		5	指数 [a]
自变量			年人均消费性支出
常数			包含
其值在图中标记为观测值的变量			未指定
用于在方程中输入项的容差			.0001

a. 该模型要求所有非缺失值为正数。

表 7-11 个案摘要表

个案处理摘要

	N
个案总数	25
已排除的个案 [a]	12
已预测的个案	0
新创建的个案	0

a. 从分析中排除任何变量中带有缺失值的个案。

表 7-12 是曲线估计结果的综合方差表。

表 7-12 综合方差表

模型汇总和参数估计值

因变量：教育支出

方程	模型汇总					参数估计值			
	R 方	F	df1	df2	Sig.	常数	b1	b2	b3
线性	.836	56.029	1	11	.000	−284.012	.119		
二次	.987	382.641	2	10	.000	252.698	−.148	2.460E−5	
三次	.994	516.461	3	9	.000	−41.314	.075	−1.988E−5	2.596E−9
复合	.995	2086.351	1	11	.000	20.955	1.000		
指数	.995	2086.351	1	11	.000	20.955	.000		

自变量为年人均消费性支出。

图 7-13 为各模型的拟合回归线。

从图 7-13 中可以看出,拟合优度最高的是三次曲线,其次是二次曲线,因此应优先考虑这两个模型。但从输出的方差分析表和回归系数显著性检验结果看,三次曲线包含回归系数不显著的解释变量,因此该模型不予采纳。另外,二次曲线中消费支出的回归系数为负值,与实际情况不符合,因此也不采纳。

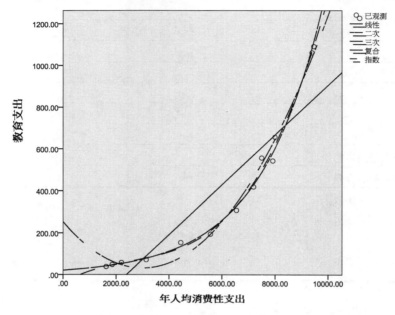

图 7-13　教育支出分析的各模型拟合回归线

复合函数的拟合优度高于幂函数,同时它们的回归系数显著性检验也都通过,因此可以先考虑采用这两个模型,结合图 7-13 可以看出,观测变量与幂函数的分布更为紧密,因此最终采用幂函数,即年人均消费支出与教育支出大致呈幂函数分布。

7.4　二元逻辑回归

逻辑(Logistic)回归是非常有用的,当用户知道了一系列预测变量的值,想预测某一特性存在还是不存在,预测某一结果是否发生了,就需要使用逻辑回归。

计量经济模型通常都假定被解释变量为连续变量,并且其取值可以是实数范围内的任意值。但是,在实际中常会碰到被解释变量是离散变量的情况。最简单的离散因变量模型是二元选择模型,即被解释变量只取两个值,常用 0 和 1 来表示。而最常用的二元选择模型就是二项 Logistic 回归模型,它类似于线性回归模型,但是它更适合于因变量的值是二值变量的情况。Logistic 回归系数能够用于预测模型中的自变量之间的比值。

7.4.1　二元逻辑回归分析的基本原理

Logistic 回归在很多领域内都有应用。在医学中,存在很多二值化的状态,比如生存与死亡、感染与不感染、有效与无效、患病与不患病等。这时往往要分析，生存与死亡或感染与不感染与哪些因素有关。而这些因素(自变量)可能是二值数据或等级分组资料或计量资料，此时，可以使用二元 Logistic 回归来分析因变量(二值变量)与自变量的关系。

和线性回归模型类似，二元 Logistic 回归模型也需要对模型进行检验和评价，同样分为对回归方程整体的显著性检验、回归系数的显著性检验和模型拟合优度评价。

1) 回归方程整体显著性检验

与一般的线性模型一样，二元 Logistic 回归方程的显著性检验用于检验 $\ln \Omega$ 与所有变量之间的显性线性关系是否显著，检验的原假设是各回归系数同时为零，备选假设为各回归系数不同时为零。常用的检验方法有对数似然比检验和 Hosmer-Lemeshow 检验。

(1) 对数似然比检验。

假设没有引入任何解释变量(即回归方程中仅包含常数项)的回归方程的似然函数值为 L_0，引入解释变量之后回归方程的似然函数为 L_1，则似然比为 L_0/L_1。显然，似然比的值为 0～1，且该比值越接近 1，表明模型中的解释变量对模型总体没有显著贡献；反之，该比值越接近 0，表明引入的解释变量对模型具有显著贡献。为了实现显著性检验，构造如下的似然比卡方统计量：

$$-\ln\left(\frac{L_0}{L_1}\right)^2 = -2\ln\left(\frac{L_0}{L_1}\right)$$

可以证明，在原假设成立时，该统计量服从自由度为 k 的卡方分布，k 为引入模型的解释变量的个数。SPSS 会自动给出似然比卡方统计量及对应概率 p 值。如果 p 值小于给定的显著性水平 α，则应拒绝原假设，得出回归方程整体显著的结论；反之，如果 p 值大于给定的显著性水平 α，则不应拒绝原假设，应该得出回归方程整体不显著的结论。

(2) Hosmer-Lemeshow 检验。

通过二元 Logistic 回归模型可以计算出给定解释变量取值时被解释变量取值 y_1 为 1 的预测概率，即 p_i 的拟合值。Hosmer-Lemeshow 检验的基本思想是：如果模型整体显著，则实际值为 1 的样本对应的预测概率应该相对较高，而实际值为 0 的样本对应的预测概率应该相对较低，为了构造检验统计量，根据预测概率的大小将所有样本分为 m 组，同时得到列联表。

Hosmer-Lemeshow 检验统计量就是上述列联表的卡方统计量，列联表卡方统计量的计算方法在前面已经讲解过，此处不再赘述。在原假设成立的条件下，该统计量服从自由度为 $(m-2)$ 的卡方分布。SPSS 将给出 Hosmer-Lemeshow 卡方统计量及相应的概率 p 值，通过比较 p 值和给定的显著性水平就可以判定回归方程是否整体显著。当 p 值小于给定的显著性水平时，拒绝原假设，认为模型整体显著，否则，认为模型整体不显著。

2) 回归系数的显著性检验

与一般线性回归模型一样，还需要对每个回归系数的显著性进行检验。但是，在二元 Logistic 回归模型中，回归系数显著性检验不是通过 t 检验，而是构造 Wald 统计量来进行，Wald 统计量和似然统计量都是极大似然估计方法中常用的检验统计量。Wald 检验的原假设 β_j 为零，Wald 统计量的数学表达式为

$$\text{Wald}_i = \left(\frac{\hat{\beta}_j^2}{S_{\hat{\beta}_j}}\right)$$

Wald 统计量在原假设得到满足的条件下服从自由度为 1 的卡方分布。SPSS 将自动计算 Wald 统计量和其对应的概率 p 值，通过比较第 j 个 Wald 统计量对应的 p 值和给定的显著性水平就可以判定第 j 个回归系数是否显著，当 p 值小于给定的显著性水平时，认为第 j 个回归系数显著不为零，否则，认为第 j 个回归系数显著为零。

3) 模型拟合优度评价

二元 Logistic 回归模型拟合优度评价的常用统计量包括 Cox-Snell R^2 统计量和 Nagelkerke R^2 统计量。

其中，Cox-Snell R^2 统计量的数学定义为

$$\text{Cox-Snell } R^2 = 1 - \left(\frac{L_0}{L_1}\right)^{\frac{2}{N}}$$

其中，L_0 为没有引入任何解释变量的回归方程的似然函数值，L_1 为引入了解释变量后的回归方程的似然函数值，N 为样本容量。Cox-Snell R^2 统计量类似于一般线性模型中的 R^2 统计量，统计量的值越大表明模型的拟合优度越高。该统计量的不足之处在于其取值范围无法确定，不利于与其他模型之间的比较。

Nagelkerke R^2 统计量的数学定义为

$$\text{Nagelkerke } R^2 = \frac{\text{Cox} - \text{Snell } R^2}{1 - (L_0)^{\frac{2}{N}}}$$

Nagelkerke R^2 统计量是 Cox-Snell R^2 统计量的修正，使得其取值范围限定为 0～1，其值越接近 1 表明模型拟合优度越高，而越接近 0 说明模型拟合优度越低。

7.4.2 二元逻辑回归分析的 SPSS 操作

建立或打开数据文件后，即可进行二元 Logistic 回归分析。二元逻辑回归通过"回归"菜单中的"二元 Logistic"命令来实现。在数据编辑窗口的主菜单栏中选择"分析"菜单，从中选择"回归"子菜单，然后单击"二元 Logistic"命令，打开如图 7-14 所示的"Logistic 回归"(逻辑回归)主对话框。

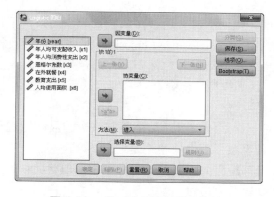

图 7-14 "Logistic 回归"对话框

和一般 SPSS 的分析一样，"Logistic 回归"(逻辑回归)主对话框的左侧为源变量列表框。在左侧的源变量框中，选择一个二值变量作为因变量进入"因变量"列表框内；在左侧的源变量框中，选择解释变量进入"协变量"栏内。可选择多个变量进入"协变量"栏内，但要注意，至少有一个变量要进入"协变量"栏内。如果想要选择多组不同的解释变量，建立多个模型进行回归以进行比较，则可以将每次选择的解释变量组保存在一个独立的"块"(Block)中，在以后的分析中可以通过单击"上一张"和"下一张"按钮来选择所需的模型。

"方法"下拉列表框中的各选项用于设置解释变量的筛选策略。在下拉列表中共有 7 个选项，分别为：

- "进入"选项，如选择此项，则除了检查容忍度之外，没有其他进入标准，所有选择的变量都会进入回归方程。该选项为系统默认选项。
- "向前：条件"选项，如选择此项，则让变量以步进的方式进入回归方程，其进入回归方程的标准是分值统计量的显著水平，从回归方程中删除变量的标准是条件参数估计的似然比统计量概率。
- "向前：LR"选项，如选择此项，还是让变量以步进的方式进入回归方程，其进入回归方程的标准是分值统计量的显著水平，从回归方程中删除变量的标准是极大偏似然估计的似然比统计量的概率。
- "向前：Wald"选项，如选择此项，依然是让变量以步进的方式进入回归方程，其进入回归方程的标准是分值统计量的显著水平，从回归方程中删除变量的标准是 Wald 统计量的概率。
- "向后：条件"选项，如选择此项，首先让所有的变量都进入回归方程，然后删除，删除的标准是条件参数估计的似然比统计量概率。
- "向后：LR"选项，如选择此项，首先也让所有的变量都进入回归方程，然后删除，删除的标准是极大偏似然估计的似然比统计量的概率。
- "向后：Wald"选项，如选择此项，同上面一样，首先让所有的变量都进入回归方程，然后删除，删除的标准是 Wald 统计量的概率。

如果使用部分变量来进行分析，可对参与回归分析变量的观测量进行选择。首先，将参与回归分析的变量选入"选择变量"栏中。此时，"规则"按钮被激活，单击"规则"按钮，会打开"Logistic 回归：设定规则"(逻辑回归：设置规则)对话框，如图 7-15 所示。

在对话框中可以设定参与回归分析的观测量所要满足的条件。例如，要求参与回归分析的变量的观测值大于 5，则在下拉列表框中选择"大于"选项，在"值"栏内输入 5，然后单击"继续"按钮，设置就完成了。设置结束后，只有满足条件的观测量才能参与回归分析。

图 7-15 "Logistic 回归：设定规则"对话框

在主对话框中，选择解释变量进入"协变量"列表框，则"分类"按钮被激活。此时，单击"分类"按钮，可以打开"Logistic 回归：定义分类变量"对话框，如图 7-16 所示。

图 7-16 "Logistic 回归：定义分类变量"对话框

在此对话框内对选择的协变量中的分类变量进行设置。

在"协变量"框内列出了所有选中的协变量。用户可将其中的分类变量选入右边的"分类协变量"框中。选中需要选择的分类变量，单击 按钮即可。一般把字符型的变量自动作为分类变量。

在"更改对比"栏内，用户可以设置对比的方式。在"分类协变量"文本框中选中想要修改对比方法的因素变量后，"更改对比"栏被激活。此时，单击"对比"参数框中的下拉按钮，打开下拉列表。

单击选中的因素变量，参数框中显示可供选择的对比方法：

- "无"选项，表示不进行均数比较，为系统默认选项。
- "偏差"选项，表示差别对照，选中该项将比较预测变量或因素的每个水平的效应和总平均效应。选中该项后，可以看到参数框下的"参考类别"栏刷亮，从中选择"最后一个"或"第一个"作为参考水平。
- "简单"选项，表示简单对照，除了作为参考的水平，对预测变量或因素的每个水平都与参考水平进行比较。同样，参数框下的"参考类别"栏刷亮，从中选择"最后一个"或"第一个"作为参考水平。
- "差值"选项，表示差分对照，除第一水平外，对预测变量或因素的每个水平的效应，都与该水平前面的水平的平均效应进行比较。
- Helmert 选项与选择"差值"相反，除最后一个水平外，对预测变量或因素的每个水平的效应，都与该水平后面的水平的平均效应进行比较。
- "重复"选项，表示重复对照，每个水平与随后的一个水平进行比较。
- "多项式"选项表示多项式对照，比较线性效应、二次效应、三次效应等，常用于预测多项式趋势。

设置结束后，单击"继续"按钮确认选择并返回主对话框。

在主对话框中单击"保存"按钮，即可打开"Logistic 回归：保存"(二元逻辑回归：保存)对话框，如图 7-17 所示。

"预测值"栏内可以选择将什么预测结果保存到数据编辑窗口："概率"复选框，如选择此项，则会对每一个观测，保存事件发生的预测概率。在输出中的表显示了任何新变量名和取值。"组成员"复选框，如选择此项，则会保存根据观测所指定的预测概率所确定的群体。

在"影响"栏中可以选择保存观测点是否为影响点的统计量:"Cook 距离"复选框,如选择此项,则会保存 Cook 距离统计量的值。Cook 距离统计量是,当从回归模型中排除一个观测时,对所有进入模型的观测的残差变动的测度。一个大的 Cook 距离表明,从回归模型中删除这一个观测时,这个观测对相关系数的改变有显著的影响。"杠杆值"复选框,如选择此项,则会保存杠杆值。杠杆值测量一个点对于回归的影响。中心杠杆值的变动范围是 0 到 $(N-1)/N$。DfBeta 复选框,如选择此项,则会保存 Beta 系数。它是因消除一个观测值而引起的相关系数的变化值,包括常数项的每一项的相关系数都要计算。

图 7-17 "Logistic 回归:保存"对话框

"残差"栏,在此栏内选择保存哪些残差:"未标准化"复选框,如选择此项,将保存因变量的观测值和预测值之间的差别,也就是非标准化的残差。Logit 复选框,如选择此项,将保存用 Logit 度量的残差。"学生化"复选框,如选择此项,将保存用户化的残差。这个残差是这样得到的:用残差除以残差的方差的预测值。"标准化"复选框,如选择此项,将保存标准化的残差。标准化的残差的期望为 0,方差为 1,标准化残差也被称作 Pearson 残差。"偏差"复选框,如选择此项,则将保存偏差值。

设置结束后,单击"继续"按钮确认选择并返回主对话框。

逻辑回归分析中同样可以进行相关设置,在主对话框中单击"选项"按钮,则会打开如图 7-18 所示的"Logistic 回归:选项"(逻辑回归:选项)主对话框。

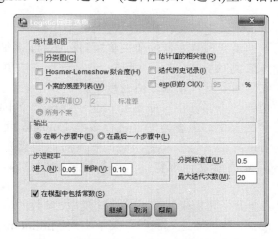

图 7-18 "Logistic 回归:选项"对话框

在"统计量和图"栏中可以选择统计量和统计图形,该栏包括以下选项。

- "分类图"复选框,如选择此项,则会得到因变量的实际值与预测值的直方图。
- "Hosmer-Lemeshow 拟合度"复选框,如选择此项,则会得到 Hosmer-Lemeshow

拟合指数。Hosmer-Lemeshow 拟合指数对于评估回归模型的拟合程度是非常有效的，特别是当用户要预测许多变量时，或要预测的变量中有连续变量时。

- "个案的残差列表"复选框，如选择此项，则会列出非标准化的残差值、预测概率和观察群及预测群。在此项下面有两个附加选项，若选择"外离群值 2 标准差"选项，则会选择出标准化残差值大于 2 的观测的残差；若选择"所有个案"，则会将所有的观测的残差值都列出。
- "估计值的相关性"复选框，如选择此项，则会得到模型中的参数估计的相关系数矩阵。
- "迭代历史记录"复选框，如选择此项，则在每一步参数估计过程中都会得到相关系数和 log 似然率。
- "exp(B)的 CI"复选框，如选择此项，则会给出指数的变动范围。

"输出"栏用于选择显示统计量和统计表格的时间："在每个步骤中"选项表示在统计分析的每一步都显示统计量和统计表格；"在最后一个步骤中"选项则表示只显示最后的统计结果。

"步进概率"栏，在此栏内选择变量进入模型和从模型中删除时的入口概率和出口概率："进入"参数框，在此参数框内输入入口概率。如果一个变量的分值统计量概率小于入口值，则进入这个模型。"删除"参数框，在此参数框内输入出口概率。如果一个变量的分值统计量概率大于出口值，则从这个模型中删除。

"分类标准值"参数框，在此参数框内用户可对预测概率设定一个分界点以产生分类表。系统默认的分界点为 0.5。

"最大迭代次数"参数框，在此参数框内用户可以设定最大似然相关系数估计的迭代次数的最大值。如果还没有到达极限点就达到了最大迭代次数，就会终止迭代。

在对话框的下方有"在模型中包括常数"复选框，如选择此项，则在回归模型中将会包含一个常数项。

所有设置结束后，单击"确定"按钮即可执行所需操作。

当用户希望能够基于一系列预测变量的值来将项目分类时，多维 Logistic 回归是非常有用的。这种类型的回归方法类似于 Logistic 回归，但是这种方法更具一般性，因为因变量不再限制为二值变量，此时因变量可以为多值变量。

例如，为了更有效地销售电影，电影制造公司想预测出一个电影爱好者到底喜欢什么类型的电影，他最爱看什么类型的电影。通过进行多维 Logistic 回归分析，电影制造公司能够确定一个电影爱好者的年龄、性别和空闲时间状况对他们喜爱什么类型电影的影响强度。这样，电影公司就可以有针对性地将广告散发到一些愿意看某宣传类型的电影的人那儿。

多维 Logistic 模型适合于全因素模型和一些特殊模型，参数的估计是通过迭代极大似然拟合来完成的。多维 Logistic 分析通过"回归"菜单中的 Multinomial Logistic 命令来实现，但本书不再对多维逻辑回归做详细讲解，读者可参照二元 Logistic 回归分析自行学习。

7.4.3 二元逻辑回归分析的实例

下面以一个实例来讲解二元 Logistic 回归的 SPSS 操作过程以及对其分析结果的解读。

制度变迁是经济增长的源头，根据研究衡量制度变迁的两个变量：非国有化率和国家财政收入占 GDP 的比重。自 1998 年以来中国的经济增长率一直未突破 9%的状态，因此以 9%作为分界点，将经济增长率定义为 1(经济增长大于等于 9%)或 0(经济增长小于 9%)，根据 1995 年到 2000 年的数据建立数据文件"经济增长.sav"。现试建立中国经济增长率的 Logistic 模型。

1. 操作步骤

(1) 打开数据文件"经济增长.sav"。其中，非国有化率定义为变量 X1，国家财政收入占 GDP 的比重定义为变量 X2，经济增长率定义为 Y，年份定义为 year。

(2) 在数据编辑窗口的主菜单栏中选择"分析"菜单，从中选择"回归"子菜单，然后单击"二元 Logistic"命令，打开如图 7-14 所示的"Logistic 回归"(逻辑回归)主对话框。

(3) 将变量 Y 作为因变量选入"因变量"列表框中，将变量 X1、X2 作为解释变量选入"协变量"列表框中。

(4) 单击"选项"按钮，打开如图 7-18 所示的"Logistic 回归：选项"对话框，选中"统计量和图"栏中的所有选项，然后单击"继续"按钮，确认选择并返回主对话框。

(5) 单击"确定"按钮确认操作，执行二元 Logistic 回归过程。

上述操作也可以通过下面的语法程序语句来实现：

```
LOGISTIC REGRESSION VARIABLES  Y
 /METHOD = ENTER X1 X2
 /CLASSPLOT /CASEWISE OUTLIER(2)
 /PRINT = GOODFIT CORR ITER(1) CI(95)
 /CRITERIA = PIN(.05) POUT(.10) ITERATE(20) CUT(.5) .
```

2. 结果解读

执行上述操作后，在结果输出窗口中输出所有的分析结果，下面详细讲解。

表 7-13 为数据汇总表格，给出了所有个案数、有效个案数和缺失个案数。

表 7-13 数据汇总表

案例处理汇总

	未加权的案例[a]	N	百分比
选定案例	包括在分析中	16	100.0
	缺失案例	0	.0
	总计	16	100.0
未选定的案例		0	.0
总计		16	100.0

a. 如果权重有效，请参见分类表以获得案例总数。

表 7-14 为因变量的编码表。因变量的原始编码为 0，1。

表 7-15 为迭代记录表，显示整个迭代过程。第 5 步的对数似然函数与第 4 步的差值小于 0.001，迭代终止，输出每步迭代记录。

表 7-14 因变量编码表

因变量编码

初 始 值	内 部 值
0	0
1	1

表 7-15 迭代记录表

迭代历史记录 a,b,c

迭 代		-2 对数似然值	系 数
			Constant
步骤 0	1	21.930	.250
	2	21.930	.251
	3	21.930	.251

a. 模型中包括常量。
b. 初始 -2 对数似然值：21.930。
c. 因为参数估计的更改范围小于.001，所以估计在迭代次数 3 处终止。

迭代历史记录 a,b,c,d

迭 代		-2 对数似然值	系 数		
			Constant	X1	X2
步骤 1	1	17.287	-31.922	-.156	.475
	2	17.085	-40.069	-.198	.597
	3	17.082	-41.234	-.205	.615
	4	17.082	-41.258	-.205	.615
	5	17.082	-41.258	-.205	.615

a. 方法：输入。
b. 模型中包括常量。
c. 初始-2 对数似然值：17.287。
d. 因为参数估计的更改范围小于 .001，所以估计在迭代次数 5 处终止。

表 7-16 为包含在方程中的变量和未包含在方程中的变量。

表 7-16 包含在方程中的变量和未包含在方程中的变量表

不在方程中的变量

			得 分	df	Sig.
步骤 0	变量	X1	1.095	1	.295
		X2	.020	1	.887
	总统计量		4.340	2	.114

方程中的变量

		B	S.E.	Wals	df	Sig.	Exp (B)
步骤 0	常量	.251	.504	.249	1	.618	1.286

表 7-17 为模型参数检验值，显示步骤、块、模型的 X^2 的值相同，$P=0.089$，即模型不显著。

表 7-17 模型参数检验值表

模型系数的综合检验

		卡方	df	Sig.
步骤 1	步骤	4.848	2	.089
	块	4.848	2	.089
	模型	4.848	2	.089

表 7-18 为变量估计值及检验值。

从表 7-18 中可以看出，显著性水平 P 值分别为 0.073、0.089、0.107，因此推断 X1 和 X2 两变量不显著，即非国有化率和国家财政收入占 GDP 比重对经济增长没有显著影响。这可能跟我们本例中所选取的数据有关，因为 1995 年以后的制度变迁相对稳定，经济增长比较迅速，市场发展完善，因而制度的影响相对减弱。读者可试找出更早的数据进行分析，得到的结论可能不一样。

表 7-18 包含在方程中的变量估计值及检验值

方程中的变量

		B	S.E.	Wals	df	Sig.	Exp (B)	EXP(B) 的 95% C.I.	
								下 限	上 限
步骤 1[a]	X1	−.205	.114	3.217	1	.073	.815	.652	1.019
	X2	.615	.362	2.889	1	.089	1.850	.910	3.761
	常量	−41.258	25.562	2.605	1	.107	.000		

a. 在步骤 1 中输入的变量：X1, X2。

7.5 非线性回归

非线性回归(非线性)过程用于拟合非线性回归，能根据建构的模型陈式(Model Expression)与数的起始值，利用迭代方法给出非线性回归的综合统计量(非线性回归 Summary 统计量)、R^2(R Squared)、参数的估计值(Estimate)等。

7.5.1 非线性回归分析的基本原理

在实际问题中，变量之间的相关关系往往不是线性的，而是非线性的，因而不能使用线性回归方程来描述它们之间的相关关系，而要采用适当的非线性回归分析。针对呈非线性关系的情况，可以采用以下策略进行拟合：一是对标准的线性模型做一些修正，使之能处理各种异常情况，但方法仍然在相应范畴内；二是彻底打破原有模型的束缚，采用新的模型来拟合，如非线性回归模型、广义线性模型、Loess(局部回归平滑)模型和水平模型等方法来分析。一般第二种策略最为权威，也是统计学的重点之一，但属于比较难以掌握的高科技，而第一种策略看上去很美，试图用简单的模型扩展来解决问题，掌握起来也比较容易。但需要指出的是，这些修正方法有其严格的使用条件，如果随意使用，拟合效果可能反而更糟，因此除非有确实的证据，否则请慎用。

本节中即将讲解的非线性回归过程正是这样一种策略，用于拟合非线性回归，但比较难以掌握，读者可根据自己的实际情况选择学习。

非线性回归是发现因变量和自变量之间的非线性关系的一种方法。非线性回归能够在因变量和自变量之间构造任意的模型，这个过程是通过迭代估测运算来完成的。用户需要注意，如 $y = a + bx^2$ 这样的简单多项式模型不需要使用非线性回归。我们可以定义 $w = x^2$，这样就可以得到简单的线性模型 $y = a + bw$，然后就可以使用简单的线性回归方法来进行分析了。

那么，线性回归、曲线回归和非线性回归之间究竟有何区别？线性回归能建立因变量和自变量之间的简单线性关系；曲线回归能建立因变量和自变量之间的非线性关系，但这种非线性关系能通过简单转换，转换为线性关系；非线性回归也能建立因变量和自变量之间的非线性关系，但这种非线性关系通过简单转换是不能转变为线性关系的。

非线性回归问题大多数可以化为线性回归问题来求解，也就是运用到非线性回归模型进行适当的变换，使其为线性模型来求解。一般步骤为：

(1) 根据经验或者绘制散点图，选择非线性回归方程。
(2) 运用变量代换，把非线性回归方程化为线性回归方程。
(3) 运用线性回归分析中所采用的方法，确定各回归系数的值。
(4) 对各系数进行显著性检验。

在表 7-9 中给出了一些常见的非线性回归模型及其变换方式，读者可参照表 7-9 进行学习。线性回归和曲线回归等常见模型虽然比较常用，但很多情况是这些模型所不能解决的，非线性回归过程是专用的非线性回归模型拟合过程，它采用迭代方法对用户设置的各种复杂曲线模型进行拟合，同时将残差的定义从最小二乘法向外扩展，为用户提供了极为强大的分析能力，不仅能够拟合回归菜单中其余过程提供的全部模型，还可以拟合文件回归、多项式回归、百分位数回归等各种非常复杂的模型，由于篇幅有限，本节只能做简单分析。详细方法用户可参照 SPSS 手册。

7.5.2 非线性回归分析的 SPSS 操作

建立或打开数据文件后，即可进行非线性回归分析。

和其他过程一样,在主菜单栏中单击"分析"菜单,选择"回归"子菜单,然后单击"非线性"命令,即可打开如图 7-19 所示的"非线性回归"(非线性回归分析)主对话框。

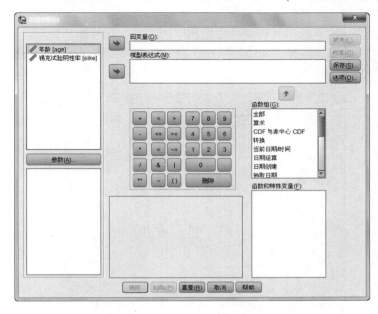

图 7-19 "非线性回归"对话框

从左侧的源变量列表框中选择变量作为因变量,进入"因变量"列表框。

非线性回归的特色是提供用户自定义模型的功能,由于非线性回归模型极其复杂,使用该对话框无法完全满足用户需求,因此 SPSS 为用户提供了该功能。在"模型表达式"栏内可以写入模型方程式,方程中可以使用变量名称、添加参数以及应用 SPSS 函数。下方的键盘和函数框都是为了方便用户操作而设置的。

在"非线性回归"主对话框中同样有一些功能按钮,下面依次进行介绍。

1) 参数对话框

在"非线性回归"主对话框中单击"参数"按钮,即可打开"非线性回归:参数"(非线性回归:参数设置)对话框,如图 7-20 所示。

图 7-20 "非线性回归:参数"对话框

该对话框用于设置参数起始值,在复杂的非线性回归模型中,起始值(Initial 值)的设置对分析结果的影响非常大,往往需要反复试验多次才能找到合适的数值。

"非线性回归:参数"对话框中的"名称"文本框用于设置参数名称,此处的名称应当和模型表达式中的名称一致。"初始值"文本框用于设置相应参数的起始值,在该框中输入数值,然后单击"添加"按钮,添加变量,"更改"按钮用于更改已经设置的参数起始值,而"删除"按钮用于删除已经设置的参数起始值。

在对话框的下方有"使用上一分析的起始值"复选框,在连续使用非线性回归方法进行分析时,选择该复选框,在下次分析时将直接以上次分析的参数拟合值为起始值。在从简到繁逐步拟合复杂模型时,该选项非常有用。

2) 损失对话框

定义了参数的起始值后,"损失"按钮和"约束"按钮被激活。

单击"损失"按钮,打开"非线性回归:损失函数"(非线性回归分析:定义损失函数)对话框,如图 7-21 所示。

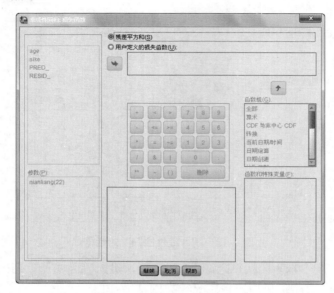

图 7-21 "非线性回归:损失函数"对话框

用户可在对话框内设置损失函数。所谓损失函数,是指模型函数残差的计算公式,比如常用的最小二乘法,其原则是使得各实测点和预测值直线距离(即残差)的平方和最小,它的损失函数就是残差的平方和。在一些复杂模型中,需要使用最小二乘法以外的拟合方法,此时就需要在该对话框中加以定义。

参数框内列出所有可用的参数,这些参数都可以被用于损失函数的定义中。

"残差平方和"选项,这是系统的默认选项。系统默认的损失函数是残差的平方和,采用最小二乘法来使残差的平方和最小化。

"用户定义的损失函数"选项,如选择此项,则会激活该对话框的其他部分,让用户自己设置损失函数。用户可选用计算面板的各种运算符、左边框中的变量、参数框内的参数、功能框内的各种函数来定义损失函数。

3) 约束对话框

在主对话框中单击"约束"按钮,会打开"非线性回归:参数约束"对话框,如图 7-22 所示。在此对话框内设置对参数的一些限制。

当方程比较复杂时,迭代可能变得比较困难,此时可以对方程中的参数做一些限制,让迭代时只在某个范围内估计参数取值,以保证得到正确的拟合效果。

"参数"框内列出所有可用的参数,这些参数都可以被用于设置取值范围限制。

"未约束"选项,这是系统的默认选项,采用此选项,则表示对参数没有限制。

"定义参数约束"选项,如选择此项,则会激活该对话框的其他部分来进行设置。用户可将需要设置的参数从"参数"框内选入左边空栏,然后在中间的下拉列表框中选择不等式符号,最后在右侧填入相应的限制界值。在陈式完成后单击"添加"按钮,该限制陈式就会被加入下方的列表框中。用户可以继续设置限制条件,一个参数可以同时设置多个限制形式,以得到更精确的限制。

图 7-22 "非线性回归:参数约束"对话框

4) 保存对话框

在主对话框中单击"保存"按钮,会打开"非线性回归:保存"(非线性回归:保存)对话框,如图 7-23 所示。

在该对话框中有以下选项:"预测值"复选框,如选择此项,则会使用变量名"pre_"来保存预测值;"残差"复选框,如选择此项,则会使用变量名"resid"来保存残差;"导数"复选框,如选择此项,则会对每一个模型参数保存导数,使用的变量名为该参数名的前六个字符加上前缀"d"。

在对话框的下方有"损失函数值"复选框,只有损失函数是由用户自己定义时,才会激活该选项。选择该项会保存损失函数值。

5) 选项对话框

在主对话框中单击"选项"按钮,即可打开"非线性回归:选项"对话框,如图 7-24 所示。

图 7-23 "非线性回归:保存"对话框

图 7-24 "非线性回归:选项"对话框

"标准误的 Bootstrap 估计"复选框，如选择此项，将会使用原始样本数据来估计统计的标准差。这是靠使用抽样方法得到许多同样大小的样本集而做到的。对每一个样本都会估计非线性方程，还会计算每一个参数的标准差。

Bootstrap 方法由 Efron 于 1979 年提出，是大量计算导向的一种仿真抽样统计推断方法，在小样本统计和新统计方法研究中，Bootstrap 方法非常有用。但是，该方法对机器运算的速度和内存要求相当惊人，而且非常耗时。如果用户的模型太复杂，样本量又较多，应该慎用此方法。

在"估计方法"栏中可以选择模型拟合方法。

"序列二次编程"选项对限制和无限制的模型都适合。如果用户定义了限制模型，或者一个损失模型，或者选择"标准误的 Bootstrap 估计"复选框，该选项即会成为默认选项。若选择此项，下方的"序列二次编程"栏被激活，在该栏中，可以进行相关设置："最大迭代"用于输入迭代的最大次数，超过此限，迭代将自动停止；"步长限制"用于规定参数矢量许可的最大变化值，迭代中变化量超过此限，则认为模型不收敛，迭代终止；"最优性容差"选项用于定义损失函数精确度，即损失函数在计算时需要保留几位小数；"函数精度"选项用于设定所拟合的方程的精确度，方程精确度应粗糙些，即应当低于损失函数精确度；"无限步长"用于设定参数允许最大变化值，如果在一次迭代中某个参数的变化大于设定值，则认为模型不收敛，迭代终止。

Levenberg-Marquardt 选项是对无限制模型的默认算法，也只适用于无限制模型。如果用户定义了限制模型，或者一个损失函数，或者选择"标准误的 Bootstrap 估计"复选框，该选项即不可使用。此时，下方的 Levenberg-Marquardt 栏被激活，用于进行相关设置："最大迭代"设置栏，在此栏内设置迭代的最大步数，超过此限，迭代终止；"平方和收敛性"设置栏，在此栏内设置反差改变收敛标准值，如果某一步迭代过程中，方差改变值小于该设定值，则认为模型已经收敛，迭代过程终止；"参数收敛性"设置栏，在此栏内设置一个参数收敛标准，如果某一步迭代过程中，所有参数的改变值小于该标准值，则认为模型已经收敛，迭代终止。

所有设置结束后，单击"确定"按钮，开始进行统计分析过程。

7.5.3　非线性回归分析的实例

下面以一个实际案例来讲解非线性回归分析的应用及对其分析结果的解读，由于非线性回归分析非常复杂，本例只对简单功能做一些讲解。如果读者希望了解更多的该过程使用说明，可以参照 SPSS 用户手册进行学习。

锡克试验阴性率(%)随着年龄的增加而增高，某地统计儿童年龄 X(岁)与锡克试验阴性率 Y 的数据如数据文件"sike.sav"所示。经研究证明，年龄和阴性率之间呈指数函数关系，现在试拟合指数函数方程。

1. 操作步骤

(1) 首先打开数据文件"sike.sav"。

(2) 在数据编辑窗口中，在主菜单栏中选择"分析"菜单，从中选择"回归"子菜单，然后单击"非线性"命令，打开如图 7-19 所示的"非线性回归"(非线性回归分析)主对话框。

(3) 将变量 Y 作为因变量选入"因变量"列表框。

(4) 在主对话框中单击"参数"按钮，即可打开如图 7-20 所示的"非线性回归：参数"对话框。

(5) 在对话框中定义模型参数起始值。由于本例中的模型简单，因此随意定义起始值 $a=1$，$b=1$，$c=1$。定义结束后，单击"继续"按钮确认并返回主对话框。

(6) 在"模型表达式"文本框中输入"$a+b*\exp(c*age)$"。

(7) 单击"保存"按钮，打开如图 7-23 所示的"非线性回归：保存"对话框。选择"残差"复选框保存新变量。然后单击"继续"按钮返回主对话框。

(8) 单击"选项"按钮，打开如图 7-24 所示的"非线性回归：选项"对话框。选择"标准误的 Bootstrap 估计"复选框，使用 Bootstrap 方法求出参数的精确标准误差。单击"继续"按钮确认并返回主对话框。

(9) 设置结束，单击"确定"按钮执行上述操作。

2. 结果解读

执行上述操作后，在结果输出窗口中得到一些表格，下面将一一讲解。本例中拟合的是一个简单的指数方程，为了方便起见，将所有参数起始值均定义为 1。

首先，系统会给出如下的拟合模型陈式，以及用户设置的各参数起始值。

```
MODEL PROGRAM a=1 b=1 c=1 .
COMPUTE PRED_ = a+b*exp(c*age).
```

表 7-19 给出迭代程序记录。

表 7-19　迭代程序记录表

迭代历史记录[b]

迭代数[a]	残差平方和	参　数		
		a	b	c
0.1	1116961.819	1.000	1.000	1.000
1.1	54832.995	.999	.216	-4.408
2.1	42063.864	12.048	.231	-4.412
3.1	17589.302	39.714	.123	-4.402
4.1	536.353	89.072	-.332	-4.346
5.1	270.392	89.134	-25.302	-.726
6.1	270.391	89.134	-25.305	-.726
7.1	214.591	90.504	-25.896	-.641
8.1	207.388	91.316	-25.182	-.747
9.1	124.702	95.100	-27.776	-.390
10.1	116.997	96.066	-27.434	-.464
11.1	99.542	97.208	-28.208	-.375
12.1	96.733	98.085	-28.681	-.332

续表

迭代数[a]	残差平方和	参数		
		a	b	c
13.1	94.194	98.650	−29.001	−.323
14.1	89.039	100.127	−30.123	−.298
15.1	84.412	101.661	−31.619	−.271
16.1	76.533	104.190	−34.870	−.249
17.1	73.831	105.984	−37.083	−.220
18.1	69.486	107.038	−39.323	−.225
19.1	68.160	107.734	−40.967	−.225
20.1	66.972	107.269	−41.137	−.236
21.1	59.750	102.805	−40.294	−.311
22.1	59.382	101.958	−39.877	−.326
23.1	58.133	101.596	−39.428	−.338
24.1	57.309	101.037	−39.435	−.358
25.1	56.812	100.489	−39.842	−.380
26.1	56.682	100.328	−40.327	−.392
27.1	56.677	100.115	−40.448	−.399
28.1	56.670	100.218	−40.466	−.396
29.1	56.670	100.221	−40.471	−.396
30.1	56.669	100.225	−40.476	−.396
31.1	56.669	100.225	−40.476	−.396

导数是通过数字计算的。

a. 主迭代数在小数左侧显示，次迭代数在小数右侧显示。

b. 在 31 迭代之后停止运行。已找到最优解。

由于程序中迭代记录过长，因此这里删除了中间部分。从表 7-19 可以看出，在经过了 31 次迭代后，模型达到收敛标准，最佳解(Optimal Solution)被找到。

表 7-20 给出了整个模型的显著性检验结果，本例中采用方差分析进行显著性检验。

表 7-20　方差分析表

ANOVA[a]

源	平方和	df	均方
回归	56015.841	3	18671.947
残差	56.669	4	14.167
未更正的总计	56072.510	7	
已更正的总计	536.474	6	

因变量：锡克试验阴性率。

a. R 方 = 1 −(残差平方和)/(已更正的平方和)= .894。

从表 7-20 可见，决定性的系数为 0.894，拟合结果良好。由于是非线性回归，所以此处不给出 F 值和 P 值。

表 7-21 给出了各参数的估计值、渐进标准误差和渐进 95%置信区间，以及各参数间的相关系数矩阵。

表 7-21 参数估计表和相关系数矩阵

参数估计值

参数		估计	标准误	95% 置信区间		95% 切尾极差	
				下限	上限	下限	上限
渐进	a	100.225	6.377	82.520	117.930		
	b	−40.476	7.795	−62.118	−18.835		
	c	−.396	.238	−1.057	.265		
自引导[a,b]	a	100.225	7.372	85.474	114.976	95.824	126.350
	b	−40.476	88.886	−218.337	137.384	−310.894	−37.279
	c	−.396	.539	−1.474	.682	−1.397	−.114

a. 以 60 样本为基础。
b. 损失函数值等于 56.669。

参数估计值的相关性

		a	b	c
渐进	a	1.000	.150	.927
	b	.150	1.000	.451
	c	.927	.451	1.000
自引导	a	1.000	.338	.546
	b	.338	1.000	.550
	c	.546	.550	1.000

上面为基于 60 次 Bootstrap 抽样计算出的各参数的估计值、标准误差、95%置信区间和相关系数矩阵。95% Trimed Range 指的是将 60 个抽样估计值中最极端的 5%去除，将它和正态分布原理计算出的区间进行比较，就可以得知参数分布是否为常态。

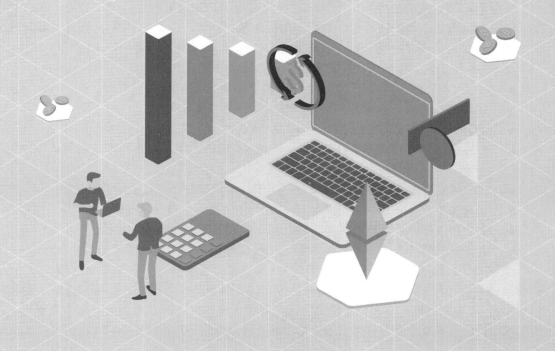

第 8 章

非参数检验

前面所讲的统计分析过程都属于参数统计，即在已知总体分布形式或假定总体分布的条件下，对总体的均值、方差等进行估计和检验。但是在实际问题中，可能无法获知或者不一定非常了解总体的分布类型，而只是通过样本来检验关于总体分布的假设，这种检验方法称之为非参数检验。

和参数检验方法的原理相同，非参数检验过程也是先根据问题提出原假设，然后利用统计学原理构造出适当的统计量，最后利用样本数据计算统计量的概率 p 值，与显著性水平比较，得出拒绝或者接受原假设的结果。

在 SPSS 统计软件中所提供的非参数统计方法，共有以下几种。

- 卡方：卡方检验，用于检验二项或多项分类变量的分布。
- 二项式：二项分布检验，用于检验二项分类变量分布。
- 游程：游程检验，用于检验样本序列随机性。
- 1-样本 K-S：单样本 Kolmogorov-Smirnov 检验，用于检验样本是否服从各种常用分布。
- 2 个独立样本：两独立样本检验，用于分组数据分布位置的检验。
- K 个独立样本：多独立样本检验，用于分组数据分布位置的检验。
- 2 个相关样本：两配对样本检验，用于配对数据分布位置的检验。
- K 个相关样本：多配对样本检验，用于配对数据分布位置的检验。

上述的非参数统计方法可以被分成两类：分布类型检验方法，亦称拟合优度检验方法，即检验样本所在母体是否服从已知的理论分布，具体包括卡方过程、二项式过程、游程过程和 1-样本 K-S 过程；分布位置检验方法，即用于检验样本所在母体的分布位置或形状是否相同，具体包括 2 个独立样本过程、K 个独立样本过程、2 个相关样本过程和 K 个相关样本过程。

8.1 非参数检验基本介绍

非参数检验是统计分析方法中的重要组成部分，与参数检验共同构成统计推断的基本内容。非参数检验(Npar)是指在母体不服从正态分布或分布情况不明时，即不依赖于母体分布的类型，用以检验数据是否来自同一个母体假设的一类检验方法，又称分布自由(Distribution-Free)检验。

非参数检验所处理问题大致分为两类：一是两个母体的分布未知，用两组样本来检验它们是否相同；二是假设一组样本的母体分布，然后用另一组样本来检验它是否正确。

8.1.1 参数统计与非参数统计

参数统计是这样一种检验：它的模型对抽出研究样本的总体的参数规定了某些条件。由于这些条件通常未受检验，因此假设它们成立。参数检验结果的意义取决于这些假设的合理性。参数检验也要求所分析的数据要至少是从间隔量表水平的测量中获取的。

非参数检验是这样一种检验，其模型对于被抽样总体的参数不规定条件。大多数非参数检验都包含一定的假设，即观测是独立的，所研究的变量具有基础的连续性。不过这些假设比参数检验的假设要少，并且弱得多。而且，非参数检验并不要求如参数检验所要求的那么高的测量，大多数非参数检验是用于顺序量表的数据，也有一些用于名称量表的数据。

在现实生活中，往往不知道客观现象的总体分布情况，因此应用参数检验的方法就会产生困难。例如，要检验两个总体的均值是否相同，利用 T 分布进行检验，就需要假定两个总体的分布都是服从正态分布的。但若不知道总体分布的情况或总体不满足正态分布的假设，应用 T 检验就会存在困难。在不知道客观现象服从何种分布的情况下，就需要根据样本信息来推断总体是否属于某种理论分布。在数理统计中，对不考虑原来的总体分布进行估计和检验的方法统称为非参数统计方法。

8.1.2 非参数检验的优点

在本章中所讲的非参数检验都是最简单、最基本的非参数检验方法，非参数检验方法近年来发展极为迅速，已经成为 21 世纪统计学发展的焦点之一。这是因为与参数检验相比，非参数检验具有很多优势。

(1) 大多数非参数检验所得出的概率描述是精确的概率(大样本情况除外，那里有极好的近似可用)，与其抽样的总体分布形式如何无关。概率陈述的精度不取决于总体的分布形式，虽然某些非参数检验可能会假设两个或更多总体的分布形式是统一的，另一些检验则假设了对称的总体分布。在某些情况下，非参数检验还假设了基础的分布是连续的，这个假设与参数检验的假设相同。

(2) 如果所使用的样本容量小到 $N=6$，那么除非确切知道总体分布的性质，我们只能用非参数统计检验，而没有别的选择。

(3) 对于处理来自几个不同总体的观测所组成的样本，有一些合适的非参数统计检验。可是，没有一种参数检验能处理这种数据而无须我们做出看来是不现实的假设。

(4) 非参数统计检验可用来处理确实只是分等的数据，以及表面上是数字结果但实质为分等水平的数据。就是说，研究者在谈到他的实验材料时，也许只能说一个对另一个而言某些特性多些或少些，而不能具体说出多多少或少多少。

(5) 非参数估计对检验的限制少，具有较好的稳健性。可以在更少样本资料要求的情况下进行，在一定程度上弥补了有些是集中样本资料不足的缺陷。

(6) 非参数检验方法不仅适用于定比数据和定距数据的检验，还可以适用于定类和定序数据的检验，即以名称量表测量的数据，可以弥补参数检验中碰到的无法运用的定性资料的检验问题。

8.1.3 非参数检验的缺点

非参数检验虽然适用范围较广且稳健性良好，尤其是高级非参数检验已经显示出参数检验所无法比拟的优势，但这些方法都要求用户有非常深厚的数理统计功底，并且大都需要编写程序才能完成。与参数检验相比，非参数检验有以下缺点。

(1) 如果参数统计模型的所有假设在数据中事实上都能满足，而且测量达到了所要求的水平，那么用非参数检验就浪费了数据。浪费的程度用非参数检验的功效功率来表示。例如，若一种非参数检验的功效效率为 90%，这就意味着，当参数检验的所有条件都满足时，其样本容量比该样本容量小 10%的适当的参数检验就正好与该非参数分析一样有效。

(2) 非参数检验通常利用的不是原始数据，而是原始数据的秩或等级，这就可能损失了原始数据中所包含的信息。

(3) 如果大部分数据分布比较集中，但存在少数非常大或非常小的极端值，此时采用无参数检验就不能完全覆盖信息。最好能在分析结束后单独对这些极端值给出描述，以充分反映样本特征。

(4) 分组比较后，若母体存在差异，那就应该进行两两比较，但还没有一种非参数统计方法能用来检验方差分析模型中的交互作用，除非对加性作特殊假设。两两进行两组间的非参数检验时，一定要调整显著性水平 α，以保证总共的显著性水平控制在 0.05，否则就会犯和多组平均数比较时采用两两 T 检验性质相同的错误。

8.2 卡方检验

卡方检验是一种极为典型的对总体分布进行检验的非参数检验方法。卡方检验(Square Test)也称卡方拟合优度检验(Square Goodness-of-Fit Test)，是用于检验数据是否与某种概率分布的理论数字相符合，进而推断样本数据是否来自该分布的样本问题。

8.2.1 卡方检验的基本原理

1. 卡方检验基本介绍

在很多问题中，研究者感兴趣的往往是受试者、实验对象或实验反响划入各类别的数目。例如，研究者可以用 Rorschach 测验(Rorschach 测验是让受试者解释 10 张墨水点画以测验个性的方法)对一组病人的个性进行分类，以便预言某些类型将比其他类型更常见；又如，按照孩子们最常玩的游戏方式对它们进行分类，以检验这些游戏方式流行程度不同的假设；还可以按照人们对某种主张的反响是"赞成""弃权"或"反对"而进行分类，以便让研究者检验如下假设：对该主张的各种反响程度是不同的。

卡方检验适合于分析上述这类资料，类别的数目可以是两类或多于两类。卡方检验是一种极为典型的对总体分布进行检验的非参数检验方法。

卡方检验可以检验属于每一类别对象或反响的观测数目与根据零假设所得的期望数目之间是否有显著性差异。卡方检验的目的是根据样本所在母体分布(各类别所占比例)检验是否与已知母体分布相同，是一种单样本检验。

2. 卡方检验的基本思想

卡方检验基本思想的理论依据是：如果从一个随机变量 X 中随机抽取若干个观察样本，这些样本落在 X 的 k 个互不相交的子集中的观察频数服从一个多项分布，这个多项分布当 k 趋于无穷时近似服从卡方分布。卡方检验的零假设为：总体 X 服从某种分布，这里的样本认为是来自于总体 X。

基于上述基本思想，对变量 X 总体分布的检验就应该从对各个观测频数的分析入手。实际上，零假设给出了在假想总体中归入每一类别内的对象所占的比例。也就是说，可以从零假设推出期望的频数是多少。而卡方检验则可以判断观测的频数是否充分地接近于零假设成立时可能出现的期望频数。

最典型的卡方检验统计量是 Pearson 统计量，将总体 X 的取值分为 k 个不相交的区间(子

集),样本落在第 i 个区间的频数为 n_i,当 k 足够大时,Pearson 统计量的数学定义为

$$\chi^2 = \sum_{i=1}^{k} \frac{(n_i - np_i)^2}{np_i}$$

Pearson 统计量服从自由度为 $k-1$ 的卡方分布。从上式可以看出,如果 χ^2 值较大,则说明观测频数分布与期望频数分布差距较大;反之,如果 χ^2 值较小,则说明观测频数分布与期望频数分布较接近。SPSS 将自动计算 χ^2 统计量的观测值,并依据卡方分布表计算观测值对应的概率 p 值。

如果 χ^2 的概率 p 值小于显著性水平 α,则应拒绝原假设,认为样本来自的总体分布与期望分布或某一理论分布存在显著差异;反之,如果 χ^2 的概率 p 值大于显著性水平 α,则不应拒绝原假设,可以认为样本来自的总体分布与期望分布或某一理论分布无显著差异。

在单样本时,为了用 χ^2 来检验某一假设,必须将每一次的观察结果归入 k 类中的某一类中。这些观察的总次数应该是样本中的事件数 N。因此,每次的观察必须是互相独立的,如不应该对同一个人做好几次观察,而把每次观察作为独立的。

8.2.2 卡方检验的 SPSS 操作

建立或打开数据文件后,即可进行卡方检验,卡方检验通过"卡方"命令来实现。

SPSS 的卡方检验的数据存放有两种方式:一种是定义一个变量存放所有的样本值,重复的样本值作为不同的个案保存;另一种是定义两个变量,一个存放不同的样本值,另一个存放该样本值的相应频数,但这时应将频数变量定义为加权变量。

在数据编辑窗口中,单击主菜单栏中的"分析"菜单,然后选择"非参数检验"子菜单,从中选择"卡方"命令,即可打开如图 8-1 所示的"卡方检验"主对话框。

"卡方检验"主对话框和一般的 SPSS 命令主对话框一样,在对话框的左侧为源变量框,在源变量框中列出所有的变量,要从源变量框中选择变量进入别的列表框,只需选中该变量,然后单击 按钮即可。

"检验变量列表"列表框用于选入检验变量。检验变量可以输入多个,系统会分别进行分析。

"期望范围"栏用于确定检验值的取值范围,在此范围之外的取值将不进入分析。该栏中有两个复选框:"从数据中获取"选项为系统默认选项,如选择此项,则使用数据文件中的最大值和最小值来作为检验值的范围;"使用指定范围"选项,如选择此项,则由用户自己定义检验值的范围,用户还需要在被激活的"下限"和"上限"文本框中自定义检验范围的上下限。在所指定的范围内每个单独的数值产生一个分组子集,数值在指定范围之外的个案将被剔除。

"期望值"栏用于指定母体的各分类构成比,即期望频数 np_i 的值。对应两个复选框:"所有类别相等"选项为系统默认选项,如选择此项,则所有的类别有相等的期望值,以及检验总体是否服从均匀分布;"值"选项可以指定分组的期望概率值。在后面的文本框中对测试变量的每一类别输入一个大于 0 的数,输入的顺序与检验变量递增的顺序相同。单击"添加"按钮,所输入的数值即可显示在下方的文本框中,"更改"按钮和"删除"按钮分别用于修改或删除已输入的数值。

在主对话框中，单击"选项"按钮，会打开如图 8-2 所示的"卡方检验：选项"对话框。

图 8-1 "卡方检验"对话框

图 8-2 "卡方检验：选项"对话框

在该对话框中可以定义输出的统计量和缺失值的处理方式。

"统计"栏，在此栏内选择输出的统计量，包含两个复选框："描述"复选框，如选择此项，则会输出观测的描述性统计量，显示均值、最小值、最大值、标准差和无缺省值的观测数；"四分位数"复选框，如选择此项，则会输出观测的 4 分位数，即 25%、50%、75%的百分位数。

"缺失值"栏，在此栏内设置处理缺省值的方式："按检验排除个案"为系统默认选项，在进行检验时，只排除参与检验的变量的缺省值；"成列排除个案"选项，则表示剔除所有含有缺失值的个案。

在主对话框中单击"精确"按钮，即可打开如图 8-3 所示的"精确检验"对话框。

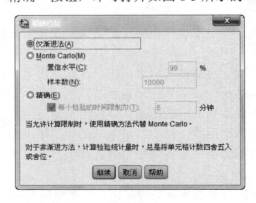

图 8-3 "精确检验"对话框

"精确检验"对话框用于选择计算显著性水平 Sig.值的几种方法，包括 3 个选项。

- "仅渐进法"复选框，表示使用渐进方法，这是系统默认的计算显著性水平的方法。计算显著性水平是基于检验统计量的渐进分布假设。如果显著性水平为 0.05，检验结果被认为存在显著性差异，渐进方法的显著性水平要求数据量足够大，如果数据量比较小，或者频数过低，检验结果可能会失效。
- Monte Carlo 复选框是指蒙特卡洛估计方法，即精确显著性水平的无偏估计。蒙特卡洛方法是利用给定样本集通过模拟方法重复取样计算显著性水平，该方法不需要渐进方法中的假设。蒙特卡洛方法是一个很有用的方法。对于处理不满足渐进假设的巨量数据，同时由于数据的巨量而无法得到精确的显著性水平时，可以选择该方法。选择该方法时，在"置信水平"文本框中输入计算显著性水平的置信度，系统默认为 99%；在"样本数"文本框中输入取样数量。
- "精确"复选框是指精确计算显著性水平的方法。该方法得到精确的显著性水平，不需要渐进方法的假设，不足之处是计算量和所需内存太大。选择该选项后，可以选择"每个检验的时间限制为"复选框，即设置限制计算时间，默认限制时间为 5 分钟，超过该时间，系统会自动停止运算，给出计算结果信息。

通常计算显著性水平都是利用系统默认渐进方法(Asymptotic)。有时计算得到的显著性水平大于 0.05，结果中却出现样本量过小或频数过低而无法保证检验结论的可靠性等提示时，除了可以考虑重新分组以外，还可以改用蒙特卡洛方法或者精确方法重新检验。

所有设置结束后，单击主对话框中的"确定"按钮，即可开始进行统计分析过程。

8.2.3 卡方检验的实例

下面以一个实例简单说明卡方检验的运用，以及对其结果的解读。

在一个正 20 面体的各面上分别标上 0～9 10 个数字，每个数字在两个面上标出。为了检验其均匀性，现将它投掷 805 次，得出各数字朝上的次数。依据此数据，建立数据文件 "frequency.sav"，数据如图 8-4 所示。

	number	frequency
1	0	79
2	1	92
3	2	83
4	3	79
5	4	73
6	5	80
7	6	76
8	7	75
9	8	77
10	9	91

图 8-4 "frequency.sav"数据文件的数据

为了检验该 20 面体是否均匀，即要检验每个数字出现的概率是否大致相同，每个数字出现的概率应大致为 10%。在该例中，卡方检验的原假设为该 20 面体均匀，即 10 个数字出现概率之间无显著差异。

1. 操作步骤

按如下顺序进行操作。
(1) 打开数据文件 "frequency.sav"。
(2) 对数据进行加权，在主菜单栏中单击"数据"菜单，选择"加权个案"，打开"加权个案"对话框。在该对话框中，以 frequency 为加权变量选择对数据进行加权。关于该操作，在第 2 章已经详细讲解过，此处不再赘述。

(3) 单击主菜单栏中的"分析"菜单，然后选择"非参数检验"子菜单，从中选择"卡方"命令，即可打开如图 8-1 所示的"卡方检验"主对话框。

(4) 将变量 Number 作为检验变量选入"检验变量列表"列表框中。

(5) 单击"选项"按钮，打开如图 8-2 所示的"卡方检验：选项"对话框。选择"描述"复选框，要求输出描述性统计量，选择"四分位数"复选框，要求输出四分位数。然后，单击"继续"按钮确认选择并返回主对话框。

(6) 单击"确定"按钮执行上述操作。

上述操作也可通过如下的语法程序语句来实现：

```
WEIGHT
  BY frequency.
NPAR TEST
  /CHISQUARE=number
  /EXPECTED=EQUAL
  /STATISTICS  DESCRIPTIVES QUARTILES
  /MISSING ANALYSIS.
```

下面分析此程序语句：

第一行为"WEIGHT"，表示对数据进行加权。

第二行为"BY frequency"，表示按照变量"frequency"对数据进行加权。

第三行为"NPAR TEST"，表示要进行非参数统计分析。

第四行为"/CHISQUARE=number"，表示使用卡方统计量检验的是变量 number。

第五行为"/EXPECTED=EQUAL"，表示所有类别取相等的期望值。

第六行为"/STATISTICS DESCRIPTIVES QUARTILES"，表示统计分析会输出描述性的统计量表和分位数表。

第七行为"/MISSING ANALYSIS."，表示进行检验时，只排除参与检验的变量的缺省值。

2. 结果解读

执行上述操作后，即可在输出窗口中得到分析结果。

表 8-1 为描述性统计量表，给出了观测量个数(N)、平均值(均值)、最小值(Minimum)、最大值(Maxmium)、标准差(Std.Deviation)以及四分位数(25th、50th、75th)。

表 8-1 描述性统计量表

描述性统计量

	N	均值	标准差	极小值	极大值	百分位		
						第 25 个	第 50 个(中值)	第 75 个
数字	805	4.48	2.927	0	9	2.00	4.00	7.00

表 8-2 为期望频数和观测频数表。

表 8-2 期望频数和观测频数表

数字

	观 察 数	期 望 数	残　差
0	79	80.5	-1.5
1	92	80.5	11.5
2	83	80.5	2.5
3	79	80.5	-1.5
4	73	80.5	-7.5
5	80	80.5	-.5
6	76	80.5	-4.5
7	75	80.5	-5.5
8	77	80.5	-3.5
9	91	80.5	10.5
总数	805		

表 8-2 显示出了各个分组的观测频数和期望频数以及两者之间的差值。从表中可以看出，期望频数为 80.5，Residual 代表的是残差，最大的残差为 11.5。

表 8-3 为卡方检验表。

表 8-3 卡方检验表

检验统计量

	数字
卡方	4.627[a]
df	9
渐进显著性	.866

a. 0 个单元 (.0%) 具有小于 5 的期望频率。单元最小期望频率为 80.5。

在表 8-3 中给出了卡方检验的结果，从表中可以看出 χ^2=4.627，渐进方法的概率 p 值为 0.866，远大于显著性水平 0.05，因此可以接受原假设，证明该 20 面体是均匀的。

8.3 二项分布检验

实际情况中，很多数据的取值是二值的，一般采用 0 和 1 来表示两个取值。通常将这种二值情况构造为二项分布，SPSS 中的二项分布检验过程正是通过样本数据检验样本来自总体是否服从指定概率为 p 的二项分布。

8.3.1 二项分布检验的基本原理

1. 二项分布检验的简单介绍

在现实生活中有很多数据的取值是二值的,如男性和女性、学者和非学者、会员和非会员、已婚者和独身者、有组织者和无组织者等。对于这样的情况,从总体中抽取的所有可能结果,要么是对立分类中的一类,要么是另一类,通常在数据文件中将这两种情况用 0 和 1 来表示。

在进行 n 次相同的试验后,则出现两类(1 或 0)的次数可以用离散型随机变量 X 来描述。随机变量 X 为 1 的概率设为 p,则随机变量 X 值为 0 的概率 q 就等于 $1-p$,形成二项分布。

虽然 p 值在不同的总体中可以不同,但对一个总体而言,p 是固定的。然而,即使我们知道了某一总体的 p 值,也不能期望在该总体中抽取的任一随机样本中所含的一类事件的比例恰好为 p,另一类恰好为 q。抽样的随机效应通常将使样本不会严格重复总体的 p 值和 q 值。例如,某州登记的选民均等地分属共和党和民主党。但从该州登记的选民中,随机抽取一样本,却可能是 47%属于民主党,53%属于共和党,甚至也可能是 56%属于民主党,44%属于共和党。这种观察值和总体值之间的差异是由偶然性引起的。当然,出现小差异或小偏离的概率要大于出现大差异的概率。

二项分布是从二分类总体抽得的随机样本中可能观察到的两类比例的抽样分布。这就是说,它给出了在零假设成立时两类比例的各种可能值。这里,零假设是指总体值为 p 的假设,当一项研究的结果可分为两类时,就可以用二项分布来检验零假设。这种检验属于拟合优度型,即检验能否认为从样本中观察到的两类比例(或频数)来自于具有指定 p 值的总体。

2. 二项分布检验的方法

SPSS 提供的二项分布检验过程(Binomial Tests Procedure)正是用于对给定样本数据检验其总体是否服从概率为给定数值的二项分布,其零假设 H_0 为:样本来自参数为指定数值的二项分布。

SPSS 二项分布检验,在小样本中采用精确检验方法,对于大样本则采用近似检验方法。精确检验方法计算 n 次试验中某类出现的次数小于等于 x 次的概率,即

$$P\{X \leqslant x\} = \sum_{i=0}^{x} C_n^i p^i q^{n-i}$$

其中,C_N^x 的数学定义为

$$C_N^x = \frac{N!}{x!(N-x)!}$$

p 为属于一类对象的预期比例,q 为另一类对象的预期比例。

在大样本中,则采用近似检验,采用 Z 检验统计量,在原假设成立下 Z 检验统计量近似服从正态分布,其数学定义为

$$Z = \frac{x \pm 0.5 - np}{\sqrt{np(1-p)}}$$

上式进行了连续性校正，当 x 小于 $n/2$ 时加 0.5，当 x 大于 $n/2$ 时减 0.5。

SPSS 将自动计算上述精确概率和近似概率值。如果概率值小于显著性水平 α，则拒绝原假设，认为样本来自总体与指定的二项分布存在显著差异；如果概率值大于显著性水平 α，则应接受原假设，认为样本来自总体与指定的二项分布无显著差异。

8.3.2　二项分布检验的 SPSS 操作

创建或打开数据文件后，即可进行二项分布检验。二项分布检验在 SPSS 中通过"二项式"命令来实现。

在数据编辑窗口中，在主菜单栏中选择"分析"菜单，然后单击"非参数检验"子菜单，从中选择"二项式"命令，即可打开如图 8-5 所示的"二项式检验"主对话框。

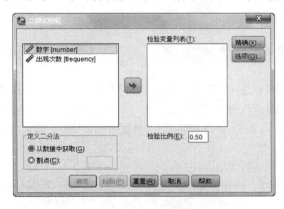

图 8-5　"二项式检验"对话框

"检验变量列表"列表框用于指定需要检验的变量，可以指定多个，系统会分别进行分析。要选择检验变量，在左边的源变量列表框中选中该变量，然后单击 按钮即可。

"定义二分法"栏用于设置定义二分值的方法："从数据中获取"选项为系统默认选项，如选择此项，适用于按照二分类方式录入的数据；"割点"选项，如选择此项，则由用户在右边的文本框中设定一个分界点，观测值中大于这个数值的个案为第一组，小于这个数值的个案为第二组。

至此，SPSS 将自动将第一组作为检验类，检验该类出现的概率是否与输入的检验概率值存在显著差异。

"检验比例"设置栏，在此栏内设置检验的概率值。系统默认为 0.5，即为均匀分布。检验概率值的输入范围为 0.001～0.999。

在主对话框中单击"选项"按钮，即可打开如图 8-6 所示的"二项式检验：选项"(二项分布检验：选项)对话框。

该对话框和"卡方检验：选项"对话框基本相同，各选项的功能读者可参照 8.2.2 节学习，此处不再赘述。

在主对话框中单击"精确"按钮，即可打开如图 8-7 所示的"精确检验"对话框。

该对话框和卡方检验中的"精确检验"对话框基本相同，各选项的功能读者可参照 8.2.2 节学习，此处不再赘述。

图 8-6 "二项式检验：选项"对话框

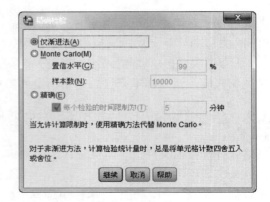

图 8-7 "精确检验"对话框

所有设置结束后，单击"确定"按钮，即可开始进行统计分析。

8.3.3 二项分布检验的实例

二项分布最典型的案例是抛掷硬币的试验，抛掷硬币的结果只可能有两种情况，要么出现正面，要么出现反面。现检验硬币正面出现的概率是否为 1/2，抛掷 66 次，正面出现记为 1，反面出现记为 0。根据所得数据建立数据文件"硬币结果.sav"。

1. 操作步骤

建立数据文件后，在数据编辑器中打开数据文件"硬币结果.sav"。

(1) 在主菜单栏中选择"分析"菜单，然后单击"非参数检验"子菜单，从中选择"二项式"命令，即可打开如图 8-5 所示的"二项式检验"主对话框。

(2) 将变量 result 作为检验变量从左侧的源变量列表框中选入"检验变量列表"列表框中。

(3) 在主对话框中单击"选项"按钮，打开如图 8-6 所示的"二项式检验：选项"对话框。选择"描述性"复选框，要求输出描述性统计量。然后单击"继续"按钮确认选择并返回主对话框。

(4) 单击"确定"按钮，执行上述操作。

此分析过程的程序语句为：

```
NPAR TEST
 /BINOMIAL (.50)= result
 /STATISTICS DESCRIPTIVES
 /MISSING ANALYSIS.
```

下面分析此程序语句：

第一行为"NPAR TEST"，表示要进行非参数统计分析。

第二行为"/BINOMIAL (.50)= result"，表示使用二项检验来检验变量 result，检验概率值 p=0.5。

第三行为"/STATISTICS DESCRIPTIVES"，表示统计分析会输出描述性统计量表。

第四行为"/MISSING ANALYSIS."，表示进行检验时，只排除参与检验的变量的缺省值。

2. 结果解读

二项分布检验的结果比较简单。执行上述操作后，SPSS 会在结果输出窗口中给出描述性统计量表和二项分布检验表。

表 8-4 为描述性统计量表，给出了观测量个数(N)、平均值(均值)、标准差(Std.Deviation)、最小值(Minimum)和最大值(Maximum)。

表 8-4 描述性统计量表

描述性统计量

	N	均值	标准差	极小值	极大值
投掷结果	66	.47	.503	0	1

从表 8-4 可以看出，总共有 66 个观测个案，平均值为 0.47，标准差为 0.503。

表 8-5 为二项分布表。

表 8-5 二项检验表

二项式检验

		类别	N	观察比例	检验比例	精确显著性(双侧)
投掷结果	组 1	1	31	.47	.50	.712
	组 2	0	35	.53		
	总数		66	1.00		

a. Based on Z Approximation.

从表 8-5 中可以看出，第一组的频数为 31，第二组的频数为 35，检验二项分布的概率值为 0.05，检验统计量采用 Z 统计量，得到的概率为 0.712，大于 0.05，因此不能否定原假设，即可以认为硬币的正反面出现的概率是相同的，均为 1/2。

8.4 游程检验

在多数研究中，样本都是从母体中随机抽取的，若样本不是随机抽样而得，则所做的任何推断都是无意义的，因此，研究者除了研究分布的位置或形状外，还需要研究样本的随机性。游程检验的目的就是检验取值为二分类，并且按时间或某种顺序排列的数列数据是否为真正随机出现，即各观察对象是否来自同一母体，并且取值各自独立。

8.4.1 游程检验的基本原理

在许多时候，研究者关心的不仅仅是分布的位置或形状，也希望研究样本的随机性如何。如果一个实验者希望从总体的一个样本所包含的信息中得出关于总体的某些结论，那么样本必须是随机样本。如果样本不是从母体中随机抽取的，那么所做的任何推断都将是无价值的。近几年发展起来的若干方法，已使我们能检验"样本是随机的"这一假设。这些方法的基础是起初获得的各个评分或观察结果的顺序或序列。

游程检验(游程检验)是一种利用游程的总数获得统计推断结论的方法，其目的就是检验取值为二分类，并且按时间或某种顺序排列的数列数据是否为真正随机出现，即各观察对象是否来自同一母体，并且取值各自独立。

游程检验方法是基于样本所显示的游程数。下面首先简单介绍一下游程的概念。

一个游程定义为一个具有相同符号的连续串，在它前后相接的是与其不同的符号或完全无符号。设 $x_1, x_2, \cdots, x_m$ 和 $y_1, y_2, \cdots, y_n$ 分别为来自同总体 X 和 Y 的随机样本数据，如果将这两个样本合并在一起，并按照从小到大的顺序排列，得到次序统计量：$z_1, z_2, \cdots, z_{m+n}$。如果将次序统计量中来自总体 X 的样本值记为 0，来自总体 Y 的样本值记为 1，仍按原顺序表示次序统计量，则得到一个由 0 和 1 构成的序列。我们将连续出现 0 或者连续出现 1 的一组数分别称为 0 的游程或者 1 的游程，一个游程中包含 0 或者 1 的个数称为游程长度。

例如，假定观察的结果用加、减号标志，并得到一组这样的记录顺序：++---+----++-+。那么，这个样本的观察结果以含 2 个加号的游程开始，接着是一个含 3 个减号的游程，然后是一个含 1 个加号的游程，一个含 4 个减号的游程，一个含 2 个加号的游程，等等。我们总共观察到 7 个游程，游程的数目 r 为 7。

在任一给定容量的样本中，游程的总数标志着样本是否是随机的。如果游程的数目很少，就意味着样本由于缺乏独立性而形成了一致的趋势或成束结构；若有极大量的游程，则看来有系统的短周期波动影响着观察结果。

例如，假定把一枚硬币掷 20 次，正面(用符号 H 表示)和反面(用符号 T 表示)的观察结果次序为：HHHHHHHHHHTT。在这 20 次中，只出现了两个游程。这对于一个"理想的"硬币来说似乎是太少了。这意味着事件中存在有某种相关性。另一方面，假定出现了下面的序列：HTHTHTHTHTHTHTHTHTHT。这里的游程数目太多了。此时，$N=20$，$r=20$。因此，似乎也有理由拒绝硬币是"理想的假设"。这样看来，上面的两种序列都不是 H 和 T 的随机序列。

重复观察一些随机样本，可以知道 r 值的抽样分布。根据这个抽样分布，我们可对一给定的观察样本，确定其游程的数目是多于或是少于一随机样本中可能出现的游程数。检验两组数据是否具有随机性，游程是其重要的依据。

在 SPSS 中，通过非参数检验中的"游程检验"命令来实现游程检验。游程检验的原假设为序列具有随机性。在 SPSS 的游程检验中，利用游程构造检验统计量，判断样本数据的随机性。在大样本条件下，游程的抽样分布近似服从正态分布，SPSS 将自动计算统计量，根据正态分布的分布函数求出相应的概率 p 值，并将 p 值与显著性水平相比较。

如果概率 p 值小于给定的显著性水平，则拒绝原假设，认为序列不具有随机性；反之，如果概率 p 值大于给定的显著性水平，则接受原假设，认为序列具有随机性。

利用游程检验方法既可以对次序统计量进行随机性检验，还可以对不同的两个总体进行显著性检验。单样本游程检验是用来检验变量值的出现是否具有随机性，而两独立变量的游程检验则用来检验两独立样本来自的两总体的分布是否存在显著差异。其原假设是：两组独立样本来自的两总体分布无显著差异。两独立样本的游程检验与单样本游程检验的思想基本相同，不同的是计算游程数的方法。两独立样本的游程检验中，游程数依赖于变量的秩。

但是，必须明确的是，游程检验是一种检验效能非常低的方法，它只利用了游程的数目，迭起了绝大部分的信息，得出的阴性结论只能供参考，因此如果有其他方法可供选择时，请读者尽量不要使用此方法。

8.4.2 游程检验的 SPSS 操作

建立或打开数据文件后，即可进行游程检验。在主菜单栏中选择"分析"|"非参数检验"|"旧对话框"|"游程"命令，即可打开"游程检验"对话框，如图 8-8 所示。

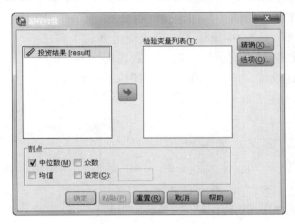

图 8-8 "游程检验"对话框

"检验变量列表"列表框用于选入检验变量，在左边的源变量列表框中选中需要进行游程检验的变量，然后单击 按钮，即可将其移动到该列表框。

"割点"栏用于设置划分两类的临界点，其中小于分界点的变量值构成第一类，其他个体构成第二类，有 4 个复选框：

- "中位数"选项，如选择此项，则以检验变量的中位数作为临界点。
- "均值"选项，如选择此项，则以检验变量的均值作为临界点。
- "众数"选项，如选择此项，则以检验变量的众数作为临界点。
- "设定"选项，如选择此项，用户可以在后面的文本框中自定义临界点来将观测划分为两类。

单击"选项"按钮，即可打开"游程检验：选项"(游程检验：选项)对话框；单击"精确"按钮，可以打开"精确检验"(精确检验)对话框。这两个对话框的功能和设置方法与上节相应的对话框完全相同，此处不再赘述，读者可参照 8.3.2 节进行学习。

单击"确定"按钮，开始进行游程检验分析过程。

8.4.3 游程检验的实例

下面以一个实际案例来说明游程检验的运用及对其结果的解读。

为了对灯泡的质量进行管理，从生产线连续抽取 20 个灯泡并依次贴上序号，然后做寿命试验，得到每个灯泡寿命的数据(千小时)，并依据数据建立数据文件"灯泡寿命.sav"。

合格的灯泡平均寿命为 1.435 千小时。将 20 个观测个案中寿命小于平均寿命的灯泡记为 1，大于平均寿命的记为 2，现在使用游程检验的方法检验 1、2 序号是否可以认为是随机的。

1. 操作步骤

(1) 打开数据文件，在"转换"菜单中选择"重新编码为不同的变量"命令，按平均寿命将 20 个观测个案分为两组。寿命值比平均寿命值小的记为 1，比平均寿命值大的记为 2。用新变量 after 来表示分组结果。

(2) 在主菜单栏中选择"分析"菜单，然后选择"非参数检验"子菜单，单击"游程"命令，即可打开如图 8-8 所示的"游程检验"对话框。

(3) 将变量 after 作为检验变量选入"检验变量列表"列表框。

(4) 在"割点"栏选择"均值"，以平均数作为分界点。

(5) 其他采用默认设置。单击"确定"按钮执行游程检验。

此分析过程也可以通过如下的语法程序语句来实现：

```
NPAR TEST
  /RUNS(MEAN)=after
  /STATISTICS DESCRIPTIVES
  /MISSING ANALYSIS.
```

第一行为"NPAR TEST"，表示要进行非参数统计分析。

第二行为"/RUNS(MEAN)=after"，表示使用游程检验来检验变量 after，临界点设置为平均数。

第三行为"/STATISTICS DESCRIPTIVES"，表示统计分析会输出描述性的统计量表。

第四行为"/MISSING ANALYSIS."，表示进行检验时，只排除参与检验的变量的缺省值。

2. 结果解读

在结果输出窗口中输出描述性统计量表和游程检验表。

表 8-6 为描述性统计量表。

表 8-6 描述性统计量表

描述性统计量

	N	均　值	标 准 差	极 小 值	极 大 值
分组后的寿命	20	1.55	.510	1	2

在表 8-6 中给出了观测个案数、平均值、最小值、最大值和标准差。

表 8-7 为游程检验表。

从表 8-7 中可以看出，检验值是变量"after"的平均值，为 1.55，其中在第一组的个案为 9 个，在第二组的个案为 11 个。游程数为 11，检验统计量的值为 0.000，因为概率 p 值 Asymp. Sig. (2-tailed)为 1.000，远大于 0.05，因此接受原假设，认为 1、2 序号是随机的，也就是说灯泡的抽取是随机的。

表 8-7 游程检验表

游程检验

	分组后的寿命
检验值 a	1.55
案例 < 检验值	9
案例 >= 检验值	11
案例总数	20
Runs 数	11
Z	.000
渐进显著性(双侧)	1.000

a. 均值。

8.5 单样本 K-S 检验

前面所讲述的几种分析方法实际上都是对分类数据进行研究,但实际上,很多时候收集到的都是连续性数据。本节所要讲解的 Kolmogorov-Smirnov 检验则可以对连续性数据进行分析。Kolmogorov-Smirnov 检验是以俄罗斯数学家柯尔莫哥洛夫和斯密尔洛夫的名字命名的一种非参数检验,该检验是一种拟合优度检验,可以利用样本数据推断样本来自的总体是否服从某一理论分布。

8.5.1 单样本 K-S 检验的基本原理

1. K-S 检验的简单介绍

前面所讲述的几种分析方法实际上都是对分类数据进行研究,但在实际情况中,很多时候我们所收集到的都是连续性数据。那么,需要对连续性数据的分布情况加以研究时,就不能使用前面所讲的方法,而 K-S 检验就是这样一种方法。

由于卡方拟合优度检验需要将样本空间分成不相交的子集,所以存在诸多主观因素,分组方法不同有时会导致检验结论的不同或者检验方法失败的情况;而 K-S 检验方法在一定程度上克服了卡方检验的缺点,是比卡方检验更精确的一种非参数检验方法。

K-S 检验是柯尔莫哥洛夫-斯密尔洛夫(Kolmogorov-Smirnov)检验的简称,该检验涉及一组样本值(观察结果)的分布和某一指定的理论分布间的符合程度问题,可以确定是否有理由认为样本的观察结果来自具有该理论分布的总体。SPSS 的理论分布主要包括正态分布、均匀分布和泊松分布等。

2. 单样本 K-S 检验的基本方法

单样本 K-S 检验的基本原理是:分别做出已知理论分布下的累计频率分布以及观察的累计频率分布,然后对两者进行比较,从中确定两种分布的最大差异点。如果样本确实服从理论分布，则最大差异值不应太高，否则就应该拒绝原假设。

本节中所讲的是单样本的 K-S 检验，其原假设为：样本来自的总体与指定的理论分布无显著差异。

单样本 K-S 检验的基本思路为：

首先，在原假设成立的前提下，计算各样本观测值在理论分布中出现的累计概率值 $F(x)$；其次，计算各样本观测值的实际累计概率值 $S(x)$；计算实际概率值与理论概率值的差 $D(x)$；最后，计算差值序列中的最大绝对差值，即

$$D = \max(|S(x_i) - F(x_i)|)$$

通常，由于实际累计概率为离散值，因此 D 修正为

$$D = \max(\max(|S(x_i) - F(x_i)|), \max(|S(x_{i-1}) - F(x_i)|))$$

D 统计量也称为 K-S 统计量。在零假设成立时，D 的抽样分布是已知的。要注意，一个给定的 D 值的显著性依赖于 N。

在小样本下，原假设成立时，D 统计量服从 Kolmogorov 分布。在大样本下，原假设成立时，$\sqrt{n}D$ 近似服从 $K(x)$ 分布：当 D 小于 0 时，$K(x)$ 为 0；当 D 大于 0 时，

$$K(x) = \sum_{j=-\infty}^{\infty} (-1)^j \exp(-2j^2 x^2)$$

这是很容易理解的，如果样本总体的分布与理论分布的差异不明显，那么 D 不应该较大。

至此，SPSS 将自动计算检验统计量的概率 p 值，并根据概率 p 值是否大于显著性水平（一般取 0.05）决定是接受原假设还是拒绝原假设。如果 D 统计量的概率 p 值小于显著性水平 α，则应拒绝原假设，认为样本来自的总体与指定的分布有显著差异；如果 p 大于显著性水平 α，则应接受原假设，认为样本来自的总体与指定的分布无显著差异。

正如前面所说，K-S 检验方法可以对正态分布、均匀分布、泊松分布和指数分布等进行检验，其检验参数可以根据给定的样本进行估计。例如，对于正态分布，将样本均值和样本标准差作为理论分布的参数；对于均匀分布，将样本的最小值和最大值作为其取值范围；对于泊松分布和指数分布，则可以将样本均值作为其理论参数。

K-S 检验不仅能够检验单个总体是否服从某一理论分布，还可以检验两总体分布是否存在显著差异，其原假设为：两组独立样本来自的两总体的分布无显著差异。

两独立样本 K-S 检验的基本思想与前面讨论的单样本 K-S 检验的基本思路是一致的，主要差别在于：这里是以变量值的秩作为分析对象，而非变量值本身。

两独立样本 K-S 检验的操作步骤是：首先，将两组样本混合然后按升序排序；其次，分别计算两组样本秩的累计频数和累计频率；最后，计算两组累计频率的差，得到秩的差值序列并得到 D 统计量。此处的 D 统计量的计算方法与单样本 K-S 检验中的 D 统计量相同，但不需要进行修正。

同单样本 K-S 检验一样，SPSS 将自动计算在大样本下的观测值和概率 p 值，并将 p 值与显著性水平 α 进行比较，判断是接受原假设还是拒绝原假设。

8.5.2　单样本 K-S 检验的 SPSS 操作

建立或打开数据文件后，即可进行单样本 K-S 检验。

在数据编辑器窗口中,在主菜单栏中选择"分析"菜单,选择"非参数检验"子菜单,单击"1-样本 K-S"命令,即可打开如图 8-9 所示的"单样本 Kolmogorov-Smirnov 检验"(单样本 K-S 检验)主对话框。

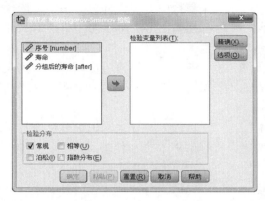

图 8-9 "单样本 Kolmogorov-Smirnov 检验"对话框

在主对话框的右侧为"检验变量列表"列表框,该列表框用于选入检验变量,可以指定多个,系统会分别进行分析。要选择检验变量,在左侧的源变量框中选中该变量,然后单击 按钮即可。

主对话框下方的"检验分布"栏用于指定检验的分布类型,包括 4 个复选框:

- "常规"复选框,如选择此项,则检验变量是否服从正态分布。这是系统默认选项。
- "相等"复选框,如选择此项,则检验变量是否服从均匀分布。
- "泊松"复选框,如选择此项,则检验变量是否服从泊松分布。
- "指数分布"复选框,如选择此项,则检验变量是否服从指数分布。

在主对话框中单击"选项"按钮,即可打开"单样本 K-S 检验:选项"对话框。在该对话框中包含用于设置输出统计量的统计量栏和用于设置缺失值处理方式的缺失值栏。该对话框和前面几节中的选项对话框功能及设置方法相同,读者可参照 8.2.2 节进行学习,此处不再赘述。

在主对话框中单击"精确"按钮,即可打开"精确检验"对话框,该对话框的功能及设置方法与前面所讲的相关内容相同,读者可参照 8.2.2 节学习各复选框的功能及设置方法,此处不再赘述。

所有设置结束后,单击"确定"按钮,执行单样本 K-S 检验。

8.5.3 单样本 K-S 检验的实例

下面以一个实际案例来简单说明单样本 K-S 检验的应用及对其结果的解读。

在一批相同型号的电子元件中随机抽取 10 个做寿命试验,测得它们的使用寿命(单位:小时)如下:420,500,920,1380,1510,1650,1760,2100,2320,2350。现试用单样本 K-S 检验法检验原假设 H_0:测量偏差服从指数分布。

1. 操作步骤

(1) 首先，根据数据建立数据文件"电子元件使用寿命.sav"。

(2) 在数据编辑窗口，在主菜单栏中选择"分析"菜单，选择"非参数检验"子菜单，单击"1-样本 K-S"命令，即可打开如图 8-9 所示的"单样本 Kolmogorov-Smirnov 检验"主对话框。

(3) 将变量使用寿命作为检验变量选入"检验变量列表"列表框中。

(4) 在主对话框下方的"检验分布"栏中选择"指数分布"复选框，检验变量是否服从指数分布。

(5) 在选项对话框中选择"描述性"，要求输出描述性统计量。

(6) 单击"确定"按钮，执行单样本 K-S 检验。

上述操作也可以通过如下语法程序语句来实现：

```
NPAR TESTS
  /K-S(EXPONENTIAL)= 使用寿命
  /STATISTICS DESCRIPTIVES
  /MISSING ANALYSIS.
```

第一行为"NPAR TESTS"，表示要进行非参数统计分析。

第二行为"/K-S(EXPONENTIAL)=使用寿命"，表示使用 Kolmogorov-Smirnov 单样本检验来检验变量"使用寿命"是否服从正态分布。

第三行为"/STATISTICS DESCRIPTIVES"，表示统计分析会输出描述性的统计量表。

第四行为"/MISSING ANALYSIS."，表示进行检验时，只排除参与检验的变量的缺省值。

2. 结果解读

执行上述操作后，在结果输出窗口中输出描述性统计量表和单样本 K-S 检验表。

表 8-8 为描述性统计量表，表中输出了观测量个数、平均值、最小值、最大值和标准差。

表 8-8　描述性统计量表

描述性统计量

	N	均　值	标　准　差	极　小　值	极　大　值
使用寿命	10	1491.00	696.139	420	2350

表 8-9 为单样本 K-S 检验表。

在表 8-9 中，N 表示观测量个数，本例中为 10 个同类型的电子元件。

由于采用的理论分布为指数分布，因此指数参数表示指数分布的参数值，指数分布利用样本均值表示其唯一的参数，样本均值为 1491.00，即这 10 个电子元件的平均使用寿命为 1491.00 小时。

最极端差别表示样本数据与理论数据的最大差值，最大绝对值之差为 0.304，最大正差值为 0.207，最大负差值为-0.304，最大(正、负)差值的大小可以判断理论分布和经验分布之间的差距，为计算检验统计量提供了直观的分析。

表 8-9 单样本 K-S 检验表

单样本 Kolmogorov-Smirnov 检验

		使用寿命
N		10
指数参数 a,b	均值	1491.00
最极端差别	绝对值	.304
	正	.207
	负	-.304
Kolmogorov-Smirnov Z		.960
渐进显著性(双侧)		.315

a. 检验分布为指数分布。
b. 根据数据计算得到。

Kolmogorov-Smirnov Z 为 K-S 正态检验统计量的值，这里为 0.960。

Asymp. Sig. (2-tailed)为双尾渐进概率 p 值，为 0.315，大于给定的显著性水平 0.05，所以应该接受原假设，认为这 10 个电子元件的使用寿命分布与理论分布无显著差异，也就是说该 10 个电子元件的使用寿命服从指数分布。

8.6 两独立样本检验

两独立样本的非参数检验是在对总体分布不甚了解的情况下，通过对两独立样本进行分析，推断来自两个总体的分布是否存在显著性差异的方法。独立样本是指在一个总体中随机抽样对在另一个总体中随机抽样没有影响的情况下获得的样本。

SPSS 提供了多种两独立样本的非参数检验方法，主要包括 Mann-Whitney U 检验、K-S Z 检验、W-W 游程检验、极端反应检验等。

8.6.1 两独立样本检验的基本原理

1. 两独立样本检验的简单介绍

在研究两个组之间的差异时，我们可以用相关组，也可用独立组。尽管在一项研究设计中使用两个相关样本具有很大优势，但要做到这一点却往往不现实或不恰当。因变量的本性就常常阻止人们用研究对象作为其自身的对照。比如，若因变量是解决某一特定生疏问题所花费的时间时，就会出现这种情况。因为一个问题只可能在第一次碰到时是生疏的。此外，还可能由于研究人员不知道合宜的匹配变量，或者由于他不能得到已知是合宜的某个变量(用来挑选配对)的适当量度，最后或许简单的没有好的"匹配"可用，从而不能设计出利用匹配对的研究方案。

如果使用两个相关样本不现实或不恰当，我们就可以用两个独立样本。在这类设计中，两个样本可用下面两种方式之一获得：一种方式是各自从两个总体中随机抽出；另一种方式是对某种来源任意的样本的个案随机分配两种处理方法。在每种情况下，两组样本的容量都不一定要相同。

在前面的章节中，我们讨论了两独立样本的参数检验问题，分析了两个独立样本中数据的常用参数方法，是对两组样本的两个平均值进行 T 检验。利用 T 检验可以解决两个总体是否存在显著性差异的问题，并且该检验方法具有计算简便、稳健性强等特点；但 T 检验要求两个独立样本来自的总体服从正态分布，甚至对两个总体的方差也要求相等或者已知。在实际问题中，很多时候对于给定样本的分布形态并不是很了解，总体的参数情况更无法了解，这时候，可以利用两独立样本的非参数检验过程对两个总体的分布是否存在显著性差异进行检验。

两独立样本的非参数检验是在对总体分布情况不了解的情况下，通过对两组独立样本的分析来推断样本来自的两个总体的分布等是否存在显著差异的方法。之所以称之为非参数检验，是因为检验过程不需要已知总体的分布，也不需要已知总体的参数，甚至样本的数字可以不是定距型变量值。

2. 两独立样本检验的方法

SPSS 提供了四种检验方法，其中，Mann-Whitney U 检验主要用于判别两个独立样本所属的总体是否有相同的分布；而 Kolmogorov-Smirnov Z 检验主要用于推测两个样本是否来自具有相同分布的总体；极端反应检验用于检验两个独立样本之观察值的散布范围是否有差异存在，以检验两个样本是否来自具有同一分布的总体；Wald-Wolfowitz 游程检验考察两个独立样本是否来自具有相同分布的总体。

1) Mann-Whitney U 检验

如果测量至少达到了顺序量表的水平，就可用 Mann-Whitney U 检验来检验两个独立样本是否取自于同一个总体，这是最强的非参数检验之一。当研究者希望避免作出 T 检验的假定，或是当研究中的测量水平低于间隔量表时，它是参数 T 检验的最有用的一种替代方法。

该检验的原假设为：两组独立样本来自的两总体分布无显著差异。Mann-Whitney U 检验通过对两组样本平均秩的研究来实现推断。秩简单地说就是变量排序的名次。可以将数据按升序排列，每个变量值都会有一个在整个变量值序列中的位置或名次，这个位置或名次就称为变量值的秩。变量值有几个，对应的秩就有几个。

设我们有取自两个总体 A 和 B 的样本。零假设是 A 和 B 分布相同，与零假设对立的备择假设是 A 随机的大于 B，这是一个定向假设。如果"取自 A 的评分大于取自 B 的评分"的概率大于 0.5，我们就可以接受备择假设。这就是说，如果 a 是取自总体 A 的一个观察值，b 是取自总体 B 的一个观察值，那么备择假设就是 $p(a > b) > 0.5$。如果证据支持备择假设，那就意味着 B 的大多数高于 A 的大多数。

2) Moses 极端反应检验

在行为科学中，我们预期一项实验条件会引起某些对象在一个方向上表现出极端行为，同时又引起另一些对象表现出相反方向的极端行为。例如，我们可以认为经济萧条和政治动荡会引起某些人的政见变得极端保守而另一些人则变得十分激进；我们也可以预期环境不安定会使某些精神不健全的人极度兴奋，同时又使另一些人极度消沉。

Moses 检验就是专门设计用来检验为这类假设而收集的数据的。这些数据至少应达到顺序量表的测量水平。当我们预期实验条件将以一种方式影响某些受试者而以相反方式影响另一些受试者时，就应当用 Moses 检验。

极端反应检验(Moses Extreme Reactions)从另一个角度检验两独立样本来自总体分布是否存在显著差异。其原假设为：两独立样本来自的两个总体的分布无显著差异。

极端反应检验的基本思想是：将一组样本作为控制样本，另一组样本作为试验样本。以控制样本作为对照，检验实验样本相对于控制样本是否出现了极端反应。如果实验样本没有出现极端反应，则认为两总体分布无显著差异；相反，如果实验样本存在极端反应，则认为两总体分布存在显著差异。

3) Kolmogorov-Smirnov Z 检验

Kolmogorov-Smirnov Z 样本检验，可用来检验两个独立样本是否取自同一总体(或取自两个分布相同的总体)。为了应用两独立样本 Kolmogorov-Smirnov 样本检验，我们对每个观察样本作累计频数分布，并对两个分布采用相同的间隔。对于每个间隔，将两个阶梯函数相减。该检验着眼于这些观测离差中的最大者。

前面所讲的 K-S 检验不仅能够检验单个总体是否服从某一理论分布，还可以检验两总体分布是否存在显著差异，其原假设为：两组独立样本来自的两总体的分布无显著差异。

两独立样本 K-S 检验的基本思想与前面讨论的单样本 K-S 检验的基本思路是一致的，主要差别在于：这里是以变量值的秩作为分析对象，而非变量值本身。

两独立样本 K-S 检验的操作步骤是：首先，将两组样本混合按升序排序；其次，分别计算两组样本秩的累计频数和累计频率；最后，计算两组累计频率的差，得到秩的差值序列并得到 D 统计量。此处的 D 统计量的计算方法与单样本 K-S 检验中的 D 统计量相同，但不需要进行修正。

同单样本 K-S 检验一样，SPSS 将自动计算在大样本下的观测值和概率 p 值，并将 p 值与显著性水平 α 进行比较，判断是接受原假设还是拒绝原假设。

4) Wald-Wolfowitz 游程检验

Wald-Wolfowitz 游程检验可用于如下情形：零假设是两个独立样本取自同一总体，备择假设是两个样本在某一方面有差别。也就是说，对于足够大的样本，如果两个总体在某一方面有差别，如在集中趋势、偏斜度、变化性或其他任何一方面有差别，就可以用 Wald-Wolfowitz 游程检验来拒绝零假设。因此，我们可以用它来检验一大堆备择假设。许多其他检验都是着眼于两个样本之间的某种特定差异(如中位数检验决定两个样本是否取自中位数相同的总体)，而 Wald-Wolfowitz 游程检验却可以考察任何一种差异。

单样本游程检验是用来检验变量值的出现是否具有随机性，而两独立变量的游程检验则用来检验两独立样本来自的两总体的分布是否存在显著差异。其原假设是：两组独立样本来自的两总体分布无显著差异。

两独立样本的游程检验与单样本游程检验的思想基本相同，不同的是计算游程数的方法。两独立样本的游程检验中，游程数依赖于变量的秩。首先，将两组样本混合并按升序排序。在变量值排序的同时，对应的组标记值也会随之重新排列。其次，对组标记值序列按前面讨论的计算游程的方法计算游程数。容易理解：如果两总体的分布存在显著差距，那么游程数会相对较少；如果游程数比较大，则应是两组样本值充分混合的结果，两总体的分布不会存在显著差异。最后，根据游程数据计算 Z 统计量，该统计量近似服从正态分布。

8.6.2 两独立样本检验的 SPSS 操作

建立或打开数据文件后，即可开始进行两独立样本检验。

在数据编辑窗口中，在主菜单栏中单击"分析"菜单，选择"非参数检验"子菜单，然后单击"2 个独立样本"，即可打开如图 8-10 所示的"两个独立样本检验"对话框。

和大多数统计分析对话框一样，左侧为源变量框，列出所有的变量。右侧为"检验变量列表"列表框，用于选入需要进行分析的变量，可以同时指定多个，系统会分别进行分析。

"分组变量"栏用于指定分组变量。和两样本 T 检验时相同，该分组变量也必须是"定义组"详细定义进行比较的两个组的变量取值。选入分组变量后，"定义组"按钮被激活，单击该按钮即可打开"两个独立样本检验：定义组"对话框，如图 8-11 所示。

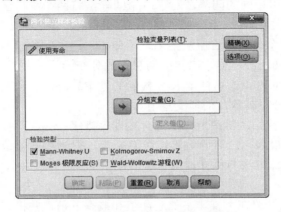

图 8-10 "两个独立样本检验"对话框　　图 8-11 "两个独立样本检验：定义组"对话框

在该对话框中包含两个选项："组 1"文本框用于设置一个代表一组变量的数值；"组 2"文本框用于设置一个代表另一组变量的数值。设置结束后，单击"继续"按钮确认并返回主对话框。

主对话框下方的"检验类型"栏用于选择所采用的检验方法："Mann-Whitney U"复选框，如选择此项，则使用 Mann-Whitney U 方法来进行检验；"Moses 极限反应"复选框，如选择此项，则使用 Moses 极端反应检验来进行检验；"Kolmogorov-SmirnovZ"复选框，如选择此项，则使用 Kolmogorov-Smirnov 双样本检验来进行检验；"Wald-Wolfowitz 游程"复选框，如选择此项，则使用 Wald-Wolfowitz 游程检验来进行检验。每一种检验方法的使用情况在前面已经进行过讲解，此处不再赘述。

在主对话框中单击"选项"按钮，将打开"两个独立样本检验：选项"对话框，在其中可以选择要输出的统计量以及缺失值的处理方式。单击"精确"按钮将打开"精确检验"对话框。"两个独立样本检验：选项"对话框和"精确检验"对话框的功能及设置方法与前面所讲的内容相同，读者可参照 8.2.2 节进行学习，此处不再赘述。

所有设置结束后，单击"确定"按钮，执行两独立样本检验。

8.6.3 两独立样本检验的实例

在利用 SPSS 进行两独立样本的非参数检验之前，应首先按规定的格式组织好数据。这里设置两个变量，一个变量存放样本值，另一个变量存放组标记值。

下面以一个实际案例来讲解两独立样本检验的应用及其结果的解读。

分析两种工艺产品的使用寿命是否存在显著差异，由于对产品使用寿命的分布没有确切的把握，因此可采用非参数检验的方法进行分析。此处涉及两个独立样本，因此采用两独立样本非参数检验方法，并分别用上述四种方法进行分析。数据文件为"工艺产品.sav"。

1. 操作步骤

(1) 打开数据文件"工艺产品.sav"。

(2) 在主菜单栏中单击"分析"菜单，选择"非参数检验"子菜单，然后单击"2 个独立样本"，打开如图 8-10 所示的"两个独立样本检验"对话框。

(3) 将变量 sysm 作为检验变量选入"检验变量列表"列表框。

(4) 将变量 gy 作分组变量选入"分组变量"列表框，并单击"定义组"按钮打开"两个独立样本检验：定义组"对话框，给出两组的组标记值。

(5) 在"检验类型"栏中选中所有的检验方法。

(6) 单击"选项"按钮打开"两个独立样本检验：选项"对话框，选择"描述性"复选框，要求输出描述性统计量。

(7) 单击"确定"按钮，执行上述操作。

此分析过程也可通过如下的语法程序语句来实现：

```
NPAR TESTS
  /M-W= sysm   BY gy(1 2)
  /MOSES= sysm   BY gy(1 2)
  /K-S= sysm   BY gy(1 2)
  /W-W= sysm   BY gy(1 2)
  /STATISTICS= DESCRIPTIVES
  /MISSING ANALYSIS.
```

第一行为"NPAR TESTS"，表示进行非参数统计分析。

第二行为"/M-W= sysm   BY gy(1 2)"，表示采用 Mann-Whitney U 检验，分组变量为 gy。

第三行为"/MOSES= sysm   BY gy(1 2)"，表示采用 Moses 极端反应检验，检验变量 sysm，分组变量 gy。

第四行为"/K-S= sysm   BY gy(1 2)"，表示采用 K-S 检验来对变量 sysm 进行检验，所使用的分类变量为 gy。

第五行为"/W-W= sysm   BY gy(1 2)"，表示采用 W-W 游程检验，检验变量为 sysm，分组变量为 gy。

第六行为"/STATISTICS= DESCRIPTIVES"，表示输出描述性统计量。

最后一行为"/MISSING ANALYSIS."，表示检验时，只排除参与检验变量的缺省值。

2. 结果解读

执行上述操作后，按照每种检验方法分别给出检验结果。

首先是描述性统计量表。表 8-10 为描述性统计量表，分别给出两个变量的观测量数、平均值、最小值、最大值和标准差。

表 8-10 描述性统计量表

描述性统计量

	N	均值	标准差	极小值	极大值
使用寿命	15	666.4000	15.51405	646.00	693.00
使用工艺	15	1.53	.516	1	2

表 8-11 为采用 Mann-Whitney U 检验方法得出的结果。

表 8-11 Mann-Whitney U 检验表

秩

	使用工艺	N	秩均值	秩和
使用寿命	甲种工艺	7	11.43	80.00
	乙种工艺	8	5.00	40.00
	总数	15		

检验统计量[b]

	使用寿命
Mann-Whitney U	4.000
Wilcoxon W	40.000
Z	−2.777
渐进显著性(双侧)	.005
精确显著性[2*(单侧显著性)]	.004[a]

a. 没有对结进行修正。
b. 分组变量：使用工艺。

从表 8-11 可得，甲、乙两种工艺中分别抽取了 7 个和 8 个样本，两组的秩总和分别为 80 和 40；W 统计量应取乙种工艺的秩总和 W_r，U、Z 统计量分别为 4、−2.777。由于是小样本，所以采用 U 统计量的精确概率。概率 p 为 0.004，小于显著性水平 0.05，因此拒绝原假设，认为甲、乙两种工艺下产品使用寿命的分布存在显著差异。

表 8-12 为采用 K-S 检验方法的结果。

从表 8-12 可知，两种工艺下产品使用寿命的累计概率的最大绝对值差为 0.732，修正后的 Z 统计量的观测值为 1.415，概率 p 值为 0.037，小于显著性水平 0.05，因此拒绝原假设，认为甲、乙两种工艺下产品使用寿命的分布存在显著差异。

表 8-12　K-S 检验表

频率

	使用工艺	N
使用寿命	甲种工艺（控制）	7
	乙种工艺（试验）	8
	总数	15

检验统计量 [a]

		使用寿命
最极端差别	绝对值	.732
	正	.732
	负	.000
Kolmogorov-Smirnov Z		1.415
渐进显著性(双侧)		.037

a. 分组变量：使用工艺。

表 8-13 为 Moses 极端反应检验的结果。

表 8-13　Moses 极端反应检验表

频率

	使用工艺	N
使用寿命	甲种工艺	7
	乙种工艺	8
	总数	15

检验统计量 [b,c]

		Runs 数	Z	精确显著性(单侧)
使用寿命	精确的 Runs 数	6[a]	−1.059	.149

a. 没有找到组间结。
b. Wald-Wolfowitz 检验。
c. 分组变量：使用工艺。

从表 8-13 可知，跨度和截头跨度为 10 和 6。本例为小样本，分别输出了在原假设成立下大于或等于 H 统计量观测值的精确概率值，未排除极端值时为 0.084，排除极端值时为 0.100，也就是说，无论排除极端值与否，都可得到不能拒绝原假设的结论，即甲、乙两种工艺下产品寿命的分布无显著差异。

表 8-14 为游程检验得到的结果。

表 8-14　W-W 游程检验表

频率

使用寿命	使用工艺	N
	甲种工艺	7
	乙种工艺	8
	总数	15

检验统计量[b,c]

		Runs 数	Z	精确显著性(单侧)
使用寿命	精确的 Runs 数	6[a]	−1.059	.149

a. 没有找到组间结。
b. Wald-Wolfowitz 检验。
c. 分组变量：使用工艺。

从表 8-14 可知，甲、乙两种工艺下产品使用寿命秩的游程数为 6，根据游程检验计算的 Z 统计量观测值为−1.059，对应的单尾概率 p 为 0.149，大于显著性水平，因此不能拒绝原假设，认为甲、乙两种工艺下产品寿命的分布无显著差异。

从本例的分析中可以得知，不同的分析方法会得到不同的结果，这一方面说明分析过程中对数据进行反复的探索性分析是极为必要的，另一方面也应注意不同方法本身侧重点上的差异性。

8.7　多独立样本检验

多独立样本检验是通过分析多组独立样本数据，推断样本来自的多个总体的中位数或分布是否存在显著差异。多组独立样本是指按独立抽样方式获得的多组样本。

SPSS 提供的多独立样本检验的方法包括中位数检验、Kruskal-Wallis 检验、Jonckheere-Terpstra 检验。

8.7.1　多独立样本检验的基本原理

在研究资料的分析中，研究者往往需要确定几个独立样本是否应该视为来自同一总体。样本值几乎总会有些不同，问题在于需要确定所观测到的样本差异究竟意味着总体之间的差异，抑或只是预期应该存在于取自同一总体的随机样本之间的偶然变化。

通常用来检验几个独立样本是否来自同一总体的参数方法是单向方差分析或 F 检验。与作为 F 检验基础的统计模型相联系的假设是，观察结果独立地取自一些正态分布总体，所有的总体都有相等的方差。F 检验的测量要求是：该研究中所涉及的变量的测量至少必须达到间隔变量的水平。

如果研究者发现对于他的数据而言，这样的假设是不现实的，或者他的测量水平低于间隔量表，或者他希望避免作出 F 检验的限制性假设从而增加其结论的普遍意义，那么就应该使用多独立样本的非参数检验。

SPSS 提供的多独立样本检验的方法包括 Kruskal-Wallis 检验、中位数检验、Jonckheere-Terpstra 检验。

1. Kruskal-Wallis 单向评秩方差分析

Kruskal-Wallis 单向评秩方差分析是一种极其有用的检验，它用来确定 k 个独立样本是否来自不同总体。在 Kruskal-Wallis 检验的计算中，N 个观察结果中的每一个都用秩来替代。也就是说，来自 k 个样本的所有评分都合为一个序列来进行评秩。最小的评分用秩 1 代替，次小的秩为 2，最大的得分则代之以秩 N。N 就等于这 k 个样本中独立观察的总次数。

然后，求出每个样本中的秩和。Kruskal-Wallis 检验可以确定：这些秩和是否极为不同，以至于它们不大可能来自全都从同一总体抽取的若干样本。

2. 推广的中位数检验

为了应用推广的中位数检验，我们首先将 k 个评分样本合在一起，并确定其中位数评分。也就是说，对 k 个组中所有的评分求出公共的中位数。然后，如果某一评分大于公共中位数，则用一个加号代替该评分；如果某一评分小于公共中位数，则用减号代替。(假如某一个或某几个评分碰巧等于公共中位数，则这些评分可分为两部分，超过公共中位数的评分赋予加号，落在公共中位数上或低于公共中位数的评分赋予减号。)

一旦数据已相对于公共中位数分成正号与负号两大类，并将所得到的频数填入一份 $k \times 2$ 表中后，接下来的检验步骤就完全类似于卡方检验了。

3. Jonckheere-Terpstra 检验

Jonckheere-Terpstra 检验也是用于检验多独立样本来自的多个总体的分布是否存在显著差异的非参数检验方法，其原假设为：多个独立样本的多个总体的分布无显著性差异。该检验对连续性数据或有序分类数据都适用，并且当分组变量为有序分类数据时，此方法的检验效能要高于 Kruskal-Wallis 法。

Jonckheere-Terpstra 检验的基本思想和 Mann-Whitney U 检验类似，也是计算一组样本的观测值小于其他组样本的观测值的个数。如果用 U_{ij} 表示第 i 组样本观察值小于第 j 组样本观察值的个数，则 J-T 统计量定义为

$$\text{J-T} = \sum_{i<j} U_{ij}$$

J-T 统计量是所有 U_{ij} 在 $i<j$ 组范围内的总和，称为观测的 J-T 统计量，在大样本下近似服从正态分布。SPSS 会自动计算相关统计量的观测值和概率 p 值，然后将概率 p 值与给定的显著性水平进行比较，得出接受或拒绝原假设的结论。

8.7.2 多独立样本检验的 SPSS 操作

建立或打开数据文件后，即可开始进行多独立样本的非参数检验。

在主菜单栏中，单击"分析"菜单，从中选择"K 个独立样本"命令，即可打开如图 8-12 所示的"多个独立样本检验"对话框。

该对话框和前面所讲的两独立样本非参数检验的主对话框的功能和设置基本相同，唯一不同的是，用于选择检验方法的"检验类型"栏改变为 Kruskal-Wallis H、中位数、Jonckheere-Terpstra 三个复选框：Kruskal-Wallis H 复选框，如选择此项，则使用 Kruskal-Wallis 单向评秩方差分析来进行检验，为系统默认选项；"中位数"复选框，如选择此项，则使用推广的中位数检验；Jonckheere-Terpstra 复选框，若选择此项，则使用 Jonckheere-Terpstra 检验。

其他列表框和按钮的功能及设置方法和"两个独立样本检验"中的主对话框一样，读者可参照学习。

当选入分组变量后，"定义范围"按钮被激活，单击此按钮，即可打开如图 8-13 所示的"多自变量样本检验"对话框。

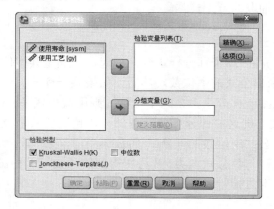

图 8-12　"多个独立样本检验"对话框

图 8-13　"多自变量样本检验"对话框

在该对话框中，可以设置分组变量的取值范围。在"最小值"参数框中输入分组变量取值的最小值，在"最大"参数框中输入最大值。设置结束后单击"继续"按钮确认并返回主对话框。

所有设置结束后，单击"确定"按钮，执行多独立样本的非参数检验。

8.7.3　多独立样本检验的实例

在利用 SPSS 进行两独立样本的非参数检验之前，应首先按规定的格式组织好数据。这里设置两个变量，一个变量存放样本值，另一个变量存放组标记值。

下面以一个实例来讲解多独立样本非参数检验的应用和结果解读。

对四个城市的周岁儿童身高进行了统计，得到相关数据，并根据数据建立数据文件"身高.sav"。现在希望分析四个城市周岁儿童身高是否存在显著差异。该检验的零假设为：四个城市周岁儿童的身高无显著差异。

1. 操作步骤

（1）打开数据文件"身高.sav"。

（2）在主菜单栏中单击"分析"菜单，从中选择"K 个独立样本"命令，即可打开如图 8-12 所示的"多个独立样本检验"对话框。

(3) 将变量 sg 作为检验变量选入"检验变量列表"列表框中。

(4) 将变量 cs 选入"分组变量"列表框中,并单击"定义范围"按钮,在对话框中给出组标志值的取值范围。

(5) 在"检验类型"栏中选择 Kruskal-Wallis,使用 Kruskal-Wallis 单向评秩方差分析来进行检验。

(6) 单击"确定"按钮,执行上述操作。

此分析过程的程序语句为:

```
NPAR TESTS
  /K-W=sg  BY cs(1 4)
  /MISSING ANALYSIS.
```

第一行为"NPAR TESTS",表示进行非参数统计分析。

第二行为"/K-W=sg   BY cs(1 4)",表示使用 Kruskal-Wallis 检验来对变量 sg 进行检验,所使用的分类变量为 cs,共分为 4 类。

第三行为"/MISSING ANALYSIS.",表示检验时,只排除参与检验变量的缺省值。

2. 结果解读

执行上述操作后,在结果输出窗口中输出 Kruskal-Wallis 检验的结果。

表 8-15 给出了 Kruskal-Wallis 检验的结果。

表 8-15 Kruskal-Wallis 检验表

秩

	城市标志	N	秩均值
周岁儿童身高	北京	5	14.40
	上海	5	8.20
	成都	5	15.80
	广州	5	3.60
	总数	20	

检验统计量[a,b]

	周岁儿童身高
卡方	13.900
df	3
渐进显著性	.003

a. Kruskal Wallis 检验。

b. 分组变量:城市标志。

从表 8-15 中可以看出,四个城市周岁儿童身高的平均秩分别为 14.4、8.2、15.8、3.6,K-W 统计量为 13.9,概率 p 值为 0.003,小于显著性水平 0.05,因此,应该拒绝原假设,认为四个城市周岁儿童身高的平均秩差异是显著的,总体分布存在显著差异。

但是，从上节的分析中我们发现，不同的方法会产生不同的结果，因此在分析过程中，应该采用几种方法对数据进行反复的探索性分析，同时应注意不同方法本身适用条件上的差异性。

8.8 两配对样本检验与多配对样本检验

在实际情况中，有很多样本是配对样本，配对样本的样本数是相同的，而且各样本值的先后顺序是不能随意更改的。

两配对样本检验的目的是研究配对样本的母体分布是否相同，或者差值母体是否以零为中心分布；而多配对样本检验则用于检验多个配对样本所在母体的分布是否相同，两者分别对应配对 T 检验和配对方差分析。由于它们在操作上并没有什么差别，所以本书将其放在一起进行讲解。

8.8.1 两配对样本检验与多配对样本检验的基本原理

1. 两配对样本非参数检验

当研究者希望知道两种处理结果是否不同，或者希望知道哪一种更好时，要用双样本统计检验。"处置"可以是下列各种不同情况中的任何一种：药物注射、训练、文化交流、宣传、分家、手术变更、改变居住条件、种族间的合并、气候变化、经济中一种新因素的引入，等等。在每一种情况下，经受处置的一组要和没有经受处置的一组进行比较，或者和经过另一种处置的组相比较。

在对两个组进行比较时，有时观察到的显著性差异并不是处置的结果。例如，一研究者要比较两种教学方法，他用一种方法教一组学生，用另外一种方法教另外一组学生。现在如果一组学生比较聪明或比较好学，那么接受不同学习方法的两组学生的学习成绩，可能完全反映不出两种教学方法的相对优劣。因为，有不少其他因素在影响着学习效果。

要克服由于其他因素所引起的两组之间的附加差异带来的困难，一个方法是在研究中用两个相关样本。这就是说，我们可以把待研究的两个样本"匹配"或关联起来。这种匹配可以通过两种方式实现：让每一个研究对象作为自身的对照者，或者将研究对象两两配对，然后给每一对中的两个成员分配两种处置条件。当一个研究对象"作为自身的对照者"时，它在不同的时间受到两种处置。当采用配对法时，要尽力选好每一对研究对象，使它们在可能影响实验结果的任何附加因素方面要相似。

分析两个相关样本资料的一般参数检验方法是将 T 检验用于评分差。但在许多场合下，T 检验是不能使用的。在这种情况下，实验者就要使用非参数检验的方法来进行分析。

两配对样本非参数检验是在总体分布不甚了解的情况下，通过对两组配对样本的分析，推断样本来自的两个总体的分布是否存在显著差异的方法。

SPSS 提供了 Wilcoxon 检验、符号检验和 McNemar 检验三种检验方法。

1) Wilcoxon 配对符秩检验

两配对样本 Wilcoxon 符号秩检验是通过分析两配对样本，对样本来自的两总体的分布是否存在显著差异进行推断。其原假设为：两配对样本来自的两总体的分布无显著差异。

Wilcoxon 配对符秩检验给两种条件下差异大的配对以较大的权重，而给差异小的配对以较小的权重。

Wilcoxon 检验对行为科学家是一种极有用的检验。关于行为方面的资料，研究者往往能够告诉我们一个配对的两成员哪一个比哪一个大，既给出了任一配对内差异的符号，也能够将这些差异按绝对大小的顺序排队。也就是说，他不但能对任一配对内的两个评分做出哪一个"较大"的判断，也能对取自任何两个配对的两个评分差做出上述判断。遇有这种资料时，实验者就可应用 Wilcoxon 检验。

2） 符号检验

两配对样本的符号检验也是用于检验两配对样本所来自总体的分布是否存在显著差异的非参数方法。其原假设为：两配对样本来自的两总体的分布无显著差异。

符号检验得名于其资料是用加号和减号而不是用定量度量这一事实。它对于那些不能或不适宜用定量测量而能将每一对的两个成员互相分出等级的问题研究特别有用。

当实验者希望确定两种条件的差异时，就可以将符号检验用到这两个相关样本的情形。作为该检验基础的唯一假设是所考虑的变量要有一个连续分布。该检验对于差异分布的形式不做任何假设，也不假定所有的研究对象都是来自同一总体。不同的配对可以来自关于年龄、性别、智力等不同的总体；唯一的要求是：实验者在每一配对内，必须对有关的附加变量实现匹配。如前所述，完成这种匹配的一个方法就是把研究对象作为自身的对照者。

符号检验的零假设是

$$p(X_A > X_B) = p(X_A < X_B) = 0.5$$

式中 X_A 是在某一条件下(或在某一处置后)的判断或评分，X_B 是在某一条件下(或在某一处置前)的判断与评分。也就是说，X_A 和 X_B 是一配对内两成员的"评分"。零假设另一种叙述是：差值的中位数为 0。

3） McNemar 变化显著性检验

McNemar 检验是一种变化显著性检验，它将研究对象自身作为对照者检验其"前后"的变化是否显著。其原假设为：两配对样本来自的两总体的分布无显著差异。

McNemar 变化显著性检验特别适用于"先后"型的匹配设计。在这种设计中每个研究对象被用作自身的对照者，其测量水平或为名称量表或为顺序量表。因此，可用它来检验某些特别处置(如开会、报纸社论、邮寄小册子、私人拜访等)对选民支持不同的候选人影响的有效程度。它还可用来检验从农村到城市之迁移对人们政治关系的影响的有效程度。请注意，在这些研究中研究对象都能够作为自身的对照者，而且可用名称量表来估计"前后"的变化。

2. 多配对样本非参数检验

多配对样本非参数检验是通过分析多组配对样本数据，推断样本来自的多个总体的中位数或分布是否存在显著差异。多配对样本非参数检验的前提是 k 个样本是从同一总体或从一些全同总体中抽取出来的。

有时，所遇到的情况要求我们设计一种实验，以便同时研究两个以上的样本或条件。当一个实验中需要比较三个或三个以上的样本或条件时，就有必要运用某种统计检验，以供在挑选任何一对样本并检验它们之间的差异的显著性之前，先行判明这 k 个样本或条件之间是否存在着整体性差异。

检验几个样本是否来自于全同总体的参数方法是方差分析和 F 检验。与作为 F 检验基础的统计模型相联系的假设是：观测结果或评分是从正态分布的总体中独立地抽取的；所有的总体都有相等的方差；并且这些正态分布总体的平均值是"行列"效应线性组合，即这些效应是加性的。此外，F 检验要求所涉及的变量至少是以间隔量表测量的。

如果一个研究者发现，对他的数据而言，这些假设是不切实际的，如果他发现他的观察结果不符合测量要求，或者他希望避免做出这些假设，以便增加他的结论的普遍性，那么就可以使用本章所介绍的多配对样本非参数检验。

SPSS 系统提供了 Friedman 检验、Kendall's W 协同系数检验和 Cochran Q 检验三种方法。

1) Friedman 双向评秩方差分析

多配对样本的 Friedman 检验是利用秩实现对多个总体分布是否存在显著差异推断的方法，其原假设为：多个配对样本来自的多个总体的分布无显著差异。

当来自 k 个匹配样本的资料至少处于顺序量表中时，对于检验"k 个样本取自同一总体"这一零假设而言，Friedman 双向评秩方差分析是很有用的。

由于 k 个样本是匹配的，因此在每一个样本中的事例数均相同。实现匹配的方法，可以是在 k 个条件中的每一个条件下研究同一组受试者。或者研究者可以得到若干小组，每一个小组各由 k 个匹配的受试者组成，然后随机地将每一个小组中的一个受试者置于第一种条件下，另一个受试者置于第二种条件下，如此等等。例如，倘若有人打算研究实行四种教学法的学习成绩差异，那么他可以拥有 N 个小组，每个小组中有 $k=4$ 名小学生，每个小组中的小孩在有关因素(年龄、以前的学习情况、智力、社会经济地位、学习动机等)方面都是匹配的，然后在这 N 个小组中的每一小组内分别随机地挑选出一名学生，对之使用教学法 A，从每一个小组中随机地另选一名学生对之使用教学法 B，又从每一小组中再选一名学生使用教学法 C，依此类推。

2) Kendall's W 协同系数检验

多配对样本的 Kendall's W 协同系数检验也是一种对多配对样本进行检验的非参数检验方法，与 Friedman 检验方法相结合，可方便地实现对评判者的评判标准是否一致的分析。其原假设为：评判者的评判标准不一致。

Kendall's W 协同系数使用秩评定来进行检验。当有 k 组秩评定时，可以用 Kendall 协同系数 W 来决定它们之间的关系。这样看来，W 表示的是 k 个变量之间关联的程度。这种度量在研究交互判断或交互检验的可靠性时可能特别有用，也可用来研究变量集。

W 协同系数是秩的组间平方和与总平方和比的 $1/m^2$ 倍，构造方程式体现方差分析的思想，其取值范围为 0～1。W 协同系数越接近 1，表明秩的组间差异越大，意味着被评判者所得分数间有显著差异，进而说明评判者的评判标准具有一致性；反之，W 协同系数越接近 0，表明秩的组间差异越小，意味着被评判者所得分数间无显著差异，没有理由认为评判者的评判标准具有一致性。

3) Cochran Q 检验

将上一节介绍的 McNemar 检验推广到研究两个以上的样本，这种推广称为 k 个相关样本的 Cochran Q 检验。它提供了一种方法，以检验匹配的三组或三组以上的频数或比例彼此间有无显著差异。这种匹配可以不同对象的适当特征为基础，也可以基于在不同的条件下利用同一对象这一事实。当资料处于名称量表中，或者是二分类的顺序信息时，Cochran Q 检验就特别适用。

8.8.2　两配对样本检验与多配对样本检验的 SPSS 操作

由于两配对样本检验与多配对样本检验的 SPSS 操作基本相同，因此在本节中先对两配对样本的 SPSS 操作进行介绍。而对于多配对样本检验，则在两配对样本 SPSS 操作的基础上介绍其不同之处。

建立或打开数据文件后，即可进行配对样本检验。

输入数据或打开数据文件之后，选择"分析"|"非参数检验"|"K 个相关样本"命令，即可打开如图 8-14 所示的"两个关联样本检验"(两配对样本检验)主对话框。

图 8-14　"两个关联样本检验"对话框

"检验对"栏用于指定需要进行分析的变量对，但变量必须成对引入。可以同时引入多对，系统会分别进行分析。

"检验类型"栏用于选择检验方法。

- Wilcoxon 复选框，如选择此项，则使用 Wilcoxon 配对符秩检验来进行相关样本的检验。
- "符号检验"复选框，如选择此项，则使用符号检验来进行相关样本的检验。
- McNemar 复选框，如选择此项，则使用 McNemar 变化显著性检验来进行相关样本的检验。

单击"选项"按钮，会打开选项对话框，在其中可以选择需要输出的统计量以及缺失值的处理方式。单击"精确"按钮即可打开"精确检验"对话框。选项对话框和"精确检验"对话框的功能及设置方法与前面所讲的内容相同，读者可参照 8.2.2 节进行学习，此处不再赘述。

设置结束后，单击"确定"按钮，执行两配对样本检验过程。

单击"K 个独立样本"命令，打开如图 8-15 所示的"多个关联样本检验"(多配对样本检验)对话框。

在"多个关联样本检验"对话框中的"检验类型"栏提供的检验方法与两配对样本检验过程中的该栏不一样。

在"检验类型"栏内提供可选择的检验方法。

- Friedman 复选框，如选择此项，则使用 Friedman 双向评秩方差分析来进行检验。
- Kendall 的 W 复选框，如选择此项，则使用 Kendall's W 协同系数来进行检验。
- Cochran 的 Q 复选框，如选择此项，则使用 Cochran Q 检验来进行检验。

在"多个关联样本检验"对话框中单击"统计量"按钮，打开如图 8-16 所示的"多个相关样本：统计量"(多配对样本：统计)对话框。

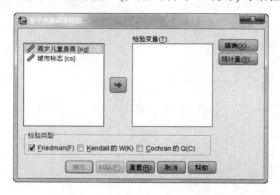

图 8-15　"多个关联样本检验"对话框　　图 8-16　"多个相关样本：统计量"对话框

在该对话框中，选择是否输出描述性统计量和四分位点，和前面所讲的"选项"选项的区别在于，在多配对样本检验中不用处理缺失值。

8.8.3　实例分析

下面以一个实际案例来讲解配对样本非参数检验。

在利用 SPSS 进行两配对样本的非参数检验前，应首先按规定的格式组织好数据。这里应设置两个变量，分别存放两组样本的样本值。

尿铅实验的传统测定方法比较烦琐，现人们希望用新方法代替原方法，10 份样本分别采用两种方法进行了测定，并根据所测得的数据建立数据文件"尿铅实验.sav"。现在试分析两种方法的测定结果有无显著性差别。

1. 操作步骤

(1) 打开数据文件"尿铅实验.sav"。

(2) 在数据编辑窗口中，选择"分析"|"非参数检验"|"2 个相关样本"命令，打开如图 8-14 所示的"两个关联样本检验"主对话框。

(3) 将变量 old 与变量 new 成对引入"检验对"列表框，在列表框内显示为"old—new"。

(4) 在选项对话框中选择"描述性"，要求输出描述性统计量。

(5) 其他设置采用默认设置，单击"确定"按钮，执行上述操作。

此分析过程的程序语句为：

```
NPAR TEST
  /WILCOXON=old WITH new (PAIRED)
  /STATISTICS DESCRIPTIVES
  /MISSING ANALYSIS.
```

第一行为"NPAR TEST",表示进行非参数统计分析。

第二行为"/WILCOXON=old WITH new (PAIRED)",表示使用 Wilcoxon 检验来对变量 old 和 new 配对进行检验。

第三行为"/STATISTICS DESCRIPTIVES",表示要求输出描述性统计量。

第四行为"/MISSING ANALYSIS.",表示检验时,只排除参与检验的变量的缺省值。

2. 结果解读

执行上述操作后,在结果输出窗口中输出描述性统计量表和两配对样本检验表。

表 8-16 为描述性统计量表。

表 8-16 描述性统计量表

描述性统计量

	N	均值	标准差	极小值	极大值
老方法	10	10.3890	15.60242	.02	51.34
新方法	10	10.3370	15.43965	.01	50.28

从表 8-16 中可以看出,老方法的平均值和标准差比新方法略高。

表 8-17 为采用 Wilcoxon 检验方法得到的检验结果。

表 8-17 检验结果

秩

		N	秩均值	秩和
新方法 - 老方法	负秩	6[a]	5.92	35.50
	正秩	4[b]	4.88	19.50
	结	0[c]		
	总数	10		

a. 新方法 < 老方法。
b. 新方法 > 老方法。
c. 新方法 = 老方法。

表 8-17 为秩和检验中用到的偏秩情况列表,采用的是新方法减老方法的差值,可见负的秩和较多,即新方法的检测结果稍低,该差异是否具有统计学显著性,需结合后面的表格分析。

表 8-18 为检验统计量表。

表 8-18　检验统计量表

检验统计量[b]

	新方法 − 老方法
Z	−.816[a]
渐进显著性(双侧)	.415

a. 基于正秩。

b. Wilcoxon 带符号秩检验。

表 8-18 为秩和检验的结果，给出的是 Z 统计数和近似的 p 值，可见两组差异并无统计学显著性意义，因此可以用新方法代替老方法进行检测。

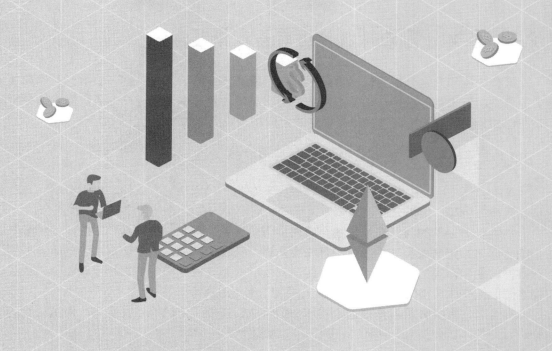

第 9 章
聚类分析与判别分析

　　聚类分析又称群分析,是依据研究对象的个体特征,对其进行分类的方法,分类在经济、管理、社会学、医学等领域,都有广泛的应用。聚类分析是一种建立分类的多元统计分析方法,它能够将一批样本(或变量)数据根据其诸多特征,按照在性质上的亲疏程度在没有先验知识的情况下进行自动分类,产生多个分类结果。类内部个体特征之间具有相似性,不同类间个体特征的差异性较大。

　　判别分析是根据描述事物特征的变量值和它的所属类找出判别函数,以此为依据对所研究事物进行所属类判别的方法。其目的是对已知分类的数据建立由数值指标构成的分类规则,然后把这样的分类规则应用到未知分类的样本去分类。

9.1 聚类分析与判别分析的基本原理

聚类分析和判别分析类似，都是根据观察或测量到的若干变量值判断研究对象如何分类的方法，但聚类分析是在未知类别数目的情况下，对样本数据进行分类；而判别分析则是在已知分类数目的情况下，根据一定的指标对不知类别的数据进行归类。

9.1.1 聚类分析的基本概念及分类

聚类分析(Cluster 分析)是研究"物以类聚"的一种方法。有人称之为群分析、点群分析、簇群分析等。聚类分析也是多元统计学中应用极为广泛的一类重要方法。

"物以类聚"的问题在经济社会研究中十分常见。例如，市场营销中的市场细分和客户细分问题。定义聚类分析之前，首先要知道"类"的意思。由于客观事物的千差万别，在不同问题中，类的定义是不尽相同的。基本的原则是同一类中的事物比较相似，或说它们之间的距离比较小(这里的距离有欧氏距离、绝对距离等)。

简言之，聚类分析就是根据事物本身的特性，按照一定的类定义准则，对所研究的事物进行归类。以分类对象为标准，我们可把聚类分为观测聚类和变量聚类。

1. 观测聚类

观测聚类又称样本聚类，它是指根据被研究对象的总体特征把观测进行分类。

根据观测聚类的定义，在对事物进行分类时，就应该全面考虑描述观测的所有特征。值得注意的是，观测聚类与后面所要讲的判别分析之间有一定的关系。对观测聚类的结果进行分析，得出判别函数，进而对所研究对象属于哪一类进行判断。可以说，观测聚类是判别分析的准备工作。

2. 变量聚类

在实际问题中，反映同一事物特征的变量有很多，根据所研究问题的重点，通常可以选择某些具有代表性的变量进行研究。也就是说，对描述观测的变量进行归类，使得每一类都能代表观测某一方面的特征，这就是所谓的变量聚类。

一般的情况是，根据问题选择有代表性的变量(变量个数尽可能少，又能保留大部分信息)进行分析，从而简化问题的研究。特别是对于变量个数比较多的情况更是如此。

不管是观测聚类还是变量聚类，其目的都是根据某种标准，把"相似"的事物进行分类。

但是，应用聚类分析方法应注意以下几点：第一，所选择的变量应符合聚类的要求。聚类分析是在所选变量的基础上对样本数据进行分类，分类结果是各个变量综合计量的结果，因此在选择参与聚类分析的变量时，应注意所选变量是否符合聚类分析的要求。第二，各变量的变量值并非数量级上的差异。聚类分析是以各种距离来度量个体间的"亲疏"程度的，数量级将对距离产生较大的影响，并影响最终的聚类结果。因此，在聚类分析之前应首先消除数量级对聚类的影响，标准化处理是最常用的方法。第三，各变量之间不应有较强的线性相关关系。如果所选的变量之间存在较强的线性关系，能够相互替代，那么计算距离时同类变量将重复"贡献"，则在距离中有较高的权重，因而使最终的聚类结果偏向该类变量。

9.1.2　判别分析的基本概念

进行聚类分析之后，我们把研究对象分为若干类。但是，当取得几个新的样品资料时，如何判断其所归属的类别，这就需要使用判别分析过程来实现。

所谓判别分析(判别分析)，是在已知的分类之下，一旦遇到新的样本时，可以利用此法选定判别标准，以判定如何将新样本放置在哪个族群中。

判别分析要根据描述事物特征的变量值和它的所属类找出判别函数，并以此为依据对所研究事物进行所属类判别。其目的是对已知分类的数据建立由数值指标构成的分类规则，然后把这样的分类规则应用到未知分类的样本去分类。

例如，有了患胃炎的病人和健康人的一些化验指标，就可以从这些化验指标中发现两类人的区别，把这种区别表示成一个判别公式，然后对怀疑患胃炎的人就可以依据其化验指标用判别公式诊断。

9.1.3　聚类分析与判别分析的联系及区别

聚类分析和判别分析有相似之处，都是起到分类的作用。聚类分析是根据事物本身的特性，按照一定的类定义准则，对所研究的事物进行归类；判别分析是在已知的分类情况下，对新样本进行归类。

但是，判别分析是已知一部分样本的分类，然后总结出判别规则，根据已总结的规则判定某一新样本应该归属在哪一类中，是一种有指导的学习；而聚类分析则是有了一批样本，不知道它们的分类，希望用某种方法把观测进行合理的分类，使得同一类的事物比较接近，不同类的事物相差较多，这是无指导的学习。简而言之，判别分析要根据描述事物特征的变量值和它的所属类找出判别函数，以此为依据对所研究事物进行所属类判别，而聚类分析则是希望将一群具有相关性的数据加以有意义的分类。在实际问题的处理中，千万不要把二者混淆。

9.1.4　聚类分析中"亲疏程度"的度量

无论是分层聚类还是 K-均值聚类，个体之间的"亲疏程度"都是极为重要的，它将直接影响最终的聚类结果。

对"亲疏程度"的测度一般有两个角度：一个是个体之间的相似程度；另一个是个体之间的差异程度。个体间的相似程度通常用简单相关系数或等级系数来衡量，而个体间的差异程度则通常采用距离来测度。距离是指将每个样品看成是 m 个变量对应的 m 维空间中的一个点，然后在该空间中所定义的，距离越近则亲密程度越高。相似系数在前面已经有所提及，相似系数接近 1 或-1 时，认为样品或指标之间的性质比较接近；相似系数接近 0 时，认为样品或指标之间是无关的。距离分析和相似系数在相关分析一章中都已有过详细讲解。

下面就一些常用的距离及其定义方法进行讲解。个体间距离的定义会受 k 个变量类型的影响,但由于变量类型一般有定距型和非定距型之分,个体间距离的定义已因此不同。

1) 定距型变量

如果所涉及的 k 个变量都是定距型变量,那么个体间距离的定义通常有以下几种方法。

● 欧氏距离(Euclidean Distance)

欧式距离在前面已经进行过讲解,是指两个体 k 个变量值之差的平方和的平方根,其数学定义为

$$d_{xy} = \sqrt{\sum_{i=1}^{n}(x_i - y_i)^2}$$

式中,x_i 是个体 x 的第 i 个变量的变量值;y_i 是个体 y 的第 i 个变量的变量值。

● 平方 Euclidean 距(Squared Euclidean Distance)

平方欧氏距离即两个变量之差的平方和,其数学定义公式为

$$d_{xy} = \sum_{i=1}^{n}(x_i - y_i)^2$$

式中,x_i 是个体 x 的第 i 个变量的变量值;y_i 是个体 y 的第 i 个变量的变量值。

● 切比雪夫距离(Chebychev)

切比雪夫距离是两个体 k 个变量值绝对差的最大值,其数学定义为

$$d_{xy} = \max_{1 \leq i \leq n} \sqrt{x_i - y_i}$$

式中,x_i 是个体 x 的第 i 个变量的变量值;y_i 是个体 y 的第 i 个变量的变量值。

● Block 距离

Block 距离即区间距离,为变量的两个值之间差的绝对值之和,其公式为

$$d_{xy} = \sum_{i=1}^{n}|x_i - y_i|$$

式中,x_i 是个体 x 的第 i 个变量的变量值;y_i 是个体 y 的第 i 个变量的变量值。

● Minkowski 选项

闵可夫斯基距离,即两变量之差的 p 次幂绝对值之和的 p 次方根,其公式为

$$d_{xy} = \sqrt[p]{\sum_{i=1}^{n}|(x_i - y_i)^p|}$$

式中,x_i 是个体 x 的第 i 个变量的变量值;y_i 是个体 y 的第 i 个变量的变量值。

● 夹角余弦距离(Cosine)

夹角余弦距离的数学定义为

$$d_{xy} = \frac{\sum_{i=1}^{k}(x_i y_i)^2}{\sqrt{(\sum_{i=1}^{k} x_i^2)(\sum_{i=1}^{k} y_i^2)}}$$

式中,x_i 是个体 x 的第 i 个变量的变量值;y_i 是个体 y 的第 i 个变量的变量值。

● 用户自定义距离(Customized)

用户自定义距离是两个体 k 个变量值绝对差 p 次方总和的 q 次方根(p、q 为用户任意指

定值)，其数学定义为

$$d_{xy} = \sqrt[q]{\sum_{i=1}^{k} |x_i - y_i|^p}$$

式中，x_i 是个体 x 的第 i 个变量的变量值；y_i 是个体 y 的第 i 个变量的变量值。

2) 定序型变量

如果涉及的 k 个变量都是计数(Count)的非连续变量，那么个体间距离的定义通常有以下几种方法。

● 卡方度量(Chi-Square Measure)

两个体间的卡方度量的数学定义为

$$d_{xy} = \sqrt{\sum_{i=1}^{k} \frac{(x_i - E(x_i))^2}{E(x_i)} + \sum_{i=1}^{k} \frac{(y_i - E(y_i))^2}{E(y_i)}}$$

式中，x_i 是个体 x 的第 i 个变量的变量值，y_i 是个体 y 的第 i 个变量的变量值，$E(x_i)$ 和 $E(y_i)$ 分别为两变量的期望频数。

卡方度量较大说明个体与变量取值有显著关系，个体间变量取值差异性较大。

● Phi 方距离(Phi-Square Measure)

两个体间的 Phi 方距离的数学定义为

$$d_{xy} = \sqrt{\frac{\sum_{i=1}^{k} \frac{(x_i - E(x_i))^2}{E(x_i)} + \sum_{i=1}^{k} \frac{(y_i - E(y_i))^2}{E(y_i)}}{n}}$$

式中，x_i 是个体 x 的第 i 个变量的变量值，y_i 是个体 y 的第 i 个变量的变量值，$E(x_i)$ 和 $E(y_i)$ 分别为两变量的期望频数。

3) 二值变量

如果所涉及的 k 个变量都是二值变量(二分类)，则采用简单相关系数(Simple Matching)和雅可比系数(Jaccard)。

● 简单相关系数

简单相关系数是建立在两个体 k 个变量值同时为 0(或 1)和不同时为 0(或 1)的频数表基础之上的。

两个体 k 个变量值同时为 0 时的频数记为 d，同时为 1 时的频数记为 a，个体 x 为 1、个体 y 为 0 时的频数记为 b，个体 x 为 0、个体 y 为 1 时的频数记为 c，$c+b$ 反映了两个体的差异程度。

简单相关系数重点考察两个体的差异性，其数学定义为

$$S(x,y) = \frac{b+c}{a+b+c+d}$$

简单相关系数排除了同时拥有或同时不拥有某特征的频数，反映了两个体间的差异程度。

● 雅可比系数

雅可比系数的原理和简单相关系数相同，其数学定义为

$$J(x,y) = \frac{b+c}{a+b+c}$$

与简单相关系数类似，雅可比系数也排除了同时拥有或同时不拥有某特征的频数，反映了两个体间的差异程度，但它忽略了两个体同时为 0 的频数，这种处理在医学中比较常用，因为通常阴性对研究的意义不大。

9.2 快速聚类

K-均值聚类也称快速聚类，是由 MacQueen 于 1967 年提出的，它将数据看成 k 维空间上的点，以距离作为测度个体"亲疏程度"的指标，并通过牺牲多个解为代价换得高的执行效率。但是，K-均值聚类只能产生指定类数的聚类结果，而类数的确定离不开实践经验的积累。

9.2.1 快速聚类的基本原理

快速样本聚类过程是为观测个数很多的数据集进行不相交聚类而设计的，处理速度很快。该功能由"分析"菜单下的"K-均值聚类"命令实现，它既可以使用系统的默认值对观测进行分类，也可以通过各种参数进行限制以达到满意的结果。这种限制包括事先规定分类类数、迭代次数等。

从统计学的角度来看，快速聚类过程是寻找初始分类的有效方法。它采用的算法是最小化与类均值间距离平方和的标准迭代算法。其结果是高效地生成大数据文件的不相交的分类。它的想法是首先选取一些"凝聚点"或初始类中心作为这些类均值的第一次猜测值，把每个观测分配到与它最接近的"凝聚点"所代表的类中来形成临时的分类；然后用这些临时类的均值代替初始"凝聚点"。该替代过程一直进行下去，直到分成的这些类中再没有什么变化或达到规定的限制条件为止。

快速聚类分析的基本思想是：开始按照一定方法选取一批凝聚点(聚心)，然后让样本向最近的凝聚点凝聚，形成初始分类，最后再按最近距离原则修改不合理的分类，直到合理为止。

因此，在 K-均值聚类中，应首先要求用户自行给出需要聚成多少类，最终也只能输出关于它的唯一解，这点与后面即将讲解的层次聚类是不一样的。

快速聚类的一般步骤如下：

第一，选择若干个观测作为凝聚点。选择的观测个数由系统默认或根据实际事先确定分类数以决定选择的观测数；凝聚点用户可以自己选择，也可让过程去选择。

第二，可选择地，通过分配每个观测到与凝聚点最近的类里来形成临时分类。每次对一个观测进行归类，凝聚点更新为这一类目前的均值。

第三，可选择地，通过分配每个观测到与凝聚点最近的类里来形成临时分类。所有观测点分配完成之后，这些类的凝聚点用临时类的均值代替。这一步可以一直进行直到类中凝聚点的改变很小或达到所规定的限制条件为止。

第四，最终的分类由分配每一个观测到最近的凝聚点而形成。在快速聚类过程中，参与聚类分析的变量必须是数值型变量，分类数必须大于 2，且小于等于观测数。一般情况下，我们还指定一个标识变量来标明观测的特征(如姓名)，这样就便于清楚地表明各观测的所属类。

聚类分析终止的条件有两个：一是迭代次数，当目前的迭代次数等于指定的迭代次数时终止聚类，SPSS 默认的迭代次数为 10；二是类中心点偏移程度，新确定的类中心点距上次迭代所形成的类中心点的最大偏移量小于指定的量时终止迭代，SPSS 默认的值为 0.02。

快速聚类是一个反复迭代的分类过程，在聚类过程中，样本所属的类会不断调整，直到最终达到稳定为止。

9.2.2 快速聚类的 SPSS 操作

建立或打开数据文件后，若数据满足聚类分析的条件，即可进行聚类分析。

在主菜单栏中选择"分析"，选择其中的"分类"子菜单，单击"K-均值聚类"命令，即可打开如图 9-1 所示的"K 均值聚类分析"对话框。

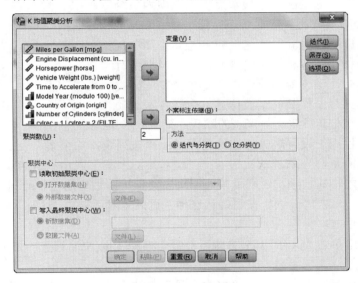

图 9-1 "K 均值聚类分析"对话框

在主对话框的左侧为源变量框，右边的"变量"列表框为变量列表框，用来列出参与聚类分析的变量。要选入聚类变量，在左边的源变量框中选中变量，单击 按钮即可。

"个案标注依据"列表框用于选入标签变量，即用来标识各观测值的所属类的变量，选择标签变量的操作同上。

"聚类数"栏用来定义聚类数目，系统默认值为 2。有时根据需要事先已确定分类数，或者对数据文件进行观察可预计分类数，故很多情况下都要对它进行修改，否则得到的聚类结果可能很不合理。

"聚类中心"栏用于选择凝聚点，包括"读取初始聚类中心"和"写入最终聚类中心"两个复选框："读取初始聚类中心"复选框表示从指定的数据文件中读入初始聚心，单击"文件"按钮弹出选择文件的对话框，可按照一定的路径来选择所需的文件；"写入最终聚类中心"复选框：用来把聚类过程凝聚点的最终结果保存到指定的数据文件里，其操作与"读取初始聚类中心"复选框一样。

"方法"栏提供了两种聚类方法："迭代与分类"为系统默认方法，它是指在迭代过程中不断改变凝聚点的快速聚类法；"仅分类"方法表示在聚类过程中并不改变其凝聚点，使用初始凝聚点进行聚类。

下面对主对话框中的扩展按钮进行相应介绍。

1) 选项对话框

在主对话框中单击"选项"按钮，即可打开"K 均值聚类分析：选项"(快速聚类分析：选项)对话框，如图 9-2 所示。

该对话框用于设置输出的统计量和对缺失值的处理方式。

在"统计量"栏中列出了可供选择的统计量："初始聚类中心"，即要求输出初始凝聚点，该选项为系统默认选项；"ANOVA 表"指方差分析表，及对每个聚类变量进行单变量的 F 检验，但这里的 F 检验很简单，并没有详细解释检验的各种概率的含义，而且当把所有的观测归为一类时，该表就不显示；"每个个案的聚类信息"即要求输出每个样品的聚类信息，包括各观测的

图 9-2　"K 均值聚类分析：
选项"对话框

分类信息、各观测与其所属类凝聚点的欧氏距离以及各类凝聚点相互之间的距离。

"缺失值"栏用于设置缺失值的处理方式："按列表排除个案"表示删除分析变量中带有缺失值的观测量，为系统默认选项；"按对排除个案"表示只有当观测的所有聚类变量均为缺失值时才将其删除，否则用其他非缺失变量根据距离把它分配到最近的类中。

设置结束后，单击"继续"按钮确认选择并返回主对话框。

2) 保存对话框

在主对话框中单击"保存"按钮，即可打开保存新变量(快速聚类：保存新变量)对话框，如图 9-3 所示。

该对话框中包括两个复选框："聚类成员"复选框，若选择此项，则保存聚类的某些结果，它生成新变量表示各观测的分配结果；"与聚类中心的距离"复选框，若选中该框，将产生一个新变量，用以表示各观测与其所属类凝聚点间的欧氏距离。

设置结束后，单击"继续"按钮确认选择并返回主对话框。

3) 迭代对话框

只有在"方法"栏中选择了"迭代与分类"复选框时，才会激活该按钮。单击"迭代"按钮，即可打开如图 9-4 所示的"K-均值聚类分析：迭代"(快速聚类：迭代次数)对话框。

图 9-3　保存新变量对话框

图 9-4　"K-均值聚类分析：迭代"对话框

该对话框用于定义迭代次数。

"最大迭代次数"参数框用于限定快速聚类过程的最大迭代次数以作为过程终止的一个依据,即迭代次数达到或超过框中数字时停止。框中的数字 10 是系统的默认值,用户可以根据具体问题键入一个合理的最高迭代次数(正整数),一般为 1~999。

"收敛性标准"为收敛因子,用于指定快速聚类法的收敛依据。系统的默认参数为 0,若要改变该参数值,只需重新输入一个 0~1 的正数。如果参数为 0.2,则当迭代使得凝聚点改变的最大距离小于初始聚心距离的 2%时,迭代过程终止。该参数提供了过程停止的另一个依据。迭代过程中,只要收敛依据之一得到满足,迭代过程就会终止。

"使用运行均值"复选框表示要求每分配一个观测到某一类中,就立刻计算新的凝聚点,从而数据文件中观测的顺序就有可能影响凝聚点。不选择此项则表示分配完所有的观测之后才计算新的凝聚点,这样能节省时间。

设置结束后,单击"继续"按钮确认并返回主对话框。

所有设置完毕后,单击"确定"按钮即可执行快速聚类分析。

9.2.3 快速聚类命令语句

快速聚类程序语句的一般格式如下:

```
QUICK CLUSTER {varlist}
{ALL  }
[/MISSING=[{LISTWISE**}] [INCLUDE]]
{PAIRWISE }
{DEFAULT  }
[/FILE=file]
[/INITIAL=(value list)]
[/CRITERIA=[CLUSTER({2**})] [NOINITIAL]
{k }
[MXITER({9**})][CONVERGE({0**})]]
{n }{n }
[/METHOD={KMEANS[({NOUPDATE**})]}]
{UPDATE  }
{CLASSIFY }
[/PRINT=[INITIAL**][CLUSTER]
[ID(varname)][DISTANCE]
[ANOVA][NONE]]
[/OUTFILE=file]
[/SAVE=[CLUSTER(varname)]
[DISTANCE(varname)]]
```

下面对各命令进行解释。

(1) QUICK CLUSTER 命令。

这是命令关键字,用来表明使用 K-均值算法对所给的数据文件中的观测进行聚类。在各命令语句中,该主语句必须是第一个,而其他的子命令顺序却不受限制。变量表{varlist}和{all}选一个即可。若选{all},则要求输入数据文件的变量全部是数值型变量,且都作为分析变量才行。若选{varlist},则列出参与分析的各变量,之间用空格隔开。不同于主命令,所有的子命令都是可选的。

(2) MISSING 子命令。

该子命令用来处理带有缺失值的观测，共有四种方式。

- LISTWISE：系统默认项，若观测的分析变量出现缺失值，则删除该观测。
- PAIRWISE：若观测的分析变量不全为缺失值，则根据其非缺失值把它分配到它最近的类中；若观测对应的分析变量值全为缺失值，则在分析时删除该观测。
- DEFAULT：其含义与 LISTWISE 相同。
- INCLUDE：把用户定义的缺失值当作合法值处理。

注意前面的三种方法只能选择一种，但它们都可以和第四种同时使用。

(3) FILE 子命令和 INITIAL 子命令。

这两个命令都用来指定初始凝聚点，具体含义如下。

- FILE 子命令用来指定包含初始凝聚点的数据文件的名字和存储路径，文件名包含于引号中。例如：/FILE='E:\hgy.sav'就是一个合法的 FILE 子命令。
- INITIAL 子命令直接指出被用来作为初始凝聚点的观测，并列出了各凝聚点的分析变量值，列出的顺序应与主命令变量表的顺序一致。各凝聚点变量表之间至少用一个空格分开。例如：INITIAL(75.20, 0.14, 1.86, 0.91, 5.21, 72.19, 0.13, 1.52, 0.69, 4.65, 73.72, 0.033, 0.77, 0.28, 2.78)就是一个合法的 INITIAL 子命令。由前面的主命令给出的分析变量列表就可知道各凝聚点的各分析变量所对应的值。

另外，还有子命令：CRITERIA=CLUSTER(4)，它可与 INITIAL 命令互相配合。

(4) CRITERIA 子命令。

该命令主要对聚类数提出要求。它还有下面 4 个选项。

- CLUSTER(k)：其中 k 是正整数，表明最后要分成 k 类；由前面可知：CLUSTER(2) 为系统默认值。
- NOINITIAL：它表示不指定初始凝聚点。
- MXITER(n)：其中 n 是正整数，它指定了迭代次数。与前面所讲的一样，MXITER(9) 为系统默认值。这里 n 取值为 1~999（包括端点）。
- CONVERGE(n)：其中 n 是大于等于 0 且小于 1 的数，它作为迭代过程停止的一个依据。判断方法为：当迭代使得凝聚点变化距离的最大值小于初始凝聚点最小距离的 n 倍时停止聚类过程。n 的系统默认值为 0。

(5) METHOD 子命令。

用户可以用该命令来选择聚类方法，共有两个选项。

- K-均值法：也就是前面所讲的迭代法。根据重新计算凝聚点时刻的不同又可以分为：

  /方法=KMEANS(UPDATE) 每分配一个观测就计算一次凝聚点。

  /方法=KMEANS(NOUPDATE) 直到所有观测都分配完毕之后再计算迭代后的新的凝聚点。

- 分类法：先指定初始凝聚点，不进行迭代，而只根据最近距离原则把观测一一分配到各凝聚点所形成的类中。其子命令为：/方法=分类。

(6) PRINT 子命令。

该命令用来指定输出窗口中显示聚类分析的哪些结果，共有 6 个选项。

- INITIAL：显示初始凝聚点。
- CLUSTER：显示各观测所属类。
- ID(变量名)：显示各观测的标识变量值。括号中指定了标识变量名。
- DISTANCE：显示各观测到所属类凝聚点的距离。
- ANOVA：显示方差分析列表。
- NONE：不显示任何信息。

(7) OUTFILE 子命令。

该命令指定输出数据文件的存储位置，文件名写在引号中。聚类过程结束后，将各类的凝聚点存入该数据文件中。

(8) SAVE 子命令。

该命令用来在输入数据文件中生成新的变量以存放聚类结果信息。在选择项中，新变量的名字写在括号里。这里有两个选项。

- CLUSTER(变量名)：可在括号中为新变量指定变量名，变量值指明了观测的所属类。不指定的情况下，系统默认变量名为 qcl-1。
- DISTANCE(变量名)：可在括号中指定新变量的变量名，变量值为各观测与所属类凝聚点之间的距离。该选项的系统默认值为 qcl-2。

9.2.4 快速聚类的实例

下面以一个实际案例来对快速聚类进行讲解，以便读者更直观地掌握快速聚类的操作过程及对其结果的解读。

为了研究世界各国森林、草原资源的分布规律，抽取 21 个国家的数据，每个国家设立 4 项指标，利用所得数据建立数据文件"自然资源.sav"。

1. 操作步骤

(1) 打开数据文件后，在数据编辑窗口中的主菜单栏中选择"分析"，选择其中的"分类"子菜单，单击"K-均值聚类"命令，即可打开如图 9-1 所示的"K 均值聚类分析"对话框。

(2) 在主对话框中，选择变量"country"进入"个案标注依据"列表框，作为标签变量。

(3) 选择变量"森林面积""森林覆盖率""林木蓄积量"和"草原面积"进入"变量"列表框，作为观测变量。

(4) 单击"选项"按钮，打开"K 均值聚类分析：选项"对话框，如图 9-2 所示。选中"ANOVA 表"要求输出方差分析表。然后单击"继续"按钮确认选择并返回主对话框。

(5) 单击"确定"按钮，执行快速聚类分析。

上述操作也可通过以下的语法程序语句来实现：

```
QUICK CLUSTER
  森林面积 森林覆盖率 林木蓄积量 草原面积
  /MISSING=LISTWISE
  /CRITERIA= CLUSTER(2) MXITER(10) CONVERGE(0)
  /METHOD=KMEANS(NOUPDATE)
  /PRINT ID(country ) INITIAL ANOVA.
```

读者可参照 9.2.3 节中的讲解读懂上面的程序语句。

2. 结果解读

执行上述操作后，在结果输出窗口中输出一些表格。

表 9-1 为初始聚类中心表。

表 9-1 初始聚类中心

初始聚类中心

	聚 类	
	1	2
森林面积(万公顷)	161	92000
森林覆盖率(%)	17.4	41.1
草原面积(万公顷)	129	37370
林木蓄积量(亿立方米)	2.5	841.5

在表 9-1 中给出了两个类的初始类中心情况，分别为(161, 17.4, 129, 2.5)和(92000, 41.1, 37370, 841.5)。可见，第 2 类指标优于第 1 类指标。

表 9-2 为迭代历史记录表，给出了每次迭代时的偏移情况。

表 9-2 迭代历史记录

迭代历史记录 [a]

迭 代	聚类中心内的更改	
	1	2
1	8333.445	20319.792
2	.000	.000

a. 由于聚类中心内没有改动或改动较小而达到收敛。任何中心的最大绝对坐标更改为 .000。当前迭代为 2。初始中心间的最小距离为 99105.996。

由于本例中数据比较简单，因此总共有两次迭代。第一次迭代后，两个类的中心点分别偏移了 8333.445 和 20319.792，第 2 类中心点偏移最大。第二次迭代后，两个类的中心点偏移均小于系统判定标准(0.02)，聚类分析结束。

表 9-3 给出了所有类的最终聚类中心情况。

从表 9-3 中可以看出，第 2 类的各项指标仍然优于第 1 类。

表 9-4 给出了两个类的各成员情况。

两个类中，第 1 类有 19 个观测个案，第 2 类有 2 个观测个案。此外，表中并没有给出具体分类结果。

表 9-5 给出了方差分析表。

表 9-3 最终聚类中心

最终聚类中心

	聚 类	
	1	2
森林面积(万公顷)	5699	74750
森林覆盖率(%)	29.8	54.4
草原面积(万公顷)	6356	26635
林木蓄积量(亿立方米)	37.0	539.8

表 9-4 每个聚类中的案例数

每个聚类中的案例数

聚 类	1	25.000
	2	2.000
有 效		21.000
缺 失		.000

表 9-5 方差分析表

ANOVA

	聚 类		误 差		F	Sig.
	均 方	df	均 方	df		
森林面积(万公顷)	8.628E9	1	1.156E8	19	74.610	.000
森林覆盖率(%)	1094.349	1	334.522	19	3.271	.086
草原面积(万公顷)	7.441E8	1	1.663E8	19	4.474	.048
林木蓄积量(亿立方米)	457389.980	1	13028.417	19	35.107	.000

F 检验应仅用于描述性目的,因为选中的聚类将被用来最大化不同聚类中的案例间的差别。观测到的显著性水平并未据此进行更正,因此无法将其解释为是对聚类均值相等这一假设的检验。

表 9-5 给出了各指数在不同类的均值比较情况,各数据项的含义依次为组间均方、组间自由度、组内均方、组内自由度。虽然该分析的初衷与单因素方差分析的设计初衷并不一致,从方差分析表下方的描述中可以知道,这里的显著性水平 Sig.并不能用于说明各类的均值的显著差异情况,但通过该表仍可以看出各指数的均值在各类中的差别情况。

9.3 分层聚类

分层聚类又称系统聚类,其聚类过程是按照一定层次进行的。分层聚类有两种类型:Q 型聚类是对样本进行聚类,使具有相似特征的样本聚集在一起;R 型聚类即对变量进行聚类,使相似的变量聚集在一起。分层聚类的聚类方式也分为凝聚方式聚类和分解方式聚类两种。

9.3.1 分层聚类的基本原理

除了上节所讲的快速聚类以外，聚类分析还提供了很多丰富多彩的方法进行分类。

分层聚类也称为系统聚类，系统聚类法是在聚类分析中应用最广泛的一种方法，其基本原理是：首先将一定数量的样品或指标各自看成一类，接着根据样品(或指标)的亲疏程度，将亲疏程度最高的两类进行合并，然后考虑合并后的类与其他类之间的亲疏程度，再进行合并。重复这一过程，直到将所有的样品(或指标)合并为一类。

分层聚类分为 Q 型聚类和 R 型聚类两种。Q 型聚类是对样本进行聚类，它使具有相似特征的样本聚集在一起，使差异性大的样本分离开来；R 型聚类是对变量进行聚类，它使差异性大的变量分离开来，相似的变量聚集在一起，这样就可以在相似变量中选择少数具有代表性的变量参与其他分析，实现减少变量个数、降低变量维度的目的。

就分层聚类法的聚类方式而言，可以分为凝聚方式聚类和分解方式聚类两种。

凝聚方式聚类的过程是：首先将 n 个样品看成 n 类(一类包括一个样品)，然后将性质最接近的两类合并为一类(性质接近一般指距离近)，从而得到 $n-1$ 类。接着从中找出最接近的两类加以合并变成 $n-2$ 类。重复这一过程，直到所有的样品全在一类。可见，在凝聚方式聚类过程中，随着聚类的进行，类内的"亲密"程度在逐渐降低，对 n 个个体通过 $n-1$ 步可以凝聚成一大类。将上述并类过程画成一张图(称为聚类图)便可决定分多少类，每类各有什么样品。由于它的聚类过程，有人称此聚类法为凝聚法。

分解方式聚类的程序正好和凝聚方式聚类方法相反。首先所有的样品均在一类，然后用某种最优准则(经常用距离来度量)将它分为两类。再用同样的准则将这两类各自试图分裂为两类，从中选一个使目标函数较好者，这样由两类变成了三类。如此下去，一直分裂到每类只有一个样品为止(或用其他停止规则)，将上述分裂过程画成图，由图便可求得各个类。

从上面的基本概念可看出，不管是系统聚类法还是分解法，它们的原则都是一样的，即将最相似的样品聚为一类。这两种方法只不过是过程相反而已。在 SPSS 系统中，层次聚类法采用的是凝聚方式。

在层次聚类中涉及对于个体间"亲疏程度"的度量和对于小类间"亲疏程度"的度量。个体间"亲疏程度"的度量，在前面已经有过讲解，与个体间"亲疏程度"的测度方法类似，在度量个体与小类、小类与小类间"亲疏程度"时，应首先定义个体与小类、小类与小类之间的距离，距离小的关系比较密切，距离大的关系比较弱。

在个体间距离的基础上，个体与小类之间的聚类测度大致包括以下几种方法：最短距离(Nearest Neighbor)，是该个体与小类中每个个体距离的最小值；最长距离(Furthest Neighbor)，是指该个体与小类中每个个体距离的最大值；组间平均链锁距离(Between-groups Linkage)，是指该个体与小类中每个个体距离的平均值；组内平均链锁距离(Within-groups Linkage)，是指该个体与小类中每个个体距离以及小类内各个体间距离的平均值；重心距离(Centroid Clustering)，是指该个体与小类的中心点的距离。

9.3.2 分层聚类的 SPSS 操作

建立或打开数据文件后，即可进行分层聚类分析。

分层聚类通过"分类"菜单中的"系统聚类"命令来实现，在实际例子中，经常要对非欧氏距离或者量纲不一样的数据进行聚类分析，所以聚类之前必须先对数据进行标准化处理，否则就无法进行聚类，而若进行聚类，也会产生错误结果。SPSS 中的 Proximitice 过程能根据观测的各变量对数据进行预处理，从而消除各种非标准因素对聚类结果的影响。SPSS 系统在"系统聚类"主菜单中提供了几种标准化数据的方法。

在主菜单栏中选择"分析"菜单，从中选择"分类"子菜单，然后单击"系统聚类"(分层聚类)命令，即可打开"系统聚类分析"主对话框，如图 9-5 所示。

在主对话框的右侧为"变量"列表框，从左侧的源变量列表框中选择变量进入该列表框作为分层聚类的对象，选中变量后，单击向右箭头按钮即可。

在"变量"列表框下方为"标注个案"列表框，即变量标签列表框，选入该框的变量作为标签变量，用于对个案进行标注，它将大大增加聚类分析结果的可读性。但是，作为标签变量的必须为字符型变量。

"分群"栏用于选择分层聚类的方法："个案"表示进行 Q 型聚类，即对样本进行分层聚类，该选项为系统默认选项；"变量"表示进行 R 型聚类，即对变量进行分层聚类。

"输出"栏用于选择输出内容。其中，"统计量"选项表示输出聚类分析的相关统计量，而"图"选项表示输出聚类分析的相关图形。SPSS 系统默认将两者同时输出。

在主对话框右上方有 4 个扩展按钮，用于选择统计量、图形、聚类方法和新变量生成方式，下面一一进行介绍。

1) "系统聚类分析：统计量"对话框

根据需要，可以自己选择输出选项。单击主对话框中的"统计量"按钮，即可打开"系统聚类分析：统计量"(分层聚类：统计量)对话框，如图 9-6 所示。

在"系统聚类分析：统计量"对话框中罗列出输出结果选项：系统聚类过程状态表、距离矩阵以及聚类过程成员状态项。

图 9-5 "系统聚类分析"主对话框

图 9-6 "系统聚类分析：统计量"对话框

"合并进程表"选项表示在输出结果窗口中列出系统聚类过程中每一步被合并的类、被合并类的类间距离以及最终的类水平。

"相似性矩阵"选项表示在输出结果中给出项与项之间的距离矩阵。当然,这种矩阵依赖于所选的距离度量方法。当样品量很大时,该选项产生的输出量将会很大。

"聚类成员"选项组表示要求在输出结果中给出成员状态(所属类):"无"单选项表示不列出聚类过程中类成员的状态表,为系统的默认选项;"单一方案"单选项表示对于一定的聚类类数 a 列出聚成 a 类时各聚类成员的状态情况,为单一解,在下面的参数框中输入一个大于 1 的数作为自定义的聚类类数;"方案范围"单选项,由分层聚类的定义可知该过程的每一步都对应一定的类数,所以可以根据实际需要列出所选定的一定范围内的聚类数所对应的聚类结果,在下方的"最小聚类数"参数框中输入一个大于 1 的整数 a,在"最大聚类数"参数框中同样输入一个大于 1 的整数 b,其中 b 大于 a,这样就会输出当分成 $a\sim b$ 类时各样本的所属类,是多个解。

设置结束后,单击"继续"按钮确认选择并返回主对话框。

2) "系统聚类分析:图"对话框

分层聚类过程能产生"树状图"和"冰柱图"两种图形。

单击主对话框中的"绘制"按钮,即可打开"系统聚类分析:图"(分层聚类:图表)对话框,如图 9-7 所示。

"树状图"复选框表示输出树形图。该图画出聚类过程每一步是哪两类被合并以及这一步的并类距离。用通过垂直线连在一起的两条直线来表示被合并的类。该选项还对实际的距离尺度进行转换,使得距离取值为 0~25。而且它还可以列出相临两步并类距离之比。因此,该选项的结果为我们提供了如何选择合适的聚类类数的信息。

"冰柱"表示输出冰柱图。冰柱图提供了分层聚类分析的并类信息,包括整个聚类过程或者是选定类数范围内的部分。根据需要,还可以选择垂直画法或者水平画法。

- "所有聚类"单选项,选定该项后冰柱图中会列出聚类过程中每一步的信息。它的优点是通过该图可以看清楚整个并类过程以利于确定聚类数;缺点是当样品量很大时,输出量太大,从而增大了过程的烦琐程度。
- "聚类的指定全距"单选项,选择该选项后冰柱图只包含选定聚类数范围内的部分。类数范围可由用户自定义,其操作与前面所讲的"统计量"中的"方案范围"一样:在"开始聚类"参数框中输入开始的步数;在"停止聚类"参数框中输入结束的步数;在"排序标准"参数框中输入中间间隔的步数。该选项让我们可以有目的地根据实际需要进行选择,使得输出量不至于太大。
- "无"表示不输出冰柱图。

"方向"栏还提供了画图方向的两个选项:"垂直"表示显示纵向冰柱图;"水平"表示显示横向冰柱图。

设置结束后,单击"继续"按钮确认选择并返回主对话框。

3) "系统聚类分析:方法"对话框

单击主对话框中的"方法"按钮,即可打开"系统聚类分析:方法"(分层聚类:计算方法)对话框,如图 9-8 所示。

图 9-7 "系统聚类分析：图"对话框   图 9-8 "系统聚类分析：方法"对话框

在该对话框中可以确定聚类过程中采用的具体方法、距离的计算方法以及数据转换的方法。

在聚类分析中，不仅要考虑各个类的特征，而且要计算类与类之间的距离。由于类的形状是多种多样的，所以类与类之间的距离也有多种计算方法，对应地就有多种不同的聚类方法。在"聚类方法"下拉列表框中给出了 7 种方法。

- 组间联接(Between-groops linkage)，它使得合并两类之后，不同类的样品两两之间的平均距离达到最小。该选项为系统默认选项。
- 组内联接(Within-groops linkage)，它使得合并后的类中所有的样品之间的平均距离达到最小。最近邻元素(Nearest Neighbor)以两个类中最临近的两个样品的距离作为类间距离进行聚类。
- 最近邻元素(Nearest Neighbor)，以两个类中最临近的两个样品的距离作为类间距离进行聚类。
- 最远邻元素(Furthest Neighbor)，以两个类中最远的两个样品的距离作为类间距离进行聚类分析。
- 质心聚类法(Centroid Clustering)，以两个类的重心之间的距离(这里的重心是指样品均值)作为类与类之间的距离进行聚类分析。
- 中位数聚类法(Median Clustering)，以两类变量因子之间的距离作为类与类之间的距离。
- Ward 法(Ward's 方法)，由 Ward 提出，所以称之为 Ward 法，具体做法是先将 n 个样品各自成一类，然后每次减少一类，随着类与类的不断聚合，类间的离差平方和必然不断增大，选择使离差平方和增加最小的两类合并，直到所有的样品归为一类为止。

由前面对分层聚类的介绍可知使用何种距离标准以及用哪种方法计算类间的距离是聚类过程的两大重要因素。所以在进行聚类之前还必须先确定这两个因素。

在聚类分析中，首先要清楚用来计算距离的变量的类型。大致地，把变量的类型分成

三种：区间的变量、计数变量、二分类量。"系统聚类分析：方法"对话框中的"度量标准"一栏有对应的三个选项："区间""计数""二分类"。

"区间"选项为默认选项，在其下拉菜单中提供了 8 种距离选项：欧氏距离 (Euclidean Distance)、平方 Euclidean 距离(Squared Euclidean Distance)、夹角余弦(Cosine)、切比雪夫距离 (Chebychev)、明考斯基距离(Minkowski)、绝对距离 (Block)、皮尔逊相关性度量(Pearson Correlation)、自定义距离(Customized)。关于这 8 种距离，在 9.1.4 节中已经详细讲解过，此处不再赘述，读者可参照上文进行学习。

"计数"选项用于确定当数据为离散数据时不相似性的度量方法，系统默认使用"卡方度量"。在其下拉菜单中有"卡方度量"(Chi-Square Measure)和"Φ^2 测度"(Phi-Square Measure)两种度量非相似性的方法，两种方法在 9.1.4 节中也已有详细讲解，读者可参照上文进行学习。

选中"二分类"单选项，可以确定当数据为二值特征的数据时距离和不相似性的度量方法。默认时，数值 1 表示字符的存在，数值 0 表示不存在，可以通过在"存在"文本框和"不存在"文本框中进行修改。

在"二分类"下拉列表框中提供了多种二值变量的度量方法。在对各方法进行仔细说明之前，必须先弄清楚二值变量的一些要点及含义。显然，二值变量的值域只包含两个值，其中的一个值通常代表某一特性出现，另外一个值则代表特性不出现。这两个参数值可以自己指定。不指定的情况下，系统默认 1 表示特征出现，0 表示特征不出现。

系统提供了下列度量方法。

- Euclidean 距离，利用一个四格表来计算距离，得到 SQRT($b+c$)。其中 b 与 c 都表示两个特性有且仅有一个发生的对角单元格。
- 平方 Euclidean 距离，该项计算不匹配的事件数，即上面所说的 $b+c$。它的最小值为 0，没有上界。
- 尺度差分，计算不对称指标，它的值在 0～1 变化。
- 模式差别，计算二值数据的非相似测度，取值范围为 0～1。计算式为 bc/n^2，其中 b 和 c 的意思与上面所讲的一样，n 为样本量。
- 方差，根据四格表计算得到。计算式为：$(b+c)/4n$，取值范围为 0～1。式中的 b、c 和 n 的解释同上。
- 离散，计算相似性指数。取值范围为-1～1。
- 形状，取值于 0～1 的距离测度。
- 简单匹配，计算匹配数占全部总数的比例。匹配和不匹配的权重是一样的。
- Phi 4-点相关性，该指数是皮尔逊相关系数在二值数据方面的类似结论，取值为 0～1。
- Lambda 是 Goodman 与 Kruskal's 的 λ。
- Anderberg'D，与 λ 类似。
- 骰子，在计算该指数时不考虑特性都不发生的情况，且匹配的部分以两倍的权重计算。比如大家所熟悉的 Czekanowski 或 Sorensen 测度。
- Hamann，该指数计算的是匹配数减去非匹配数的差占总数的比例。取值变化范围为-1～1。

- Jaccard，该指数与 Dice 指数很相似，都是在计算时不考虑特性同时不发生的情况，不同的是它考虑匹配与不匹配的部分所占权重相同。
- Kulczynski 1，该指数计算的是事件同时发生的部分占不匹配部分的比例。下界为 0，但是没有上界。理论上，当没有不匹配部分的情况下该指数是无定义的。在这种情况下，软件指定该指数值为 9999.999(大于此值的情况也取 9999.999)。
- Kulczynski 2，该指数依赖于已知一个特性发生的情况下，另一特性发生的条件概率。系统考虑每一项对其他项的预测值以对该指数进行计算。
- Lance 和 Williams，由四格表计算得到，表达式为$(b+c)/(2a+b+c)$。其中 a 表示事件在两个特征项同时发生时的单元格。b 和 c 都代表两个特征项有且仅有一个发生所对应的单元格。该测度取值范围为 0～1，如大家所知道的 Bray-Curtis。
- Ochiai，该测度是 Cosine(余弦)测度在二值变量方面的近似。取值范围为 0～1。
- Rogers 和 Tanimoto，该测度赋予不匹配的部分两倍的权重。
- Russel 和 Rao，匹配与不匹配部分的权重相同。
- Sokal 和 Sneath 1，该指数赋予匹配部分两倍的权重。
- Sokal 和 Sneath 2，该指数赋予不匹配部分两倍的权重，且不考虑两个特征项同时不发生的情况。
- Sokal 和 Sneath 3，该指数表示匹配部分对不匹配部分的比。下界为 0，但没有上界。当不存在不匹配部分时，该指数在理论上是没有定义的。在这种情况下，软件指定该指数值为 9999.999(指数值比赋予值大的情况也取此值)。
- Sokal 和 Sneath 4，该指数依赖于匹配的条件概率。
- Sokal 和 Sneath 5，该指数计算的是正负匹配的条件概率的几何均值的平方。它与项的编码独立，取值范围为 0～1。
- Yule's Y，取值范围为-1～1。
- Yule's Q 是 Goodman 与 Kruskal 的γ的特例，取值范围为-1～1。

"转换值"栏中对应的复选框列出了对所考察数据进行标准化的方法，并决定处理是针对样本还是针对变量。"按个案"表示针对样本，适合于 R 型聚类分析；"按照变量"表示针对变量，适合于 Q 型聚类分析。在"标准化"的下拉列表框中列出的选项有：

- "无"选项，当数据不存在上述非标准化因素时，无须对数据进行标准化处理，系统用该选项来表示，为系统的默认选项。
- "Z 得分"选项，表示把数据标准化成一个均值为 0、标准差为 1 的 z 分数。
- "全距从–1 到 1"选项，表示把被标准化的项的每个变量值除以每个变量的极差。极差是指变量在所有样本中的最大值与最小值差。
- "全距从 0 到 1"选项，表示把每个被标准化的项减去最小值，再除以极差。
- "1 的最大量"选项，该过程把被标准化的项的每个变量值除以每个变量的最大值。
- "均值为 1"选项，该选项把被标准化的项的每个变量值除以每个变量的均值。
- "标准差为 1"选项，该选项把被标准化的变量或样品的值除以该项的标准差。

计算出距离之后，"转换度量"用于选择将所得到的距离进行转换的方法："绝对值"指取距离的绝对值。但是只有当我们用数值符号表示项与项之间的相关方向，且只关心数值大小时才使用这种转换方法。"更改符号"选项用于实现相似性和不相似性之间的转换，可以选择此项来交换距离大小的排序。"重新标度到0-1全距"选项用于将距离差按比例缩放到 0 到 1 之间的范围内,标准化时,首先减去最小距离,然后除以极差。当然,如果原来的距离尺度已经是合理的,就不用再定义新的尺度。

设置结束后,单击"继续"按钮确认选择并返回主对话框。

4)"系统聚类分析:保存"对话框

分层聚类可以通过产生新变量来保存聚类结果的某些信息,如各聚类成员的所属类等。在主对话框中单击"保存"按钮,即可打开"系统聚类分析:保存"(分层聚类:保存)对话框,如图 9-9 所示。

图 9-9 "系统聚类分析:保存"对话框

在该对话框中,用户可以根据需要选择保存的信息。

"无"选项表示不产生新变量来保存分类结果信息。

"单一方案"选项表示只保存聚类过程中某一步的结果信息,即只对于确定的分类数产生新变量。在下面的参数框中输入一个大于1的整数即可确定分类数。

"方案范围"选项表示只对一定分类数范围内生成新变量保存结果信息。分类数范围可自己选定,在下方的"最小聚类数"参数框中输入一个大于 1 的整数 a,在"最大聚类数"参数框中同样输入一个大于 1 的整数 b,其中 b 大于 a。

设置结束后,单击"继续"按钮确认选择并返回主对话框。

所有设置结束后,单击"确定"按钮,执行分层聚类分析。

9.3.3 分层聚类过程语句

回顾前一小节所讲的分层聚类分析的 7 个过程要点可知,若要完整地理解分层聚类,这 7 个要点都要掌握。其实前面的窗口分析已将这 7 个要点都包括了。若从过程语句方面来考虑,系统提供了两个要点的过程语句:CLUSTER 及 PROXIMITIES。下面分别介绍这两种语句。

1. CLUSTER(分层聚类)过程语句

该过程命令语句的一般格式如下:

```
CLUSTER varlist
[/MEASURE={SEUCLID** }]
{EUCLID}
{COSINE }
{CORRELATION }
{BLOCK }
{CHEBYCHEV }
{POWER(p,r) }
{MINKOWSKI(p) }
{CHISQ }
{PH2 }
{RR[(p[,np]) }
{SM[(p[,np]) }
{JACCARD[(p[,np]) }
{DICE[(p[,np]) }
```

```
{SS1[(p[,np])] }
{RT[(p[,np])] }
{SS2[(p[,np])] }
{K1[(p[,np])] }
{SS3[(p[,np])] }
{K2[(p[,np])] }
{SS4[(p[,np])] }
{HAMANN[(p[,np])] }
{OCHIAI[(p[,np])] }
{SS5[(p[,np])] }
{PHI[(p[,np])] }
{LAMBDA[(p[,np])] }
{D[(p[,np])] }
{Y[(p[,np])] }
{Q[(p[,np])] }
{BEUCLID[(p[,np])] }
{SIZE[(p[,np])] }
{PATTERN[(p[,np])] }
{BSEUCLID[(p[,np])]}
{BSHAPE[(p[,np])] }
{DISPER[(p[,np])] }
{VARIANCE[(p[,np])]}
{BLWMN[(p[,np])] }
[/METHOD={BAVERAGE**}[(rootname)] [,...]]
           {WAVERAGE }
           {SINGLE   }
           {COMPLETE }
           {CENTROID }
           {MEDIAN   }
           {WARD     }
[/SAVE=CLUSTER({level })] [/ID=varname]
              {min,max}
[/PRINT=[CLUSTER({level })] [DISTANCE]]
                {min,max}
        [SCHEDULE**] [NONE]
[/PLOT=[VICICLE**[(min[,max[,inc]])]]
       [HICICLE[(min[,max[,inc]])]]
       [DENDROGRAM] [NONE]
[/MATRIX=[IN(file)] [OUT(file)]]
[/MISSING=LISTWISE**] [INCLUDE]
```

下面对各命令语句的含义进行简单说明。

1) CLUSTER 语句

主命令语句，它后面的 varlist 列出过程中的分析变量。

2) MEASURE 语句

子命令语句，用来选择距离的计算准则。

区间变量距离的计算准则：

- SEUCLID：欧氏距离平方计算准则。
- EUCLID：欧氏距离计算准则。
- COSINE：相似性度量。
- CORRELATION：皮尔逊相关性度量。

- BLOCK：明考斯基距离中的绝对距离。
- CHEBYCHEV：明考斯基距离中的切比雪夫距离。
- POWER：相当于窗口中的自定义选项 Customized。
- MINKOWSKI：明考斯基距离。

计数变量距离计算准则如下。

- CHISQ：计数变量情况的卡方测度。
- PH2：Φ^2 测度。

二值变量距离计算准则：与前面窗口分析方法子对话框中二分类的选项基本一致。

- RR：相当于 Russel and Rao 选项。
- SM：相当于 Simple Matching 选项。
- JACCARD：相当于 Jaccard 选项。
- DICE：相当于 Dice 选项。
- SS1：相当于 S 确定 al and Sneath 1 选项。
- RT：相当于 Rogers and Tanimoto 选项。
- SS2：相当于 S 确定 al and Sneath 2 选项。
- K1：相当于 Kulczynski 1 选项。
- SS3：相当于 S 确定 al and Sneath 3 选项。
- K2：相当于 Kulczynski 2 选项。
- SS4：相当于 S 确定 al and Sneath 4 选项。
- HAMANN：相当于 Hamann 选项。
- OCHIAI：相当于 Ochiai 选项。
- SS5：相当于 S 确定 al and Sneath 5 选项。
- PHI：相当于 Phi 4-point Correlation 选项。
- LAMBDA：相当于 Lambda 选项。
- D：相当于 Anderberg'D 选项。
- Y：相当于 Yule's Y 选项。
- Q：相当于 Yule's Q 选项。
- BEUCLID：相当于 Euclidean Distance 选项。
- SIZE：相当于 Size Difference 选项。
- PATTERN：相当于 Pattern Difference 选项。
- BSEUCLID：相当于 Squared Euclidean Distance 选项。
- BSHAPE：相当于 Shape 选项。
- DISPER：相当于 Dispersion 选项。
- VARIANCE：相当于 Variance 选项。

3) METHOD 子命令

其中的选择项用来选择以哪种方法进行聚类，它也与 Cluster Method 中的选项相对应。

- BAVERAGE：相当于 Between-groups Linkage 选项，组间连接法。
- WAVERAGE：相当于 Within-groups Linkage 选项，组内连接法。
- SINGLE：相当于 Nearest Neighbor 选项，最小距离法。

- COMPLETE：相当于 Furthest 选项，最远距离法。
- CENTROID：相当于 Centroid Clustering 选项，重心法。
- MEDIAN：相当于 Median Clustering 选项，中间距离法。
- WARD：相当于 Ward's Method 选项，Ward's 最小方差法。

4) SAVE 子命令

用来产生新变量以表示聚类结果。

- CLUSTER(level)：在括号中的 level 位置取一个大于 1 的整数 a，结果就会产生新变量以标识聚成 a 类是各成员的所属类。
- CLUSTER(min,max)：在括号中依次输入前小后大的两个大于 1 的整数 a 和 b，结果就会产生 $b-a+1$ 个新变量标识所取聚类数范围内各成员的所属类。
- ID：在其后的变量栏中指定用什么变量名来标识观测。

5) PRINT 子命令

用来指定 OUTPUT 窗口中的内容。

- CLUSTER(level)：输出括号中所选定的聚类数的聚类结果。level 的取值原则同上。
- CLUSTER(min, max)：输出所选定的聚类数范围的聚类结果。min 与 max 的取值原则同上。
- DISTANCE：输出距离矩阵。
- SCHEDULE：输出聚类过程每一步各成员的状态表。
- NONE：不输出任何信息。

6) PLOT 子命令

指定输出何种聚类图。

若选定输出纵向冰柱图，则可分为以下几类.

- VICICLE：不指定参数的情况，这时输出全部聚类过程的冰柱图。
- VICICLE(level)：在括号中指定一个参数 a，结果就输出聚成 a 类时的冰柱图。
- VICICLE(min,max)：在括号中指定两个前小后大的大于 1 的整数，结果就输出指定聚类数范围内每一步的冰柱图。
- VICICLE[(min[,max[,inc]])]：括号中 min 和 max 两个数的选择原则同上，inc 表示间隔的步数。选定了 a，b 和 c 这三个数，结果就得到聚类数范围从 a 到 b 每间隔 c 步的冰柱图。

若选择输出横向冰柱图，则可分为以下几类：HICICLE，HICICLE(level)，HICICLE(min,max)，HICICLE[(min[,max[,inc]])]。这四个选项的解释与上面的纵向冰柱图一样。

若用 DENDROGRAM 语句，则结果输出聚类过程的树状图。

若选 NONE 语句，则不输出任何图形。

7) MATRIX 子命令

用来指定聚类过程的数据文件来源以及结果数据文件的输出。下面分别介绍选项的含义。

- IN：该选项指定进行聚类分析的数据文件的来源。
- OUT：指定输出结果存放的文件名及位置。

8) MISSING 子命令

指定处理缺失值的方法。

- LISTWISE 排除分析变量表中出现缺失值的观测。
- INCLUDE 不排除用户定义的缺失值所对应的变量。

下面介绍另一种过程语句。

2. PROXIMITIES(标准化)过程语句

该过程命令语句的一般格式如下:

```
PROXIMITIES varlist
[/STANDARDIZE=[{VARIABLE}] [{NONE** }] ]
            {CASE    }{Z  }
            {SD      }
            {RANGE   }
            {MAX     }
            {MEAN    }
            {RESCALE}
[/VIEW={CASE** } ]
       {VARIABLE}
[/MEASURE=[{NONE    }
           {EUCLID**}
           {SEUCLID }
           {COSINE  }
           {CORR    }
           {BLOCK   }
           {CHEBYCHEV }
           {POWER(p,r) }
           {MINKOWSKI(p) }
           {CHISQ }
           {PH2 }
           {RR[(p[,np])] }
           {SM[(p[,np])] }
           {JACCARD[(p[,np])] }
           {DICE[(p[,np])] }
           {SS1[(p[,np])] }
           {RT[(p[,np])] }
           {SS2[(p[,np])] }
           {K1[(p[,np])] }
           {SS3[(p[,np])] }
           {K2[(p[,np])] }
           {SS4[(p[,np])] }
           {HAMANN[(p[,np])] }
           {OCHIAI[(p[,np])] }
           {SS5[(p[,np])] }
           {PHI[(p[,np])] }
           {LAMBDA[(p[,np])] }
           {D[(p[,np])] }
           {Y[(p[,np])] }
           {Q[(p[,np])] }
           {BEUCLID[(p[,np])] }
           {SIZE[(p[,np])] }
           {PATTERN[(p[,np])] }
           {BSEUCLID[(p[,np])]}
```

```
{BSHAPE[(p[,np])] }
{DISPER[(p[,np])] }
{VARIANCE[(p[,np])]}
{BLWMN[(p[,np])]}
[ABSOLUTE][REVERSE][RESCALE]]
[/PRINT [={PROXIMITIES**}] ]
{NONE  }
[/ID=varname]
[/MISSING={LISTWISE**} ]
{INCLUDE }
[/MATRIX=[IN(file)][OUT(file)]]
```

下面对各命令语句进行解释。

1) PROXIMITIES 主语句

其后的变量列表列出需要进行标准化处理的变量或观测。

2) STANDARDIZE 语句

其后有两个选择项，表明对变量进行标准化或对观测进行标准化。

若对变量进行标准化处理，则只有选项 NONE，表明不做标准化处理。

若对观测进行标准化处理，则有下列选项(其选项大部分对应于方法复选框 Standardize 列表中的选项)：

- Z：对应于 Z 得分选项。
- SD：对应于 Standard Deviation of 1 选项。
- RANGE：把数据标准化为取值范围在确定的两个数之间。
- MAX：对应于 Maximum Magnitude of 1 选项。
- MEAN：对应于 Mean of 1 选项。
- RESCALE：重新定义尺度来标准化数据。

3) VIEW 语句

有两个选项，表明对观测或变量执行该语句。

4) MEASURE 语句

列出了计算距离的方法，它与 CLUSTER 过程中的 MEASURE 语句中的选项列表基本一样，只是这里的列表多了三个测度转换方法的选项。这里就不做说明。

5) PRINT 语句

可选择要输出的项。有两个选项 PROXIMITIES 和 NONE。

6) ID 语句

用来定义标识变量。

7) MISSING 语句

其解释与上面类似。

8) MATRIX 语句

解释同上。

至此，本文已对分层聚类过程的要点及细节做了简单分析。下面将举例说明如何用该法对实际数据进行聚类分析。

9.3.4 分层聚类的实例

下面以一个实例来简单讲解分层聚类的操作及对其结果的解读。

本例中的数据来源于某年全国主要城市一月到十二月的日照时数,根据该数据建立数据文件"主要城市日照时数.sav"。

1. 操作步骤

(1) 打开数据文件后,在数据编辑窗口中的主菜单栏中选择"分析"菜单,从中选择"分类"子菜单,然后单击"系统聚类"(分层聚类)命令,即可打开如图 9-5 所示的"系统聚类分析"主对话框。

(2) 将除"城市"外的所有变量选入"变量"列表框,作为分层聚类的变量。

(3) 在"分群"栏中选择"变量",即要求按变量进行聚类。

(4) 单击"绘制"按钮,在如图 9-7 所示的"系统聚类分析:图"对话框中选择"树状图",要求输出树形图。单击"继续"按钮确认选择并返回主对话框。

(5) 其他设置采用系统默认设置。

(6) 单击"确定"按钮,执行分层聚类操作。

上述操作也可以通过如下语法程序语句来实现:

```
CLUSTER
  /MATRIX IN ('C:\DOCUME~1\OWNER~1.TWW\LOCALS~1\Temp\spss3856\spssclus.tmp')
  /METHOD BAVERAGE
  /PRINT SCHEDULE
  /PLOT DENDROGRAM VICICLE.
```

程序中各命令语句含义在前面小节中已有解释,此处不再赘述。

2. 结果解读

执行上述操作后,在结果输出窗口中输出一些列表格。下面就分析结果进行解释。

表 9-6 为个案摘要表。

表 9-6 个案摘要表

案例处理摘要 [a]

案 例					
有 效		缺 失		合 计	
N	百分比	N	百分比	N	百分比
34	100.0%	0	.0%	34	100.0%

a. 平方 Euclidean 距离已使用。

从表 9-6 可以看出,观测个案数为 34,没有缺失值,采用平方欧氏距离。

表 9-7 为合并进程表,即分层聚类中的凝聚状态表。在该表中给出了系统聚类过程中的聚类信息,即每一步被合并的类、被合并类的类间距离以及最终的类水平。

表 9-7 分层聚类中的凝聚状态表

聚类表

阶	群集组合		系 数	首次出现阶群集		下 一 阶
	群集 1	群集 2		群集 1	群集 2	
1	4	6	29568.040	0	0	8
2	2	11	33070.370	0	0	5
3	9	10	40678.360	0	0	6
4	5	7	59290.740	0	0	6
5	2	3	66749.025	2	0	7
6	5	9	68261.250	4	3	8
7	1	2	71685.990	0	5	9
8	4	5	104261.998	1	6	10
9	1	12	123661.408	7	0	11
10	4	8	128036.093	8	0	11
11	1	4	210200.467	9	10	0

在表 9-7 中，第一列(Stage)表示聚类分析的步数；第二列、第三列(Cluster Combined)表示这一步聚类中哪两个样本或小类聚成一类；第四列(Coefficients)是个体距离或小类距离；第五列和第六列(Stage Cluster First Appear)表示这一步聚类中参与聚类的是个体还是小类，0 表示个体，非 0 表示由第 n 步聚类生成的小类参与本步聚类；第七列(Next Stage)表示本步聚类的结果将在以下第几步中用到。

表 9-8 为分层聚类分析的冰柱图，冰柱图因其样子像冬天房檐下垂下的冰柱而得名，观察冰柱图应该从最后一行开始。从表 9-8 可以看出，当聚成 11 类时，四、五月为一类，其他月份自成一类；当聚成 10 类时，四、五月为一类，十一月和二月为一类，其他月份自成一类；以此类推，直到所有观测个案全部聚成一类。

图 9-10 为分层聚类的树形图。

树形图以躺倒树的形式展现了聚类分析中每一次类合并的情况。SPSS 自动将各类间的距离映射在 0～25，并将聚类过程近似地表示在图上。由图 9-10 可以看出，首先合并成一类的是四月和五月，其次是二月和十一月。以此类推，直到所有观测个案都合并成一类，此时类间的距离已经变得非常大了。

树形图的结果和冰柱图的结果是吻合的，二者反映的类合并情况是一样的。

因为在前面已对各选项进行了比较详细的介绍，所以这里对输出结果只做简单解释。前面说过分层聚类也可用来进行个体聚类，只需在主对话框中选中 Cases 选项即可，其他操作与观测聚类一样，这里不再举例说明。

至此，本文已对聚类分析的各种方法做了介绍。判别分析作为研究分类的另一种方法跟聚类分析同样有着非常重要的作用。下面将详细介绍这种方法。在分析过程中，可把这两种方法进行比较。

表 9-8 分层聚类分析冰柱图

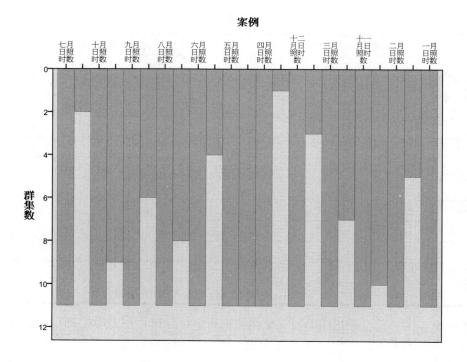

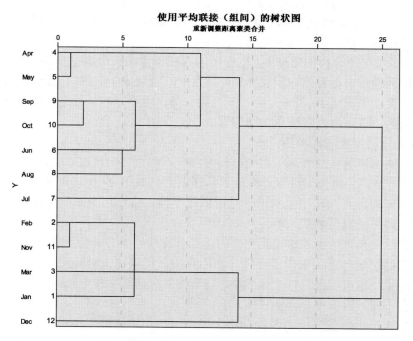

ERASE   FILE='C:\Users\WANGYA~1\AppData\Local\Temp\spss6976\spssclus.tmp'.

图 9-10 分层聚类的树形图

9.4 判别分析

聚类分析是实现在对总体分类情况没有先验信息的情况下对样本进行分类，而判别分析则是在已知分类数目的情况下，根据一定的指标对不知类别的数据进行归类。判别分析已经在生物学、经济学、医学等多个领域得到广泛的应用。

9.4.1 判别分析的基本原理

1. 基本介绍

聚类分析是在不知道类别数目的情况下对样本数据进行分类，而在实际工作中，常常会遇到另一种情况，即事先已有类的知识。例如，事先已知某地区土壤分类，分为 G1, G2, …, Gn 类，现在又调查了一个土样，需要判定这个土样属于哪一类。类似的问题在各专业中都会大量碰到，如判断一株植物属于哪个种(或变种等)、判断一个地区属于哪种气候类型等。这些问题都有一个共同的特点，那就是事先已有"类"的分划，或事先已对某种已知样本分好了"类"。判别分析就是解决这类问题的一种数学方法。

判别分析是在已知分类数目的情况下，根据一定的指标对不知类别的数据进行归类。判别分析的基本思想是：利用原有的分类信息，得到体现这种分类的函数关系式(称为判别函数，一般是与分类相关的若干个指标的线性关系式)，然后利用该函数去判断位置样品属于哪一类。因此，判别分析是一个学习和预测的过程。

判别分析的应用十分广泛。例如，我们有了患胃炎的病人和健康人的一些化验指标，就可以从这些化验指标发现两类人的区别，把这种区别表示为一个判别公式，然后对怀疑患胃炎的人就可以根据其化验指标用判别公式诊断。

在 SPSS 中，判别分析功能通过"分类"菜单中的"判别"命令来实现。"判别"过程根据已知的观测量分类和表明观测量特征的变量值推导出判别函数，并把各观测量的自变量值回代到判别函数中，根据判别函数对观测量所属类别进行判别。对比原始数据的分类和按判别函数所判的分类，给出错分概率。

"判别"过程的大部分功能都可以通过对话框来指定，还有一些功能可以在语法窗中给予补充或修改。例如，指定各类的先验概率；显示旋转方式和结构矩阵；限制提取的判别函数的数目；读取一个相关矩阵；分析后把相关矩阵写入文件；指定对参与分析的观测量进行回代分类，对没有参与分析的观测量进行预测分类等。

2. 判别分析的方法

常用的判别分析方法有距离判别法、费歇尔判别法和贝叶斯判别法等。根据处理变量方式的不同，又可以分为典型法和逐步法。下面进行简单介绍。

1) Fisher 判别法

该法是以费歇尔准则为标准来评选判别函数的。所谓费歇尔准则，是指较优的判别函数应该能根据待判对象的 n 个指标最大限度地将它所属的类与其他类分别开来。费歇尔判别法的基本方法是先假定判别函数(线性函数)，然后根据已知信息对判别函数进行训练，得到函数关系式中的系数值，从而最终确定判别函数。

Fisher 判别法在应用中一般采用线性判别函数，设有 k 个总体 $G_1, G_2, \cdots, G_k$，从这 k 个总体中抽取具有 p 个指标的样品观测数据，借助方差分析的思想构造一个 Fisher 判别函数

$$U(x) = u_1 X_1 + u_2 X_2 + \cdots + u_p X_p = u'X$$

其中，系数 u 确定的原则是使得各总体之间区别最大，而使每个总体内部的离差最小。实际上典型判别函数值是各样品在各个典型变量维度上的坐标，这样，只要计算出各样品在典型变量维度上的具体坐标位置后，再比较它们分别离各类中心的距离，就可以得知它们的分类了。

费歇尔判别法有时使误判次数增加，但由于采用线性判别函数，因此具有操作简便的优点。

2) Bayes 判别法

Fisher 判别法随着总体数目 k 和指标个数 p 的增加，可以构造的典型判别函数的数目也随之增加，这就加大了判别的难度。贝叶斯判别法是一种概率方法，有效地克服了费歇尔判别法的缺点，它首先计算待判样品属于各个总体的条件概率 $P(g|x)$，$g=1, 2, \cdots, k$，然后比较这 k 个概率的大小，将带判样本归为条件概率最大的总体。

贝叶斯判别函数的表达式为

$$F_i(x) = \pi_i f_i(x_1, x_2, \cdots, x_n) \qquad i=1,2,\cdots,m$$

式中，$f_i(x_1, x_2, \cdots, x_n)$ 表示密度函数 f_i 在待判对象的 n 个指标值处的函数值。当

$$F_i(x) = \max F_j(x) \qquad 1 < j < m$$

时，认为 x 属于相应类中的任意一个。

3. 判别分析的基本步骤

SPSS 的判别分析过程是根据各组的数据来建立典型判别函数，然后将各样品的自变量代入判别函数中，计算其判别分数或属于各组的概率，最后根据数值的大小判别样品所属类别，并对比样品的原始类别给出错判率。

其具体步骤如下：

(1) 选择自变量及组变量；

(2) 计算各组单变量，描述统计量；

(3) 推导判别函数，可以给出标准化或非标准化的典型判别函数系数，并对函数显著性进行检验；

(4) 进行判别分析，根据 Bayes 判别法或 Fisher 判别法进行判别分组；

(5) 进行样本回判分析，计算错判率；

(6) 给出结果。

在 SPSS 中，用户只需指定自变量、组变量及使用的方法等基本因素，具体的分析过程由系统自动进行，并给出最后的分析结果。

9.4.2 判别分析的 SPSS 操作

建立或打开数据文件后，即可进行判别分析。

在数据编辑器中,在主菜单栏上单击"分析"菜单,然后选择"分类"子菜单,单击"判别"命令,即可打开"判别分析"主对话框,如图 9-11 所示。

图 9-11 "判别分析"对话框

该对话框中各项功能说明如下。

右侧的"分组变量"列表框为分组变量框,分组变量只能选入一个,而且必须为数字型变量。要选择分组变量,在左侧的源变量框中选中变量,然后单击向右箭头按钮,即可将变量选入"分组变量"列表框中。

选入"分组变量"后,"定义范围"按钮被激活。单击该按钮,即可打开如图 9-12 所示的"判别分析:定义范围"(判别分析:定义变量取值范围)对话框。

该对话框用于指定所选分类变量的取值范围。在"最小值"参数框中输入该分类变量的最小值,在"最大"框中输入该分类变量的最大值。设置结束后,单击"继续"按钮,确认设置并返回主对话框。

"自变量"列表框为用户所熟悉的变量列表框,在该列表框中可以输入多个独立变量作为参与判别分析的变量。

在"自变量"列表框下有两个选项,用来确定分析方法:"一起输入自变量"项,选择该项,将不加选择地使用所有自变量进行判别分析,建立全模型,不需要做进一步的选择。当认为所有自变量都能对观测量特征提供丰富的信息时,使用该选项。"使用步进式方法"项表示采用逐步判别法进行分析,最后生成的判别函数中将只包含主要的变量。选择该项后"方法"按钮被激活,可以进一步选择判别分析方法。当不认为所有自变量都能为观测量特征提供丰富的信息时,使用该选项,因此需要根据对判别贡献的大小进行选择。

如果希望使用一部分观测量进行判别函数的推导,而且有一个变量的某个值可以作为这些观测量的标识,则用"选择变量"功能进行选择。从变量列表框中选择变量进入该列表框后,右侧的"值"按钮被激活。单击"值"按钮,即可打开"判别分析:设置"对话框,如图 9-13 所示。

在该对话框中,"选定变量的值"参数框用于输入一个数值,则将只对所选择的变量中含有该值的个案进行分析。一般均使用数据文件中的所有合法观测量,此步骤可以省略。

下面就"判别分析"对话框中几个扩展按钮进行详细讲解。

1) "判别分析:统计量"对话框

在主对话框中单击"统计量"按钮,即可打开如图 9-14 所示的"判别分析:统计量"

对话框。

图 9-12　"判别分析：定义范围"对话框

图 9-13　"判别分析：设置"对话框

在该对话框中可以指定输出的统计量，可以选择的输出统计量分为描述统计量、判别函数系数和自变量的系数矩阵三种。

在"描述性"栏中选择对原始数据的描述统计量的输出。

(1) "均值"复选框。

选中该项，可以输出各类中各自变量的均值(MEAN)、标准差(Std Dev)，及各自变量总样本的均值和标准差。

(2) "单变量 ANOVA"复选框。

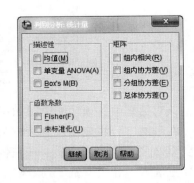
图 9-14　"判别分析：统计量"对话框

选中该项，对各类中同一自变量均值都相等的假设进行检验，输出单变量的方差分析结果。

(3) Box's M 复选框。

选中该项，对各类的协方差矩阵相等的假设进行检验，如果样本足够大，表明差异不显著的 p 值同样表明矩阵差异不明显。

在"函数系数"栏中选择输出判别函数系数：Fisher 复选框，选中该项，可以直接用于对新样本进行判别分类的费歇尔系数，对每一类给出一组系数，并给出该组中判别分数最大的观测量；"未标准化"复选框，选中该项则采用未经标准化处理的判别系数。

在"矩阵"栏中可以选择要求给出的矩阵。

(1) "组内相关"复选框。

选中此项，输出类内相关矩阵，它是根据在计算相关矩阵之前将各组(类)协方差矩阵平均后计算类内相关矩阵。

(2) "组内协方差"复选框。

选中此项，计算并显示合并类内协方差矩阵是将各组(类)协方差矩阵平均后计算的，区别于总协方差矩阵。

(3) "分组协方差"复选框。

选中此复选框，表示按照所分类别对每一类分别显示协方差矩阵。

(4) "总体协方差"复选框。

选中此项，计算并显示总样本的协方差矩阵。

2) "判别分析：步进法"对话框

只有选择了"使用步进式方法"项，要求采用逐步判别方法时，该按钮才会被激活。

在主对话框中单击"方法"按钮,即可打开"判别分析:步进法"对话框,如图 9-15 所示。

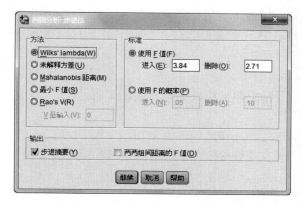

图 9-15 "判别分析:步进法"对话框

在该对话框中可以选择判别分析的方法和停止的判据。

(1) "方法"栏。

在该栏中选择判别方法,可供选择的判别分析方法如下。

① Wilks' lambda 项。

选中该项,每步都是 Wilk 的 λ 统计量最小的进入判别函数。

② "未解释方差"项。

选中该项,每步都是使各类不可解释的方差和最小的变量进入判别函数。

③ "Mahalanobis 距离"项。

选中该项,每步都使靠得最近的两类间的 Mahalanobis 距离最大的变量进入判别函数。

④ "最小 F 值"项。

选中该项,每步都使任何两类间的最小的 F 值最大的变量进入判别函数。

⑤ "Rao's V"项。

选中该项,每步都是使任何两类间的最小的 F 值最大的变量进入判别函数。给一个要加入模型中的变量的 V 值指定一个最小增量,选择此种方法后,应该在该项下面的"V 至输入"后的文本框中输入这个增量的指定值。当某变量导致的 V 值增量大于指定值的变量进入判别函数。

(2) "标准"栏。

在该栏中选择逐步判别停止的判据,可供选择的判据如下。

① "使用 F 值"项。

选中该项,使用 F 值,是系统默认的判据,当加入一个变量(或剔除一个变量)后,对在判别函数中的变量进行方差分析。当计算的 F 值大于指定的进入值时,该变量保留在函数中,"进入"的默认值是 3.84;当该变量使计算的 F 值小于指定的删除值时,该变量从函数中剔除,"删除"的默认值是 2.71。也就是说,当被加入的变量 F 值≥3.84 才能把该变量加入模型中,否则变量不能进入模型,或者,当要从模型中移出的变量 F 值≤2.71 时,该变量才被移出模型,否则模型中的变量不会被移出。设置这两个值时应该注意:进入值>

删除值。

② "使用 F 的概率"项。

选中该项，用 F 检验的概率决定变量是否加入函数或被剔除而不使用 F 值，加入变量的 F 值概率的默认值是 0.05，移出变量的 F 值概率是 0.9。删除值(移出变量的 F 值概率)>进入值(加入变量的 F 值概率)。

(3) "输出"栏。

在该栏中可以设置在结果输出窗口中的其他显示项。

① "步进摘要"项。

该选项为系统默认选项。选择此项，为 Wilk λ、输入输出变量、分析变量和没有参与分析的变量生成表，为所有变量输出容限和选择变量的值。同时输出 F 值、显著性水平和最小容限。

② "两两组间距离的 F 值"项。

选择此项，表示显示配对组的 F 比矩阵，以及组间的马氏距离的显著性检验结果。

3) "判别分析：分类"对话框

在主对话框中单击"分类"按钮，即可打开"判别分析：分类"对话框，如图 9-16 所示。

(1) "先验概率"栏。

该栏中有两个选项，从中选择先验概率："所有组相等"项，选中该项，假设各类先验概率相等，若分为 m 类，则各类先验概率均为 $1/m$；"根据组大小计算"项，选中该项，假设由各类的样本量计算决定，即各类的先验概率与其样本量成正比。

(2) "使用协方差矩阵"栏。

该栏中选择分析使用的协方差矩阵，两者选其一。"在组内"项，选中该项，指定使用合并组内协方差矩阵进行分类；"分组"项，选中该项，指定使用各组协方差矩阵进行分类。由于分类是根据判别函数，而不是根据原始变量，因此该选择项不是总等价于二次判别。

(3) "输出"栏。

在该栏中选择输出项。"个案结果"复选框，选中该项，要求输出每个观测量包括判别分数、实际类、预测类(根据判别函数求得的分类结果)和后验概率等。选择此项，其下的"将个案限制在前"复选框加亮，在后面的小矩形框中输入观测量数 n，选择此项则仅对前 n 个观测量输出分类结果，观测数量大时可以选择此项。"摘要表"复选框，选中该项，要求输出分类的小结，给出正确分类观测量数(原始类和根据判别函数计算的预测类相同)和错分观测量及错分率。"不考虑该个案时的分类"复选框，选中该项，要求输出对每个观测量进行分类的结果，所依据的判别函数是由除该观测量以外的其他观测量导出的，也称为交互校验结果。

(4) "图"栏。

在该栏中选择可以并列选择输出的统计图形："合并组"复选框，选中该项，生成一张包括各类的散点图。该散点图是根据前两个判别函数值作的散点图。如果只有一个判别函数，就输出直方图。"分组"复选框，选中该项，根据前两个判别函数值对每一类生成一张散点图，共分为几类就生成几张散点图，如果只有一个判别函数，就输出直方图。"区域图"复选框，选中该项，生成用于根据函数值把观测量分到各组中去的边界图。此中统计图把一张图的平面划分出与类数相同的区域。每一类占据一个区。各类的均值在各区中用星号标出，如果仅有一个判别函数，则不作此图。

(5) "使用均值替换缺失值"复选框。

该框用于选择对缺失值的处理方法。选中该项，用该变量的均值代替缺失值。

4) "判别分析：保存"对话框

在主对话框中单击"保存"按钮，即可打开"判别分析：保存"对话框，如图 9-17 所示。

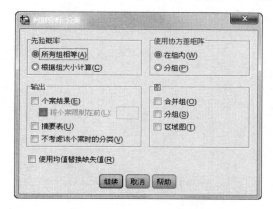
图 9-16 "判别分析：分类"对话框

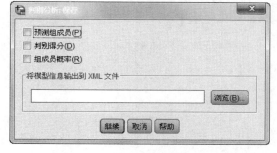
图 9-17 "判别分析：保存"对话框

(1) "预测组成员"复选框。

选中该项，要求建立一个新变量，表明观测量被预测的分类，是根据判别分数把观测量按后验概率最大指派所属的类，每运行一次判别过程，就建立一个表明使用判别函数预测的各观测量属于哪一类的新变量。每一次运行建立新变量的变量名为 dis_1，如果在工作数据文件中不把前一次建立的新变量删除，第 n 次运行判别过程建立的新变量默认的变量名为 dist_n。

(2) "判别得分"复选框。

选中该项，要求建立表明判别分数的新变量，该分数是由未标准化的判别系数乘自变量的值，将这些乘积求和后加上常数得来。每次运行判别过程都给出一组表明判别分数的新变量。建立几个判别函数就有几个判别分数变量，参与分析的观测量共分为 m 类，则建立 $m-1$ 个判别函数，指定该选择项，就可以生成 $m-1$ 个表明判别分数的新变量。

(3) "组成员概率"复选框。

选中该项，要求建立新变量表明观测量属于某一类的概率，有 m 类，对一个观测量就会给出 m 个概率值，因此建立 m 个新变量。

(4) "将模型信息输出到 XML 文件"栏。

该栏用于将模型信息输出到选定的文件中。左边的参数框显示选定的文件，右边有"浏览"按钮，单击该按钮，则弹出用户所熟悉的选择文件的对话框，在其中选择所要输出的文件。

9.4.3　命令语句

判别分析过程(判别)也可通过语法程序语句来实现。对于高级用户，可以选择使用程序语句。

1. 命令语句标准形式

```
DISCRIMINANT GROUPS=varname(min,max)
/VARIABLES=varlist
[/SELECT=varname(value)]
[/ANALYSIS=varlist(level) [varlist...]]
[/METHOD={DIRECT**}] [/TOLERANCE={0.001}]
{WILKS}{t}
{MAHAL  }
{MAXMINF }
{MINRESID}
{RAO}
[/MAXSTEPS={2v}]
{m }
[/FIN={3.84}] [/FOUT={2.71}] [/VIN={0**}]
{fi }{fo }{vi }
[/PIN={pi}] [/POUT={po}]
[/FUNCTIONS={g-1,90.0,1.0**}]
{nf , cp ,sig }
[/PRIORS={EQUAL**}]
{SIZE}
{value list}
[/SAVE=[CLASS=varname] [PROBS=rootname]
[SCORES=rootname]]
[/ANALYSIS=...]
[/MISSING={EXCLUDE**}]
{INCLUDE }
[/MATRIX=[OUT(file)] [IN(file)]]
[/HISTORY={STEP**}]
{NONE }
[/ROTATE={NONE**}]
{COEFF}
{STRUCTURE}
[/CLASSIFY={NONMISSING }{POOLED }[MEANSUB]]
{UNSELECTED }{SEPARATE}
{UNCLASSIFIED}
[/STATISTICS=[MEAN ][COV ][FPAIR][RAW ]
[STDDEV][GCOV][UNIVF][COEFF]
[CORR ][TCOV][BOXM ][TABLE]
[CROSSVALID][ALL]
[/PLOT=[MAP][SEPARATE][COMBINED][CASES[(n)]][ALL]]
[/OUTFILE MODEL(filename)]
```

2. 各命令的含义

1) 判别命令

判别是命令关键字,"GROUP="后面的变量是已知的分类变量,变量名后面的括号中的两个值说明各变量值的范围,前面一个是最小值,后面是最大值,中间用逗号分隔开,调用判别过程必须用"GROUP="指定一个分类变量。

2) 变量子命令

该子命令指定判别分析中使用的自变量,在等号后面列出自变量表。各变量名之间用空格分隔开。如果不使用此子命令,则使用数据文件中除 GROUPS=指定的分类变量以外所有的数值型变量作为自变量。

3) SELECT 子命令

该子命令用于挑选参与分析的观测量。在等号后面写出挑选变量的变量名,并在其后的括号中写出挑选值。判别过程只使用该变量值为括号中指定的值的观测量进行判别分析。

4) 分析子命令

该子命令指定特殊分析时使用的变量,这些变量必须已经在变量子命令中指定过。一般情况下使用所有变量子命令指定的变量进行判别分析,该子命令写成:"/分析=ALL"。

5) 方法子命令

不使用该子命令,使用变量子命令指定的所有变量推导全变量的判别函数。使用该子命令,则进行逐步判别方法,选择最能反映各类观测量之间差别的变量子集。可以选择的逐步判别方法有以下六种。

(1) DIRECT。

使用直接法,即推导全变量模型的判别函数时,不指定方法子命令的默认方法。

(2) WILKS。

使用 Wilks' Lambda 法,即选择变量进入模型的原则是 Wilks' λ 值最小。

(3) MAHAL。

指定使用 Mahalanobis Distance 方法,即选择变量进入模型使最近的两类之间的 Mahalanobis 距离最大。

(4) MAXMINF。

使用 Smallest F ratio 方法,即使任意两类间的最小的 F 比值最大。

(5) MINRESID。

指定使用最小残差法。

(6) RAO。

使用 Rao's V 法,即选入变量要求 Rao V 统计量最大,使用此种方法选择变量要同时使用 VIN 子命令指定增量 V,否则使用默认值 V=0。

6) TOLERANCE 子命令

指定容差,默认值是 0.001。

7) MAXSTEP 子命令

该子命令为逐步判别方法指定最大步数,当达到该子命令指定的最大步数时,逐步选择变量过程停止。默认的最大步数值为自变量数目的二倍,也可以在等号后面指定该数值。

8) FIN 子命令

当使用 F 统计量时,用 FIN 子命令指定变量进入模型的最小 F 值。当模型外的变量的 F 值大于 FIN 指定的 F 值时,变量可以进入模型。FIN 指定的值应该大于 FOUT 指定的 F 值。默认的 FIN 值为 3.84。

9) FOUT 子命令

当使用 F 统计量时,用 FOUT 子命令指定变量移出模型的最大 F 值。当模型内变量的

F 值小于 FIN 指定的 F 值时，变量被移出模型。FOUT 指定的值应该小于 FIN 指定的 F 值。默认的 FIN 值为 2.71。

10) VIN 子命令

当使用方法=RAO 时用 VIN 子命令指定变量进入模型的最小增量，默认值为 0。

11) FUNCTIONS 子命令

该子命令指定推导线性判别函数使用的参数，共 3 个，括号中的 3 个参数之间应该用等号分隔开。这些参数依次为：

- nf 函数数目的最大值，默认值是分类变量水平数减 1。
- cp 方差累计百分比最小值，默认值是 90。
- sig Wilks' λ 值的最大显著性水平，默认值是 1.0。

12) PRIORS 子命令

该子命令指定进行判别分析时使用的各类的先验概率，指定方法有：

- EQUAL 指定先验概率各类相等，每一类的先验概率为总类数的倒数。
- SIZE 指定先验概率与各类观测量数目成正比，即第 i 类的先验概率为第 i 类观测量数目除以总的观测量数目。

先验概率值表给出各类先验概率，顺序应该与 GROUP 子命令定义的变量值范围指定的顺序一致，各概率值之间应该用逗号分隔开，各类先验概率之和应该等于 1。

13) 保存子命令

该子命令建立保存在工作数据文件中的新变量，可供选择的命令有：

(1) CLASS=变量名。

该选择项要求建立的新变量，新变量的值为判别结果，即每个观测量所属的类号。变量名可以由用户指定，必须由小于或等于 8 个 SPSS 允许的字符组成。不指定变量名则该选择项只写"CLASS"，系统给出默认的变量名形式为"dis_n"，其中 n 为各次运行判别过程建立同一变量的顺序号。

(2) SCORE=变量名字头。

该选择项建立一组变量，表明各观测量的判别分数，在该选择项中只需给出新变量字头，由系统自动在指定字头后面加类别序号，指定的变量名字头加上类序号组成的变量名不能超过 7 个字符，否则在输出窗口中给出错误信息。该组变量的数目等于分类的数目减 1。不指定变量名字头，系统给出默认的变量名形式为"disn_m"，其中 n 为用第 n 未加权的线性判别函数计算的判别分数，m 为多次运行判别过程均建立该组变量时的运行顺序号。如果该选择项与 PROB 选择项同时选用，m 值为运行顺序号乘 2 减 1(奇数)。

(3) PROB=变量名字头。

该选择项建立一组变量，表明经过判别函数判别，观测量属于各类的概率，该组变量的数目与分类数目相等，变量名字头的命名方法与 SCORE 子命令相同。系统给出默认的变量名形式为"disn_m"，其中 n 为属于第 n 类的概率，m 为多次运行判别过程均建立该组变量时的运行顺序号。如果该选择项与 SCORE 选择项同时选用，m 值为运行顺序号乘 2(偶数)。

14) MISSING 子命令

该子命令指定处理带有缺失值的观测量的方法，共有两种选择：EXCLUDE 指定进行判别分析时剔除带有缺失值的观测量；INCLUDE 指定进行判别分析时不剔除带有缺失值的观测量。

15) MATRIX 子命令

该子命令指定进行判别分析使用的相关矩阵文件和分析后输出的相关矩阵文件。只有当不使用原始数据时使用 IN 选择项指定一个输入矩阵文件，或需要将中间结果作其他用时用 OUT 选择项。一般情况下很少使用该子命令。选择项 IN 或 OUT 后面指定的文件名应该是带有路径的完整的文件名，文件名置于括号中。

如果当前的工作数据文件就是一个相关矩阵或由相关分析得出的相关矩阵，则在 IN 选择项中可以使用"*"作为默认文件名。分析时使用当前工作数据文件(数据编辑窗中的矩阵)。如果将判别分析中的相关矩阵输出到数据编辑窗，则将 OUT 选择项中使用"*"作默认的数据文件名。

16) HISTORY 子命令

该子命令指定是否输出判别分析的每一步过程和最后结果，选择项有：STEP——为默认值，指定按步骤给出逐步选择变量的结果；NONE——不显示中间过程。

17) ROTATE 子命令

该子命令指定是否对判别函数系数矩阵或结构矩阵进行旋转，一般使用默认方法即不进行旋转。

18) 分类子命令

该子命令指定对观测量进行回代分类时的范围或方法。

- NONMISSING：只对不带有缺失值的观测量进行回代分类。
- UNSELECTED：对未被选入参与判别分析的观测量进行分类(SELECT 子命令未包括的观测量)。
- UNCLASSIFIED：只对未分类的观测量进行分类。
- POOLED：指定使用合并类内协方差阵。
- SEPARATE：指定使用合并类间协方差阵。

19) 统计量子命令

该子命令指定输出的统计量，选项有：

- MEAN：均值，包括各类各变量均值和各变量的总均值。
- STDDEV：标准差，分类给出各变量的标准差，还给出各变量的总的标准差。
- CORR：类内相关矩阵。
- UNIVF：包括各变量的 Wilks' λ 值、F 值和显著值。
- RAW：未标准化的线性判别函数系数。
- FPAIR：两类之间的 F 值矩阵。
- BOXM：针对各类协方差阵相等这一假设的 Box M 检验结果。
- TABLE：要求给出回代的分类结果表。

20) PLOT 子命令

该子命令指定要输出的统计图，可以指定两种不同输出方式的统计图，选项如下。

- MAP：区域图，表明各类数值区域的图。
- SEPARATE：散点图，每一类用一张散点图表明观测量分布情况，观测量共分为几类，就产生几张散点图。
- COMBINED：散点图，各类观测量合并在一个散点图中显示其观测量分布。标明类中心。
- ALL：要求作出所有统计图。

21) OUTFILE MODEL 子命令

该子命令指定结果输出到外部文件，括号中为外部文件名。

9.4.4 判别分析的实例

下面以一个实例来简单讲解判别分析的操作及对其结果的解读，以便读者更直观地掌握该方法。

数据文件"人类发展报告部分数据.sav"为 1995 年世界人类发展报告的部分数据，包括 14 个国家的人口出生时的预期寿命、成人识字率和调整后的人均 GDP 三个指标，并根据这三个指标将前面的 10 个国家按照经济发展程度进行分类，分为高发展水平国家和中等发展水平国家两类。现在新增中国、罗马尼亚、哥伦比亚和希腊 4 个国家的统计数据，但未分类，需要对这 4 个国家进行分类。

1. 操作步骤

(1) 打开数据文件后，在数据编辑器中的主菜单栏上单击"分析"菜单，然后选择"分类"子菜单，单击"判别"命令，即可打开"判别分析"主对话框，如图 9-11 所示。

(2) 在"分组变量"列表框中选入变量 region，并在如图 9-12 所示的"判别分析：定义范围"对话框中，在"最小值"参数框中输入数值 1，在"最大"参数框中输入数值 2。

(3) 将其他变量选入"自变量"列表框中，作为判别分析的自变量，并在下方的复选框中选择"使用步进式方法"。

(4) 在主对话框中单击"统计量"按钮，即可打开如图 9-14 所示的"判别分析：统计量"对话框，在该对话框中选择输出描述性统计量"均值"和"单变量 ANOVA"。然后单击"继续"按钮确认选择并返回主对话框。

(5) 在主对话框中单击"分类"按钮，即可打开"判别分析：分类"对话框，如图 9-16 所示。在"图"栏中选择"分组"复选框，要求根据前两个判别函数值对每一类生成一张散点图，共分为几类就生成几张散点图，如果只有一个判别函数，就输出直方图。然后单击"继续"按钮确认并返回主对话框。

(6) 在"判别分析：保存"对话框中，选择保存"预测组成员"，即保存预测分组。

(7) 在主对话框中单击"确定"按钮，执行上述操作。

上述操作也可以通过如下的语法程序语句来实现：

```
DISCRIMINANT
 /GROUPS=region(1 2)
 /VARIABLES=age rate aGDP
 /分析 ALL
 /SAVE=CLASS
 /METHOD=WILKS
 /FIN= 3.84
```

```
    /FOUT= 2.71
    /PRIORS  EQUAL
    /HISTORY
    /STATISTICS=MEAN STDDEV UNIVF RAW
    /PLOT=SEPARATE
    /分类=NONMISSING POOLED .
```

程序语句的具体含义在前面已经详细讲解过，读者可以参照上一小节读懂每一句程序的含义。

2. 结果解读

执行上述操作后，在结果输出窗口中输出一系列表格，下面将一一介绍。

表 9-9 为所有参与分析的个案处理综合表。

表 9-9 分析案例处理摘要

分析案例处理摘要

未加权案例		N	百 分 比
有效		10	71.4
排除的	缺失或越界组代码	4	28.6
	至少一个缺失判别变量	0	.0
	缺失或越界组代码还有至少一个缺失判别变量	0	.0
	合计	4	28.6
合计		14	100.0

在表 9-9 中列出了有效值(Valid)、剔除值(Exclude)和总和(Total)的个数(N)和百分数(Percent)。

表 9-10 为分类统计量表。

表 9-10 组统计量

组统计量

经济发展程度		均 值	标 准 差	有效的 N(列表状态)	
				未加权的	已加权的
高发展水平国家	出生时的预期寿命	75.880	3.0095	5	5.000
	成人识字率(%)	94.120	9.2767	5	5.000
	调整后的人均 GDP	5343.400	56.9807	5	5.000
中等发展水平国家	出生时的预期寿命	70.420	4.6991	5	5.000
	成人识字率(%)	91.740	6.8679	5	5.000
	调整后的人均 GDP	3550.200	762.7491	5	5.000
合计	出生时的预期寿命	73.150	4.7032	10	10.000
	成人识字率(%)	92.930	7.7964	10	10.000
	调整后的人均 GDP	4446.800	1073.8843	10	10.000

表 9-10 中给出了分类统计量的表格，包括各个类别以及总和的未加权(Unweighted)和加权(Weighted)的有效值。

表 9-11 为各组平均值的测度。

表 9-11　组均值的均等性检验

组均值的均等性的检验

	Wilks 的 Lambda	F	df1	df2	Sig.
出生时的预期寿命	.626	4.787	1	8	.060
成人识字率(%)	.974	.213	1	8	.657
调整后的人均 GDP	.225	27.482	1	8	.001

表 9-12 为逐步判别分析的运行记录表。

表 9-12　输入的/删除的变量

输入的/删除的变量 a,b,c,d

步骤	输入的	Wilks' Lambda				精确 F			
		统计量	df1	df2	df3	统计量	df1	df2	Sig.
1	调整后的人均 GDP	.225	1	1	8.000	27.482	1	8.000	.001

在每个步骤中，输入了最小化整体 Wilks' Lambda 变量。

a. 步骤的最大数目是 6。
b. 要输入的最小偏 F 是 3.84。
c. 要删除的最大偏 F 是 2.71。
d. F 级、容差或 VIN 不足以进行进一步计算。

表 9-12 给出了逐步判别分析的运行记录，因为本例中的数据比较简单，所以就进行了一步。在第一步就直接引入了变量"调整后的人均 GDP"，右侧给出了 Wilks' Lambda 检验的具体结果。给出了统计量、自由度，而且给出了精确 F 值的检验结果。从表 9-12 中可以看出，显著性水平 Sig.为 0.001，表明拒绝原假设，说明在该步中纳入判别函数的变量给你对正确判断分类是有作用的。这里给出了 Wilks' Lambda 的检验结果，与后面单独列出的 Wilks' Lambda 表示一致的。

表 9-13 为标准化正规判别函数系数表和结构矩阵表。

在表 9-13 中给出了判别函数系数和结构矩阵，结构矩阵表中为判别变量与根据函数内相关系数绝对大小排序的标准化公共判别函数变量之间的合并组内相关系数。可以看出，其中成人识字率和出生时的预期寿命是没有在分析中用到的变量。

表 9-14 为组重心函数值表，包括对应于前面判别函数各类别的函数值。

表 9-13　标准化的典型判别式函数系数和结构矩阵

标准化的典型判别式函数系数

	函数
	1
调整后的人均 GDP	1.000

结构矩阵

	函数
	1
调整后的人均 GDP	1.000
成人识字率(%)[a]	−.337
出生时的预期寿命 [a]	−.277

判别变量和标准化典型判别函数之间的汇聚组间相关性，按函数内相关性的绝对大小排序的变量。

a. 该变量不在分析中使用。

表 9-14　组重心函数值表

组质心处的函数

经济发展程度	函数
	1
高发展水平国家	1.658
中等发展水平国家	−1.658

在组均值处评估的非标准化典型判别式函数。

表 9-15 为先验概率表。

表 9-15　组的先验概率

组的先验概率

经济发展程度	先验	用于分析的案例	
		未加权的	已加权的
高发展水平国家	.500	5	5.000
中等发展水平国家	.500	5	5.000
合计	1.000	10	10.000

在表 9-15 中包括各类别和全部对应的先验概率(Prior)及参与分析的未加权(Unweighted)和经过加权(Weighted)的个案数。由于在"判别分析：分类"对话框中选择了"所有组相等"单选项，因此此处各类别的先验概率等于 1 除以所有类别数，即 0.500。

表 9-16 为未标准化的判别函数系数表。

表 9-16 Canonical 判别 Function Coefficients

Canonical 判别 Function Coefficients

	Function
	1
调整后的人均 GDP	.002
(Constant)	−8.222

Unstandardized Coefficients.

由表 9-16 可以计算出相应的判别函数，从而判断所有判别的观测个案所属的类别。

本例中在"Plots"栏中选择"separate-groups"选项，要求根据前两个判别函数值对每一类生成一张散点图，共分为几类就生成几张散点图。但由于本例中只有一个判别函数，于是分别输出各类别的直方图，如图 9-18 所示。

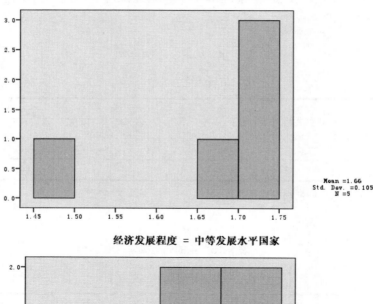

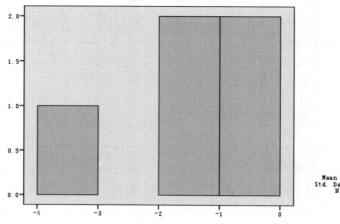

图 9-18 各类别直方图

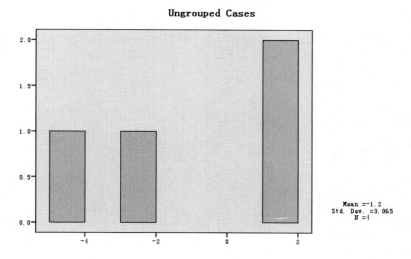

图 9-18　各类别直方图(续)

在数据编辑窗口中,保存了新的变量,即预测分组。结合上述表格和数据编辑窗口中的结果可以看出,中国和罗马尼亚应归属在第二类,而希腊和哥伦比亚归属于第一类。

第 10 章
因子分析与主成分分析

在实际研究中往往希望尽可能多地收集相关数据,以期能对问题有比较全面、完整的把握和认识。但是,变量较多的时候会增加分析问题的复杂性,因为变量之间可能存在一定的相关性,从而导致多变量之间信息出现重叠现象。为了克服这种相关性、重叠性,通常采用较少的变量来代替原来较多的变量,而这种代替可以反映原来多个变量的大部分信息,这就是一种"降维"的思想。

主成分分析就是利用"降维"的思想,在损失很少信息的前提下把多个指标转化为几个综合指标。因子分析是主成分分析的扩展和推广,也是利用"降维"的思想,通过研究众多变量之间的内部依赖关系,探求观测数据中的基本结构,并用少数几个"抽象"的变量来表示其基本的数据结构。

主成分分析通常把转化生成的综合指标称为主成分,其中每个主成分都是原始变量的线性组合,且各个主成分之间互不相关,这就使得主成分比原始数据具有某些更优越的性能。因子分析是一种通过显在变量测评潜在变量,通过具体指标测评抽象因子的统计分析方法。与主成分分析相比,因子分析更加倾向于描述原始变量之间的相关关系。

10.1 因子分析和主成分分析的基本概念

因子分析的概念起源于 20 世纪初 Karl Pearson 和 Charles Spearman 等人关于智力测验的统计分析。因子分析的目的是寻求变量基本结构,简化观测系统,减少变量维度,用少数的变量来解释所研究的复杂问题。目前,因子分析已在心理学、医学、气象学、经济学等领域得到广泛应用。主成分分析与因子分析的基本思想类似,也是利用"降维"的思想,提取几个综合指标用来反映复杂整体的情况。

10.1.1 因子

因子分析以最少的信息丢失为前提,将众多的原始变量综合成较少几个综合指标,即因子。可以将这一思想用数学模型来表示,设有 p 个原有变量 $x_1, x_2, \cdots, x_p$,且每个变量(或经标准化处理后)的均值都为 0,标准差都为 1。现将每个原有变量用 $k(k<p)$ 个因子 $f_1, f_2, \cdots, f_k$ 的线性组合来表示,则有

$$\begin{cases} x_1 = a_{11}f_1 + a_{12}f_2 + a_{13}f_3 + \cdots + a_{1k}f_k + \varepsilon_1 \\ x_2 = a_{21}f_1 + a_{22}f_2 + a_{23}f_3 + \cdots + a_{2k}f_k + \varepsilon_2 \\ \vdots \\ x_p = a_{p1}f_1 + a_{p2}f_2 + a_{p3}f_3 + \cdots + a_{pk}f_k + \varepsilon_p \end{cases}$$

上式即为因子分析的输出模型,也可以用矩阵的形式表示为

$$X = AF + \varepsilon$$

其中,F 称为因子,由于它们均出现在每个原有变量的线性表达式中,因此也称为公共因子。

因子通常具有以下特点:

(1) 因子个数远远少于原有变量的个数。由于因子分析和主成分分析都是利用"降维"的思想,将复杂的数据简化并且减少数据维度,因此因子的个数肯定要远远小于原有变量的个数,否则,因子分析和主成分分析就失去了应有的意义。将原有变量综合为少数几个因子后,因子将代替原有变量参与数据建模,这将有效克服分析过程中由于变量太多而带来的缺陷。

(2) 因子能够反映原有变量的绝大部分信息。因子并不是原有变量的简单取舍,而是原有变量重组后的结果,因此不会造成原有变量的大量丢失,并能够代表原有变量的绝大部分信息。而且,无论因子分析还是主成分分析,都是以最少的信息丢失为前提。

(3) 因子之间的线性关系不显著。变量较多的时候会增加分析问题的复杂性,因为变量之间可能存在一定的相关性,从而导致多变量之间信息出现重叠现象。因子分析和主成分分析就是为了克服这种缺陷而产生的,因此,由原有变量重组出来的因子之间不可能存在较强的线性关系。

(4) 因子具有命名解释性。通常，因子分析和主成分分析中产生的因子能够通过各种方式最终获得命名解释性。因子的命名解释性有助于对因子分析结果的解释评价，对因子的进一步应用有重要意义。

10.1.2 因子载荷

对于因子模型

$$x_i = a_{i1}f_1 + a_{i2}f_2 + a_{i3}f_3 + \cdots + a_{ik}f_k + \varepsilon_i \quad (i=1,2,\cdots,p)$$

其中，a_{ij} 为因子载荷，即第 i 个变量在第 j 个因子上的负荷。对上式进行整理可以得到，x_i 与 f_j 的协方差为

$$\begin{aligned}\text{Cov}(x_i, f_j) &= \text{Cov}\left(\sum_{k=1}^{p} a_{ik}f_k + \varepsilon_i, f_j\right) \\ &= \text{Cov}\left(\sum_{k=1}^{p} a_{ik}f_k, f_j\right) + \text{Cov}(\varepsilon_i, f_j) \\ &= a_{ij}\end{aligned}$$

如果对 x_i 做了标准化处理，x_i 的标准差为 1，且 f_j 的标准差为 1，那么

$$r_{x_i, f_j} = \frac{\text{Cov}(x_i, f_j)}{\sqrt{D(x_i)}\sqrt{D(f_j)}} = \text{Cov}(x_i, f_j) = a_{ij}$$

从上面的分析可知，对于标准化后的 x_i，a_{ij} 是 X_i 与 f_j 的相关系数，即因子不相关的前提下，因子载荷是变量 x_i 与因子 f_j 的相关系数，反映了变量 x_i 与因子 f_j 的相关程度。因子载荷越大，则说明第 i 个变量与第 j 个因子的关系越密切；载荷越小，则说明第 i 个变量与第 j 个因子的关系越疏远。同时，因子载荷也反映了因子 f_j 对变量 x_i 的重要作用及其程度。了解了这一点对理解抽象的因子含义即因子命名，有非常重要的作用。

10.1.3 变量共同度

设因子载荷矩阵为 A，则称第 i 行元素的平方和为变量共同度(Communality，即变量方差)，其数学定义为

$$h_i^2 = \sum_{j=1}^{k} a_{ij}^2 \quad (i=1,2,\cdots,p)$$

在变量 x_i 标准化时，变量 x_i 的方差可以表示成

$$\begin{aligned}D(x_i) &= a_{i1}^2 D(f_1) + a_{i2}^2 D(f_2) + \cdots + a_{ik}^2 D(f_k) + D(\varepsilon_i) \\ &= a_{i1}^2 + a_{i2}^2 + \cdots + a_{ik}^2 + \text{Var}(\varepsilon_i) \\ &= h_i^2 + \sigma_i^2\end{aligned}$$

因此，原有变量 x_i 的方差可由两个部分来解释：第一部分为共同度，它描述了全部公共因子对变量 x_i 方差解释说明的比例，体现了因子对变量 x_i 的贡献程度。变量共同度越接近 1，说明因子全体解释了变量给 x_i 的较大部分方差，如果用因子全体刻画变量 x_i，则丢失的信息较少；第二部分为特殊因子 ε_i 对变量方差的贡献，也就是变量 x_i 的方差中没有被全体因子解释的部分，ε_i^2 越小则说明变量 x_i 丢失的信息越少。

总之，变量 x_i 的共同度刻画了因子全体对变量 x_i 信息解释的程度，是评价变量 x_i 信息丢失程度的重要指标。如果大部分原有变量的变量共同度均较高(如高于 0.7)，则说明提取的因子能够反映原有变量的大部分信息(如 70%以上)，仅有较少的信息丢失，也就是说，因子分析的效果较好。因此，变量共同度是衡量因子分析效果的重要指标。

10.1.4 因子的方差贡献

设因子载荷矩阵为 A，称第 j 列元素的平方和

$$g_j^2 = \sum_{i=1}^{k} a_{ij}^2 \quad (j=1,2,\cdots,k)$$

为因子 f_j 对变量 x 的贡献，即 g_j^2 表示同一因子 f_j 对各变量所提供的方差贡献之总和，反映了因子 f_j 对原有变量总方差的解释能力。

因子方差贡献的值越高，说明相应因子的重要性越高。因此，因子的方差贡献和方差贡献率是衡量每一个因子相对重要性的一个尺度。

主成分分析把 p 个原始变量 $x_1, x_2,\cdots, x_p$ 的总方差分解为 p 个独立的变量 $y_1, y_2,\cdots, y_p$ 的方差之和，那么

$$\varphi_k = \lambda_k \Big/ \sum_{k=1}^{p} \lambda_k$$

就称为第 k 个主成分 Y_k 的方差贡献率。第一主成分贡献率最大，这表明 Y_1 综合原始变量的能力最强，而 $y_1, y_2,\cdots, y_p$ 的综合能力依次递减。

如果只取其中的 m 个主成分($m<p$)，那么

$$\psi_m = \sum_{k=1}^{m} \lambda_k \Big/ \sum_{k=1}^{p} \lambda_k$$

为这 m 个主成分的累积贡献率，累积贡献率表明 $y_1, y_2,\cdots, y_m$ 综合 $x_1, x_2,\cdots, x_p$ 的能力。通常取 m 使得累积贡献率达到一个较高的百分数。

10.2 因子分析

因子分析是一种通过显在变量测评潜在变量，通过具体指标测评抽象因子的统计分析方法，最早由心理学家 Charles Spearman 在 1904 年提出，它的基本思想是将实测的多个指标，用少数几个潜在的指标(因子)的线性组合表示。因子分析主要应用于两个方面：一是寻求基本结构，简化观测系统；二是对变量或样本进行分类。

10.2.1 因子分析的基本原理

研究工作的一个普遍问题是研究若干个变量(或因素)中每一个对某些相应 Y 的效应，假如一家食品生产公司打算生产一种加水烤制而成的糕点食品，该公司必须确定最合适的面粉、油脂、糖、牛奶或水、蛋、发酵粉等的准确数量，同时还要确定最合适的烤制温度与烤制时间。这样就出现了多个因素，其中任何一个都可以影响这种品味和质量到使人重视的程度。类似地，设计用于了解某个国家如何去增加主要谷物产量的研究项目，可能要试

图去度量氮、磷、钾的不同施肥量对产量的效应。这一类型的问题经常出现于工业中，对于复杂的化学过程，影响最终产品的因素可以多达10到20个。

早期，常是一次研究一个因素，对每一个因素分别去做实验。发展到后来，Fisher指出在同一个析因实验去研究若干因素的组合具有重大的优越性，因为每一个观测值都提供了关于实验所含有的所有因素的信息。再者，析因实验是研究不同因素效应间关系的系统的方法，析因分析又称为因子分析。

多元线性回归分析处理的是多指标的问题。指标太多，使得分析的复杂性增加。增加观察指标的目的是，让研究过程趋于完整，让研究所考虑的因素更全面，但从另外一方面来看，为了使研究结果清晰明确而增加观察指标又让人陷入混乱不清。由于在实际工作中，指标间经常具备一定的相关性，人们希望用较少的指标代替原来较多的指标，但依然能反映原有的全部信息，这就是一种"降维"的思想，于是就产生了主成分分析、对应分析、典型相关分析和因子分析等方法。

因子分析就是利用"降维"的思想，通过研究众多变量之间的内部依赖关系，探求观测数据中的基本结构，并用少数几个"抽象"的变量来表示其基本的数据结构。因子分析是一种通过显在变量测评潜在变量，通过具体指标测评抽象因子的统计分析方法。

SPSS中"分析"菜单下"降维"子菜单中的"因子分析"命令，就可以对多个指标或者多个因素的资料进行因子分析。因子分析的基本目的是，用少数几个因子，去描述许多指标或者因素之间的联系，即将相互之间关系比较密切的几个变量归在同一个类别之中，每一类变量就称为一个因子。之所以称为因子，是因为它是不可观测的，即不是具体的变量，这与聚类分析是不相同的。

因子分析的模型和主要概念在前文中已经讲解过，下面主要介绍因子分析的基本步骤。因子分析的核心目标是浓缩原有变量提取因子，主要涉及以下四大步骤：包括因子分析的前提条件、因子提取、使因子具有命名可解释性和计算各样本的因子得分。

1. 因子分析的前提条件

由于因子分析的主要任务之一是对原有变量进行浓缩，即将原有变量中的信息重叠部分提取和综合成因子，进而最终实现减少变量个数的目的。对此，它要求原有变量之间应存在较强的相关关系。否则，如果原有变量相互独立，那么也就无法将其综合和浓缩，也就无须进行因子分析。本步正是希望通过各种方法分析原有变量是否存在相关关系，是否适合进行因子分析。

通常可以采用计算简单相关系数矩阵、计算反应像相关矩阵(Anti-image Correlation Matrix)、巴特利特球度检验(Bartlett Test of Sphericity)和KMO(Kaiser-Meyer-Olkin)检验等方法对原有变量之间的相关性进行研究。

2. 因子提取

将原有变量综合成少数几个因子是因子分析的核心内容。本步正是研究如何在样本数据的基础上提取和综合因子。

提取因子的关键是通过样本数据求解因子载荷矩阵，主要有基于主成分模型的主成分分析法、基于因子模型的主轴因子法、极大似然法、最小二乘法、α因子提取法、映像分析法等。其中，在因子分析中占有主要地位且使用最为广泛的是主成分分析法。

3. 使因子具有命名可解释性

将原有变量综合为少数几个因子后，如果因子的实际含义不清，则极不利于进一步的分析。本步正是希望通过各种方法使提取出的因子实际含义清晰，使因子具有命名可解释性。

4. 计算各样本的因子得分

因子分析的最终目的是减少变量个数，以便在进一步的分析中用较少的因子代替原有变量参与数据建模。本步正是通过各种方法计算各样本在各因子上的得分，为进一步的分析奠定基础。

10.2.2 因子分析的 SPSS 操作

建立或打开数据文件后，若数据满足因子分析的前提条件，即可进行因子分析。

在数据编辑窗口中的主菜单栏上单击"分析"菜单，从中选择"降维"子菜单，然后单击"因子"命令，即可打开如图 10-1 所示的"因子分析"主对话框。

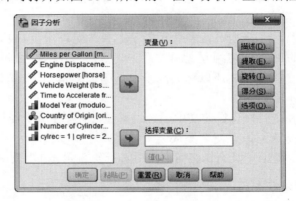

图 10-1 "因子分析"主对话框

在主对话框左侧的源变量框中列出了所有的变量，"变量"列表框用于选入参与因子分析的变量。

如果不想使用全部的样本进行分析，且数据文件存在一个选择变量，将该变量选入"选择变量"列表框，用于限制对含有指定值的个案集合进行分析。选入变量后，下面的"值"按钮被激活，单击此按钮，即可打开"因子分析：设置"(因子分析：设置有效值)对话框，如图 10-2 所示。

图 10-2 "因子分析：设置"对话框

在如图 10-2 所示的对话框中，在"选定变量的值"参数框中输入数值，确定选择该数值作为指定值。例如，在参数框中输入 1，那么在进行因子分析时，则只选择变量的值为 1 的观测进行因子分析。设置结束后，单击"继续"按钮确定并返回主对话框。

下面就"因子分析"主对话框中的扩展按钮进行详细讲解。

1) "因子分析：描述统计"对话框

在主对话框中单击"描述"按钮，即可打开"因子分析：描述统计"对话框，如图10-3所示。

(1) "统计量"栏。

在此栏内选择对哪些统计量进行运算。

- "单变量描述性"复选框，如选择此项，则会输出单变量描述性统计量，包括原始变量的有效观测个案数量(N)、均值(Mean)和标准差(Std. Deviation)。
- "原始分析结果"复选框，为系统默认选项，如选择此项，则会输出原始变量的公因子方差、协方差矩阵的对角线上的元素和能解释的方差在总方差中所占的百分比。

(2) "相关矩阵"栏。

在此栏内设置所要输出的矩阵。

- "系数"复选框，如选择此项，则会输出参与因子分析的变量的相关矩阵。
- "显著性水平"复选框，如选择此项，则会输出在相关矩阵中相关系数的单尾假设检验的显著性。
- "行列式"复选框，如选择此项，则会输出相关系数矩阵的行列式。
- "KMO 和 Bartlett 的球形度检验"复选框，如选择此项，则无论变量之间的偏相关是否很小，都会进行抽样充足性的 Kaiser-Meyer-Olkin 检验；无论相关矩阵是不是一个单位阵，都进行 Bartlett 圆形检验，这个检验能指出因素模型是否合理。
- "逆模型"复选框，如选择此项，则输出相关系数矩阵的逆矩阵。
- "再生"复选框，如选择此项，则输出因子分析后估计的相关矩阵。残差(相关系数的估计值与观测值之间的差)也同样会输出。
- "反映像"复选框，如选择此项，则会输出逆映像相关矩阵，它包括偏相关系数的求负、包含偏方差的负值的逆映像方差矩阵。在一个好的因子模型中，绝大多数非对角线元素都比较小。在逆映像相关矩阵的对角线上还包含了抽样充足性检验。

2) "因子分析：提取"对话框

单击"提取"按钮，即可打开"因子分析：提取"(因子分析：提取因子)对话框，如图10-4所示。

图10-3 "因子分析：描述统计"对话框

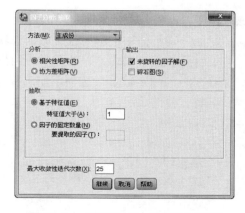

图10-4 "因子分析：提取"对话框

(1) "方法"栏。

在此栏中可以设置提取因子的方法。

- "主成分"选项，如选择此项，则会使用主成分分析法来提取因子。主成分分析法用来观察变量的不相关的线性组合。第一成分有最大的方差。随后的成分可以解释的方差越来越小，而且这些成分之间是不相关的。主成分分析用于获得初始因子分析的结果。
- "未加权的最小平方"选项，如选择此项，则使用未加权最小平方法来提取因子。未加权最小平方法在忽略对角线元素的情况下，最小化相关矩阵和再生矩阵差值的平方和。
- "综合最小平方"选项，如选择此项，则使用综合最小平方法来提取因子。综合最小平方法最小化相关矩阵和再生矩阵差值的平方和。相关性用它们值的倒数加权，以便有高的值的变量有较低的权。
- "最大似然"选项，如选择此项，则使用极大似然估计法来提取因子。极大似然估计法生成一个参数的估计，如果样本是取自多维正态分布，这个参数估计是能产生观测的相关矩阵中有最大概率的一个。相关性是使用变量值的倒数进行加权，还使用了迭代算法。
- "主轴因子分解"选项，如选择此项，则使用主轴因子法来提取因子。主轴因子法使用多元相关的平方作为对公因子方差的估计值。
- "α因子分解"选项，如选择此项，则使用α因子法来提取因子。α因子法最大化因子的α依赖度。
- "映像因子分解"选项，如选择此项，则使用多元回归法来提取因子。它是由Guttman在映像理论的基础上建立起来的。变量的公共部分(被称为偏映像)被定义为残余变量的线性组合，而不是作为假设因子的函数。

(2) "分析"栏。

该栏用于确定相关矩阵和协方差矩阵。

- "相关性矩阵"选项，如选择此项，则分析相关矩阵来作为提取因子的参考。
- "协方差矩阵"选项，如选择此项，则分析方差矩阵来作为提取因子的参考。

(3) "抽取"栏。

该栏用于控制提取过程和提取结果。

- "基于特征值"选项为系统默认选项，如选择此项，则提取特征值大于 1 的因子或特征值大于平均方差的因子。用户可以设置因子提取的阈门值。
- "因子的固定数量"选项，如选择此项，则提取用户指定数量的因子，而不考虑其特征值的情况。

(4) "输出"栏。

该栏用于指定与因子提取相关的输出项。

- "未旋转的因子解"复选框，如选择此项，则输出未经旋转的因子提取结果、因子解的特征值。
- "碎石图"复选框，如选择此项，则输出与每一个因子相关的方差的散点图。它用于确定应保留多少因子。一般而言，散点图都会有一个拐点，在此点之前是大因子，而此点之后是小因子。

(5)"最大收敛性迭代次数"栏。

在该参数框内设置因子分析的最大迭代次数，系统默认的最大迭代次数为 25。

3)"因子分析：旋转"对话框

单击"旋转"按钮，即可打开"因子分析：旋转"对话框，如图 10-5 所示。

(1)"方法"栏。

在此栏内选择旋转方法。

- "无"选项，如选择此项，则不进行因子旋转。系统默认选项。
- "最大方差法"选项，如选择此项，则使用正交旋转方法。它将每一个有最大负荷的因子的变量数最小化。
- "直接 Oblimin 方法"选项，如选择此项，则使用斜交旋转方法来对变量进行旋转。
- "最大四次方值法"选项，如选择此项，则使用四分旋转方法来对变量进行旋转。
- "最大平衡值法"选项，如选择此项，则使用全体旋转方法，对变量和因子均进行旋转。
- Promax 选项，如选择此项，则使用斜交旋转方法，对变量和因子均进行旋转。

(2)"输出"栏。

在此栏内选择输出哪些结果。

- "旋转解"复选框为系统默认选项，用户必须选择一个旋转方法之后，这一项才是可选的。对于正交旋转，将输出旋转后的模式矩阵和因子转换矩阵。对于斜交矩阵，将输出模式、结构和因子相关矩阵。
- "载荷图"复选框，如选择此项，则输出前三个因子的因子载荷散点图。对于二维因子的解，将输出一个二维散点图。

(3)"最大收敛性迭代次数"栏。

在此栏设置旋转收敛的最大迭代次数。系统默认值为 25。

4)"因子分析：因子得分"对话框

在主对话框中单击"得分"按钮，即可打开"因子分析：因子得分"对话框，如图 10-6 所示。

图 10-5 "因子分析：旋转"对话框　　图 10-6 "因子分析：因子得分"对话框

(1)"保存为变量"复选框。

如果选择此项,则将因子得分作为一个变量保存起来。对分析结果中的每一个因子都会生成一个新变量。输出中的表将指示出每一个新变量的名字和变量标签(用于指示使用于因子得分的方法)。

(2)"方法"栏。

在此栏内选定计算因子得分系数的方法。但是,只有选择"保存为变量"复选框后,该栏才会被激活。

- "回归"选项,如选择此项,则产生的因子分值均值为 0,而方差等于估计因子值与真实因子值多元相关的平方。
- Bartlett 选项,如选择此项,则产生的因子分值为 0。超过变量范围的各因子值的平方和被最小化。
- Anderson-Rubin 选项,如选择此项,则采用修正的 Bartlett 方法。其产生分值的均值为 0,标准差为 1,且是不相关的。

(3)"显示因子得分系数矩阵"复选框。

如选择此项,则输出因子得分系数矩阵,还输出因子得分的方差矩阵。

5)"因子分析:选项"对话框

在主对话框中单击"选项"按钮,即可打开"因子分析:选项"对话框,如图 10-7 所示。

(1)"缺失值"栏。

在此栏内选择缺失值的处理方法。

- "按列表排除个案"选项,如选择此项,则在进行检验时,对有缺省值的观测,在任何分析中都排除掉。该选项为系统默认选项。
- "按对排除个案"选项,如选择此项,对参与计算的变量如有缺省值,则不考虑带有缺省值的观测。
- "使用均值替换"选项,如选择此项,则将缺省值用变量的均值来代替。

(2)"系数显示格式"栏。

图 10-7 "因子分析:选项"对话框

此栏内选择系数的显示格式。

- "按大小排序"复选框,如选择此项,则将因子负荷和结构矩阵排序以便将同一个因素的高负荷的变量排在一起。
- "取消小系数"复选框,如选择此项,则只显示绝对值大于某个阈值的负荷系数。系统的缺省设置是 0.10,用户可在后面的设置栏内自己设定,但要注意,所设定的值一定要在 0 和 1 之间。

所有设置结束后,单击"确定"按钮,执行因子分析。

10.2.3 因子分析的实例

下面以一个实例来讲解因子分析的具体操作及对其结果的解读，以便读者更直观地掌握因子分析方法。

为了测量某大型化工厂的污染情况，现在该厂附近选取 8 个观测点进行空气质量检测，每日 4 次抽取大气样品，测定其中 6 种气体的浓度，每个取样点每种气体实测 16 次，计算出每个取样点每种气体的平均浓度，并根据数据建立数据文件"pollute.sav"。

1. 操作步骤

（1）打开数据文件之后，在数据编辑窗口中依次单击"分析"|"降维"|"因子分析"，打开如图 10-1 所示的"因子分析"主对话框。

（2）在左边的源变量框中选择将进行因子分析的变量 gas1、gas2、gas3、gas4、gas5、gas6 作为因子分析变量进入"变量"列表框内。

（3）单击"描述"按钮，打开"因子分析：描述统计"对话框。选择"系数""显著性水平"和"行列式"选项，然后单击"继续"按钮确认选择并返回主对话框。

（4）单击"提取"按钮，即可打开"因子分析：提取"对话框，在"基于特征值"参数框中输入 0.6 作为因子提取的阈门值，即提取特征值大于 0.6 的因子或特征值大于平均方差的因子。并且选择"输出"栏的两个复选框。

（5）单击"旋转"按钮，打开"因子分析：旋转"对话框。在"方法"栏选择"最大方差法"选项，使用正交旋转方法，并选中"输出"栏中的两个复选框。设置结束后，单击"继续"按钮确认并返回主对话框。

（6）单击"确定"按钮确认，并执行因子分析。

此过程的程序语句为：

```
FACTOR
  /VARIABLES gas1 gas2 gas3 gas4 gas5 gas6
  /MISSING LISTWISE /ANALYSIS gas1 gas2 gas3 gas4 gas5 gas6
  /PRINT INITIAL CORRELATION SIG DET EXTRACTION ROTATION
  /PLOT EIGEN ROTATION
  /CRITERIA MINEIGEN(0.6) ITERATE(25)
  /EXTRACTION PC
  /CRITERIA ITERATE(25)
  /ROTATION VARIMAX
  /METHOD=CORRELATION .
```

第一行为"FACTOR"，表示进行因子分析。

第二行为"/VARIABLES gas1 gas2 gas3 gas4 gas5 gas6"，表示参与分析的变量为 gas1～gas6。

第三行为"/MISSING LISTWISE /ANALYSIS gas1 gas2 gas3 gas4 gas5 gas6"，表示在分析时，对有缺省值的观测都排除掉。

第四行为"/PRINT INITIAL CORRELATION SIG DET EXTRACTION ROTATION"，表示输出最初的分析变量的公因子方差、协方差矩阵的对角线上的元素和能解释的方差在总方差中所占的百分比。

第五行为"/PLOT EIGEN ROTATION",表示作图特征选择。

第六行为"/CRITERIA MINEIGEN(0.6) ITERATE(25)",表示提取特征值大于 0.6 的因子或特征值大于平均方差的因子,旋转迭代的最大次数为 25 次。

第七行为"/EXTRACTION PC",表示输出旋转后的模式矩阵和因子转换矩阵。对于斜交矩阵,将输出模式、结构和因子相关矩阵。

第八行为"/CRITERIA ITERATE(25)",表示旋转迭代的最大次数为 25 次。

第九行为"/ROTATION VARIMAX",表示使用正交旋转方法。

第十行为"/METHOD=CORRELATION .",表示使用的方法为相关方法。

2. 结果解读

执行上述操作后,在结果的输出窗口中输出分析结果,下面一一进行讲解。

表 10-1 为共同度表。

表 10-1 共同度表

公因子方差

	初 始	提 取
氯	1.000	.954
硫化氢	1.000	.955
二氧化碳	1.000	.993
碳 4	1.000	.927
环氧氯丙烷	1.000	.980
环己烷	1.000	.923

提取方法:主成分分析。

在表 10-1 中给出了采用主成分法提取因子后的各变量共同度,包括各变量对应的初始共同度(Initial)和提取因子以后的再生共同度(提取)。

表 10-2 的第一行为相关系数矩阵,第二部分为假设相关系数为零的单侧显著性检验概率矩阵。从该表中可以看出,各概率均大于 0.05,因此可以认为各变量两两之间是不相关的。

表 10-2 相关矩阵表

相关矩阵 [a]

		氯	硫化氢	二氧化碳	碳 4	环氧氯丙烷	环己烷
相关	氯	1.000	-.557	-.443	.535	-.614	.107
	硫化氢	-.557	1.000	-.067	-.069	.375	.493
	二氧化碳	-.443	-.067	1.000	-.219	.029	-.053
	碳 4	.535	-.069	-.219	1.000	-.065	.554
	环氧氯丙烷	-.614	.375	.029	-.065	1.000	.058
	环己烷	.107	.493	-.053	.554	.058	1.000

续表

		氯	硫化氢	二氧化碳	碳 4	环氧氯丙烷	环己烷
Sig.(单侧)	氯		.076	.136	.086	.053	.401
	硫化氢	.076		.437	.436	.180	.107
	二氧化碳	.136	.437		.301	.473	.451
	碳 4	.086	.436	.301		.439	.077
	环氧氯丙烷	.053	.180	.473	.439		.446
	环己烷	.401	.107	.451	.077	.446	

a. 行列式 = .037。

表 10-3 为总的方差解释表。

表 10-3　总方差解释表

解释的总方差

成分	初始特征值			提取平方和载入			旋转平方和载入		
	合计	方差的 %	累积 %	合计	方差的 %	累积 %	合计	方差的 %	累积 %
1	2.285	38.084	38.084	2.285	38.084	38.084	1.660	27.664	27.664
2	1.793	29.881	67.965	1.793	29.881	67.965	1.504	25.061	52.725
3	.954	15.893	83.858	.954	15.893	83.858	1.389	23.157	75.883
4	.700	11.659	95.517	.700	11.659	95.517	1.178	19.634	95.517
5	.201	3.356	98.873						
6	.068	1.127	100.000						

提取方法：主成分分析。

表 10-3 中，成分表示因子序号；合计为特征值，特征值的大小反映公因子的方差贡献；方差的%为特征值占方差的百分数；累积%为特征值占方差百分数的累加值。提取平方和载入栏为根据特征值大于 0.6 的原则提取的 4 个因子的特征值、占方差百分数及其累加值。这 4 个因子解释的方差占总方差的 95.517%，能比较全面地反映所有信息。旋转平方和载入栏为旋转因子矩阵后的 4 个因子的特征值、占方差百分数及其累加值。

图 10-8 为碎石图。

图 10-8 中，横坐标为因子序号，纵坐标为各因子对应的特征值。在图中根据因子序号和对应特征值锚点，然后用直线连接，即为碎石图。根据点间连线坡度的陡缓程度，从碎石图中可以比较清楚地看出因子的重要程度。比较陡的直线说明直线端点对应的因子的特征值差值较大，比较缓的直线则对应较小的特征值差值。从图 10-8 中可以看出，因子 1、2 和 3 之间连线的坡度相对较陡，说明前面 3 个因子是主要因子，这和表 10-3 中的结论是吻合的。

表 10-4 为所提取因子的因子负荷矩阵，采取主成分分析法。

表 10-5 为旋转后的因子负荷矩阵。

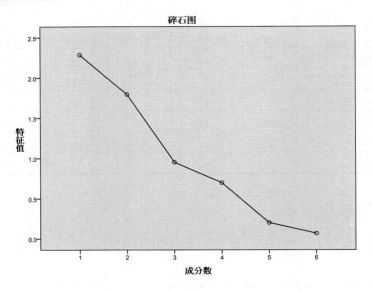

图 10-8 碎石图

表 10-4 因子负荷矩阵

成分矩阵 [a]

	成 分			
	1	2	3	4
氯	-.975	.016	-.046	-.002
硫化氢	.592	.654	-.120	-.402
二氧化碳	.424	-.287	.848	.104
碳 4	-.584	.631	.199	.385
环氧氯丙烷	.674	.299	-.280	.598
环己烷	-.092	.891	.315	-.144

提取方法：主成分。

a. 已提取了 4 个成分。

表 10-5 为使用 Varimax 法进行因子旋转后得到的因子负荷矩阵。与表 10-4 相比，该表更好地对主因子进行了解释。旋转后的因子负荷矩阵两端集中，能更好地解释主因子。从表中可以看出，第一个因子与碳 4 关系紧密，第二个因子与硫化氢关系紧密，第三个因子与环氧氯丙烷关系紧密，而第四个因子则与二氧化碳关系紧密。这说明了 4 种污染气体对空气污染的贡献不一样。

表 10-6 为因子转换矩阵。

图 10-9 为旋转后的因子矩阵因子负荷散点图。因子负荷散点图是根据因子负荷的大小绘制的散点图。当因子个数大于等于 3 个时，绘制三维散点图；当因子个数为 2 个时，绘制二维散点图；当因子个数小于 2 时，不生成图形。

表 10-5 旋转后的因子负荷矩阵

旋转成分矩阵 [a]

	成分			
	1	2	3	4
氯	.487	-.435	-.596	-.414
硫化氢	-.041	.939	.261	-.055
二氧化碳	-.090	-.041	.035	.991
碳 4	.949	-.078	-.027	-.138
环氧氯丙烷	.007	.141	.980	-.004
环己烷	.715	.636	-.066	.051

提取方法：主成分。
旋转法：具有 Kaiser 标准化的正交旋转法。
a. 旋转在 6 次迭代后收敛。

表 10-6 因子转换矩阵表

成分转换矩阵

成 分	1	2	3	4
1	-.505	.457	.627	.379
2	.695	.657	.205	-.207
3	.333	.020	-.288	.898
4	.389	-.599	.694	.091

提取方法：主成分。
旋转法：具有 Kaiser 标准化的正交旋转法。

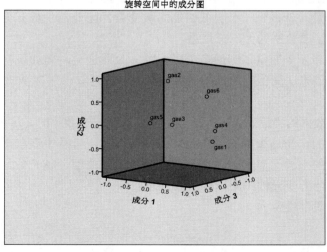

图 10-9 旋转后的因子负荷散点图

从因子负荷散点图中，可以直观地看出决定各因子的有哪些变量。如果在散点图中，变量对应点正好落在某坐标轴上，说明该变量值在该坐标轴对应的因子上有负荷，该点落在原点附近，则说明因子负荷较小，如果该点落在坐标轴顶端，则说明因子负荷较大。落在多个坐标轴共同决定的空间内的点对应的变量，与这多个坐标轴对应的因子都有关系。

10.3 主成分分析

主成分分析是由 Hotelling 于 1933 年首先提出的。主成分分析是利用"降维"的思想，在损失很少信息的前提下把多个指标转化为几个综合指标，称为主成分。每个主成分都是原始变量的线性组合，且各个主成分之间互不相关，这就使得主成分比原始变量具有某些更优越的性能。主成分分析不能被看作是研究的结果，而应该在主成分分析的基础上继续采用其他多元统计方法来解决实际问题。

10.3.1 主成分分析的基本原理

在对某一个问题进行实证研究时，为了更全面、准确地反映出这个问题，人们往往要考虑与其有关的多个指标，也就是变量。这就产生了两个问题：一方面人们为了避免遗漏重要的信息就会考虑尽量多的指标，而另一方面随着指标的增多会增加研究问题的负载程度，此外，由于各指标都是对同一个问题的反映，不可避免地就会造成信息的重叠，引起变量之间的共线性。因此，由于多个变量之间往往存在一定程度的相关性，研究者自然希望通过线性组合的方式，从这些指标中尽可能快地提取信息。

主成分分析就是研究如何通过原始变量的少数几个线性组合来解释原始变量的绝大部分信息。当第一个线性组合不能提取更多的信息时，再考虑第二个线性组合继续这个快速提取的过程，直到所提取的信息与原指标相差不多时为止。这就是主成分分析的基本思想。

一般来说，在主成分分析适用的场合中，用较少的主成分就可以得到较多的信息量，以各个主成分为分量，就得到一个更低维的随机变量。因此，主成分分析既可以降低数据"维数"，又保留了原数据的大部分信息。

原则上，如果有 n 个变量，则最多可以提取 n 个主成分，但如果将这 n 个主成分全部提取出来就失去了该方法简化变量数的实际意义。一般提取已包含 90%以上信息的前 2~3 个主成分。

那么，什么是数据的"信息"呢？当一个变量只取一个数据时，这个变量(数据)提供的信息量是非常有限的；当这个变量取一系列不同数据时，可从中获取最大值、最小值、平均数等信息。变量的差异性越大，说明其提供的信息越全面、越充分。所以，主成分分析中的信息，就是指标的变异性，用标准差或方差表示。

主成分分析的数学模型为

$$\begin{cases} Y_1 = u_{11}X_1 + u_{12}X_2 + \cdots + u_{1p}X_p \\ Y_2 = u_{21}X_1 + u_{22}X_2 + \cdots + u_{2p}X_p \\ \vdots \\ Y_p = u_{p1}X_1 + u_{p2}X_2 + \cdots + u_{pp}X_p \end{cases}$$

用矩阵表示为

$$Y = UX$$

关于主成分分析中的一些概念在前面已经有过讲解，此处不再赘述。主成分分析和因子分析一样，都是从样本协方差矩阵入手，其结果受变量单位的影响。为了消除由于单位的不同可能带来的影响，在进行主成分分析之前也常常将各原始变量做标准化处理。由于经过标准化的矩阵就是 X 的相关系数矩阵 R。如果主成分分析的一切计算都直接从样本相关系数矩阵 R 而不是协方差矩阵出发，就等价于先对数据进行标准化，然后从协方差矩阵出发进行主成分分析。

SPSS 并没有像 SAS 软件一样将因子分析与主成分分析作为两个相互独立的方法并列处理，而是根据二者之间的关系将主成分分析有机地嵌入因子分析之中，虽然这样简化了程序，但却为主成分分析带来麻烦。但是因子分析和主成分分析有着密切的联系，因为因子提取的最常用方法就是"主成分法"，利用因子分析的结果，可以实现主成分分析。

10.3.2 主成分分析的实例

主成分分析的基本步骤是：首先，结合数据，判断是否需要进行主成分分析；其次，进行分析，结合主成分的累积贡献率和特征值来确定提取的主成分或因子的数目；最后，进行主成分分析，将提取出的主成分存为新变量，以便继续分析。

主成分分析也是通过"分析"菜单下的"降维"子菜单中的"因子分析"命令来实现，其基本操作与因子分析相同。

仍以 10.2.3 节中的数据文件"pollute.sav"为例，介绍如何使用 SPSS 软件进行主成分分析。

1. 利用 SPSS 进行因子分析

通过上节中的分析可知，该数据文件中的数据有进行主成分分析和因子分析的必要。

打开数据文件"pollute.sav"后，进行简单的因子分析。在菜单栏中单击"分析"菜单，然后选择"降维"子菜单，再从中选择"因子分析"命令，打开如图 10-1 所示的"因子分析"主对话框。在主对话框中，将变量 gas1、gas2、gas3、gas4、gas5 和 gas6 选入"变量"列表框。单击"提取"按钮，即可打开"因子分析：提取"对话框，在"基于特征值"参数框中输入 0.6 作为因子提取的阈门值，即提取特征值大于 0.6 的因子或特征值大于平均方差的因子。其他选项保持系统默认设置，单击"确定"按钮，执行因子分析，得到如表 10-7 所示的特征根和方差贡献表以及表 10-8 所示的因子负荷矩阵。

表 10-7 为各因子对应的特征根，本例中共提取两个因子："方差的%"列为各因子的方差贡献率；"累积%"列为累积方差贡献率。从表中可以看出，前 4 个变量已经可以解释

95.517%的方差。

表 10-7 特征值与方差贡献表

解释的总方差

成分	初始特征值			提取平方和载入		
	合计	方差的 %	累积 %	合计	方差的 %	累积 %
1	2.285	38.084	38.084	2.285	38.084	38.084
2	1.793	29.881	67.965	1.793	29.881	67.965
3	.954	15.893	83.858	.954	15.893	83.858
4	.700	11.659	95.517	.700	11.659	95.517
5	.201	3.356	98.873			
6	.068	1.127	100.000			

提取方法：主成分分析。

表 10-8 为旋转前的因子负荷矩阵。

表 10-8 旋转前的因子负荷矩阵

成分矩阵[a]

	成分			
	1	2	3	4
氯	−.975	.016	−.046	−.002
硫化氢	.592	.654	−.120	−.402
二氧化碳	.424	−.287	.848	.104
碳 4	−.584	.631	.199	.385
环氧氯丙烷	.674	.299	−.280	.598
环己烷	−.092	.891	.315	−.144

提取方法：主成分。

a. 已提取了 4 个成分。

这两个表格的结果与上一节中因子分析的结果是一致的。

2. 利用因子分析的结果进行主成分分析

首先，将表 10-8 因子负荷矩阵中的数据输入 SPSS 数据编辑窗口，将 4 个变量名分别命名为 a1、a2、a3、a4。

然后，依次计算特征向量矩阵。在主菜单栏中选择"转换"菜单，单击"计算变量"命令，打开如图 10-10 所示的"计算变量"对话框。

在对话框中输入等式"t1=a1/SQRT(2.285)"，单击"确定"按钮，即可在数据编辑窗口中得到变量名为 t1 的第一特征变量。以此类推，计算 t2、t3、t4，SQRT 后的括号内的数值为特征值，即表 10-7 中"合计"栏中的数值。

第 10 章 因子分析与主成分分析

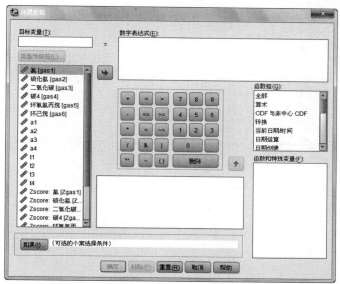

图 10-10 "计算变量"对话框

计算结束后,得到如表 10-9 所示的特征向量矩阵。

表 10-9 特征向量矩阵

	t1	t2	t3	t4
氯(gas1)	−.65	.01	−.05	.00
硫化氢(gas2)	.39	.49	−.12	−.48
二氧化碳(gas3)	.28	−.21	.87	.12
碳 4(gas4)	−.39	.47	.20	.46
环氧氯丙烷(gas5)	.45	.22	−.29	.71
环己烷(gas6)	−.06	.67	.32	−.17

设变量 gas1、gas2、gas3、gas4、gas5、gas6 依次为 X_1、X_2、X_3、X_4、X_5、X_6,则根据表 10-9 得到主成分的表达式

$$Y_1 = -0.65X_1 + 0.39X_2 + 0.28X_3 - 0.39X_4 + 0.45X_5 - 0.06X_6 \tag{10.1}$$

$$Y_2 = 0.01X_1 + 0.49X_2 - 0.21X_3 + 0.47X_4 + 0.22X_5 + 0.67X_6 \tag{10.2}$$

$$Y_3 = -0.05X_1 - 0.12X_2 + 0.87X_3 + 0.20X_4 - 0.29X_5 + 0.32X_6 \tag{10.3}$$

$$Y_4 = -0.48X_2 + 0.12X_3 + 0.46X_4 + 0.71X_5 - 0.17X_6 \tag{10.4}$$

由于是以相关系数矩阵为出发点进行因子分析,所以主成分分析表达式中的 $X_1 \sim X_6$ 应该是经过标准化变换后的标准变量。

计算主成分之前首先需要对原始变量进行标准化,得到变量名分别为 Zgas1~Zgas6 的标准化变量。标准化变量通过"描述统计量"菜单中的"描述"命令实现,该命令不仅可以用于进行描述分析,还可用于标准化变量,具体操作在第 3 章中已经详细讲解过,此处不再赘述。

将变量标准化以后,再次调用"计算变量"命令,分别在对话框中输入等式:"y1 =

−0.65*Zgas1 + 0.39*Zgas2 + 0.28*Zgas3 − 0.39*Zgas4 + 0.45*Zgas5 − 0.06*Zgas6""y2 = 0.01*Zgas1 + 0.49 * Zgas2 − 0.21*Zgas3 + 0.47*Zgas4+ 0.22*Zgas5 + 0.67* Zgas6" "y3 = −0.05*Zgas1 − 0.12*Zgas2 + 0.87*Zgas3 + 0.20*Zgas4 − 0.29*Zgas5 + 0.32*Zgas6"和"y4 = −0.48*Zgas2 + 0.12*Zgas3 + 0.46*Zgas4 + 0.71*Zgas5 − 0.17*Zgas6"就可以计算得到主成分，如表 10-10 所示。

表 10-10　主成分表

	y1	y2	y3	y4
1	.07	−1.18	−1.19	−1.26
2	.34	−2.66	.68	.35
3	1.69	1.49	.61	−1.10
4	2.19	.56	−.84	1.32
5	−2.65	.99	−.13	.33
6	−.50	−.06	1.54	.15
7	−.06	.75	.42	.03
8	−1.08	.11	−1.08	.17

　　从上面的主成分表达式可以看出，在式(10.1)中第一主成分上 X_5 有较高的载荷，说明第一主成分 Y_1 是由变量 gas5 决定的，气体中环氧氯丙烷作为主要污染气体是可信的。从式(10.2)中可以看出，第二主成分上 X_6 有较高载荷，说明 Y_2 主要依赖于 X_6，即环己烷作为主要污染气体是可信的。以此类推，在对这 8 个地区的空气质量进行评价时，可以认为环氧氯丙烷、环己烷和二氧化碳是其空气污染的主要污染气体。也就是说，如果该化学工厂在生产时排放了这些气体，那么该工厂就是造成附近地区空气污染的主要原因。

第 11 章

生 存 分 析

  生存分析方法是一种非常重要的统计分析方法,用以揭示事件发生和发展的规律。生存分析是近一二十年才发展起来的数理统计新分支,它是根据现代医学、工程等科学研究的大量实际问题提出来的,着重对截断数据进行统计分析研究。生存分析的理论与应用受到了世界各国,特别是发达国家的高度重视。1986 年美国国家科学院委员会提出的数学发展概况中,曾把生存分析列为六大发展方向之一。

生存分析目前已广泛应用在医学、生物学、公共健康、金融学、保险和人口统计等诸多领域，它涉及数理统计中原有的参数统计与非参数统计的结合，而且涉及一些较深较新的概率和其他数学工具，因此，生存分析方法日益受到人们的重视。

本章介绍如何使用 SPSS 来进行生存分析，SPSS 所提供的功能主要有以下四项：

- 寿命表 s：生命表分析。
- Kaplan-Meier：Kaplan-Meier 估计。
- Cox 回归：Cox 回归分析。
- Cox w/Time-Dep Cov：时间相依性的回归分析。

11.1 生存分析的基本概念

生存分析(生存分析 Analysis)主要用于对涉及一定时间的发生和持续长度的时间数据的分析。生存分析所分析的数据通常称为生存数据，生存数据按照观察数据所提供的信息的不同，可以分为完全数据、删失数据和截尾数据三种。

11.1.1 生存分析简介

生存分析是目前统计学的热门，自 20 世纪 70 年代中期以来，得到了迅速的发展，无论在理论方面还是在应用方面都受到了人们的重视。生存分析不仅能妥善处理现实生活中常见的截尾数据(Censored Data)问题，而且在解决实际问题的同时，揭示了一些更为复杂的理论问题，促进了数理统计理论的发展。1986 年美国国家科学院委员会提出的数学发展概况的报告中，6 个有代表性的分支学科中就有 1 个是论述生存分析的，而且被作为数学与其他学科甚至社会科学互相渗透的一个重要例子。

"Censor"一词原来是审查、删改的意思，近 10 多年来，广泛出现在统计学中。我们经常会碰到类似下面的一些数据：灯泡在长达 500 小时的寿命实验中没有毁坏；无线电信号在受到强烈干扰而无法收到信号前已经持续了 15 分钟；吃了致癌物质的小白鼠到 4 月 2 日早晨 8 时还没有明显反应；机器从今天上午 6 时到现在已经出三次毛病了。这些数据的共同特点是它们由于某种原因被截断了，以致无法得知其确切值，但可以知道它们都大于某个数。例如，我们知道的信息仅仅是：灯泡的寿命大于 500 小时，无线电信号至少持续了 15 分钟等。怎样在统计中利用这些信息呢？这就是生存分析所要研究的问题。从某种意义上讲，有一个统计问题，就可能有相应的截断数据的统计问题。

11.1.2 生存分析的数据类型

生存分析所要分析的数据称为生存数据，用于度量某事件发生前所经历的时间长度。事件可以是产品的失效、保单的索赔、疾病的发生、生命的死亡等。若跟产品失效有关，生存数据也称失效数据。

按照观察数据所提供的信息的不同，生存数据又可以分为三大类。

1. 完全数据

完全数据指的就是提供了完整信息的数据，比如研究某种产品的失效时间，如果有一个样品从进入研究直到失效都在我们的观察之中，就可以得到其失效的具体时间，那么这个失效数据就是一个完全数据。

2. 删失数据

生存分析经常研究在不同的时间点或时期被研究的事件发生的概率，而研究的周期可能很长，比如在医学领域，研究某种慢性疾病的治疗效果一般都要对患者进行长期随访，统计一定时期后的生存或死亡的情况以判断治疗效果，这种随访数据就是生存数据。但是，由于获得数据的时间很长，中间可能由于患者迁移、不愿意继续合作等各种原因退出了随访，或者研究单位由于人力、物力、财力等方面的原因在某个时刻决定中止随访，那么这些退出研究或者被终止研究的患者提供的信息就是不完整的信息，他们在退出研究之时仍然存活，而日后的确切死亡时间在数据中就无法反映。

完全数据和删失数据都是在生存分析中经常会碰到的数据，SPSS 要求在进行生存分析时每个变量都必须再设置一个相应的示性函数，用以说明这个数据到底是完全数据还是删失数据。通常采用的示性函数的取值规则是：完全函数，示性函数取值为 0；删失数据，示性函数取值为 1。

3. 截尾数据

截尾数据和删失数据一样，所提供的是不完整的数据，但它和删失数据的不同在于它提供的是跟时间有关的条件信息。比如保险公司想研究 60 岁以上的老年人投保了意外伤害的人发生意外的概率，那么被研究的投保人在研究期内所提供的生存数据为截尾数据，因为它们都附带一个时间条件：进入研究的人的年龄都应该大于等于 60 岁。

不过 SPSS 软件只考虑对完整数据和删失数据的分析，对截尾数据不提供专门的分析方法。

11.1.3 生存分析的方法

在生存分析中常用的分析方法有很多，可以按许多标准分类，按照参数使用与否分为三大类。

1. 非参数方法

非参数方法是生存分析中最常用的一种方法，当被研究事件没有很好的参数模型可以拟合时，通常采用非参数方法研究它的生存特征。常用的非参数模型包括生命表分析和乘法极限法(Product Limit Method，Kalpan-Meier 方法)。

2. 参数方法

假如已经证明某事件的发展可以用某个参数模型很好地拟合，就可以采用参数分布方法做该事件的生存分析。在生存分析中常用的参数模型有指数分布模型、对数正态分布模型、威布尔分布模型、对数逻辑斯特分布模型等。

3. 半参数方法

半参数方法是目前比较流行的生存分析方法，有研究表明它比参数模型灵活，比非参数模型易于解释结果。在生存分析里使用的半参数模型也称 Cox 模型，其全称为 Cox 半参数比例危险率回归模型。Cox 模型适用于多状态生存分析场合，在使用 Cox 模型时，需要指定若干个协变量，然后研究协变量的个数的生存状况。

11.1.4 生存分析中的基本函数和参数模型

1. 基本函数

生存分析研究的对象是非负随机变量 X，它的特征可用下列函数或数字特征来刻画。

1) 生存分析 $S(t)$

$$S(t) = P(X>t) = 1 - P(X \leq t) = 1 - F(t)$$

其中，$F(t)$ 为分布函数。$S(t)$ 又称为可靠度函数或可靠度。显然，$S(0)=1$，$S(\infty) = 0$。当 X 有分布密度函数 $f(t)$ 时，有

$$S(t) = \int_t^\infty f(u) \mathrm{d}u$$

一般记 X 的数学期望为 μ，方差为 σ^2，中位数为 m。

2) 危险率函数 $\lambda(t)$

$$\lambda(t) = \lim_{\Delta t \to 0} \frac{1}{\Delta t} P(X \leq \Delta t + t | X > t)$$

此处，假设极限存在，$\lambda(t)$ 又称为损坏函数或失效率函数。当 X 的密度函数 $f(t)$ 存在时，又有

$$\lambda(t) = \frac{f(t)}{1-F(t)} = \frac{f(t)}{s(t)} = \frac{s'(t)}{s(t)} \quad \text{或} \quad s(t) = \mathrm{e}^{-\int \lambda(u) \mathrm{d}u}$$

而且满足

$$\int_0^\infty \lambda(u) \mathrm{d}u = \infty$$

实践中很重视对 $\lambda(t)$ 性质的研究。一般而言，如果 $\lambda(t)$ 单调上升，就称 X（或 F）具有递增平均损坏速度(Increasing Failure Rate Average，IFRA)。

2. 常见的参数模型

虽然在生存分析中用的方法大部分是非参数或半参数的，但参数模型仍占有重要地位。人们在长期的实践中发现有一些分布可以很好地拟合失效时间的经验形状，在这种情况下假定失效时间服从某个已知分布，使用参数分析方法进行生存分析，将会使分析过程简单易行，分析结果易于解读。

下面列出了几个常见的参数模型，它们都是在 SPSS 分析中常见的一些分布。

1) 指数分布(参数 $\lambda > 0$)

指数分布是一种应用极其广泛的单参数分布，它最大的特点是具有恒定危险率

$$h(t) = \lambda$$

它的生存分析为

$$S(t) = e^{-\lambda t}, \quad t \geq 0, \quad \lambda \geq 0$$

危险率为参数的指数分布常用在可靠性分析中，我们常常假设在很短的时间内，某产品的部件服从指数分布，但很少将指数分布作为人的生存模型。

2) 线性危险率分布

顾名思义，线性危险率分布就是危险率函数为线性函数的分布

$$h(t) = \lambda + \gamma t, \quad t \geq 0$$

它的生存分析为

$$S(t) = e^{-(\lambda t + \gamma t^2)}$$

线性危险率分布通常是作为指数分布的一个修正，其适用范围比指数分布稍广，常用于可靠性分析，有时也用在恶性病的晚期分析中。

3) Weibull 分布(参数 $\lambda > 0$, $\beta > 0$)

Weibull 分布有着广泛的应用领域，指数分布是其一个特例，它的危险率函数为

$$h(t) = \lambda \gamma t^{\gamma - 1}$$

其生存分析为

$$S(t) = \exp(-\lambda t^\gamma), \quad t \geq 0$$

在生存分析中还经常使用极值分布、广义 Gamma 分布、对数正态分布、Rayleigh 分布、Pareto 分布等。

11.2 生命表分析

生命表分析用于检测两个事件的分布，但第二个事件不一定发生，也就是说，某些观测量被删截。生命表是建立在大数定理的基础上的，其基本思想是将观测区间划分为很多小的时间区间，对每一个区间所估计的概率都用来估计事件发生在不同的时间点上的概率。

生存分析中的生命表方法就是利用构造生命表的原理来得到观察时间在任一时刻的生存状况。生命表法全称为由不完整数据样本估计表格式生存模型矩方法。

11.2.1 生命表分析简介

在生存分析中，对生存分析的估计是一个重要问题。生命表方法是一种重要的非参数估计方法，它不仅有悠久的历史，而且在各领域都有广泛的应用。

在实际研究中，通常需要了解两个事件之间间隔的时间长短的分布。例如，如果正在研究治疗某种致命疾病的效果，可能要观察治疗实施到病人死亡这段时间的情况。得到评估结果的时候，若并非所有病人都死亡，则必须将死亡病人和仍然活着的病人的生存时间合并到分析中。又如，检验一部分人婚姻持续的时间，必须包括婚姻正在延续和婚姻已经终止的两种时间长度。从各保险表中，可以得到在一个特定时间点上的生存患者的比例和婚姻持续的比例。总的来说，这样的一些事件被称为截断观测，此时，使用传统的方法来分析这种观测不适合。

生命表分析正好适合于分析这种数据。生命表的基本思想是将观测区间划分为很多小

的时间区间。对于每一个区间，所有的在该区间依然"存活"的观测个案都会被用来计算在此区间"死亡"的概率。对每一个区间所估计的概率都用来估计事件发生在不同的时间点上的概率。

人们习惯认为 1693 年 Edmund Halley 发表的《根据 Breslau 城出生与下葬统计表对人类死亡程度的估计》是生命表分析的创始，在这篇文章中 Edmund Halley 第一次使用了生命表的形式给出了人类死亡年龄的分布。生命表是建立在大数定理的基础上，用观察数据计算各年龄人群的死亡(生存)概率，因其简便准确，已经在人口学、医学统计、保险和可靠性研究等诸多领域得到广泛应用。

生存分析中的生命表方法就是利用构造生命表的原理来得到观察时间在任一时刻的生存状况。生命表法的原理是由某一个期望观察到的在[x, x+1)岁间的死亡个数等于实际死亡个数，即

$$E(D_x) = \sum_{i=1}^{n_x} s_i - r_i q_{x+r_i} = d_x$$

其中，n_x 为在 x 岁时进入研究的样本个数；r_i 为第 i 个样本在 x 岁时的进入时间($0 \leq r_i < 1$)；s_i 为第 i 个样本在 x 岁时的退出时间($0 < s_i \leq 1$)；$s_i - r_i q_{x+r_i}$ 为在 $x+r_i$ 岁进入研究的人再活 s_i-r_i 岁后死亡的概率，在此 s_i-r_i 称为第 i 个样品在 x 岁时的暴露(Expose)，即第 i 个样本在 x 岁时面临风险的时间长度，也可以理解为第 i 个样本在 x 岁时仍在观察期的时间长度；d_x 指样本在(x, $x+1$)岁间死亡的个体数量；D_x 指总体在(x, $x+1$)岁间死亡的个体数量。

又因为有

$$s_i - r_i q_{x+r_i} \approx (s_i - r_i) q_x$$

所以

$$E(D_x) \approx q_x \sum_{i=1}^{n_x}(s_i - r_i) = d_x \Rightarrow \hat{q}_x = \frac{d_x}{\sum_{i=1}^{n_x}(s_i - r_i)}$$

其中，q_x 为在 x 岁存活的人在[x, $x+1$)岁间死亡的概率。

在 SPSS 中，根据上述矩估计原理，可以构建任意时间长度的生命表。构造方法是给出相互连接但不重叠的固定区间 $I_j=[a_{j-1}, a_j)$，其中 $j=1,2,\cdots,k+1$，且 $a_0=0$，$a_{k+1}=\infty$。每一个事件及删失数据将落在唯一的区间内。

11.2.2　生命表分析的 SPSS 操作

建立或打开数据文件后，即可进行生命表分析。

在主对话框的菜单栏中单击"分析"菜单，然后选择"生存分析"子菜单，单击"寿命表"命令，即可打开如图 11-1 所示的"寿命表"主对话框。

左侧为源变量框，"时间"框用于从左边的源变量框内选择生存时间变量。

在"显示时间间隔"栏内设置时间区间的长度及终点。生命表分析以时间 0 为第一个时间区间的起点。用户在第一栏内输入最后一个区间的终点值，在"步长"后面的参数框中输入区间长度。

"状态"栏用于选入状态变量。选入状态变量后，"定义事件"按钮被激活，单击该

按钮,即可打开如图 11-2 所示的"寿命表:为状态变量定义事件"(生命表分析:设置状态)对话框。

图 11-1 "寿命表"对话框　　　　图 11-2 "寿命表:为状态变量定义事件"对话框

在该对话框中有两个选项:"单值"选项,在选项后的设置栏内设置一个指示事件发生的数值。在输入这个值之后,带有其他值的观测都被作为截断观测;"值的范围"选项,在选项后的设置栏内设置一个指示事件发生的数值区间。在参数框内输入区间的上下界,观测值不在这个区间的观测都被作为截断观测。

设置结束后,单击"继续"按钮确认选择并返回主对话框。

"因子"列表框用于从左边的源变量框中选入一阶因素变量。选入变量后,"定义范围"按钮被激活,单击此按钮,即可打开"有效表格:定义因子范围"对话框,如图 11-3 所示。

在该对话框中有两个参数框:"最小值"参数框中的数值用于设置因素变量的下界;"最大"参数框中输入的数值用于设置因素变量的上界。设置结束后,单击"继续"按钮确认选择并返回主对话框。

"按因子"列表框用于选入二阶因素变量。选入变量后,"定义范围"按钮被激活,单击此按钮,即可打开如图 11-3 所示的对话框,用于设置第二因素变量取值的上下限,设置方法同上。设置结束后,单击"继续"按钮确认选择并返回主对话框。

在主对话框中,单击"选项"按钮,即可打开"寿命表:选项"对话框,如图11-4所示。

图 11-3 "有效表格:定义因子范围"对话框　　图 11-4 "寿命表:选项"对话框

"寿命表"复选框用于选择是否输出生命表。

"图"栏用于选择所输出的函数图形:"生存函数"复选框,如选择此项,则会输出以线性刻度生成的累积生存函数;"危险函数"复选框,如选择此项,则会输出以线性刻度生成的累积危险函数;"1 减去生存函数"复选框,如选择此项,则会输出(1-累积生存函数);"取生存函数的对数"复选框,如选择此项,则会输出以对数刻度生成的累积生存函数;"密度"复选框,如选择此项,则会输出密度函数。

"比较第一个因子的水平"栏用于选择比较不同水平的一阶因素变量的方法:"无"选项表示不进行子群之间的比较;"整体比较"选项表示同时比较所有水平的一阶因素变量;"两两比较"选项表示配对比较一阶因素变量水平。

设置结束后,单击"继续"按钮确认选择并返回主对话框。

所有设置结束后,单击"确定"按钮,执行生命表分析。

11.2.3 生命表的实例

下面以一个实例简单讲解生命表分析的操作及对其结果的解读。

某医学研究所对 42 位刚实施了乳腺切除手术的乳腺癌病人进行术后随访,得到患者的随访数据如表 11-1 所示,现在利用生存分析分析患者的生存状况。

表 11-1 手术后的结果数据

num	year	result	num	year	result	num	year	result
1	4	0	15	6	0	29	10	1
2	6	0	16	9	1	30	10	0
3	8	1	17	1	0	31	2	0
4	7	0	18	9	0	32	5	1
5	9	1	19	3	0	33	10	1
6	8	0	20	10	0	34	9	0
7	10	1	21	7	0	35	10	0
8	3	1	22	10	0	36	10	1
9	6	0	23	10	1	37	8	0
10	2	0	24	6	0	38	4	0
11	10	1	25	8	1	39	10	0
12	9	0	26	9	0	40	5	0
13	9	0	27	10	0	41	8	0
14	10	1	28	8	0	42	2	1

在这个数据表中,"result"这一变量取 0 值代表死亡,而 1 代表删失。

1. 操作步骤

(1) 在数据输入之后,在数据编辑窗口中选择"分析"|"生存分析"|"寿命表"命令,

打开如图 11-1 所示的"寿命表"主对话框。

(2) 在左边的源变量框内选择变量"year"进入"时间"框中，作为时间变量。

(3) 在"显示时间间隔"设置栏内，设置"步长"为 2，终点为 10。

(4) 在左边的源变量框中选择变量"result"进入"状态"框中。

(5) 单击"定义事件"按钮，打开如图 11-2 所示的"寿命表：为状态变量定义事件"对话框。选择"单值"单选项。在后面的设置栏内输入数值 0，将删失的患者作为截断数据观测。

(6) 单击"选项"按钮，打开"寿命表：选项"对话框，如图 11-4 所示。在该对话框中选择"生存函数"复选框。

(7) 在主对话框中单击"确定"按钮，执行生命表分析。

上述操作可以通过如下语法程序语句来实现。

```
SURVIVAL
  TABLE=year
  /INTERVAL=THRU 10 BY 2
  /STATUS=result(0)
  /PRINT=TABLE
  /PLOTS (SURVIVAL )=year  .
```

2. 结果解读

执行上述操作后，在结果输出窗口中输出生命表和生存分析图。

表 11-2 为生命表。

表 11-2 生命表

年限表 [a]

期初时间	期初记入数	期内退出数	历险数	期间终结数	终结比例	生存比例	期末的累积生存比例	期末的累积生存比例的标准误	概率密度	概率密度的标准误	风险率	风险率的标准误
0	42	0	42.000	1	.02	.98	.98	.02	.012	.012	.01	.01
2	41	2	40.000	3	.08	.93	.90	.05	.037	.020	.04	.02
4	36	1	35.500	3	.08	.92	.83	.06	.038	.021	.04	.03
6	32	0	32.000	6	.19	.81	.67	.07	.078	.029	.10	.04
8	26	4	24.000	9	.38	.63	.42	.08	.126	.036	.23	.07
10	13	8	9.000	5	.56	.44	.19	.08	.000	.000	.00	.00

a. 中位数生存时间为 9.36。

图 11-5 为生存分析图。

从表 11-2 和图 11-5 可以看出，实行该手术的患者平均生存寿命为 9.36 年，在第 8 年后，生存概率为 0.63，即 63%。从生存分析曲线中也可以验证这一结果，随着时间的增加，生存率在下降，到第 8 年时下降到 63%。

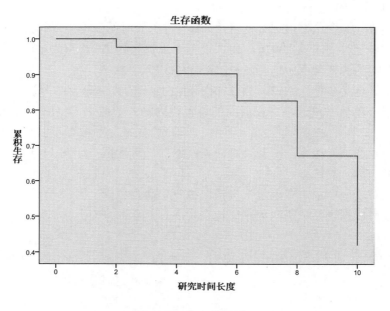

图 11-5　生存分析图

11.3　Kaplan-Meier 分析

Kaplan-Meier 方法是 Kaplan 和 Meier 在 1958 年提出的一种求生存分析的非参数方法，也称为乘法极限估计(Product Limit Estimate)、PL 法或最大似然估计法(Maximum Likelihood Estimate)。Kaplan-Meier 法能对完全数据和截尾数据及不必分组的生存资料进行分析，并且能对分组变量各水平所对应的生存曲线与危险函数差异进行显著性检验等。

11.3.1　Kaplan-Meier 分析简介

在现实生活中，很多时候用户需要检查两个事件之间的间隔时间的分布，如被某个公司所雇佣的时间的长度(从进入公司到被公司解雇为止)，但这些数据中可能存在截断观测。Kaplan-Meier 方法可以在有截断数据的情况下建立时间-事件模型。Kaplan-Meier 模型是建立在下面两个基础之上的，其一为对每一个事件发生的时间点的条件概率所作的估计，其二为这些概率的范围，然后使用这两方面的信息来估计每一个时间点的生存率。

例如，在医学研究上，如何评价一种新的治疗 AIDS(艾滋病)的疗法是否能有效延长病人的生命。可以使用两个患 AIDS 的群体进行研究，一个使用传统疗法，另一个使用实验疗法。对所得到的数据进行 Kaplan-Meier 分析，可以根据分析结果确定实验疗法的疗效是否比传统疗法的疗效有所改善。选择 Kaplan-Meier 分析方法，系统将采用 Kaplan-Meier 方法，对病例观察资料进行生存分析，在对应于每一实际观察事件时间点上，进行生存率的评价。

在 Kaplan-Meier 分析中，得到的积累生存分析的估计值为

$$\hat{S}(t) = \begin{cases} 1, & t < t_1 \\ \prod_{t_i \leq t}\left(1 - \dfrac{d_i}{y_i}\right), & t_1 < t \end{cases}$$

$$\hat{\text{Var}}[\hat{S}(t)] = [\hat{S}(t)]^2 \sum_{t_i \leq t} \dfrac{d_i}{y_i(y_i - d_i)}$$

其中，t_i 为第 i 个事件发生的时刻；d_i 为在时刻 t_i 发生事件的个体数；y_i 为在时刻 t_i 面临风险的个体数。

生存分析的 p 分位点 x_p 为

$$x_p = \inf\{t : S(t) \leq 1 - p\}$$

常用的分位点为四分位点和二分位点。

11.3.2　Kaplan-Meier 分析的 SPSS 操作

建立或打开数据文件后，即可进行 Kaplan-Meier 分析。

在数据编辑窗口的主菜单栏中单击"分析"菜单，选择"生存分析"子菜单，然后单击 Kaplan-Meier 命令，即可打开 Kaplan-Meier 主对话框，如图 11-6 所示。

与生命表分析的主对话框类似，Kaplan-Meier 主对话框中的"时间"列表框也是用于从左边的源变量列表框中选入一个时间变量。时间变量可以以任何长度为单位，在时间变量中如果存在负数，则分析过程中不考虑此负值。

"状态"列表框用于选入一个状态变量。选入变量后，"定义事件"按钮被激活。单击"定义事件"按钮，即可打开如图 11-7 所示的"Kaplan-Meier：定义状态变量事件"对话框。

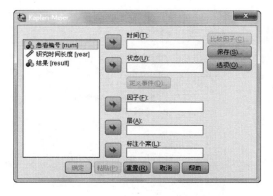

图 11-6　Kaplan-Meier 对话框

图 11-7　"Kaplan-Meier：定义状态变量事件"对话框

"单值"选项后用于设置一个指示事件发生的数值。在后面的参数框中输入数值之后，含有设定值的个案看作完全数据，带有其他值的观测都作为截尾数据处理。

"值的范围"选项用于设置一个指示事件发生的数值区间。在后面的参数栏内输入区间的上下界，观测值不在这个区间的观测都被作为截断观测。

"值得列表"选项，如选择此项，则还要在后面的设置框内设置指示事件发生的值的列表。输入数值后，单击"添加"按钮进行添加，单击"更改"按钮进行修改，而"删除"按钮用于删除已经添加的内容。

"因子"列表框用于选入一个分类变量，该变量可以将观测分为几个不相交的观测群。"层"列表框用于选入一个分层变量。下方的"标注个案"列表框用于选入一个变量来标定观测量，SPSS 将以变量标签值列出所有的变量。

在 Kaplan-Meier 主对话框中有"比较因子""保存"和"选项"三个扩展按钮。

1) 比较因子对话框

在主对话框中单击"比较因子"按钮，即可打开"Kaplan-Meier：比较因子水平"(Kaplan-Meier 法：比较因子水平)对话框，如图 11-8 所示。

在该对话框中用户可以设置比较分类变量的统计方法。

"检验统计量"栏用于选择检验的统计方法："对数秩"复选框，如选择此项，则会对所有的时间点给予相同的权重，来检验生存分布是否相等；Breslow 复选框，如选择此项，则会依据每一个时间点上的危险观测数来给予每一个时间点不同的权重，然后检验生存分布是否相等；Tarone-Ware 复选框，如选择此项，则会依据每一个时间点上的危险观测数的平方根来给予每一个时间点不同的权重，然后检验生存分布是否相等。

选择检验统计方法后，下方的用于选择比较方法的复选框被激活："因子水平的线性趋势"复选框，如选择此项，则会使用倾向信息来检验生存分布是否相等；"在层上比较所有因子水平"单选项，如选择此项，则会检验生存曲线是否相等，同时检验所有因素水平；"对于每层"单选项，如选择此项，则会对每一个分层比较不同分类水平下的生存时间，用户需要注意，该选项只有在设置分层变量之后才有效；"在层上成对比较因子水平"单选项，如选择此项，则会配对比较不同分类水平下的生存时间；"为每层成对比较因子水平"单选项，如选择此项，则会对每一分层比较配对的分类水平下的生存时间。

2) 保存对话框

在主对话框中单击"保存"按钮，即可打开保存新变量对话框，如图 11-9 所示。

图 11-8 "Kaplan-Meier：比较因子水平"对话框

图 11-9 保存新变量对话框

在该对话框中有 4 个选项，用于选择新变量的保存。

"生存函数"(生存率)复选框，如选择此项，则计算 $S(t)$ 并以"sur_"为变量名保存累积生存概率的估计值。

"生存函数的标准误"(生存率的标准误差)复选框，如选择此项，则以"se_"为变量名保存累积生存概率的估计值的标准误差。

"危险函数"复选框，如选择此项则会计算 $h(t)$ 并以"haz_"为变量名保存累积危险概率的估计值。

"累积事件"(累计事件)复选框，如选择此项，则当事件是由它们的生存时间和状态排序时，使用变量名"cul_"来保存事件的累积频率值。

3) 选项对话框

在主对话框中单击"选项"按钮，即可打开如图 11-10 所示的"Kaplan-Meier：选项"(Kaplan-Meier 法：选项)对话框。

"统计量"栏用于选择在分析过程所需要计算的统计量："生存分析表"复选框，如选择此项，则会输出简化的生存表，该生存表中包含生存区间估计、估计的标准差、事件的累积频率和危险的观测数；"均值和中位数生存时间"复选框，如选择此项，则会输出该生存时间的均值和中位数，以及生存时间的标准差和置信区间；"四分位数"复选框，如选择此项，则会输出生存时间的四分之一、二分之一和四分之三分位数，以及它们的标准差。其中，"生存分析表"和"均值和中位数生存时间"选项为系统默认选项。

图 11-10　"Kaplan-Meier：选项"对话框

"图"栏用于设置分析过程中需要输出的图形："生存函数"复选框，如选择此项，则会输出以线性刻度生成的累积生存分析；"1 减去生存函数"复选框，如选择此项，则会输出(1-累积生存函数)；"危险函数"复选框，如选择此项，则会输出以线性刻度生成的累积危险函数；"对数生存"复选框，如选择此项，则会输出以对数刻度生成的累积生存分析。

所有设置结束后，单击"确定"按钮，执行 Kaplan-Meier 分析。

11.3.3　Kaplan-Meier 分析的实例

下面以一个案例简单讲解 Kaplan-Meier 法的操作及对其结果的解读，以便读者更直观地掌握该统计分析方法。

某医学研究机构将 90 名胃癌病人随机分配为单纯化疗组和联合治疗(化疗加放疗)组，每组各 45 例病人，并对这些患者进行随访，得到治疗效果的随访数据，根据数据建立数据文件"胃癌治疗.sav"。在本案例，变量"治疗方法"中 0 表示联合治疗，1 表示单纯化疗。

1. 操作步骤

(1) 打开数据文件后，在数据编辑窗口中依次单击"分析"|"生存分析"| Kaplan- Meier，打开如图 11-6 所示的 Kaplan-Meier 主对话框。

(2) 在 Kaplan-Meier 主对话框中，选择变量 t(生存时间/天)作为时间变量进入"时间"列表框。

(3) 选择变量 d(status)作为状态变量进入"状态"列表框，然后单击"定义事件"按钮，打开如图 11-7 所示的"Kaplan-Meier：定义状态变量事件"对话框。在"单值"的参数框中输入数值 1 指示事件发生，带有其他值的观测都作为截尾数据处理。设置结束后，单击

"继续"按钮确认选择并返回主对话框。

(4) 将变量 x(治疗方法)作为因素变量选入"因子"列表框。

(5) 单击"比较因子"按钮，打开如图 11-8 所示的"Kaplan-Meier：比较因子水平"对话框。在该对话框中选中"对数秩"、Breslow 和 Tarone-Ware 复选框，同时选择"在层上比较所有因子水平"单选项，检验生存曲线是否相等的同时检验所有因素水平。设置结束后，单击"继续"按钮确认选择并返回主对话框。

(6) 单击"保存"按钮，打开保存新变量对话框，选择"生存函数"复选框，保存累积生存概率的估计值。设置结束后，单击"继续"按钮确认选择并返回主对话框。

(7) 单击"选项"按钮，打开如图 11-10 所示的"Kaplan-Meier：选项"对话框，在"图"栏选择"生存函数"复选框，要求输出以线性刻度生成的累积生存分析。然后单击"继续"按钮确认并返回主对话框。

(8) 所有设置结束后，单击"确定"按钮，执行 Kaplan-Meier 分析。

上述操作也可通过如下的语法程序语句来实现。

```
KM
  t  BY x  /STATUS=d(1)
  /PRINT TABLE MEAN
  /PLOT SURVIVAL
  /TEST LOGRANK BRESLOW TARONE
  /COMPARE OVERALL POOLED
  /SAVE SURVIVAL .
```

2. 结果解读

执行上述操作后，在结果输出窗口中输出生存表和生存分析曲线等。

表 11-3 为观测量摘要表，在表中给出了观测个案的总数、完全数据个数及截尾数据个数和百分比。

表 11-3 观测量摘要表

个案处理摘要

治疗方法	总 数	事 件 数	删 失	
			N	百 分 比
联合治疗者(0)	45	37	8	17.8%
单纯化疗者(1)	45	42	3	6.7%
整体	90	79	11	12.2%

从表 11-3 中可以看出，联合治疗者的观测个案总数为 45，其中完全数据为 37 个，截尾数据为 8 个，占 17.8%。而单纯化疗的个案总数为 45，完全数据为 42 个，截尾数据为 3 个，占 6.7%。

表 11-4 为生命表，分别给出了联合治疗者和单纯化疗者的生命表，包括生存时间 Time 和状态(Status)等信息。

表 11-4 生命表

生存表

治疗方法		时间	状态	此时生存的累积比例		累积事件数	剩余个案数
				估 计	标 准 误		
联合治疗者(0)	1	17.000	完全数据(1)	.978	.022	1	44
	2	42.000	完全数据(1)	.956	.031	2	43
	3	44.000	完全数据(1)	.933	.037	3	42
	4	48.000	完全数据(1)	.911	.042	4	41
	5	60.000	完全数据(1)	.889	.047	5	40
	6	72.000	完全数据(1)	.867	.051	6	39
	7	74.000	完全数据(1)	.844	.054	7	38
	8	95.000	完全数据(1)	.822	.057	8	37
	9	103.000	完全数据(1)	.800	.060	9	36
	10	108.000	完全数据(1)	.778	.062	10	35
	11	122.000	完全数据(1)	.756	.064	11	34
	12	144.000	完全数据(1)	.733	.066	12	33
	13	167.000	完全数据(1)	.711	.068	13	32
	14	170.000	完全数据(1)	.689	.069	14	31
	15	183.000	完全数据(1)	.667	.070	15	30
	16	185.000	完全数据(1)	.644	.071	16	29
	17	193.000	完全数据(1)	.622	.072	17	28
	18	195.000	完全数据(1)	.600	.073	18	27
	19	197.000	完全数据(1)	.578	.074	19	26
	20	208.000	完全数据(1)	.556	.074	20	25
	21	234.000	完全数据(1)	.533	.074	21	24
	22	235.000	完全数据(1)	.511	.075	22	23
	23	254.000	完全数据(1)	.489	.075	23	22
	24	307.000	完全数据(1)	.467	.074	24	21
	25	315.000	完全数据(1)	.444	.074	25	20
	26	401.000	完全数据(1)	.422	.074	26	19
	27	445.000	完全数据(1)	.400	.073	27	18
	28	464.000	完全数据(1)	.378	.072	28	17
	29	484.000	完全数据(1)	.356	.071	29	16
	30	528.000	完全数据(1)	.333	.070	30	15
	31	542.000	完全数据(1)	.311	.069	31	14
	32	567.000	完全数据(1)	.289	.068	32	13
	33	577.000	完全数据(1)	.267	.066	33	12

续表

治疗方法		时间	状态	此时生存的累积比例		累积事件数	剩余个案数
				估 计	标 准 误		
联合治疗者(0)	34	580.000	完全数据(1)	.244	.064	34	11
	35	795.000	完全数据(1)	.222	.062	35	10
	36	855.000	完全数据(1)	.200	.060	36	9
	37	1174.000	截尾数据(0)	.	.	36	8
	38	1214.000	截尾数据(0)	.	.	36	7
	39	1232.000	截尾数据(0)	.	.	36	6
	40	1366.000	完全数据(1)	.167	.058	37	5
	41	1455.000	截尾数据(0)	.	.	37	4
	42	1585.000	截尾数据(0)	.	.	37	3
	43	1622.000	截尾数据(0)	.	.	37	2
	44	1626.000	截尾数据(0)	.	.	37	1
	45	1736.000	截尾数据(0)	.	.	37	0
单纯化疗者(1)	1	1.000	完全数据(1)	.978	.022	1	44
	2	63.000	完全数据(1)	.956	.031	2	43
	3	105.000	完全数据(1)	.933	.037	3	42
	4	125.000	完全数据(1)	.911	.042	4	41
	5	182.000	完全数据(1)	.889	.047	5	40
	6	216.000	完全数据(1)	.867	.051	6	39
	7	250.000	完全数据(1)	.844	.054	7	38
	8	262.000	完全数据(1)	.822	.057	8	37
	9	301.000	完全数据(1)	.	.	9	36
	10	301.000	完全数据(1)	.778	.062	10	35
	11	342.000	完全数据(1)	.756	.064	11	34
	12	354.000	完全数据(1)	.733	.066	12	33
	13	356.000	完全数据(1)	.711	.068	13	32
	14	358.000	完全数据(1)	.689	.069	14	31
	15	380.000	完全数据(1)	.667	.070	15	30
	16	383.000	完全数据(1)	.	.	16	29
	17	383.000	完全数据(1)	.622	.072	17	28
	18	388.000	完全数据(1)	.600	.073	18	27
	19	394.000	完全数据(1)	.578	.074	19	26
	20	408.000	完全数据(1)	.556	.074	20	25
	21	460.000	完全数据(1)	.533	.074	21	24
	22	489.000	完全数据(1)	.511	.075	22	23

续表

治疗方法		时间	状态	此时生存的累积比例		累积事件数	剩余个案数
				估计	标准误		
单纯化疗者(1)	23	499.000	完全数据(1)	.489	.075	23	22
	24	523.000	完全数据(1)	.467	.074	24	21
	25	524.000	完全数据(1)	.444	.074	25	20
	26	535.000	完全数据(1)	.422	.074	26	19
	27	562.000	完全数据(1)	.400	.073	27	18
	28	569.000	完全数据(1)	.378	.072	28	17
	29	675.000	完全数据(1)	.356	.071	29	16
	30	676.000	完全数据(1)	.333	.070	30	15
	31	748.000	完全数据(1)	.311	.069	31	14
	32	778.000	完全数据(1)	.289	.068	32	13
	33	786.000	完全数据(1)	.267	.066	33	12
	34	797.000	完全数据(1)	.244	.064	34	11
	35	955.000	完全数据(1)	.222	.062	35	10
	36	968.000	完全数据(1)	.200	.060	36	9
	37	977.000	完全数据(1)	.178	.057	37	8
	38	1245.000	完全数据(1)	.156	.054	38	7
	39	1271.000	完全数据(1)	.133	.051	39	6
	40	1420.000	完全数据(1)	.111	.047	40	5
	41	1460.000	截尾数据(0)	.	.	40	4
	42	1516.000	截尾数据(0)	.	.	40	3
	43	1551.000	完全数据(1)	.074	.043	41	2
	44	1690.000	截尾数据(0)	.	.	41	1
	45	1694.000	完全数据(1)	.000	.000	42	0

表 11-5 为生存时间的平均数、标准误差和 95% 置信区间。

表 11-5 生存时间平均数和中位数

生存表的均值和中位数

治疗方法	均值[a]				中位数			
	估计	标准误	95% 置信区间		估计	标准误	95% 置信区间	
			下限	上限			下限	上限
联合治疗者(0)	557.311	88.840	383.184	731.438	254.000	71.760	113.350	394.650
单纯化疗者(1)	649.793	70.800	511.024	788.561	499.000	77.796	346.520	651.480
整体	600.685	56.259	490.416	710.954	401.000	49.332	304.310	497.690

a. 如果估计值已删失,那么它将限制为最长的生存时间。

从表 11-5 中可以看出，联合治疗者的平均估计生存时间为 557.311 天，而单纯化疗者的平均预期生存时间为 649.793 天，总的平均预期生存时间为 600.685 天。而中位生存时间中，联合治疗者为 254 天，单纯化疗者为 499 天。因此，无论是平均生存时间还是中位生存时间，单纯化疗者均比联合治疗者大。至此，我们可以直观地认为，单纯化疗的效果比联合治疗的效果更加显著。当然，最后的结论还必须结合两者生存率和生存分析曲线来进行分析。

表 11-6 为两种治疗方法的生存率比较表格。

表 11-6 两种治疗方法的生存率比较表

整体比较

	卡方	df	Sig.
Log Rank (Mantel-Cox)	.392	1	.531
Breslow (Generalized Wilcoxon)	4.276	1	.039
Tarone-Ware	2.299	1	.129

为治疗方法的不同水平检验生存分布等同性。

在表 11-6 中，采取 Log Rank、Breslow 和 Tarone-Ware 三种比较方法给出了两种不同治疗方法的统计量、自由度和 Sig.值比较。

图 11-11 为生存分析曲线图(生存分析 Function)。

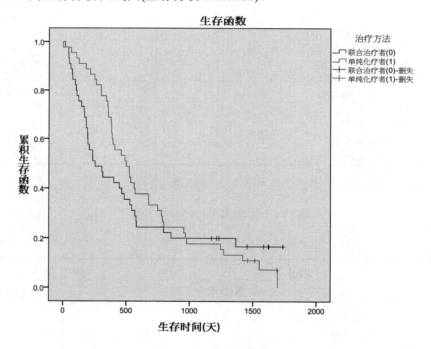

图 11-11 生存分析曲线图

结合生命表和生存分析曲线图可以看出，单纯化疗者(绿色虚线)与联合治疗者(蓝色实线)在 780 天有一个交点，在 960 天又有一个交点：单纯化疗者的生存率在早期(0～960 天)

比联合治疗者高，但随时间的增长，生存率下降较快；960 天以后，单纯化疗者的生存率略低于联合治疗者。联合治疗者 480 天的预期生存率为 $S_0(480)=0.3600$，即 36%，而单纯化疗者 480 天的预期生存率为 $S_1(480)=0.5180$，即 51.8%。

从上面的分析可以看出，在 780 天以前，单纯治疗法明显优于联合治疗法，但是在 960 天以后情况就刚好相反，虽然在前面根据生存时间平均数和中位数的表格直观地得出单纯治疗法优于联合治疗法的结论，但是，结合生存分析曲线图进行分析发现，并不能简单地认定两者之间的优劣，只是在不同的时期两种方法有不同的表现。

从总体而言，可以认为在治疗胃癌时，单纯化疗比联合治疗相对生存率要高一点。

11.4 Cox 回归分析

Cox 回归又称为比例危险度模型(Proportional Hazard Model)，是生存分析中的一个重要模型，可以分析生存时间无一定规律，且具有完全(Complete)或截尾(Censored)状态和诸多危险因素之间的定量关系。如同生命表分析和 Kaplan-Meier 生存分析一样，Cox 回归分析也是在存在截断数据情况下的拟合时间-事件模型的一种方法，其适应性比较强，是生存分析中的半参数(Semi-parametric)分析方法。

11.4.1 Cox 回归分析简介

在生物学、医学、可靠性研究和保险领域中经常会遇到这样的情况：研究者最感兴趣的是个体的生存(或失效)时间，但个体的某些额外特征会影响其生存状况。例如下面的两个例子。

例 1 某电器厂制造了一种电容器，发现它们的寿命主要与承受的电压及温度有关。为此在 8 种不同的电压、8 种不同的温度下，测试它们的寿命。寻找寿命与电压、温度的关系，似乎是个回归分析的问题，但是如何建立起合理的模型呢？

例 2 医学上证明人的寿命 X 与他的血压、肺活量、肾功能等有关。不同的人这些量也不尽相同，所以 X 也不再是同分布的了。如果已知某一时刻，某一同龄人组发生一个死亡，那么这一死亡的可能性对这同龄人组的每个人而言，是不一样的。也就是说在死亡面前，机会并不均等。这样，如用乘积极限估计就会有问题了，我们需要新的模型。

在多变量场合通常使用多元回归分析的方法，但是，多元回归分析都有一个基本假定，即变量应服从正态分布，但是生存数据很少会服从正态分布，而是多服从指数分布、Weibull 分布等。而且，生存数据中有许多是删失数据，但多元回归分析只能针对完整数据。

Cox 回归中可以在模型中包含预测变量(协变量)。例如，你想在受教育的层次和工作类别上建立一个雇用时间长度的模型，Cox 回归能正确处理这种情况，而且还给出了每个协变量的相关系数。

Cox 比例回归危险率模型是广义的回归模型,它假定危险率函数是一个带有若干个协变量的随机变量。Cox 回归分析的比例危险度模型为

$$h(t,x) = h_0(t)e^{\beta_1 x_1 + \beta_2 x_2 + \cdots + \beta_m x_m}$$

或

$$\ln(h(t,x)/h_0(t)) = \beta_1 x_1 + \beta_2 x_2 + \cdots + \beta_m x_m$$

其中，x_1，x_2，…，x_m 是危险因素(Covariates，协变量)，可以是定量、定性或等级资料。$h_0(t)$ 是基准危险函数。这个模型可以通过最小二乘估计方法估计参数。

在危险率函数没有分布和图形假设的情况下，上面的模型暗示有两个假定：一是危险率函数与独立协变量之间有一个对数线性关系；二是危险率函数与协变量的对数线性函数之间存在乘积关系。在实际应用中，假定给出独立协变量两组不同的观测值，那么对应的危险率函数的比值与时间无关，而是等于一个常数，该常数为两组协变量线性函数的指数之比。这就是比例危险率模型中"比例"的含义，即

$$\frac{h\{(t),(x_1,x_2,\cdots,x_m)\}}{h\{(t),(x_1^*,x_2^*,\cdots,x_m^*)\}} = \frac{\exp(\beta_1 x_1 + \beta_2 x_2 + \cdots + \beta_m x_m)}{\exp(\beta_1 x_1^* + \beta_2 x_2^* + \cdots + \beta_m x_m^*)}$$

11.4.2 Cox 回归分析的 SPSS 操作

建立或打开数据文件后，即可进行 Cox 回归分析。

在数据编辑窗口的主菜单栏中单击"分析"菜单，选择"生存分析"子菜单，然后单击"Cox 回归"命令，即可打开如图 11-12 所示的"Cox 回归"(Cox 回归分析)主对话框。

在主对话框的左侧为源变量框，右侧上方有"时间"列表框，与前面的生存分析对话框一样，该列表框用于选入时间变量，时间变量可以以任何长度为单位。在时间变量中如果存在负数，则分析过程中不考虑此负值。

"状态"列表框用于从源变量框中选入一个状态变量。选入状态变量后，下方的"定义事件"按钮被激活，单击该按钮，即可打开如图 11-13 所示的"Cox 回归：为状态变量定义事件"对话框。

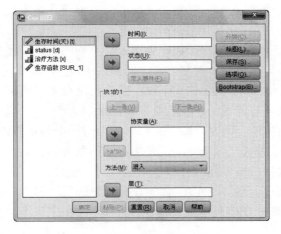

图 11-12 "Cox 回归"对话框

图 11-13 "Cox 回归：为状态变量定义事件"对话框

该对话框中的选项如下："单值"选项，在选项后的设置栏内设置一个指示事件发生的数值。在输入这个值之后，带有其他值的观测都被作为截断观测。"值的范围"选项，

在选项后的设置栏内设置一个指示事件发生的数值区间。在设置栏内输入区间的上下界，观测值不在这个区间的观测都被作为截断观测。"值的列表"选项，如选择此项，则在后面的设置栏内设置指示事件发生的值的列表。输入数值后，单击"添加"按钮添加，单击"更改"按钮进行修改，而"删除"按钮用于删除已经添加的内容。

"协变量"栏用于从左边的源变量框内选入协变量。在选入协变量时，用户可选择多变量的交互作用项(>a*b>)，则根据所选变量生成两两交互选项。

在"方法"设置栏处选择协变量进入回归方程的形式，有如下 7 个选项。

- "进入"选项，如选择此项，则对变量只检查容忍度，而不检查其他进入标准，然后让所有的变量进入回归方程。
- "向前：条件"选项，如选择此项，则采用向前选择的方法来选择协变量，协变量进入回归方程的标准是分值统计量的显著性，删除的标准是条件参数估计的似然率统计量的概率值。
- "向前：LR"选项，如选择此项，则采用向前选择的方法来选择协变量进入回归方程，协变量进入回归方程的标准是分值统计量的显著性，删除的标准是极大似然偏估计的似然率统计量的概率值。
- "向前：Wald"选项，如选择此项，则会采用向前选择的方法来选择协变量进入回归方程，协变量进入回归方程的标准是分值统计量的显著性，删除的标准是 Wald 统计量的概率值。
- "向后：条件"选项，如选择此项，则采用向后选择的方法来选择协变量，删除协变量的标准是条件参数估计的似然率统计量的概率值。
- "向后：LR"选项，如选择此项，则采用向后选择的方法来选择协变量，删除协变量的标准是极大似然偏估计的似然率统计量的概率值。
- "向后：Wald"选项，如选择此项，则采用向后选择的方法来选择协变量，删除协变量的标准是 Wald 统计量的概率值。

"层"列表框用于选择分层变量。

在"Cox 回归"主对话框中有 4 个扩展按钮，下面一一进行讲解。

1) 分类对话框

在主对话框中单击"分类"按钮，即可打开"Cox 回归：定义分类协变量"对话框，如图 11-14 所示。

从左边的分类列表框中选择分类协变量进入"分类协变量"框中，选入协变量后，下方的"更改对比"栏被激活，用于设置对比方法："指示符"选项，如选择此项，则比较是否具有同类效应；"简单"选项，如选择此项，则将预测变量的每一类都与参照类进行比较；"差值"选项，如选择此项，则将预测变量的每一类都与其前面各类的平均效应进行比较；Helmert 选项，如选择此项，则将预测变量的每一类都与其后面各类的平均效应进行比较；"重复"选项，如选择此项，则将预测变量的每一类都与其前面的一类进行比较；"多项式"选项，如选择此项，则将各类变量的正交多项式进行比较；"偏差"选项，如选择此项，则将预测变量的每一类都与整个观测相比较。

图 11-14 "Cox 回归：定义分类协变量"对话框

在设置完比较方式之后，对于"指示符""简单"和"偏差"三项，可以在参照类别栏内选择是由第一类还是由最后一类作为参照来进行分类。单击"更改"按钮，即确定这些改变。

设置结束后，单击"继续"按钮确认选择并返回主对话框。

2）绘图对话框

在主对话框中单击"绘图"按钮，即可打开"Cox 回归：图"对话框，如图 11-15 所示。

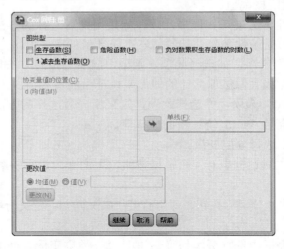

图 11-15 "Cox 回归：图"对话框

"图类型"栏用于选择要生成的图形："生存函数"复选框，如选择此项，则会输出以线性刻度生成的累积生存分析；"1 减去生存函数"复选框，如选择此项，则会输出(1-累积生存函数)；"危险函数"复选框，如选择此项，则会输出以线性刻度生成的累积危险函数；"负对数累积生存函数的对数"复选框，如选择此项，则会输出(1-对数刻度生成的累积生存函数)。

在"图类型"栏选择任意一种生成图形类型后，下方的"协变量值的位置"栏则被激活，从中选择分类协变量进入右边的"单线"框中，SPSS 按其变量值将数据分为两个或多个小的分组，然后分别对各个小的分组生成图形。

选择协变量后，"更改值"栏被激活，在此栏中选择以什么样的对比变量和协变量的均值来输出函数图形：选择"均值"后单击"更改"按钮即可确定；"值"文本框用于输入设定相应数值。

设置结束后，单击"继续"按钮确认选择并返回主对话框。

3) 保存对话框

在主对话框中单击"保存"按钮，即可打开"Cox 回归：保存新变量"对话框，如图 11-16 所示。

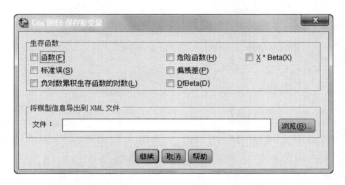

图 11-16 "Cox 回归：保存新变量"对话框

"生存函数"栏用于选择所要保存的生存函数："函数"复选框，如选择此项，则会以 "sur_"为变量名来保存累积生存概率的估计值；"标准误"复选框，如选择此项，则会以"se_"为变量名来保存累积生存概率的估计值的标准差；"负对数累积生存函数的对数"复选框，如选择此项，则会以"lml_"为变量名来保存经对数转换的生存分析估计值。"危险函数"复选框，如选择此项，则会以"haz_"为变量名来保存累积危险概率的估计值；"偏残差"复选框，如选择此项，则会以"pr_"为变量名来保存生存时间的偏残差；DfBeta 复选框，如选择此项，则会以"dfb_"为变量名来保存 Beta 系数，它是因消除一个观测值而引起的相关系数的变化值，包括常数项的每一项的相关系数都要计算；X*Beta 复选框，如选择此项，则会以"xbe_"为变量名来保存线性预测因素分值，即每个变量中心协变量值与其相应的参数估计值的积之和。

选中"将模型信息导出到 XML 文件"复选框后，单击"浏览"按钮指定文件夹，系统会自己保存到指定文件夹。

设置结束后，单击"继续"按钮确认选择并返回主对话框。

4) 选项对话框

在主对话框中单击"选项"按钮，即可打开"Cox 回归：选项"对话框，如图 11-17 所示。

"模型统计量"栏用于选择模型统计量："CI 用于 exp"复选框，如选择此项，则在后面的设置框内设定相对危险估计值的置信区间，在进行统计时，会输出置信区间，系统默认置信水平为 95%；"估计值的相关性"复选框，如选择此项，则输出回归系数的相关矩阵。

"显示模型信息"栏用于设置需要显示的模型信息，对于现有的模型，Cox 回归输出似然比统计量和卡方统计量。对于模型中的变量，输出估计的参数、它们的标准差和 Wald 统计量。对于不在模型中的变量，输出分值统计量和残差的卡方统计量。在此栏内有两个选项："在每个步骤中"选项，如选择此项，则会对每一步进入过程都输出上述的所有统计量；"在最后一个步骤中"选项，如选择此项，则会输出最后回归模型上述的所有统计量。

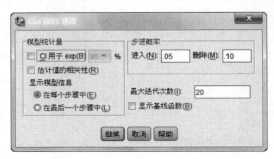

图 11-17 "Cox 回归：选项"对话框

"步进概率"栏用于选择逐步分析方法："进入"框用于设置协变量进入模型的阈门值，即引入的概率；"删除"框用于设置从模型中删除协变量的阈门值，即剔除概率。

"最大迭代次数"框用于设置迭代进行的最大次数，系统默认为 20 次。

"显示基线函数"复选框，如选择此项，则会输出基准危险函数，以及以协变量均值衡量的生存分析和危险函数。如果再设置一个分层变量，则会对每一分层输出一个统计量表。

设置结束后，单击"继续"按钮确认选择并返回主对话框。

所有设置结束后，单击"确定"按钮，执行 Cox 回归分析。

11.4.3　Cox 回归分析的实例

50 例急性淋巴细胞性白血病人，在入院治疗时取得外周血中的细胞数 x_1(千个/mm³)、淋巴结浸润等级 x_2(分为 0，1，2，3 四个等级)、出院后巩固治疗 x_3(有巩固治疗者为 1，无巩固治疗者为 0)，并且随访病人的生存时间 t(月)、变量 y(生存时间 1 年以内为 0，1 年以上为 1)、状态变量 d(完全数据为 1，截尾数据为 0)。本例中的数据来源于人民卫生出版社出版、余松林著的《临床随访资料的统计分析方法》。根据数据建立数据文件"Leukemia.sav"。下面根据该数据文件进行 Cox 回归分析。

1. 操作步骤

（1）打开数据文件后，在数据编辑窗口的主菜单栏中单击"分析"菜单，选择"生存分析"子菜单，然后单击"Cox 回归"命令，打开如图 11-12 所示的"Cox 回归"主对话框。

（2）在主对话框中，选择变量 t 进入"时间"列表框作为时间变量。

（3）选择变量 d 进入"状态"列表框作为状态变量，然后单击"定义事件"按钮，打开如图 11-13 所示的"Cox 回归：为状态变量定义事件"对话框。在"单值"参数框中输入数值 1，将带有其他值的观测值作为截尾数据。单击"继续"按钮确认设置并返回主对话框。

(4) 选择变量 x_1，x_2，x_3 作为协变量进入"协变量"列表框。

(5) 单击"绘图"按钮，打开如图 11-15 所示的"Cox 回归：图"对话框。选择"生存函数"输出累积生存函数图。然后单击"继续"按钮确认选择并返回主对话框。

(6) 单击"保存"按钮，打开如图 11-16 所示的"Cox 回归：保存新变量"对话框，选择"函数"，以"sur_"为变量名来保存累积生存概率的估计值。然后单击"继续"按钮确认选择并返回主对话框。

(7) 单击"选项"按钮，打开如图 11-17 所示的"Cox 回归：选项"对话框，选择"CI 用于 exp"复选框、"估计值的相关性"复选框和"显示基线函数"复选框。然后单击"继续"按钮确认选择并返回主对话框。

(8) 所有设置结束后，单击"确定"按钮，执行 Cox 回归分析。

上述操作也可以通过如下语法程序语句实现。

```
COXREG
  t  /STATUS=d(1)
  /METHOD=ENTER x1 x2 x3
  /PLOT SURVIVAL
  /SAVE= SURVIVAL
  /PRINT=CI(95) CORR BASELINE
  /CRITERIA=PIN(.05) POUT(.10) ITERATE(20) .
```

2. 结果解读

执行上述操作后，在结果输出窗口中输出的结果如下。

表 11-7 为个案处理摘要表。

表 11-7　个案处理摘要表

案例处理摘要

		N	百分比
分析中可用的案例	事件 [a]	45	90.0%
	删失	5	10.0%
	合计	50	100.0%
删除的案例	带有缺失值的案例	0	.0%
	带有负时间的案例	0	.0%
	层中的最早事件之前删失的案例	0	.0%
	合计	0	.0%
合计		50	100.0%

a. 因变量：生存时间(月)。

从表 11-7 中可以看出，一共有 50 个数据，完整数据为 45 个，截尾数据为 5 个，占 10%。截尾数据不用于计算回归系数，但是用于计算危险率。

本例中采用系统默认的 Enter 作为检验方式，对变量只检查容忍度，而不检查其他进入标准，然后让所有的变量进入回归方程。

表 11-8 为模型系数综合检验表。

表 11-8　模型系数综合检验表

模型系数的综合测试

-2 倍对数似然值
276.652

模型系数的综合测试[a]

-2 倍对数似然值	整体（得分）			从上一步骤开始更改			从上一块开始更改		
	卡方	df	Sig.	卡方	df	Sig.	卡方	df	Sig.
245.259	33.621	3	.000	31.393	3	.000	31.393	3	.000

a. 起始块编号 1. 方法 = 输入。

可以看出，初始的-2 倍对数似然值为 276.652，引入变量进行分层后为 245.259。"从上一步骤开始更改"和"从上一块开始更改"都显示了分层变量的作用，显著性水平为 0.000，小于 0.05，说明分层变量的作用是显著的。其分值统计量的显著性为 0.000，表明此时回归结果是可信的。在最后一步迭代中，变化的显著性为 0.000，可以不继续进行迭代过程了。

表 11-9 为引入方程的变量。

表 11-9　引入方程的变量

方程中的变量

	B	SE	Wald	df	Sig.	Exp(B)	95.0% CI 用于 Exp(B)	
							下部	上部
$x1$	.001	.002	.360	1	.548	1.001	.997	1.005
$x2$	.454	.206	4.846	1	.028	1.574	1.051	2.358
$x3$	-1.886	.377	25.050	1	.000	.152	.072	.317

根据表 11-9 可以得到引入协变量后的回归方程为

$$h(t,x) = h_0(t)e^{0.001x_1 + 0.454x_2 - 1.886x_3} \quad (P<0.01)$$

可以看出，在引入协变量 x_1，x_2，x_3 后，从回归方程中的系数 β 的符号来看，淋巴结浸润等级 x_2 的回归方程系数 β_2=0.454，x_2 为危险系数，即 x_2 每增加一个等级，其相对危险度为 1.57 倍。而出院后有无巩固治疗 x_3 的回归系数 β_3=-1.886，x_3 为保护因素，缩小了危险度，其相对危险度为 0.15 倍，即降低了 0.85 倍。

表 11-10 为相关系数矩阵。

表 11-10　相关系数矩阵

回归系数的相关矩阵

	$x1$	$x2$
$x2$	-.415	
$x3$	.012	-.224

x_1 与 x_2 存在负相关关系，x_2 与 x_3 也存在负相关关系，而 x_1 与 x_3 之间存在正的相关关系。

也就是说，浸润等级越高，细胞数越少；有巩固治疗的，细胞数越多。

表 11-11 为生命表。从表中可以看出，到 73.57 月的时候，生存率为 0。

表 11-11 生命表

生存表

时 间	基线累积危险函数	在协变量的均值处		
		生 存	SE	累积危险函数
3.40	.021	.989	.011	.011
3.73	.067	.965	.020	.036
3.83	.092	.952	.024	.049
4.00	.118	.939	.028	.063
4.03	.146	.925	.032	.078
4.17	.175	.911	.035	.093
4.20	.241	.880	.042	.128
5.00	.277	.863	.045	.148
5.27	.315	.845	.048	.168
5.67	.355	.828	.051	.189
7.07	.396	.810	.054	.211
7.26	.439	.792	.057	.234
7.33	.487	.772	.060	.259
7.53	.597	.728	.065	.318
7.60	.662	.703	.067	.353
7.67	.809	.650	.072	.431
8.30	.887	.624	.074	.472
8.33	1.053	.571	.076	.560
8.80	1.141	.545	.077	.607
9.23	1.235	.518	.078	.658
11.00	1.339	.490	.078	.713
11.77	1.456	.461	.078	.775
11.83	1.712	.402	.078	.911
11.97	1.855	.373	.077	.987
13.16	2.024	.341	.075	1.077
14.83	2.229	.305	.074	1.186
15.17	2.460	.270	.072	1.309
18.23	2.949	.208	.066	1.570
20.57	3.306	.172	.064	1.760
21.00	3.683	.141	.059	1.960

续表

时 间	基线累积危险函数	在协变量的均值处		
		生 存	SE	累积危险函数
21.87	4.115	.112	.052	2.190
23.77	4.773	.079	.042	2.541
26.00	5.780	.046	.035	3.076
28.33	6.968	.024	.024	3.709
31.33	8.420	.011	.014	4.482
37.77	10.288	.004	.007	5.476
66.83	12.926	.001	.002	6.880
73.57	17.472	.000	.000	9.300

表 11-12 为协变量平均值。

表 11-12 协变量平均值

协变量均值

	均 值
$x1$	34.504
$x2$	.600
$x3$	.500

图 11-18 为所有患者在协变量平均水平下的生存分析图。

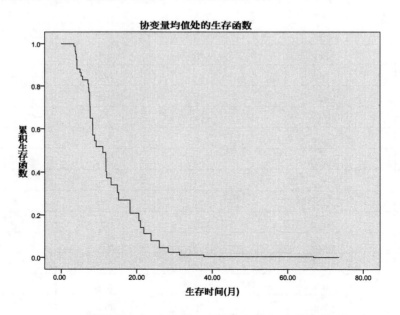

图 11-18 协变量平均水平下的生存分析图

从图 11-18 中可以看出，生存概率一直呈下降趋势，在第 30 个月的时候下降到 0.01 左右，然后保持平稳状态，到 73.57 个月时，生存率下降为 0.000。

从回归分析的结果来看，浸润等级和出院后有无巩固治疗对外周血中的细胞数都存在影响，其中，浸润等级与之呈负相关关系，而有无巩固治疗则与之呈正相关关系。淋巴结浸润等级每增加一个等级，其相对危险度为 1.57 倍；而出院后有无巩固治疗则缩小了危险度，其相对危险度为 0.15 倍，即有巩固治疗的其危险度降低了 0.85 倍。

第 12 章
信度分析

  信度分析又称可靠性分析,是一种标度综合评价体系是否具有一定的稳定性和可靠性的有效分析方法。

  例如,在教育学上可衡量教学评价过程受干扰因素影响所造成的随机误差的大小,信度和效度在教育学方面是衡量考试质量的两个重要指标。类似问题在社会生活或经济管理活动中非常普遍,再比如,市民对政府公务员工作满意度的评价,医生对病人的身体状况进行综合评分,挑选出国留学人员要对被选人员的整体素质进行评价等。

综合评价问题在统计学方面可利用信度分析方法进行分析。基本方式是做出被评估对象的总体目标，然后将其分解为若干个子目标，它们是总体目标不同方面的体现，是总体特征的部分反映。进一步，再将每个子目标进行量化处理。评估者通过计算被评估对象的总体得分得到最终的评估结果。

上述过程实际上是编制量表的过程。编制量表是否合理决定评价结果的信度和效度。SPSS 的信度分析的主要作用在于对测验工具(量表或问卷)内在信度的分析。

12.1 信度分析

制作完成一份量表或问卷(即测验工具)后，首先应该对该测验工具进行信度分析，确保其可靠性和稳定性，以免影响对问卷内容分析结果的准确性。内容分析方法中的信度分析是指两个以上参与内容分析的研究者对相同类目判断的一致性。一致性越高，内容分析的可信度也越高；一致性越低，则内容分析的可信度也越低。因此，信度直接影响内容分析的结果，内容分析必须经过信度分析，才能使内容分析的结果更可靠。

12.1.1 信度分析的概念

信度反映了测验工具所得到的结果的一致性或稳定性，是被测特征真实程度的指标。

一般而言，两次或两个测验的结果越接近，则误差越小，所得的信度越高。信度本身与测量所得结果正确与否无关，它的功用在于检验测量本身是否稳定，学者 Kerlinger 认为信度可以衡量出工具(问卷)的可靠度、一致性与稳定性；信度值强调的是某一特定类型下的一致性，信度系数会因不同时间、不同受试者或不同评分者而出现不同的结果。一般信度的测量容易产生误差的原因中，通常来自研究者的因素包括测量内容(遣词用句、问题形式等)不当、情境(时间长短、气氛、前言说明等)以及研究者本身的疏忽(听错、记错等)；而来自受访者的因素则可能是由于其个性、年龄、受教育程度、社会阶层及其他心理因素等，而影响其答题的正确性。在统计学分析方面，信度检验完全依赖于统计方法。

另外，效度与信度的关系：信度为效度的必要而非充分条件，即有效度一定有信度，但有信度不一定有效度。

研究者透过信度与效度的检验，可以了解测验工具本身是否优良适当，以作为改善修正的根据，并可避免做出错误的判断。问卷受访时间间隔的影响及内容的同构性是影响信度的两个主要因素。

根据被测试者的测试时间和测试内容，信度又可分为内在信度和外在信度：内在信度是对一组问题(也可称之为题项)是否测量同一个概念，即这些问题(题项)的内在一致性如何，能否稳定地衡量这一概念(变量或维度)，最常用的检测方法是 Cronbach's(克朗巴哈)α系数；而外在信度是指对相同的测试者在不同时间测得的结果是否一致，重测信度是外在信度最常用的检验法。

信度指标是对信度的一种定量化的描述方式，信度指标的量化值称为信度系数。信度系数越大，表明测量的可信程度越大，但也无法期望两次测验结果完全一致，信度除受测验质量影响外，亦受很多其他受测者因素的影响，故没有一份测验是完全可靠的。不同研究者对信度系数的界限值有不同的看法，一般为，0.60~0.65 认为不可信；0.65~0.70 认为是最小可接受值；0.70~0.80 认为相当好；0.80~0.90 就是非常好。

因此，一份信度系数好的量表或问卷最好在 0.80 以上，0.70~0.80 还算是可以接受的范围；分量表最好在 0.70 以上；0.60~0.70 可以接受。若分量表的内部一致性系数在 0.60 以下或者总量表的信度系数在 0.80 以下，应该考虑重新修订量表或增删题目。

信度指标多以相关系数来表示，大致可分为 3 类：稳定系数(跨时间的一致性)、等值系数(跨形式的一致性)和内在一致性系数(跨项目的一致性)。

12.1.2 信度分析的基本方法

检测信度的方法有很多种，主要的方法有重测信度法、拆半信度法和 Cronbach's α 系数法，其中，最常用的是第 3 种 Cronbach's α 系数法，下面简述各种不同方法的基本含义和计算公式。

1. 重测信度法

用同样的问卷对同一被测、间隔一定的时间重复测试，计算两次测试结果的相关系数。很显然这是稳定系数，即跨时间的一致性。重测信度法适用于事实性的问卷，也可用于不易受环境影响的态度、意见式问卷。由于重测信度需要对同一样本测试两次，而被测容易受到各种事件、活动的影响，所以时间间隔需要适当。较常用者为间隔两星期或一个月。

2. 拆半信度法

拆半信度法是指将测量项目按奇偶项分成两半分别记分，测试出两半分数之间的相关系数，再据此确定整个测量的信度系数 R_{xx}。拆半信度属于内在一致性系数，测量的是两半项目间的一致性。这种方法不适合测量事实性问卷，常用于态度、意见式问卷的信度分析。在问卷调查中，态度测量最常见的形式是 5 级李克特量表。

进行拆半信度分析时，如果量表中含有反义题项，应先将反义题项的得分做逆向处理，以保证各题项得分方向的一致性，一般情况，若 $\alpha<0$，说明该反转的题项没反转，应该检查题项，将其反转，然后将全部题项按奇偶或前后分为尽可能相等的两半，计算二者的相关系数 r_{xx}，即半个量表的信度系数，最后用斯皮尔曼—布郎(Spearman-Brown)公式

$$R_{xx} = \frac{r_{xx}}{1+r_{xx}}$$

3. 克朗巴哈 α 信度系数法

克朗巴哈 α 信度系数是目前最常用的信度系数。其公式为

$$\alpha = \frac{k}{k-1}\left(1-\frac{\sum_{i=1}^{k}\mathrm{var}(i)}{\mathrm{var}}\right)$$

其中，k 为量表中评估项目的总数；$\mathrm{var}(i)$ 为第 i 个项目得分的表内方差；var 为全部项目总得分的方差。从公式中可以看出，克朗巴哈 α 信度系数是量表中项目得分间的一致性，

属于内在一致性系数。这种方法适用于态度、意见式问卷(量表)的信度分析。

12.1.3 信度分析的 SPSS 操作

从本节开始，将以 SPSS 自带数据文件"tv_survey.sav"为例对信度分析的操作及对其结果的解读进行详细讲解。

(一)基本操作

SPSS 信度分析过程属于"标度"(尺寸)分析模块中的一个过程，打开 SPSS 自带数据文件"tv_survey.sav"后，即可进行相关分析。

1. 打开信度分析(可靠性分析)的主对话框

在主菜单栏中，单击"分析"菜单，然后选择"标度"子菜单，再从中选择"可靠性分析"命令，即可得到如图 12-1 所示的"可靠性分析"(信度分析)对话框。

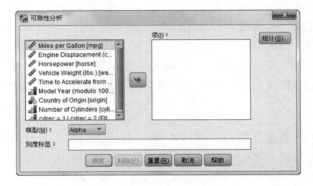

图 12-1 "可靠性分析"对话框

2. 选择评估项目

在左侧的变量列表框中选择两个或两个以上的变量作为评估项目，选中要分析的变量后，单击右向箭头按钮，将其移动到"项"列表框中。

3. 选择信度分析模型

在"模型"下拉列表框中选择信度分析模型，SPSS 给出了 5 种模型：Alpha 选项，对应 Cronbach's α 模型，为系统的默认选项，该选项计算用于标度表内部一致性的克朗巴哈(Cronbach)α系数；"半分"选项，对应拆半信度系数模型，该选项用于计算标度外在信度的表间相关程度的拆半信度系数，输出结果将给出 Guttman 和 Spearman-Brown 拆半信度系数以及拆半后两部分的克朗巴哈α系数，考察两部分间的相关性；Guttman 选项，对应 Guttman 模型法，该选项用于计算最低下限的真实信度法，输出结果中产生 6 个信度系数，lambda1～lambda6；"平行"选项，对应平行模型法，该选项用于计算各评估项目变异数同质时的最大概率(Maximum-likelihood)信度，该模型假设所有项目具有相等的方差和相等的方差误差；"严格平行"选项，对应严格平行模型法，该模型是假设评估项目具有相等均值的平行模型法，输出结果中包含有模型的拟合优度检验、各评估项目的方差计值、项内相关系数、信度的无偏估计等统计量。

4. 执行操作

单击"确定"按钮，执行信度分析操作。

(二)"统计量"选项

在主对话框中单击"统计"按钮，将得到如图 12-2 所示的"可靠性分析：统计"(信度分析：统计量)对话框，该对话框用于选择描述信度和评估项目的统计量。

1) "描述"(描述性统计量)选项组

该选项组中给出根据个案产生的尺度或评估项目的描述性统计："项"选项，选择该项目，表示输出各评估项目的基本描述统计量，包括项内均值和标准差等；"标度"选项，选择该项，表示输出各评估项目之和的基本描述统计量，包括均值、方差等；"删除项后的标度"选项，选择该项，表示输出剔除某评估项目后的基本统计量，以便对各评估项目逐个评价。

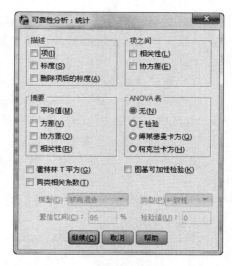

图 12-2 "可靠性分析：统计"对话框

2) "项之间"(项内统计量)选项组

该选项组中给出输出项内统计量的选项："相关性"选项，表示项内相关系数矩阵，如选择此项，则会输出相关系数矩阵的基本描述统计量；"协方差"选项，表示项内协方差矩阵，如选择此项，则会输出协方差矩阵的基本描述统计量。

3) "摘要"选项组

该选项组中给出根据所有评估项目的分布计算的基本描述统计量。

- "平均值"选项，表示评估项目均值，如选择此项，则输出若干个评估项目平均分的基本描述统计量，包括最大、最小和评估项目均值的平均分，以及评估项目平均分的极差和方差，最大评估项目平均分和最小评估项目平均分比率。
- "方差"评估项目方差。输出若干个评估项目方差的基本描述统计量，包括最大、最小和评估项目均值的方差，以及评估项目方差的极差和方差，最大评估项目方差和最小评估项目方差的比率。
- "协方差"评估项目内在协方差。输出若干个评估项目协方差矩阵的基本描述统计量，包括最大、最小和评估项目的内在协方差，以及评估项目内在协方差的极差和方差，最大评估项目内在协方差和最小评估项目内在协方差的比率。
- "相关性"评估项目内在相关系数。输出若干个评估项目相关系数矩阵的基本描述统计量，包括最大、最小和评估项目的内在相关系数，以及评估项目内在相关系数的极差和方差，最大评估项目内在相关系数和最小评估项目内在相关系数的比率。

4) "ANOVA 表"(方差分析表)选项组

该选项组中给出了用于检验同一被评估项目在各评估项目上的得分是否有一致性的方

法，有 4 个选项："无"选项，表示不做检验；"F 检验"选项，即 F 检验，表示重复测量的方差分析，适合于数据为定距型且服从正态分布的情况；"傅莱德曼卡方"选项，即 Friedman 卡方分析，表示进行非参数检验中的多配对样本 Friedman 检验，适合数据为非正态分布或定序型数据，计算 Friedman 和 Kendall 一致性系数，在 ANOVA 表中，利用卡方检验代替 F 检验；"柯克兰卡方"选项，即计算 Cochran's Q 检验值，表示进行非参数检验中的多配对样本 Cochran 检验，适合数据为二值型，在 ANOVA 表中，利用 Q 统计量代替 F 统计量。

  5) 其他复选框

  在该对话框中，还给出下列对评估项目检验和计算的选项："霍特林 T 平方"选项，表示 Hotelling T 平方检验，检验所有评估项目的均值是否相等的多变量检验；"图基可加性检验"选项，表示可加性的 Tukey 检验，用于检验评估项目中是否存在倍增交互作用；"同类相关系数"选项，表示组内相关系数，用于进行一致性测度或个案数值的一致性检验。

  在选择"同类相关系数"复选框后(因为计算组内相关系数需选计算方法和相关类型)，下列选项变为可用。

- "模型"下拉列表框中给出用于选择计算组内相关系数的方法，这里给出 3 个模型："双向混合"(两方向固定模型)，为系统默认选项，当个案效应和评估项目效应均为固定时选择此项；"双向随机"(两方向随机模型)，当个案效应和评估项目效应均为随机时选择此项；"单项随机"(单方向随机模型)，当个案效应为随机时选择此项。
- "类型"下拉列表框用于选择指示类型，可选择类型有以下两个："一致性"，为系统默认选项；"绝对一致"。
- "置信区间"文本框用于指定置信区间的水平，默认值为 95%。
- "检验值"文本框用于指定假设检验过程的检验值，默认值为 0，可输入 0~1 的数值，用于类间相关系数的比较。

12.2 信度分析的实例

  以 SPSS 自带数据文件"tv_survey.sav"为例对信度分析的操作及对其结果的解读进行详细讲解。

  该数据文件是对某一栏目收视情况进行调查的问题。节目策划部门决定下个季度某个节目是否继续开办，是否开办的关键主要由下个季度该节目的收视率所决定。该部门设计了一个调查表，希望能通过该调查表中的统计数据得到关于下个季度仍收看该节目的可靠原因。

  调查表中包括 7 个项目，问题为：没有原因、在这个时间段没有其他流行节目、评论家们对该节目有很好的评价、其他人也看这个节目、编辑仍然是原班人马、导演仍然是原班人马、演员没有更换。

  要求被访问者对每一项目选择"是"或"不是"，数据文件中"是"记为 1，"不是"

记为 0。共收到 906 份有效问卷，根据问卷数据和信度分析方法对该问卷调查表设计进行信度分析。

(一)操作步骤

(1) 读取数据文件"tv_survey.sav"，调查表中的 7 个项目作为数据文件的变量。

(2) 首先打开"可靠性分析"(信度分析)主对话框。在主菜单栏中，单击"分析"菜单，然后选择"标度"子菜单，再从中选择"可靠性分析"命令，即可打开"可靠性分析"(信度分析)主对话框，在对话框中选择评估项目，单击向右的按钮，将其移动到"项"列表框中。本例选择所有的变量作为评估项目，即将所有 7 个项目全部移动到"项"列表框中。

(3) 单击"统计"(统计量)按钮，进入"可靠性分析：统计"(信度分析：统计量)对话框，并在"描述"(描述性分析统计量)选项组中选择"项"(项目)选项，在"项之间"(项内统计量)选项组中选择"相关性"(相关分析)选项；单击"继续"按钮，返回到主对话框。

(4) 单击"确定"按钮，执行信度分析操作。

(5) 上述操作可以通过如下的语法命令语句实现：

```
RELIABILITY
  /VARIABLES=any bored critics peers writers director cast
  /SCALE('ALL VARIABLES')  ALL/MODEL=ALPHA
  /STATISTICS=DESCRIPTIVE CORR .
```

(二)信度分析的结果

执行相关分析后，在输出窗口中得到如下的表格。

1. 个案摘要表

表 12-1 显示了信度分析过程中参与分析的个案数量和缺失值数量。此例中共有 906 个个案参与信度分析，不含缺失值。

表 12-1 个案摘要表

案例处理汇总

		N	%
案例	有效	906	100.0
	已排除 [a]	0	.0
	总计	906	100.0

a. 在此程序中基于所有变量的列表方式删除。

表 12-2 所示是信度分析的评估项目基本描述统计量。表中给出了所有项目的均值(Mean)、标准差(Std.Deviation)以及参与分析的个案数。可以看出，表中前 4 个项目的均值在 0.50 左右，即将来愿意继续观看节目的人数占总被访者人数的 50%左右；表中后 3 个项目的均值为 0.80～0.90，从表中项目内容可知，后 3 个项目表示如果节目内容变化不大时，被访者愿意继续观看节目的人数均值。

表 12-2　评估项目的基本描述统计量

	Mean	Std. Deviation	N
没有原因	.49	.500	906
在这个时间段没有其他流行节目	.50	.500	906
评论家们对该节目有很好的评价	.50	.500	906
其他人也看这个节目	.53	.499	906
编辑仍然是原班人马	.81	.389	906
导演仍然是原班人马	.83	.378	906
演员没有更换	.89	.315	906

2. 评估项目的相关系数矩阵

表 12-3 所示是评估项目的相关系数矩阵。可以看出，前 4 个项目的相关系数很大，且是正相关。由此可以得出，如果在其中一个项目条件下愿意将来继续观看节目的被访者，很有可能在其他 3 个项目中将来也会愿意看节目。后 3 个项目和其他项目之间的相关系数也为正值。

表 12-3　评估项目的相关系数矩阵

	没有原因	在这个时间段没有其他流行节目	评论家们对该节目有很好的评价	其他人也看这个节目	编辑仍然是原班人马	导演仍然是原班人马	演员没有更换
没有原因	1.000	.815	.813	.782	.408	.421	.303
在这个时间段没有其他流行节目	.815	1.000	.826	.807	.422	.423	.307
评论家们对该节目有很好的评价	.813	.826	1.000	.804	.458	.453	.336
其他人也看这个节目	.782	.807	.804	1.000	.443	.460	.340
编辑仍然是原班人马	.408	.422	.458	.443	1.000	.632	.625
导演仍然是原班人马	.421	.423	.453	.460	.632	1.000	.600
演员没有更换	.303	.307	.336	.340	.625	.600	1.000

从上面简单的相关系数矩阵中可以看出很多信息。例如，人们愿意看某一节目有很多原因，包括由于生活的无趣等原因使得很多人很有可能在下一季度继续观看节目，当然，要保证演员的演技、剧本的创作和导演的水平保持在一个时尚和流行的水平。另外，现在不观看该节目的人很有可能将来也不会观看该节目。

但对于编制的项目表的可靠性，即信度的定量化描述，从相关系数矩阵中还不能得到。对于编制的信度，在表 12-4 中得到了定量化描述。

表 12-4 信度分析的克朗巴哈(Cronbach)α系数

可靠性统计量

Cronbach's Alpha	基于标准化项的 Cronbach's Alpha	项　数
.898	.894	7

3. 信度分析的克朗巴哈(Cronbach)α系数

克朗巴哈(Cronbach)α系数是标度信度的一种重要方法，关于该系数的含义在上一小节中已经给予了解释。该例中的克朗巴哈α系数由表 12-4 的信度统计分析表中给出。表中不但给出了克朗巴哈α系数，还给出了评估项目的标准化克朗巴哈α系数；由于信度系数为 0.894，大于 0.80，因此总体上该调查评估表编制的内在信度是比较理想的。

12.3 进一步的分析

信度分析除了可以选择克朗巴哈α模型以外，还有拆半信度系数模型、Guttman 模型、平行模型和严格平行模型等方法，下面我们利用其他方法分析该信度分析问题，通过比较分析可以进一步加深对评估项目的理解。

12.3.1 拆半信度系数模型

在信度分析操作中，在主对话框中选择"半分"(拆半)选项作为信度分析的模型，如图 12-3 所示。在"描述"(描述性统计量)选项组中选择"标度"选项，在"项之间"选项组中取消选择"相关性"，在主对话框中单击"确定"按钮，执行拆半信度分析操作，表 12-5 和表 12-6 所示是输出窗口中显示的结果。

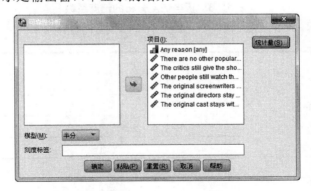

图 12-3 选择"半分"(拆半)模型

上述操作也可以通过语法程序语句来实现，语法命令语句如下：

```
RELIABILITY
  /VARIABLES=any bored critics peers writers director cast
  /SCALE('ALL VARIABLES')  ALL/MODEL=SPLIT
  /STATISTICS=SCALE .
```

为了得到一个准确的项目评估信度估计值,一个可选择的方法是利用重测信度法,即在一定的时间间隔下,对同一组被访者进行两次相同的问卷调查,分析两次结果之间的相关系数。然而,在实践中这种方法的实现往往受一定的条件限制。为此,我们可以将评估项目拆分为两组,进行相关性分析和 Guttman 拆半信度系数的计算,这就是信度分析的另一种重要方法:拆半信度分析方法。

表 12-5 是拆半信度分析的基本描述统计量列表。表中给出拆半后的统计量描述,由于有 7 个评估项目,拆分时按照原顺序,前 4 个作为一组项目,后面的 3 个作为另一组项目,第一组项目的均值为 2.02,方差为 3.424,标准差为 1.850;第二组项目的均值为 2.53,方差为 0.875,标准差为 0.935。

表 12-5 拆半信度分析的基本描述统计量

标度统计量

	Mean	Variance	Std. Deviation	N of Items
Part 1	2.02	3.424	1.850	4(a)
Part 2	2.53	.875	.935	3(b)
Both Parts	4.55	6.040	2.458	7

a. The items are:没有原因、在这个时间段没有其他流行节目、评论家们对该节目有很好的评价、其他人也看这个节目。

b. The items are:编辑仍然是原班人马、导演仍然是原班人马、演员没有更换。

表 12-6 所示为拆半信度分析的信度系数。表格之间的相关性是两部分量表总分的相关系数,为 0.503,相关程度不算高。而 Spearman-Brown Equal Length 系数为 0.669,是利用两部分的标准化 α 系数计算得到。Guttman 拆半系数是利用两组项目的 Cronbach's α 系数计算得到的,为 0.577。

表 12-6 拆半信度分析的信度系数

可靠性统计量

Cronbach's Alpha	部分 1	值	.944
		项数	4[a]
	部分 2	值	.826
		项数	3[b]
	总项数		7
表格之间的相关性			.503
Spearman-Brown 系数		等长	.669
		不等长	.673
Guttman Split-Half 系数			.577

a. 这些项为:Any reason, There are no other popular shows on at that time, The critics still give the show good reviews, Other people still watch the show.

b. 这些项为:Other people still watch the show, The original screenwriters stay with the show, The original cast stays with the show, The original directors stay with the show.

项目不同的拆半会产生不同的信度系数估计值。在拆半过程中，如果使具有高相关性的项目分在一组，这时拆半系数将接近其最小值。当高相关性的项目成对拆分时，拆半系数将达到其最大值。

12.3.2 Guttman 模型

信度分析操作中，在主对话框中选择 Guttman 选项作为信度分析的模型，在"描述"(描述性统计量)选项组中选择"标度"选项，在主对话框中单击"确定"按钮，执行 Guttman 方法的信度分析操作，表 12-7 和表 12-8 所示是输出窗口中显示的结果。

表 12-7 Guttman 信度分析的基本描述统计量

可靠性统计量

Lambda	1	.769
	2	.915
	3	.898
	4	.577
	5	.894
	6	.927
项　数		7

表 12-8 Guttman 模型的基本描述性统计量

标度统计量

	均　值	方　差	标准偏差	项　数
部分 1	2.02	3.424	1.850	4[a]
部分 2	2.53	.875	.935	3[b]
两部分	4.55	6.040	2.458	7

a. 这些项为：Any reason, There are no other popular shows on at that time, The critics still give the show good reviews, Other people still watch the show.
b. 这些项为：The original screenwriters stay with the show, The original cast stays with the show, The original directors stay with the show.

也可以在主对话框中单击"粘贴"按钮，得到语法的命令语句如下：

```
RELIABILITY
  /VARIABLES=any bored critics peers writers director cast
  /SCALE('ALL VARIABLES')  ALL/MODEL=GUTTMAN
  /STATISTICS=SCALE .
```

表 12-7 给出了 6 种不同的 Guttman 信度系数。从表中可以看出，L3 要好于 L1，这里的 L3 等于克朗巴哈(Cronbach)α系数。虽然 L2 好于 L1 和 L3，但由于其计算较为复杂，所以在应用中受到一定的限制。表 12-8 给出了计算第一部分和第二部分的基本描述性统计量。

12.3.3 平行模型

信度分析操作中,在主对话框中选择"平行"选项作为信度分析的模型,在"描述"(描述性统计量)选项组中选择"标度"选项,在主对话框中单击"确定"按钮,执行平行信度分析操作,表 12-9~表 12-11 所示为输出窗口中显示的结果。

也可以利用主对话框的"粘贴"按钮得到语法命令,语句如下:

```
RELIABILITY
  /VARIABLES=any bored critics peers writers director cast
  /SCALE('ALL VARIABLES')   ALL/MODEL=PARALLEL
  /STATISTICS=SCALE .
```

平行(严格平行)模型可以检验均值和方差是否相等。严格平行模型假设真实的项目得分应该具有相等的均值和方差,而平行模型假设相等的方差。表 12-9 给出的是平行模型的检验结果。从表中可以看出,计算检验统计量的概率 p 值为 0.000,远小于 0.05,故拒绝方差相等的假设。

表 12-9 平行模型的优度拟合检验

卡方	值	1968.281
	df	26
	Sig.	.000
行列式的对数	无约束矩阵	-16.885
	约束矩阵	-14.704

在平行模型假设下。

表 12-10 给出的是平行模型的信度分析结果。注意到平行模型的信度估计值为 0.898,等价于克朗巴哈(Cronbach)α 系数;但由于平行模型假设被拒绝,故严格平行模型自然也被拒绝。实际上,大多数信度分析的平行模型的等方差性都不满足,也就是说平行模型假设被拒绝,但该模型仍是有意义的,因为模型结果中提供了其他模型分析中没有的方差估计。

表 12-10 平行模型的信度分析结果

可靠性统计量

公共方差	.199
真实方差	.111
误差方差	.088
公共项间的相关性	.556
刻度的可靠性	.898
刻度的可靠性(无偏)	.898

表 12-11 平行模型的基本描述性统计量

标度统计量

均 值	方 差	标准偏差	项 数
4.55	6.040	2.458	7

表 12-11 给出了平行模型的基本描述性统计量。

12.3.4 信度对测量工具的检验

在本章之初已经提到过，在制作完成量表或问卷后，首先要对测量工具做信度分析，以确保之后的内容分析结果的可靠性。SPSS 的信度分析的主要作用在于对测验工具(量表或问卷)内在信度的分析，提供各项客观的指标作为测验与量表可信程度的具体证据。其主要表现形式便是对测量工具项目的增减。

量测一组同义或平行测验总和的信度，如果尺度中的所有项目都在反映相同的特质，则各项目之间应具有真实的相关存在。若某一项目和尺度中其他项目之间并无相关存在，就表示该项目不属于该尺度，而应将之剔除。删除该项目后的量表 α 系数如果突然变得太大，表示删除该题后可提高量表 α 系数。

在实际应用中，我们一般将信度分析与因子分析相结合，来确定测验工具项目的增减，基本步骤如下。

先做因子分析，在主菜单栏中选择"分析"|"降维"|"因子"，打开"因子分析"主对话框，然后单击"旋转"按钮，在"方法"选项组中选择"最大方差法"选项；单击"继续"按钮，返回到主对话框，单击"选项"按钮，在"系数显示格式"选项组中，设定"绝对值小于 0.5"。执行相关分析后，在输出窗口中得到结果，如果显示信息为 KMO>=0.5(Yes) then communaity<0.5？(Yes)，那么删去所有 communaity<0.5 的项目，再重做因子分析，直到全部 communaity>=0.5；或 KMO>=0.5(Yes) then communaity>=0.5？(Yes)；"Rotated Component Matrix"中如果有项目落到两个或两个以上的因子上，或有题项没有落到任何一个因子上，都要删掉再重做因子分析，按照上述方法循环，直到所有指标全部达标(相关内容请参照本书第 10 章)。

再做信度分析，在主菜单栏中选择"分析"|"标度"|"可靠性分析"，打开信度分析主对话框，然后单击"统计"按钮，在"描述"选项组下选择"删除项后的标度"选项，执行相关分析后，在输出窗口中得到结果，在表"可靠性统计量"中，如果 Cronbach's Alpha 大于等于 0.8，那么表示不用删掉任何项目，结果足够好；如果 Cronbach's Alpha 小于 0.8，则要在表"Item-Total 统计量"中，看指标 Alpha if item deleted(输出剔除某评估项目后的基本统计量，即 α 系数可提高或降低为此值)，把题项剔除，使 α 系数大于等于 0.8。一般而言，α 系数值的最低要求要大于等于 0.7。若 α 系数小于 0，说明该反转的题项未反转，检查题项，将其反转。

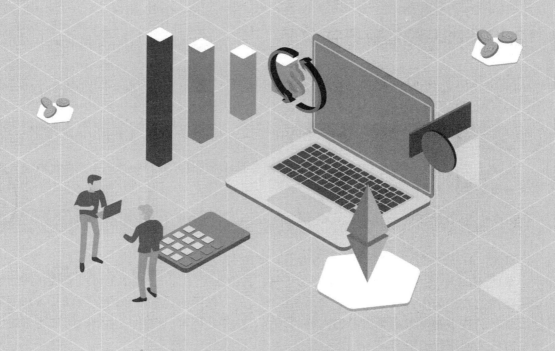

第 13 章
统 计 图 形

统计图形是用几何图形或具体形象来描述统计资料的一种重要的形式,与表相比,图形具有在表达上更加直观、生动等优势,因此,包括统计软件在内的数据处理软件越来越重视软件的图形输出功能。

SPSS 除了提供很多的统计分析功能以外,还提供了强大的绘图功能。SPSS 可以生成 20 多种图形,并且可以对输出图形进行多种形式的编辑和修改。SPSS 中专门用于统计绘图的是 Graph 菜单。在常用的统计图中,除生存曲线被完全整合到 Survival 模块中、P-P 概率图和 Q-Q 概率图被整合到 Descriptive Statistics 模块中外,其他统计绘图均可由图形菜单的各子菜单完成。

13.1 SPSS 图形的基本功能

SPSS 输出图形的方式有很多种，可以由统计软件分析过程生成，也可以直接从图形菜单中包含的一系列图形选项中直接产生。在 SPSS 中具有友好的交互式功能和图形处理功能，用户可以在短时间内绘制出高质量的统计图形，并且可以对生成的图形进行编辑和修改，以保证图形的质量和适用性。

本章主要介绍图形菜单中的各种直接根据数据绘制图形的过程，下面主要介绍图形菜单下各子菜单的基本功能和主要选项。

13.1.1 图形生成器

SPSS 中"图形"|"旧对话框"图形菜单如图 13-1 所示。

地图 Builder 是一种简易的绘制图形工具。利用地图 Builder 对话框可以直接将图形元素用拖动的方式放入图表对话框中的画布区域，如可以预先设置横轴的变量以及条形图的样式等。其特点是可以产生所见即所得的样式。此外，还可以利用已创建的图形通过设定快捷方式来创建新的图形。

利用地图 Builder 方式创建图形是初级用户的一个较好的选择，可以提高创建图形的效率，减少一些不可预见的错误。

图 13-1 "旧对话框"菜单

13.1.2 传统模式创建图形

利用传统模式创建图形(Legacy 地图)是直接生成 SPSS 图形的主要方式。和交互模式不同的是传统图形的生成模式是以对话框设置的方式创建的，这一点和前面的统计分析功能的对话框操作类似。操作时需要在各级对话框中选择图形的变量，设置变量产生的图形类型和参数以及其他的选项，如对缺失值的处理等。

传统图形模式可以生成更多类型的图形，同时还可以利用 SPSS 的语句命令进行创建；但和交互模式相比，传统图形模式缺少灵活性和直观性，这一点可以通过对生成图形的进一步编辑得到改进。

在新版本中，图形菜单中的传统模式创建图形取消了控制图(Control)、帕累托图(Pareto)、时间序列图(Time Series)等图形功能，保留了常用的几种图形。但是，这些图形依然可以通过分析菜单下相应的分析过程得出。

在"旧对话框"菜单中可以创建如下类型的传统模式图形：
- 条形图　该选项生成条形图。
- 3-D 条形图　该选项生成三维条形图。
- 线图　该选项生成线图。
- 面积图　该选项生成面积图。
- 饼图　该选项生成饼图。
- 高低图　该选项生成高低图。
- 箱图　该选项生成箱图。
- 误差条形图　该选项生成误差条形图。
- 入口金字塔　该选项生成金字塔图。
- 散点/点状图　该选项生成散点图。
- 直方图　该选项生成直方图。

具体的图形生成方法将在本章后面的内容中详细讲解，此处不再赘述。

13.2 条形图

13.2.1 条形图的类型和 SPSS 操作

条形图(条形图 地图)是用条带的长短或高低来表现参与比较的指标的大小的图形，具有简洁明快的特点，用于性质相似的间断性资料的比较。可分为 3 种类型，包括简单条形图(简单箱图 条形图 地图)或称单式条形图，表示单个指标的大小；分类条形图(条形图 地图)或称复式条形图，表示两个或多个指标的大小；分段条形图(Stacked 条形图 地图)或称堆积条形图，表示每个指标条形图中某个因素各水平的构成情况。

SPSS 中提供了 9 种组合绘制不同数据类型及不同种类的条形图，如图 13-2 所示。

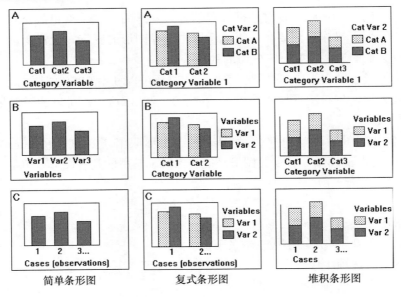

|简单条形图|复式条形图|堆积条形图|

图 13-2 条形图的 9 种不同类型

绘制条形图的基本操作如下。

1. 打开主对话框

建立或打开数据文件后，在数据编辑窗口中的主菜单栏选择"图形"菜单，然后选择"旧对话框"子菜单，单击"条形图"命令，即可打开如图 13-3 所示的"条形图"主对话框。

该对话框提供了条形图的选项，其中包括条形图类型的选择和统计量描述方式的选择。

2. 选择条形图类型

在"条形图"主对话框中给出了 3 种条形图图示：简单箱图、复式条形图和堆积面积图。在主对话框的左侧给出了例图图例，单击该图例，即可选择相应的条形图类型。

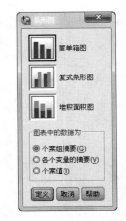

图 13-3 "条形图"对话框

- "简单箱图"例图，为系统默认选项。如选择该图例，则会作出简单条形图。该条形图使用单个的条形来对每一个类别、观测或变量做出对比。这种图形用间隔的等宽条带表示各类统计数据的大小，可以很明显地显示基于某一种分类的各类数据间的对比情况。该图形的形成由两个统计量决定。

- "复式条形图"例图，如选择此项，则会作出分组条形图(或复合条形图)，适用于对两个变量交叉分类的描述。该条形图使用一组条形来做出对比，每一类的条形图都能表现出一群观测、分类的变量或单个的观测。每个组的位置是其中一个变量的取值，在该位置上紧密排列的若干条带是以不同颜色标记的另一个变量的取值，条的长度是要描述的统计量的值。这种图形相当于根据其他变量对简单条形图中的每一个条带对应的数据做进一步的分类，图形的形成由 3 个变量决定。
- "堆积面积图"例图，如选择此项，则会作出分段条形图，该图形实际上也是对简单条形图的一种复合。该图形适用于两个变量交叉分类的描述，每个条的位置是其中一个变量的一个取值，条的长度是要描述的统计量的值，但是按另一个变量各类别所占的比例将原条带划分为多个段，并用不同的颜色或阴影填充方式来表示这种分段。这样形成的图形在形式上就像堆垒条形积木一样，因此称为堆积条形图。又由于该图具有明显的分段特征，因此又称为分段条形图。

3. 选择统计量的描述方式

在主对话框下方的"图表中的数据为"栏可以选择条形图中统计量的描述方式，系统提供 3 种模式。
- 个案组摘要：该选项为系统默认选项，表示个案分组模式。如选择此项，将根据分组变量对所有个案进行分组，然后根据分组后的个案数据创建条形图。
- 各个变量的摘要：该选项表示变量分组模式。如选择此项，则能描述多个变量。简单类型的条形图能描述文件中的每一个变量(涵括所有观测)。复杂类型的条形图能使用另一个分类变量来描述一个变量。
- 个案值：该选项表示个案模式，如选择此项，将为分组变量中每一个观测值生成一个条形图，条带的长度表示观测值的大小。当数据文件中包含大量个案时，显然不适合用个案模式简单条形图来描述；但适用于对原始数据进行一定的整理后形成的概括性的数据文件，如利用数据的分类汇总功能等整理后的数据文件。

设置结束后，单击"定义"按钮，可以进入具体条形图对话框对相关图形做进一步的设置。

在后续的各节中将就条形图的几种类型及模式进行详细讲解。

13.2.2 简单条形图实例

下面以 3 个数据文件为例，分别说明不同模式下绘制简单条形图的方法。

首先，打开数据文件后，在数据编辑窗口中的主菜单栏选择"图形"菜单，然后选择"旧对话框"子菜单，单击"条形图"命令，打开如图 13-3 所示的"条形图"主对话框。

1. 个案分组模式

在如图 13-3 所示的"条形图"主对话框中，在条形图图示栏中选择"简单箱图"，并且在"图表中的数据为"栏中选择"个案组摘要"选项，单击"定义"按钮，即可打开"定义简单条形图：个案组摘要"(定义简单条形图：个案分组模式)对话框，如图 13-4 所示。

在该对话框中可以定义生成条形图的统计量、应用图形模板等。

"类别轴"栏用于从左边的源变量列表框中选择变量，被选入的变量作为分类变量。分类变量的不同值对应条形图中条的数目，分类变量可以是字符型变量或数值型变量。

"条的表征"栏中的选项用于定义确定条形图中条带的长度的统计量，各选项含义如下。
- "个案数"选项为系统默认选项，如选择此项，则条形图的长度为分类变量值的观测数。条形图中条的长度表示频数，可以视为频数分布表的图形表示。

- "个案数的%"选项,如选择此项,则条形图的长度为分类变量的观测在总观测中所占的百分比,即以频率作为统计量,条形图中的长度表示的是频率。
- "累积个数"选项,如选择此项,则条形图的长度为分类变量中到某一个值的累积频数,即分类变量的当前值对应的个案数与以前各值对应的总个案数。
- "累积%"选项,如选择此项,则条形图的长度为分类变量中到某一个值的累积百分比,即条的长度表示的是累积频率。
- "其他统计量"选项,如选择此项,则"变量"文本框被激活,选择变量后,单击向右箭头按钮将其移入该文本框,系统按照默认设置对该变量的数据取均值,并作为条形图条的长度。

如果不希望对变量取均值,需要改变变量的统计量函数,单击"更改统计量"按钮,即可打开如图 13-5 所示的"统计量"对话框。

图 13-4 "定义简单条形图:个案组摘要"对话框　　图 13-5 "统计量"对话框

在该对话框中可以选择总体特征的描述统计量、单侧区间数据特征描述统计量和双侧区间数据特征描述统计量。

在"选定变量的统计量"(已知变量的统计量)栏中,可以选择描述数据总体特征的统计量。各选项含义如下。

- "值的均值"选项,如选择此项,则以变量 a 的均值为条形的长度。该选项为系统默认选项。
- "值的中位数"选项,如选择此项,则以变量 a 的中位数为条形的长度。
- "值的众数"选项,如选择此项,则以变量 a 的众数为条形的长度。
- "个案数"选项,如选择此项,则以变量 a 的观测数为条形的长度。
- "值的和"选项,如选择此项,则以变量 a 的值和为条形的长度。

- "标准差"选项,如选择此项,则以变量 a 的标准差为条形的长度。
- "方差"选项,如选择此项,则以变量 a 的方差为条形的长度。
- "最小值"选项,如选择此项,则以变量 a 的最小值为条形的长度。
- "最大值"选项,如选择此项,则以变量 a 的最大值为条形的长度。
- "累计求和"选项,如选择此项,则以变量 a 值的累积和为条形的长度。

对话框的中间给出了单侧区间数据特征的描述统计量,当选择该部分中的选项时,上方的"值"文本框被激活,在"值"文本框中输入数值,表示单侧区间的固定界限(称为内界)。按照原有数据与内界的大小关系,可将所有数据划分为两个区间,即大于该值的区间和小于该值的区间,各选项含义如下。

- "上百分比"选项,如选择此项,则以变量 a 的值大于阈值(在值栏内设定)的比例作为条形的长度。
- "下百分比"选项,如选择此项,则以变量 a 的值小于阈值(在值栏内设定)的比例作为条形的长度。
- "百分位"选项,如选择此项,则以变量 a 的值的百分位数作为条形的长度。
- "上个数"选项,如选择此项,则以变量 a 的值大于阈值(在值栏内设定)的数目作为纵轴。
- "下个数"选项,如选择此项,则以变量 a 的值小于阈值(在值栏内设定)的数目作为纵轴。

对话框下方为描述双侧区间数据特征的统计量。当选择该方框中的选项后,该方框上方的"低"和"高"文本框被激活,在"低"文本框中输入区间下限,在"高"文本框中输入区间上限。各选项含义如下。

- "内百分比"选项,如选择此项,则以变量 a 的值在指定区间(在下限和上限栏内设定)的比例为纵轴。
- "内数"选项,如选择此项,则以变量 a 的值在指定区间(在下限和上限栏内设定)的数目为纵轴。

"值是组中点"复选框,如选择此项,则值由中点分类。

设置结束后,单击"继续"按钮确认并返回主对话框。

在"条的表征"栏下方有"面板依据"栏,用于建立子图网,子图网的图例如图 13-6 所示。

在很多图形中,都可以选择一个或多个分组变量建立图形面板,由相关的子图构成。子图的类型都相同,并且共享同一个横轴,只是每个图代表不同的组,这样可以直观地比较不同组中相同变量的数据。

有时一个变量的含义依赖于另一个变量,如城市(city)和国家(state)两个变量,"城市"就是"国家"的下属集合。如果在变量列表中存在这样的变量,必须选择"嵌套变量(无空行/列)"复选框,当建立从属关系时,确保"面板依据"列表框中父变量(如国家)在子变量(如城市)之前,否则就会导致从属关系的颠倒。

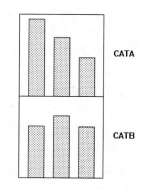

图 13-6 子图网图例

若没有选中"嵌套变量(无空行/列)"复选框,则在子图网中输出各个变量的分组的组合。如果变量应该建立从属关系而没有建立，可能会输出空白的图形。

1)　"标题"对话框

在对话框中单击"标题"按钮，即可打开如图 13-7 所示的"标题"对话框。

在该对话框中可以设定图形的标题，各选项含义如下。

- "标题"栏的两个文本框用于输入标题，用户可以选择其中的任何一个文本框输入图形的标题；如果用户需要输入的标题太长，可以分成两行分别在两个线图文本框中输入。
- "子标题"文本框用于输入副标题。
- "脚注"栏用于输入脚注。该栏也有两个线图文本框，用户可以选择其中的任何一个文本框输入图形的注释；如果用户需要输入的注释太长，可以分成两行分别在两个线图文本框中输入。

设置结束后，单击"继续"按钮确认并返回主对话框。

2)　"选项"对话框

在主对话框中单击"选项"按钮，即可打开如图 13-8 所示的"选项"对话框。

图 13-7　"标题"对话框　　　　图 13-8　"选项"对话框

在该对话框中可以选择缺失值的处理方式和误差条形图的显示方式。

"缺失值"栏只有在"类别轴"选项组中有多个变量时才会被激活。缺失值的处理方式选项和前面章节中所讲的一样，此处不再赘述。

如果需要将缺失值作为单独的一个条带显示在条形图中，可以选择"显示由缺失值定义的组"(显示由缺失值定义的分组)复选框；如果需要在图中显示个案的标签值，可以选择"使用个案标签显示图表"复选框。

"误差条图的表征"栏，用于选择定义确定误差条形图中条带的长度的统计量。可以定义"置信区间"，系统默认为 95%；也可以定义"标准误"的水平，系统默认为 2；还可以定义"标准差"的水平，系统默认水平为 2。

选择完毕后，单击"继续"按钮确认选择并返回主对话框。

所有设置结束后，单击"确定"按钮，执行操作，在结果输出窗口中输出所需要显示的图形。本例中，将"Educational Level"选入"类别轴"文本框作为分组变量，在"条的表征"栏选择"其他统计量"单选项，并且选入变量"Salary"，然后单击"更改统计量"按钮，在"统计量"对话框中选择"累计求和"单选项。单击"继续"按钮确认选择并返回主对话框，单击"确定"按钮绘制简单条形图。图中条带长度表示各工种人员中具备某一受教育水平的个案数与其前面各受教育水平对应的个案数的累加值，因此，各条带从左到右其长度呈现逐渐递增的趋势，并在最后达到总个案数。

上述操作也可以通过如下的语法程序语句实现：

```
GRAPH
  /BAR(SIMPLE)=CUS(salary) BY educ .
```

在结果输出窗口中输出的条形图如图 13-9 所示。

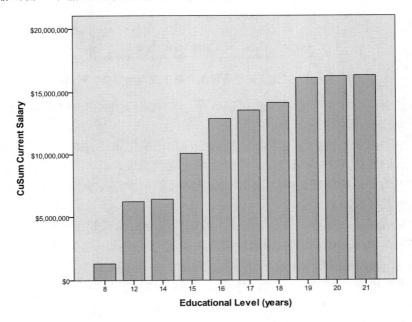

图 13-9　个案分组模式简单条形图

2. 变量分组模式

在如图 13-3 所示的"条形图"主对话框中，在条形图图示栏中选择"简单箱图"，并且在"图表中的数据为"栏中选择"各个变量的摘要"选项，单击"定义"按钮，即可打开"定义简单条形图：各个变量的摘要"(定义简单条形图：变量分组模式)对话框，如图 13-10 所示。

在该对话框中可以定义生成条形图的统计量、条形图分组变量等选项。

"条的表征"栏用于从左边的源变量框中选择需要描述的变量，最少选入两个变量，并且选入的变量必须为数值型变量。选入变量后，列表中默认对所有变量求均值，显示为 MEAN(变量)。与个案分组模式中一样，在选入变量后，可以单击"更改统计量"按钮，打开"统计量"对话框，改变统计量。该对话框中的选项和个案分组模式中一样，此处不再赘述，读者可以参照上文学习。

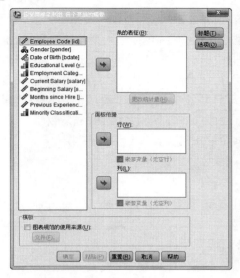

图 13-10 "定义简单条形图：各个变量的摘要"对话框

在"条的表征"栏下方有"面板依据"栏，与个案分组模式中的用法相同，读者可参照上文学习。

如果选中"图表规范的使用来源"复选框，则需要单击"文件"按钮，在打开的对话框中选定图形模板格式(在下面多个对话框中将出现此选项，将不再另做讲解)。

此模式中的"标题"按钮和"选项"按钮的功能和操作与个案分组模式中一样，此处不再赘述，读者可参照上文学习。

所有设置结束后，单击"确定"按钮，绘制变量分组模式简单条形图。

以数据文件"test.sav"为例，该数据文件为某次考试中 32 名同学的成绩，包括 chinese、math、physics、chemist 和 biology 5 个科目。将这 5 个变量选入"条的表征"列表框，其他采用默认设置，单击"确定"按钮执行操作，在结果输出窗口中输出所绘制的简单条形图，如图 13-11 所示。

图中条带的长度代表各科考试成绩的平均值。可以看出，math 的平均成绩最高，chemist 次之，而 biology 的平均成绩最低。

上述操作也可以通过如下的语法程序语句实现：

```
GRAPH
 /BAR(SIMPLE)= MEAN(chinese) MEAN(math) MEAN(physics) MEAN(chemist) MEAN
(biology)
 /MISSING=LISTWISE .
```

3. 个案模式

在如图 13-3 所示的"条形图"主对话框中，在条形图图式栏中选择"简单箱图"，并且在"图表中的数据为"栏中选择"个案值"选项，单击"定义"按钮，即可打开"定义简单条形图：个案值"(定义简单条形图：个案模式)对话框，如图 13-12 所示。

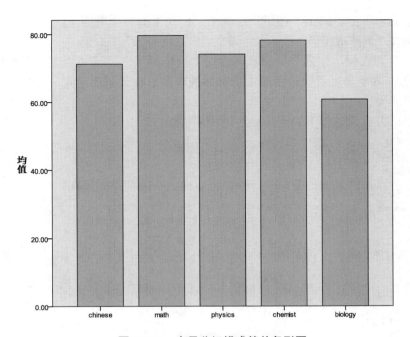

图 13-11　变量分组模式简单条形图

图 13-12　"定义简单条形图：个案值"对话框

"条的表征"框用于从左边的源变量框中选入需要描绘的变量。

在"类别标签"栏中选择分类轴标签，包括两个选项："个案号"选项为系统默认选项，如选择此项，则横轴标签为观测序号；"变量"选项，如选择此项，则横轴标签还需要在下面的空栏内设定。

"面板依据"栏和"模板"栏的功能及操作方法与前面所讲的一样，此处不再赘述，读者可参照前文学习。在此对话框中没有"选项"按钮，"标题"按钮的功能和操作如前所述。

设置结束后,单击"确定"按钮,绘制个案模式下的简单条形图。

以数据文件"训练成绩.sav"为例讲解个案模式简单条形图的绘制。选择变量"xlh"进入"条的表征"列表框,作为分析变量,而在"类别标签"栏选择"变量"选项,并将变量"xlq"选入作为横轴标签,以便对训练前后的成绩进行直观的比较。然后单击"确定"按钮,执行上述操作。

上述操作也可以通过如下的语法程序语句来实现:

```
GRAPH
  /BAR(SIMPLE)=VALUE( xlh ) BY xlq .
```

执行操作后,在结果输出窗口中,输出个案模式下的简单条形图,如图 13-13 所示。

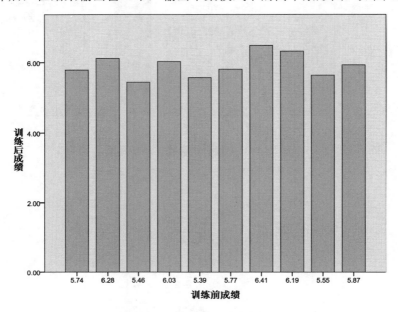

图 13-13　个案模式简单条形图

图中条带长度表示训练后的成绩,而横轴上的数字表示相应个案训练前的成绩,从图中,可以直观地看出训练前后成绩的差异。

13.2.3　复合条形图实例

复合条形图(或称分组条形图),适用于对两个变量交叉分类的描述,图中的条形以组的形式进行分类,每个组的位置是其中一个变量的取值。SPSS 中同样可以生成 3 种模式下的复合条形图。下面对 3 种模式分别进行讲解。

首先,打开数据文件后,在数据编辑窗口中的主菜单栏选择"图形"菜单,然后选择"旧对话框"子菜单,单击"条形图"命令,打开如图 13-3 所示的"条形图"主对话框。

1. 个案分组模式

在如图 13-3 所示的"条形图"主对话框中,在条形图图式栏中选择"复式条形图",并且在"图表中的数据为"栏中选择"个案组摘要"选项,单击"定义"按钮,即可打开

"定义复式条形图：个案组摘要"对话框，如图 13-14 所示。

图 13-14　"定义复式条形图：个案组摘要"对话框

在该对话框中可以定义生成条形图的统计量、条形图分组变量等，该对话框及其子对话框与简单条形图个案分组模式的对话框基本一致。

"类别轴"栏用于从左边的源变量列表框中选择分类变量。

"定义聚类"栏用于从左边的源变量列表框中选择复合分类变量。与简单条形图个案分组模式对话框比较可以看出，这是在复合条形图中新增的选项，用于对前面的各个分类做进一步的分类。

该对话框中的其他选项和按钮与简单条形图个案分组模式对话框一样，此处不再赘述，读者可参照前文进行学习。

设置结束后，单击"确定"按钮，即可绘制复合条形图。

以数据文件"职工数据.sav"为例，选择变量 xb 作为复合分类变量进入"定义聚类"列表框，选择 xl 作为分类变量进入"类别轴"列表框。然后单击"确定"按钮，绘制复合条形图，结果如图 13-15 所示。

上述操作也可通过如下的语法程序语句实现：

```
GRAPH
  /BAR(GROUPED)=COUNT BY xl BY xb .
```

可以直观地看出，男性的文化程度(学历)普遍高于女性，女性中没有本科学历的个案。

2. 变量分组模式

在如图 13-3 所示的"条形图"主对话框中，在条形图图式栏中选择"复式条形图"，并且在"图表中的数据为"栏中选择"各个变量的摘要"选项，单击"定义"按钮，即可打开"定义复式条形图：各个变量的摘要"对话框，如图 13-16 所示。

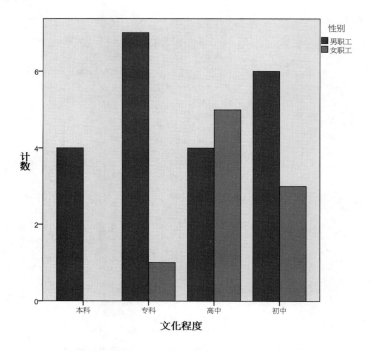

图 13-15　个案分组模式复合条形图

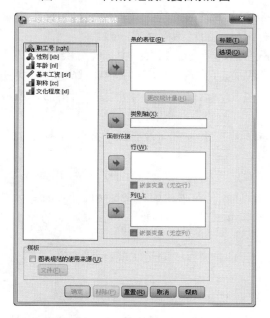

图 13-16　"定义复式条形图：各个变量的摘要"对话框

该对话框中的选项及其功能与简单条形图变量分组模式一样，此处不再赘述，读者可参照上文进行学习。以数据文件"考试成绩.sav"为例，选择变量 chinese、math 和 english 进入"条的表征"栏作为分析变量，将变量 gender 选入"类别轴"栏作为分类变量。然后单击"确定"按钮绘制复合条形图，如图 13-17 所示。

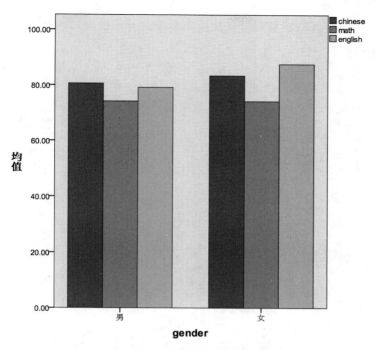

图 13-17 变量分组模式复合条形图

3. 个案模式

在如图 13-3 所示的"条形图"主对话框中，在条形图图式栏中选择"复式条形图"，并且在"图表中的数据为"栏中选择"个案值"选项，单击"定义"按钮，即可打开"定义复式条形图：个案值"对话框，如图 13-18 所示。

图 13-18 "定义复式条形图：个案值"对话框

该对话框的选项及其功能与简单条形图个案模式对话框一样，此处不再赘述，读者可参照前文进行学习。

仍以数据文件"考试成绩.sav"为例，选择前 5 个观测个案绘制复合条形图。将变量 chinese、math 和 english 选入"条的表征"栏作为分析变量，在"类别标签"栏选择"变量"选项，并将变量 id 选入作为分类变量。然后单击"确定"按钮绘制个案模式复合条形图，结果如图 13-19 所示。

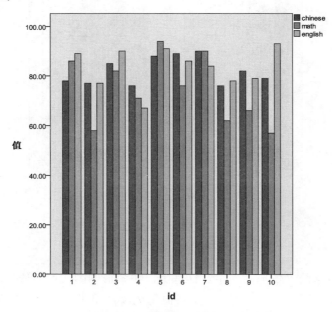

图 13-19　个案模式复合条形图

13.2.4　堆积条形图实例

堆积条形图实际上是对简单条形图的一种复合，适用于两个变量交叉分类的描述。在堆积条形图中，可以直观地看出在个案中各变量所占的比例。

首先，打开数据文件后，在数据编辑窗口中的主菜单栏选择"图形"菜单，然后选择"旧对话框"子菜单，单击"条形图"命令，打开如图 13-3 所示的"条形图"主对话框。与简单条形图和复合条形图一样，根据统计量综述方式的不同，可以生成 3 种不同的堆积条形图。

1. 个案分组模式

在如图 13-3 所示的"条形图"主对话框中，在条形图图式栏中选择"堆积面积图"，并且在"图表中的数据为"栏中选择"个案组摘要"选项，单击"定义"按钮，即可打开"定义堆积条形图：个案组摘要"对话框，如图 13-20 所示。

该对话框与复合条形图个案分组模式对话框基本一致，唯一不同的是在复合条形图中的"定义聚类"栏换成了"定义堆栈"栏。在"定义堆栈"栏输入变量，将根据该变量的不同值对基于分组变量("类别轴"列表框中的变量)的分类做进一步的划分。

图 13-20 "定义堆积条形图：个案组摘要"对话框

以系统自带数据文件"Employee data .sav"为例绘制个案分组模式下的堆积条形图。在"条的表征"栏选择"其他统计量"，并选择变量 salary 进入该列表框。选择变量 jobcat 进入"类别轴"列表框作为分类变量，选择变量 gender 进入"定义堆栈"作为堆栈分类变量。然后单击"确定"按钮，绘制个案分组模式堆积条形图，在结果输出窗口中输出结果，如图 13-21 所示。

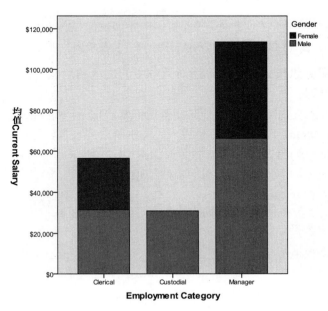

图 13-21 个案分组模式堆积条形图

上述操作过程也可以通过如下的语法语句实现：

```
GRAPH
  /BAR(STACK)=MEAN(salary) BY jobcat BY gender .
```

2. 变量分组模式

在如图 13-3 所示的"条形图"主对话框中，在条形图图式栏中选择"堆积面积图"，并且在"图表中的数据为"栏中选择"各个变量的摘要"选项，单击"定义"按钮，即可打开"定义堆积条形图：单个变量摘要"对话框，如图 13-22 所示。

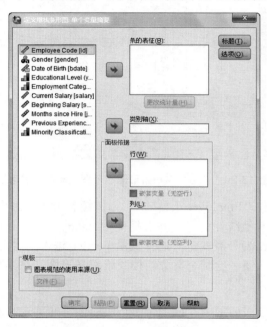

图 13-22 "定义堆积条形图：单个变量摘要"对话框

该对话框与变量分组模式复合条形图对话框中的选项和功能一样，此处不再赘述，读者可参照上文进行学习。

以数据文件"收入支出.sav"为例，选择变量 Pay、Bonus 和 Other 进入"条的表征"列表框作为分析变量，Month 作为分类变量进入"类别轴"列表框，然后单击"确定"按钮绘制堆积条形图，在结果输出窗口中输出的图形如图 13-23 所示。

上述操作也可通过如下的语法程序语句来实现：

```
GRAPH
  /BAR(STACK)=MEAN(Pay) MEAN(Bonus) MEAN(Other) BY Month
  /MISSING=LISTWISE .
```

从图中可以很直观地看出，每个月的工资(Pay)、福利(Bonus)和其他(Other)在收入中所占的比例。

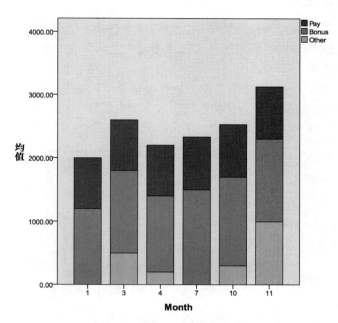

图 13-23　变量分组模式堆积条形图

3. 个案模式

在如图 13-3 所示的"条形图"主对话框中，在条形图图式栏中选择"堆积面积图"，并且在"图表中的数据为"栏中选择"个案值"选项，单击"定义"按钮，即可打开"定义堆积条形图：个案的值"对话框，如图 13-24 所示。

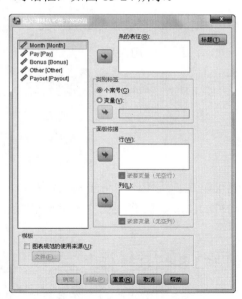

图 13-24　"定义堆积条形图：个案的值"对话框

该对话框与个案模式复合条形图对话框完全一致。

"条的表征"框用于从左边的源变量框中选入需要描绘的变量。

在"类别标签"栏中选择分类轴标签,包括两个选项:"个案号"选项为系统默认选项,如选择此项,则横轴标签为观测序号;"变量"选项,如选择此项,则横轴标签还需要在下面的空栏内设定。

仍以数据文件"收入支出.sav"为例,选择变量 Pay、Bonus 和 Other 进入"条的表征"列表框作为分析变量,Month 作为分类变量进入"类别标签"列表框,然后单击"确定"按钮绘制堆积条形图,输出图形如图 13-25 所示。

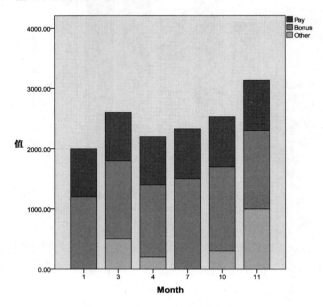

图 13-25 个案模式堆积条形图

上述操作也可通过如下的语法程序语句实现:

```
GRAPH
  /BAR(STACK)=VALUE( Pay Bonus Other ) BY Month .
```

13.3 线图

线图可以是直线图,也可以是折线图,适用于连续性资料。线图是在直角坐标系中用线段表示某一事物的发展趋势的图形,能够直观地表示出事物的发展过程及趋势,其应用非常广泛。

13.3.1 线图的类型和 SPSS 操作

线图(线图 地图)是在直角坐标系中用线段的升降表示某一事物量的变化趋势或某事物的量随时间变化的过程的图形。线图通常用来表示两个因素之间的关系,或者说,当一个因素变化时,另一个因素对应的变化情况。线图可以是直线图,也可以是折线图,适用于连续性资料。

线图分为 3 种类型：简单线图，用一条折线表示某个现象的变化趋势；多线线图，用多条折线表示各种现象的变化趋势；垂直线图(Drop-线图)或称下降线图，反映某些现象在同一时期内的差距。和条形图一样，在 SPSS 中可以组合绘制 9 种不同的线图，如图 13-26 所示。

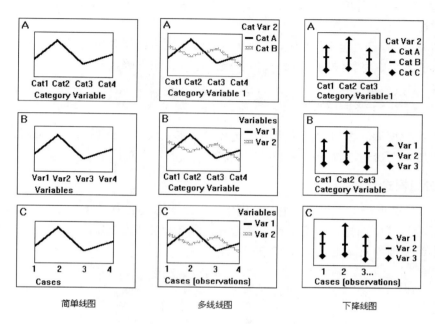

图 13-26　线图的 9 种组合类型

绘制线图的基本操作如下。

1. 打开主对话框

建立或打开数据文件后，在数据编辑窗口中的主菜单栏选择"图形"菜单，然后选择"旧对话框"子菜单，单击"线图"命令，即可打开如图 13-27 所示的"线图"主对话框。

该对话框提供了条形图的选项，其中包括条形图类型的选择和统计量描述方式的选择。

2. 选择条形图类型

在"线图"主对话框中给出了 3 种条形图图式：简单线图(Simple)、多线线图(Multiple)和垂直线图(Drop-线图)。在主对话框的左侧给出了例图图例，单击该图例，即可选择相应的条形图类型。

图 13-27　"线图"对话框

- "简单"选项，如选择此项，将绘制曲线来表示类别、观测或变量的变动趋势。
- "多线线图"选项，如选择此项，将会绘制一群曲线。每一条曲线都能表示一组观测、单个变量或单个观测。

- "垂直线图"选项，如选择此项，将用垂线连接每一类以反映它们之间的差距。

3. 选择统计量的描述方式

在主对话框下方的"图表中的数据为"栏可以选择条形图中统计量的描述方式，系统提供 3 种模式。这 3 种模式的含义和条形图中模式的含义相同，读者可参照上一节学习，此处不再详述。

设置结束后，单击"定义"按钮，可以进入具体线图对话框对相关图形做进一步的设置。在后续的各节中将就线图的几种类型及模式进行详细讲解。

13.3.2 简单线图实例

首先，在数据编辑窗口中的主菜单栏选择"图形"菜单，然后选择"旧对话框"子菜单，单击"线图"命令，打开如图 13-27 所示的"线图"主对话框。

1. 个案分组模式

在如图 13-27 所示的"线图"主对话框中，在线图图式栏中选择"简单"，并且在"图表中的数据为"栏中选择"个案组摘要"选项，单击"定义"按钮，即可打开"定义简单线图：个案组摘要"对话框，如图 13-28 所示。

图 13-28 "定义简单线图：个案组摘要"对话框

该对话框和图 13-4 所示的"定义简单条形图：个案组摘要"对话框的功能和操作一样，读者可参照上文学习，此处不再详述。

以数据文件"儿童身高.sav"为例，将变量 cs 选入"类别轴"列表框作为分类变量，在"线的表征"栏选择"其他统计量"，并且选择变量 sg 进入"变量"列表框。然后单击"确定"按钮，绘制简单线图。在结果输出窗口中输出线图，如图 13-29 所示。

从图中可以比较直观地看出 4 个城市周岁儿童平均身高的区别。

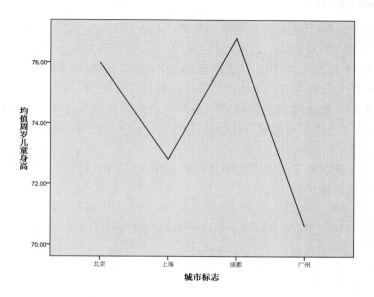

图 13-29　个案分组模式简单线图

上述操作可以通过如下语法语句实现：

```
GRAPH
  /LINER(SIMPLE)=MEAN(sg) BY cs .
```

2. 变量分组模式

在如图 13-27 所示的"线图"主对话框中，在线图图式栏中选择"简单"，并且在"图表中的数据为"栏中选择"各个变量的摘要"选项，单击"定义"按钮，即可打开"定义简单线：单个变量摘要"对话框，如图 13-30 所示。

图 13-30　"定义简单线：单个变量摘要"对话框

"定义简单线：单个变量摘要"对话框的选项及功能与"定义简单条形图：各个变量的摘要"对话框的选项及功能一致，此处不再赘述，读者可参照上文学习。

以数据文件"test .sav"为例，将变量 chinese、math、physics、chemist、biology 选入"线的表征"列表框作为分析变量。单击"标题"按钮，打开如图 13-7 所示的"标题"对话框，在"标题"文本框中输入生成表的标题"各科平均成绩线图"。单击"选项"按钮，打开如图 13-8 所示的"选项"对话框，选择输出标准误差图。最后，单击"确定"按钮，执行操作。

上述操作也可通过如下的语法程序语句来实现。对于高级用户，在 SPSS 中可以直接输入语法语句执行所需操作。

```
GRAPH
  /LINER(SIMPLE)= MEAN(chinese) MEAN(math) MEAN(physics) MEAN(chemist) MEAN(biology)
  /MISSING=LISTWISE
  /INTERVAL CI( 95)
  /TITLE= '各科平均成绩线图'.
```

执行上述操作后，在结果输出窗口中，输出绘制的简单线图，如图 13-31 所示。

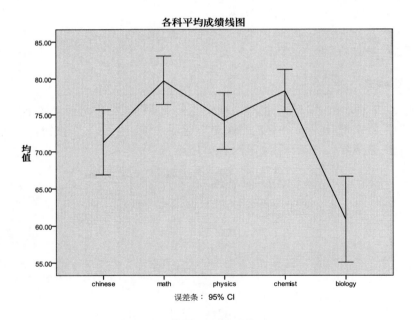

图 13-31　变量分组模式简单线图

在图 13-31 中，折线的端点代表的是该科目的平均成绩，可以看出，生物的平均成绩是最低的，而数学的平均成绩是最高的。误差条图是以置信区间绘制的，所以误差条的两端分别代表置信区间的上下限。

简单线图个案模式与简单条形图个案模式的对话框及其功能基本一致，本节不再进行详细讲解，读者可参照前文进行学习。

13.3.3 多线线图实例

多线线图是用多条折线或多条曲线表示多个现象的变化趋势。

首先，在数据编辑窗口中的主菜单栏选择"图形"菜单，然后选择"旧对话框"子菜单，单击"线图"命令，打开如图 13-27 所示的"线图"主对话框。

在 SPSS 中多线线图同样有个案分组模式、变量分组模式和个案模式 3 种可供选择的模式，但是各模式对话框中的选项及其功能与复合条形图中的功能基本一致，此处只就个案分组模式进行详细讲解，变量分组模式和个案模式读者可参照前文进行学习。

在如图 13-27 所示的"线图"主对话框中选择"多线线图"，然后在"图表中的数据为"栏中选择"个案组摘要"选项，单击"定义"按钮，即可打开"定义多线线图：个案组摘要"对话框，如图 13-32 所示。

图 13-32 "定义多线线图：个案组摘要"对话框

该对话框中的选项和前面的个案分组模式下的图形绘制对话框基本一致，在对话框右边上方为"线的表征"栏，用于选择计算折线长度的折线表示，在前面已经讲过各选项的含义，此处不再详述。

"类别轴"栏用于选入分类变量作为输出图形的横轴。在"定义线的方式"栏选入变量作为复合分类变量，与简单条形图个案分组模式对话框比较可以看出，这是在多线线图中新增的选项，用于对前面的各个分类做进一步的分类。

该对话框中其他选项及功能与前面所讲的对话框基本一致，此处不再详细阐述，读者可参照上文进行学习。

仍然以数据文件"职工数据.sav"为例，将变量 x1 作为分类变量选入"类别轴"列表框，将变量 zc 作为复合分类变量选入"定义线的方式"列表框，然后单击"确定"按钮，执行操作。

在结果输出窗口中输出多线线图，如图 13-33 所示。

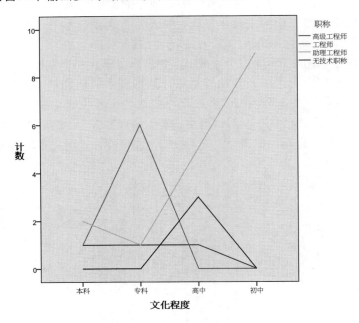

图 13-33　个案分组模式多线线图

在图 13-33 中，分别以 4 条线表示出 4 种职称的受教育程度，可以比较直观地看出不同职称的人的受教育程度的区别。图形横轴为文化程度，纵轴为系统默认的个案数。

13.3.4　垂直线图实例

垂直线图(Drop-线图)可以反映某些现象在同一时期的差距或各种数据在各分类中所占的比例。

首先，在数据编辑窗口中的主菜单栏选择"图形"菜单，然后选择"旧对话框"子菜单，单击"线图"命令，打开如图 13-27 所示的"线图"主对话框。

在 SPSS 中下降线图同样有个案分组模式、变量分组模式和个案模式 3 种可供选择的模式，但是各模式对话框中的选项及其功能与复合条形图中的功能基本一致，此处只就个案分组模式进行详细讲解，变量分组模式和个案模式读者可参照前文进行学习。

在如图 13-27 所示的"线图"主对话框中选择"垂直线图"，然后在"图表中的数据为"栏中选择"个案组摘要"选项，单击"定义"按钮，即可打开"定义垂直线图：个案组摘要"对话框，如图 13-34 所示。

该对话框中的各选项及其功能与前面所讲的基本一致，所不同的是在对话框中部的"定义点"列表框，该列表框用于定义折线端点的分类变量。除此之外，其他选项及功能与前面所讲的一致，此处不再详细介绍。

图 13-34 "定义垂直线图：个案组摘要"对话框

仍然以数据文件"职工数据.sav"为例，在"点的表征"栏选择"其他统计量"选项，并且将变量 sr 选入"变量"列表框，在"类别轴"列表框中选入变量 xl，并且在"定义点"列表框中选入变量 xb，以计算不同性别工资的平均值。然后，单击"确定"按钮，绘制垂直线图。

在结果输出窗口输出所绘制的垂直线图，如图 13-35 所示。

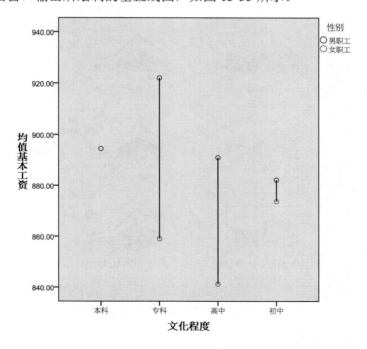

图 13-35 个案分组模式垂直线图

从图中可以直观地看出在不同文化水平上不同性别的职工平均工资水平的差别情况。
上述操作也可通过如下的语法程序语句来实现：

```
GRAPH
  /LINER(DROP)=MEAN(sr) BY xl BY xb .
```

13.4 面积图

面积图(面积图地图)又称为区域图，是用线段下的阴影面积来强调现象变化的一种统计图形，在 SPSS 中提供简单箱图和面积堆积图两种类型。面积图更厚实，给人印象更深刻，所以在很多领域被广泛应用。

13.4.1 面积图的类型和 SPSS 操作

在 SPSS 中提供简单箱图和面积堆积图两种类型：简单箱图(Simple 面积图地图)是用区域(或面积)的变化表示某一现象变动的趋势。面积堆积图(Stacked 面积图地图)又称为堆积面积图，是用不同的面积表示多种现象变化的趋势。

同时，SPSS 提供 3 种模式："个案组摘要"选项表示个案分组模式，即根据分组变量对所有个案进行分组，然后根据分组后的个案数据创建图形；"各个变量的摘要"选项即变量分组模式，能描述多个变量，将根据变量类型建立图形；"个案值"选项即个案模式，如选择此项，将以分组变量中观测值为单位生成图形。因此，在 SPSS 中可以组合生成 6 种类型的面积图，如图 13-36 所示。

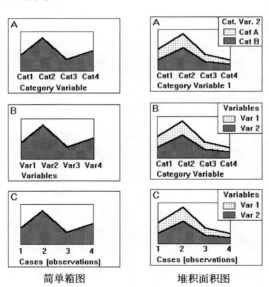

图 13-36　面积图的 6 种不同类型

绘制面积图的基本操作如下。

1. 打开主对话框

建立或打开数据文件后，在数据编辑窗口中的主菜单栏选择"图形"菜单，然后选择"旧对话框"子菜单，单击"面积图"命令，即可打开如图13-37所示的"面积图"主对话框。

该对话框提供了面积图的选项，其中包括面积图类型的选择和统计量描述方式的选择。

2. 选择面积图类型

在"面积图"主对话框中给出了两种面积图图式：简单箱图(Simple 面积图地图)、堆积面积图(Stacked 面积图地图)。在主对话框的左侧给出了例图图例，单击该图例，即可选择相应的面积图类型。

图13-37 "面积图"对话框

- "简单箱图"选项，如选择此项，则使用一条线来连接一系列的点，每一个点都对应于一个类别、观测或变量。在这条线下的区域为阴影状。
- "堆积面积图"选项，如选择此项，则使用两条或更多的线来连接一系列的点，每一条线下的阴影都有所区别。

3. 选择统计量的描述方式

在主对话框下方的"图表中的数据为"栏可以选择面积图中统计量的描述方式，系统提供3种模式。

- "个案组摘要"选项为系统默认选项，表示个案分组模式。如选择此项，将根据分组变量对所有个案进行分组，然后根据分组后的个案数据创建面积图。
- "各个变量的摘要"选项表示变量分组模式。如选择此项，则能描述多个变量。简单类型的面积图能描述文件中的每一个变量(涵括所有观测)。复杂类型的面积图能使用另一个分类变量来描述一个变量。
- "个案值"选项表示个案模式，如选择此项，将为分组变量中每一个观测值生成一个面积图，条带的长度表示观测值的大小。当数据文件中包含大量个案时，显然不适用用个案模式简单箱图来描述；但适用于对原始数据进行一定的整理后形成的概括性的数据文件，如利用数据的分类汇总功能等整理后的数据文件。

设置结束后，单击"定义"按钮，可以进入具体面积图对话框对相关图形做进一步的设置。

在后续的各节中将就面积图的几种类型及模式进行详细讲解。

13.4.2 简单箱图实例

简单箱图(Simple 面积图地图)是用区域(或面积)的变化表示某一现象变动趋势的一种统计图形。

首先，在数据编辑窗口中的主菜单栏选择"图形"菜单，然后选择"旧对话框"子菜单，单击"面积图"命令，打开如图13-37所示的"面积图"主对话框。

在SPSS中提供个案分组模式、变量分组模式和个案模式3种模式，本节中只提供个案分组模式简单箱图的创建方法，其他模式的创建方法与前面所讲的基本一致，读者可以参照前文进行学习。

在"面积图"主对话框中，选择"简单箱图"选项，绘制简单箱图，在"图表中的数据为"栏选择"个案组摘要"选项，单击"定义"按钮，即可打开"定义简单面积图：个案组摘要"对话框，如图13-38所示。

图13-38 "定义简单面积图：个案组摘要"对话框

在"定义简单面积图：个案组摘要"对话框中，右侧上方为"面积的表征"栏，用于选择计算面积高度的统计量，其中的选项及其含义与前面所讲的定义个案分组模式简单图形对话框基本一致，选择"其他统计量"选项后，单击"更改统计量"按钮即可修改统计量的计算方式，系统默认为"均值"(平均值)。

该对话框其他选项及其功能与前面所讲的基本一致，读者可以参照前文学习。

以SPSS自带数据文件"Cars .sav"为例，讲解个案分组模式简单箱图的绘制方式。对于不同的面积图类型，将选择不同的变量进行绘制，然后讲解图形所蕴含的意义。

在本例中，我们将以汽车的原产地分组，以发明汽车模型的数量为纵轴，来观察哪些国家在汽车生产上占有较高的比重。

在本例中选用变量Origin为分类变量，分析的面积图如图13-39所示。

从图中可以看出，欧洲和日本所生产的汽车品种数量相差不大，而美洲所生产的汽车品种数量则远远高于欧洲和日本。以面积图来表示这个现象，非常直观。

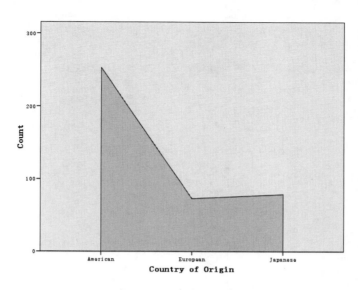

图 13-39　个案分组模式简单线性图

13.4.3　堆积面积图实例

堆积面积图(Stacked 面积图地图)又称为面积堆积图，是用不同的面积表示多种现象变化趋势的一种统计图形。

首先，在数据编辑窗口中的主菜单栏选择"图形"菜单，然后选择"旧对话框"子菜单，单击"面积图"命令，打开如图 13-37 所示的"面积图"主对话框。

同样，根据图形模式的不同，在 SPSS 中可以定义 3 种不同类型的堆积面积图。本节中只对个案分组模式进行讲解，其他模式与前面所讲的基本一致，读者可以参照前文进行学习。

在主对话框中选择"堆积面积图"选项，绘制堆积面积图，在"图表中的数据为"栏选择"个案组摘要"选项，即可打开"定义堆栈面积：个案组摘要"对话框，如图 13-40 所示。

在"定义堆栈面积：个案组摘要"对话框中右侧上方为"面积的表征"栏，用于选择计算面积高度的统计量，其选项与前面所讲的基本一致，唯一不同的是选择"其他统计量"选项后，单击"更改统计量"按钮，在打开的"统计量"对话框中，系统默认的不再是"值的均值"(平均值)，而是"值的和"(求和)选项。

仍然以数据文件"职工数据.sav"为例，在如图 13-40 所示的"定义堆栈面积：个案组摘要"对话框中，将变量 nl 选入"类别轴"列表框，作为分类变量；将变量 xb 选入"定义面积"列表框，作为复合分类变量。然后在"面积的表征"栏选择"其他统计量"选项，选入变量 sr 并且单击"更改统计量"按钮，打开如图 13-5 所示的"统计量"对话框，选择"值的均值"选项，计算工资的平均值。然后，单击"确定"按钮，绘制个案分组模式堆积面积图。

在结果输出窗口中输出所绘制的堆积面积图，如图 13-41 所示。

从图中可以看出，男职工的平均工资明显高于女职工。

上述操作也可通过如下的语法程序语句实现：

```
GRAPH
  /LINER(AREA)=MEAN(sr) BY nl BY xb .
```

图 13-40 "定义堆栈面积：个案组摘要"对话框

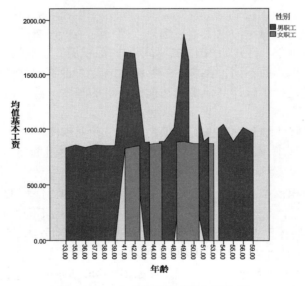

图 13-41 个案分组模式堆积面积图

13.5 饼图

饼图(饼图 地图)又称为圆形图或饼形图，通常用来表示整体的构成部分及各部分之间的比例关系。在 SPSS 中为饼图提供了 3 种模式，即个案分组模式、变量分组模式和个案模式。

13.5.1 饼图的类型和 SPSS 操作

饼图用同一个圆形表示不同部分的比例情况，其中，整个圆的面积表示整体，圆中的扇形部分是按构成整体的各部分在整体中所占比例的大小切割而成的。饼图可以直观地反映各部分与整体之间的关系及各部分之间的关系。

在 SPSS 中根据创建模式的不同，提供 3 种不同的饼图类型，即个案分组模式饼图、变量分组模式饼图和个案模式饼图，如图 13-42 所示。

绘制饼图的步骤如下。

1. 打开主对话框

建立或打开数据文件后，在数据编辑窗口中的主菜单栏选择"图形"菜单，然后选择"旧对话框"子菜单，单击"饼图"命令，即可打开如图 13-43 所示的"饼图"主对话框。

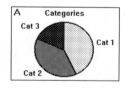
个案分组模式

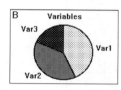
变量分组模式

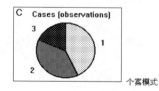
个案模式

图 13-42　饼图的 3 种类型

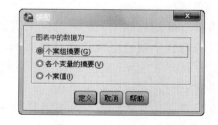

图 13-43　"饼图"对话框

该对话框提供了绘制饼图的 3 种模式的选择。

2. 选择饼图的模式

在主对话框下方的"图表中的数据为"栏可以选择饼图中统计量的描述方式，系统提供 3 种模式。

- "个案组摘要"选项，如选择此项，则以一个分类变量所定义的子群将变量用饼图表示出来。
- "各个变量的摘要"选项，如选择此项，则能描述多个变量。简单类型的饼图能描述文件中的每一个变量(涵括所有观测)。复杂类型的饼图能使用另一个分类变量来描述一个变量。
- "个案值"选项，如选择此项，则对一个或多个变量的观测值生成饼图。

设置结束后，单击"定义"按钮，可以进入具体绘制饼图对话框对相关图形做进一步的设置。

以绘制个案分组模式饼图为例，在如图13-43所示的"饼图"主对话框中，选择"个案组摘要"选项，然后单击"定义"按钮，即可打开"定义饼图：个案组摘要"对话框，如图13-44所示。

图13-44　"定义饼图：个案组摘要"对话框

在该对话框的右侧上方为"分区的表征"栏，用于选择计算分片大小的表示方式，与前面所讲的内容个案分组模式对话框有所不同的是，在"定义饼图：个案组摘要"对话框的"分区的表征"栏有3个选项："个案数"表示个案观测数；"个案数的%"表示个案百分比；"变量和"表示对变量求和。

下方的"定义分区"列表框可选择变量作为分类变量，用于定义分片。

"面板依据"栏、"标题"按钮和"选项"按钮的功能及操作方法与前面所讲的基本一致，此处不再赘述，读者可参照前文学习。

所有设置结束后，单击"确定"按钮，绘制饼图。

13.5.2　饼图实例

在SPSS中可以绘制3种饼图，下面仅以个案分组模式为例，简单讲解饼图的绘制方法。

本节中以SPSS自带数据文件"Employee data .sav"为例，打开如图13-44所示的"定义饼图：个案组摘要"主对话框后，选择变量educ进入"定义分区"列表框，用作定义分片的变量。在"分区的表征"栏选择"个案数的%"选项，以百分比作为计算分片的统计量。

设置结束后，单击"确定"按钮，绘制饼图。在结果输出窗口中，输出所定义的饼图，如图13-45所示。

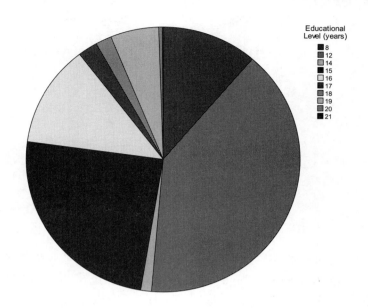

图 13-45　个案分组模式饼图

在结果输出窗口中，双击所生成的饼图，即可对该图进行编辑和修饰，图 13-45 即为编辑后的饼图，在分片上加上标签，然后再将所有的分片全部脱离，这样能更加直观地反映各分片在整体中所占比例及分片之间的比例关系。

上述操作也可通过如下的语法程序语句实现：

```
GRAPH
  /Pie=PCT BY educ .
```

13.6 高低图

高低图(高低图 地图)是利用直线、条带或阴影来描述数据在一段时间内的变化幅度的一种统计图形，适用于反映数据在一定时间段内的波动情况。高低图在股票、商品价格、外汇变动等领域都有广泛的应用。

13.6.1 高低图的类型和 SPSS 操作

高低图(高低图 地图)是一种能说明某种现象在一定时间段内的变化情况的统计图形，它利用直线、条带或阴影来描述数据的变化。高低图适合于描述每小时、每天、每周等时间内不断波动的资料，可以说明某些现象在短时间内的变化，也可以说明它们的长期变化趋势，如股票、商品价格、外汇变动等信息。

建立或打开数据文件后，在数据编辑窗口中的主菜单栏选择"图形"菜单，然后选择"旧对话框"子菜单，单击"高低图"命令，即可打开如图 13-46 所示的"高-低图"(高低图)主对话框。

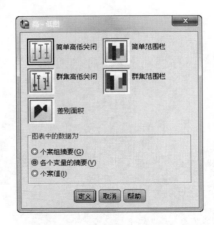

图 13-46 "高-低图"对话框

如图 13-46 所示,SPSS 提供 5 种类型的高低图,即简单高低收盘图(Simple 高低图-close 地图)、分组高低收盘图(Clustered 高低图-close 地图)、差异区域图(Difference 面积图地图)、简单极差图(Simple Range 条形图 地图)和复合极差图(Clustered Range 条形图地图)。

- "简单高低关闭"选项,如选择此项,则会给出简单高低收盘图。该图利用小方框表示某段时间内的最终数值,用小方框上下的触须表示该段时间内取值的最大值和最小值。这种方法最频繁地用于股票或期货的每天最高价、最低价和收盘价的图形绘制。
- "群集高低关闭"选项,如选择此项,则会分类给出高低收盘图。利用不同的简单高低收盘图表示分类变量不同取值时对应的情况。
- "差别面积"选项,如选择此项,则会绘制一个反映两个现象在同一时间内相互变化对比关系的统计图。这种图形利用不同的曲线表示同一段时间内的两种不同情况,并且用阴影填充曲线之间的区域。
- "简单范围栏"选项,如选择此项,则会给出简单极差图。这种图形利用简单条形图来表示简单高低极差图中最大值和最小值之间的长度。
- "群集范围栏"选项,如选择此项,则会输出复合极差图。该种图形用不同的简单高低极差图表示分类变量不同取值时对应的情况。

从图 13-46 中可以看出,SPSS 在"图表中的数据为"栏中提供 3 种模式:

- "个案组摘要"选项,如选择此项,则以一个分类变量所定义的子群将变量用高低图表示出来。
- "各个变量的摘要"选项,如选择此项,则能描述多个变量。简单类型的高低图能分析文件中的每一个变量(涵括所有观测),复杂类型的高低图能使用另一个分类变量来描述一个变量。
- "个案值"选项,如选择此项,则对一个或多个变量的观测值生成高低图。

因此,在 SPSS 中根据类型和统计量计算方式的不同,提供了 15 种组合绘制高低图的方法,如图 13-47 所示。

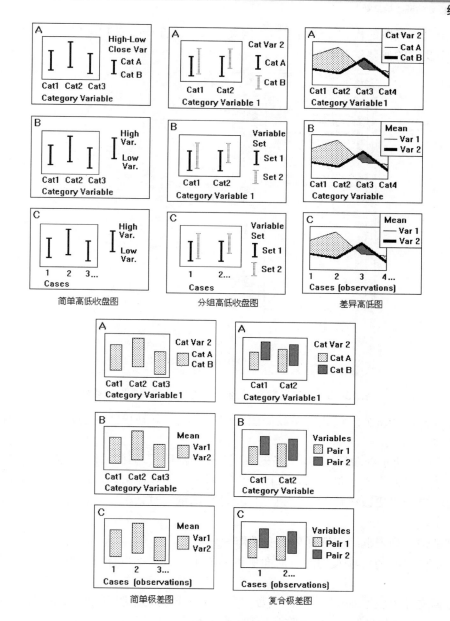

图 13-47　15 种不同类型的高低图

选择相应的高低图类型后，单击"定义"按钮，即可进入具体的高低图图形对话框，可以对具体图形进行进一步的设置。

13.6.2　简单高低图实例

首先打开主对话框，在数据编辑窗口中的主菜单栏选择"图形"菜单，然后选择"旧对话框"子菜单，单击"高低图"命令，即可打开高低图主对话框。

在主对话框中选择"简单高低关闭"选项，绘制简单高低图，在"图表中的数据为"

栏中选择定义高低图的模式。然后单击"定义"按钮，打开如图 13-48 所示的"定义高-低-闭合：各个变量的摘要"对话框。

图 13-48 "定义高-低-闭合：各个变量的摘要"对话框

本节只介绍变量分组模式简单高低图的创建方法，其他模式的创建方法类似，读者可以参照学习。

在图 13-48 所示的对话框中，"条的表征"列表框用于选择计算条带高度的变量，"高"表示最大值，"低"表示最小值，"闭合"表示最后的收盘值，此时系统自动计算各变量的平均值。单击"更改统计量"按钮，打开"统计量"对话框，在该对话框中可以改变统计量。

"类别轴"列表框用于选择分类变量作为分类轴。

该对话框中其他选项及功能与前面所讲的基本一致，不再详细介绍，读者可参照前文学习。

以数据文件"股票.sav"为例，该数据文件中的数据为某股票 20 天的行情，变量包括 time(期数)、open(开盘价)、close(收盘价)、上限(最高价)、下限(最低价)。

在如图 13-48 所示的"定义高-低-闭合：各个变量的摘要"对话框中，将变量上限选入"高"列表框，变量下限选入"低"列表框，变量 close 选入"闭合"列表框，在"类别轴"列表框中选入变量 time 作为分类变量。单击"确定"按钮，绘制简单高低收盘图。

上述操作也可通过下列语法程序语句实现：

```
GRAPH
  /HILO(SIMPLE)=MEAN(high) MEAN(low) MEAN(close) BY time
  /MISSING=LISTWISE .
```

在结果输出窗口中输出所定义的简单高低收盘图，如图 13-49 所示。图中显示了 20 天内每天股票的最高价、最低价和收盘价格,可以发现,在20天内,该股票的收盘价有下降的趋势,即可以得出结论:股票价格处在持续下跌状态,在第10天达到一个低谷。这种高低图可以帮助我们判断是否可以购买某股票。

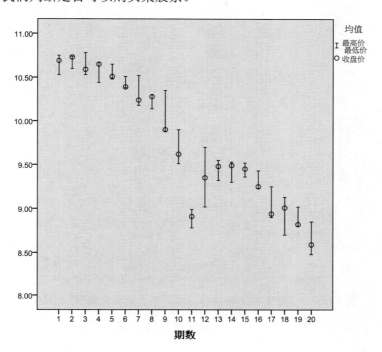

图 13-49 变量分组模式简单高低收盘图

在结果输出窗口中双击该图形,打开图形编辑窗口,在图形上加入 Interpolation 线图之后,可以更加明显地看出数据变化的趋势。

13.6.3 分类高低收盘图实例

首先打开主对话框,在数据编辑窗口中的主菜单栏选择"图形"菜单,然后选择"旧对话框"子菜单,单击"高低图"命令,即可打开高低图主对话框。

本节只介绍变量分组模式简单高低图的创建方法,其他模式的创建方法类似,读者可以参照学习。

在主对话框中选择"群集高低关闭"选项,绘制简单高低图,在"图表中的数据为"栏中选择定义高低图的模式。然后,单击"定义"按钮,打开如图13-50所示的"定义复式高-低-闭合图:各个变量的摘要"对话框。

在该对话框中,"1的变量集1"栏用于选择最大值(高)、最小值(低)和收盘值(闭合),选择完后单击"更改统计量"按钮改变统计量,系统默认为"值的均值"(平均值)。输入一组数据结束后,"下一张"按钮和"上一张"按钮被激活,单击"下一张"按钮即可输入下一组数据,单击"上一张"按钮可以查看上一组数据,通过单击向左箭头可以移除和修改已经选入的分析变量。

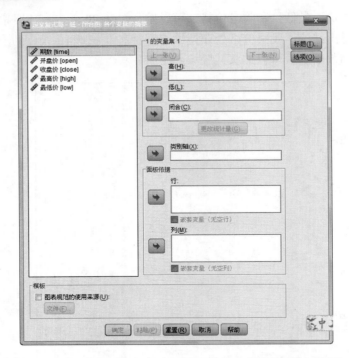

图 13-50 "定义复式高-低-闭合图：各个变量的摘要"对话框

"类别轴"栏用于选择分类变量，输入变量名或变量标签，将其对应的变量作为分类轴的轴变量。

该对话框其他选项及其功能与前面所讲的基本一致，读者可以参照前文进行学习。

以数据文件"stock .sav"为例，该数据文件中的数据为 3 种股票某期的最大值、最小值和收盘值。将变量 Hz_highest 选入"高"列表框，变量 Hz_lowest 选入"低"列表框，变量 Hz_close 选入"闭合"列表框，此时"下一张"按钮被激活，单击该按钮，继续选入下一组变量 Sz 和 Sc。然后，将变量 week 作为分组变量选入"类别轴"列表框，作为分组变量。单击"确定"按钮，在结果输出窗口中输出分组高低收盘图，如图 13-51 所示。

图 13-51 是在输出图形的基础上编辑过的图形，在结果输出窗口中双击所输出的图形，即可打开图形编辑窗口，可以修改标记的形状、颜色等，以及对图形的其他方面进行编辑，用户可以根据自身需要编辑输出的图形。

上述操作也可以通过如下的语法程序语句实现：

```
GRAPH
 /HILO(GROUPED)=(MEAN(Hz_highest) MEAN(Hz_lowest) MEAN(Hz_close) )(MEAN(Sc_highest) MEAN(Sc_lowest) MEAN(Sc_close) )(MEAN(Sz_highest) MEAN(Sz_lowest) MEAN(Sz_close) )BY Week
 /MISSING=LISTWISE .
```

高低图还有很多类型，此处不再一一介绍，读者可以自行学习。

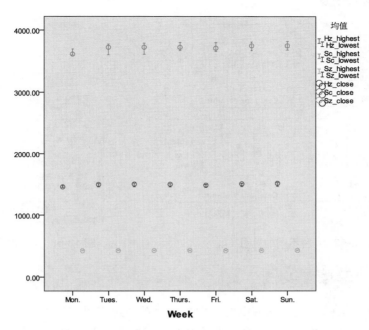

图 13-51 分组高低收盘图

13.7 箱图

箱图(箱图)又称为箱线图,它是一种用来描述数据分布的统计图形,它可以用来表现观测数据的中位数、四分位数和极值等描述性统计量。箱图包括简单箱形图(Simple 箱图)和复式条箱图(Clustered 箱图)两种类型。

13.7.1 箱图的类型和 SPSS 操作

SPSS 中箱图包括简单箱形图(Simple 箱图)和复式条箱图(Clustered 箱图)两种类型。简单箱形图(Simple 箱图)是用于描述某个变量数据分布的图形;复式条箱图(Clustered 箱图)或称复合箱形图,是用于描述某个变量关于另一个变量数据分布的图形。

SPSS 中根据不同的模式,提供 4 种组合绘制的箱图类型,如图 13-52 所示。

在箱图中,SPSS 提供了"各个变量的摘要"(变量分组)模式和"个案组摘要"(个案分组)模式两种模式。

建立或打开数据文件后,在数据编辑窗口中的主菜单栏选择"图形"菜单,然后选择"旧对话框"子菜单,单击"箱图"命令,即可打开"箱图"主对话框,如图 13-53 所示。

在左边的图标处选择所要作的箱图类型:"简单"选项,如选择此项,则绘制简单箱图;"复式条箱图"选项,如选择此项,则绘制分层箱图。

在"图表中的数据为"栏内选定统计量的描述模式:"各个变量的摘要"选项表示变量分组模式;"个案组摘要"表示个案分组模式。

单击"定义"按钮进入具体箱图对话框,可以对图形进行更进一步的设置。

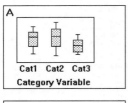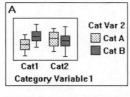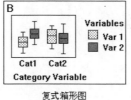

图 13-52　4 种不同的箱图类型　　　　图 13-53　"箱图"主对话框

13.7.2　简单箱图实例

首先打开主对话框，在数据编辑窗口中的主菜单栏选择"图形"菜单，然后选择"旧对话框"子菜单，单击"箱图"命令，即可打开"箱图"主对话框，如图 13-53 所示。

在主对话框中选择"简单"选项，绘制简单箱图，在"图表中的数据为"栏中选择定义箱图的模式。然后，单击"定义"按钮，打开如图 13-54 所示的"定义简单箱图：个案组摘要"对话框。

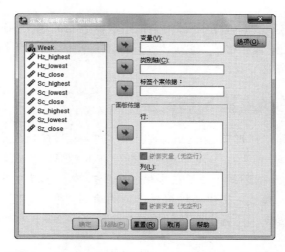

图 13-54　"定义简单箱图：个案组摘要"对话框

"变量"栏用于选入需要分析的变量，"类别轴"栏用于选入分类变量，该变量作为分类横轴。

在箱图的对话框中减少了"标题"按钮，除此以外，该对话框中其他选项及其功能与前面所讲的基本一致，此处不再赘述，读者可以参照前文学习。

本节只以个案分组模式为例进行讲解，其他模式的创建方法基本类似，读者可以参照学习。

以数据文件"考试成绩.sav"为例,选择变量chinese作为分析变量,选择gender作为分类轴,即以性别为类别分析学生语文成绩的差异。单击"确定"按钮,绘制箱图。

在结果输出窗口中,输出个案摘要表和箱图,表13-1为个案摘要表,包括有效值(Valid)、缺失值(Missing)和总个案数(Total)各自的数目及百分比。

表 13-1 个案摘要表

	gender	案 例					
		有 效		缺 失		合 计	
		N	百分比	N	百分比	N	百分比
chinese	男	5	100.0%	0	.0%	5	100.0%
	女	5	100.0%	0	.0%	5	100.0%

图 13-55 为所绘制的箱图。

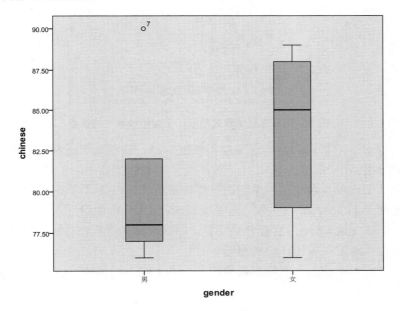

图 13-55 个案分组模式简单箱图

图中圆点代表离群值。中间的黑线为中位数,灰色的箱体为四分位(箱体下端为25%分位数、上端为75%分位数),两头伸出的线条表现极值(下面为最小值、上面为最大值)。可以看出,女生的整体成绩比男生好。

上述操作也可以通过如下的语法程序语句实现:

```
EXAMINE
 VARIABLES=chinese BY gender /PLOT=BOXPLOT/STATISTICS=NONE/NOTOTAL.
```

13.7.3 复合箱图实例

首先打开主对话框,在数据编辑窗口中的主菜单栏选择"图形"菜单,然后选择

"旧对话框"子菜单,单击"箱图"命令,即可打开箱图主对话框。

在主对话框中选择"复式条形图"选项,绘制简单箱图,在"图表中的数据为"栏中选择定义箱图的模式。然后单击"定义"按钮,打开如图 13-56 所示的"定义复式箱图:个案组摘要"对话框。

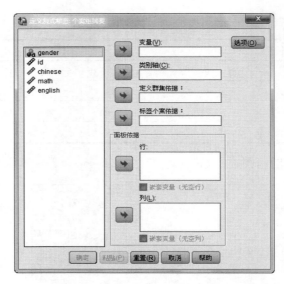

图 13-56 "定义复式箱图:个案组摘要"对话框

在该对话框中,所不同的是"定义群集依据"栏,该栏用于选择复合分类变量,对数据做进一步的分类。

该对话框其他选项及含义与简单箱图一样,不再详述,读者可参照上文学习。

以数据文件"children .sav"为例,选择变量 x5 作为分析变量进入"变量"栏,选择 age 作为分类轴,选择变量 x2 作为复合分类变量,即以年龄为类别在性别的基础上分析儿童身高的差异。单击"确定"按钮,绘制箱图。

在结果输出窗口中输出个案摘要表和箱图。表 13-2 为个案摘要表,包括有效值、缺失值的个数及百分比。

表 13-2 个案摘要表

	年 龄	性 别	案 例					
			有 效		缺 失		合 计	
			N	百分比	N	百分比	N	百分比
身高(cm)	5(周岁)	男	10	100.0%	0	.0%	10	100.0%
		女	6	100.0%	0	.0%	6	100.0%
	6(周岁)	男	14	100.0%	0	.0%	14	100.0%
		女	12	100.0%	0	.0%	12	100.0%
	7(周岁)	男	3	100.0%	0	.0%	3	100.0%
		女	5	100.0%	0	.0%	5	100.0%

图 13-57 为所绘制的个案分组模式复合箱图。

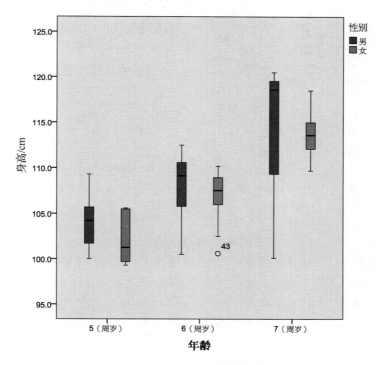

图 13-57　个案分组模式复合箱图

从图 13-57 中可以直观地看出在不同年龄男孩和女孩的身高差异。圆点代表离群值，即非正常值。

上述操作也可以通过如下的语法程序语句实现：

```
EXAMINE
  VARIABLES=x5 BY age BY x2 /PLOT=BOXPLOT/STATISTICS=NONE/NOTOTAL.
```

13.8　误差条图

13.8.1　误差条图的类型和 SPSS 操作

误差条图(误差 条形图)是一种描述数据总体离散情况分布的统计图形，可以反映数据的离差情况，并且描绘正态分布资料的描述性指标，如均值、标准差，以及由此求得的参数值范围、总体均值的置信区间等。利用误差条图可以观测样本的离散度情况，在误差条图中，小方框表示平均数，图形的两端为置信区间和标准误差。

误差条图包括简单误差条图(Simple 误差 条形图)和复式误差条图(复式误差条形图)两种。和前面的箱图一样，SPSS 提供了两种误差条图的模式，因此，在 SPSS 中可以组合绘制 4 种误差条图，如图 13-58 所示。

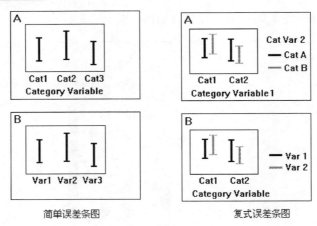

图 13-58 误差条图 4 种组合类型

建立或打开数据文件后，在数据编辑窗口中的主菜单栏选择"图形"菜单，然后选择"旧对话框"子菜单，单击"误差条形图"命令，即可打开"误差条图"主对话框，如图 13-59 所示。

在左边的图标处选择所要作的误差条图类型："简单"选项，如选择此项，则绘制简单误差条图；"复式条形图"选项，如选择此项，则绘制复式误差条图。

在"图表中的数据为"栏内选定统计量的描述模式："各个变量的摘要"选项表示变量分组模式；"个案组摘要"表示个案分组模式。

单击"定义"按钮进入具体误差条图对话框，可以对图形进行更进一步的设置。

图 13-59 "误差条图"对话框

13.8.2 简单误差条图实例

首先打开主对话框，在数据编辑窗口中的主菜单栏选择"图形"菜单，然后选择"旧对话框"子菜单，单击"误差条形图"命令，即可打开"误差条图"主对话框。

本节只介绍个案分组模式的简单条形图创建方法，变量分组模式的创建方法与之类似，读者可参照学习。

在主对话框中选择"简单"选项，绘制简单误差条图，在"图表中的数据为"栏中选择定义误差条图的模式。然后单击"定义"按钮，打开如图 13-60 所示的"定义简单误差条形图：个案组摘要"对话框。

"条的表征"栏用于选择误差条图中条带的含义，在下拉列表框中有 3 个选项：

● "均值的置信区间"选项，该选项为系统默认选项，表示以平均值的置信区间表示条带的含义。如果选择此项，则可以在下方的"度"框中设置置信区间，系统默认为 95%。

● "均值的标准误"选项，表示以均值的标准误差作为条带的含义。

- "标准差"选项，表示以标准差作为条带的含义。

图 13-60　"定义简单误差条形图：个案组摘要"对话框

该对话框其他选项及其功能与前面的箱图对话框基本一致，此处不再赘述，读者可参照前文进行学习。

仍以数据文件"children.sav"为例，选择变量 x5 作为分析变量进入"变量"栏，选择 age 作为分类轴，其他设置采用系统默认设置。单击"确定"按钮，绘制误差条图。

在结果输出窗口中输出的误差条图如图 13-61 所示。

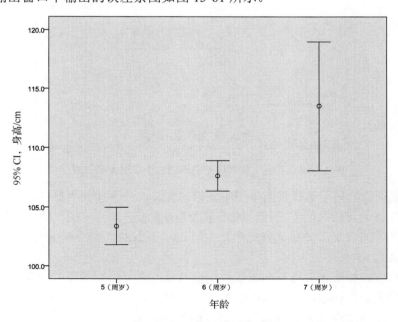

图 13-61　个案分组模式误差条图

从图中可以观察到不同年龄的儿童在置信度为 95%的身高置信区间的误差条图。图中的圆点表示平均数，上下两条横线表示置信区间的上下限和标准误差。

上述操作也可以通过如下的语法程序语句实现：

```
GRAPH
  /ERRORBAR( CI 95 )=x5 BY age .
```

13.8.3 复式误差条图实例

首先打开主对话框，在数据编辑窗口中的主菜单栏选择"图形"菜单，然后选择"旧对话框"子菜单，单击"误差条形图"命令，即可打开"误差条图"主对话框。

本节只介绍个案分组模式的复式条形图创建方法，变量分组模式的创建方法与之类似，读者可参照学习。

在主对话框中选择"复式条形图"选项，绘制复式误差条图，在"图表中的数据为"栏中选择定义误差条图的模式。然后单击"定义"按钮，打开如图 13-62 所示的"定义复式误差条形图：个案组摘要"对话框。

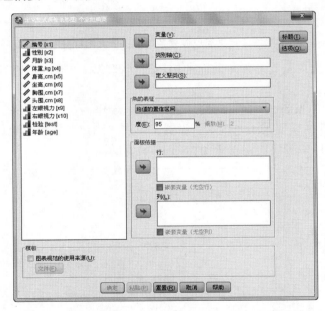

图 13-62 "定义复式误差条形图：个案组摘要"对话框

"条的表征"栏用于选择误差条图中条带的含义，在下拉列表框中有 3 个选项：

- "均值的置信区间"选项，该选项为系统默认选项，表示以平均值的置信区间表示条带的含义。如果选择此项，则可以在下方的"度"框中设置置信区间，系统默认为 95%。
- "均值的标准误"选项，表示以均值的标准误差作为条带的含义。
- "标准差"选项，表示以标准差作为条带的含义。

该对话框其他选项及其功能与前面所讲的对话框基本一致，此处不再赘述，读者可参照前文进行学习。

以数据文件"职工数据.sav"为例,选择变量 sr 进入"变量"栏作为分析变量,选择变量 xl 作为分类变量,sc 作为复合分类变量。单击"确定"按钮,绘制个案分组模式复式误差条图,在结果输出窗口中输出图形,如图 13-63 所示。

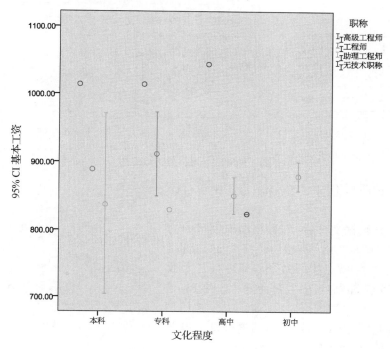

图 13-63　个案分组模式复式误差条图

从图中可以直观地观察到不同学历程度的职工按职称的工资置信区间的误差条图。对于高级用户来说,上述操作也可以通过语法程序语句来实现,具体如下:

```
GRAPH
  /ERRORBAR( CI 95 )=sr BY xl BY sc .
```

13.9　散点图

散点图(Scatterplots)是以点的分布情况反映变量之间相关关系的一种统计图形,可以通过点的位置判断观测值的高低、大小、变动趋势或变化范围。

13.9.1　散点图的作图步骤

SPSS 中提供了 5 种类型的散点图,包括简单分布(Simple Scatterplot)、重叠分布(OverLapped Scatter)、矩阵分布(Matrix Scatter)、3-D 分布(3-D Scatter)和简单点(Simple Dot),样图如图 13-64 所示。

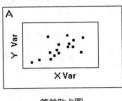 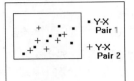

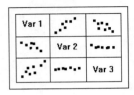 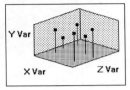 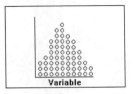

简单散点图　　　简单散点图（选择控制变量）　　　重叠散点图

散点图矩阵　　　　三维散点图　　　　简单圆点图

图 13-64　不同类型的散点图

与其他几种图形不同的是，在散点图中没有提供图形模式。

建立或打开数据文件后，在数据编辑窗口中的主菜单栏选择"图形"菜单，然后选择"旧对话框"子菜单，单击"散点/点状"命令，即可打开"散点图/点图"(散点图/圆点图)主对话框，如图 13-65 所示。

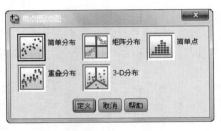

图 13-65　"散点图/点图"主对话框

SPSS 中的"散点图/点图"对话框提供了定义散点图/圆点图的 5 种类型：

- 简单分布；
- 重叠分布；
- 矩阵分布；
- 3-D 分布；
- 简单点。

在对话框中选择相应模式，单击"定义"按钮，进入相应类型散点图/点图的绘制对话框。

13.9.2　简单分布实例

首先打开主对话框，在数据编辑窗口中的主菜单栏选择"图形"菜单，然后选择"旧对话框"子菜单，单击"散点/点状"命令，即可打开"散点图/点图"主对话框。

在该对话框中选择"简单分布"，然后单击"确定"按钮，打开"简单散点图"对话框，如图 13-66 所示。

"X 轴"栏用于选入 X 轴变量，"Y 轴"栏用于选入 Y 轴变量，"设置标记"栏用于设置标记，用对应的颜色区分对应变量不同取值所对应的标记。"标注个案"框用于选入变量，作为标签变量。

图 13-66 "简单散点图"对话框

该对话框的"面板依据"栏、"标题"按钮和"选项"按钮与前面所讲的基本一致，读者可参照前文学习，此处不再赘述。

以数据文件"职工数据.sav"为例，将变量 sr 作为横轴变量，nl 作为纵轴变量，xb 作为标记变量选入"设置标记"栏。然后单击"确定"按钮，绘制简单分布。

在结果输出窗口中输出所定义的简单分布，如图 13-67 所示。

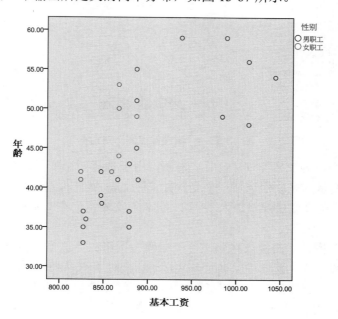

图 13-67 简单分布

从图中可以直观地看出男、女职工的年龄和基本工资的分布情况。

上述操作也可以通过语法程序语句实现，具体如下：

```
GRAPH
  /SCATTERPLOT(BIVAR)=sr WITH nl BY xb
  /MISSING=LISTWISE .
```

13.9.3 重叠分布实例

首先打开主对话框，在数据编辑窗口中的主菜单栏选择"图形"菜单，然后选择"旧对话框"子菜单，单击"散点/点状"命令，即可打开"散点图/点图"主对话框。

在"散点图/点图"主对话框中选择"重叠分布"，然后单击"确定"按钮，打开"重叠散点图"对话框，如图 13-68 所示。

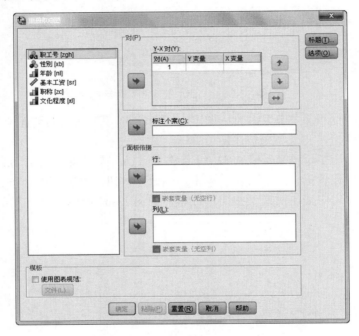

图 13-68　"重叠散点图"对话框

该对话框的上方为"Y-X 对(Y)"文本框，用于选择两个变量作为重叠分布的配对变量。在左侧的源变量列表框中选择一个变量，按住 Ctrl 键，再选择另一个变量，然后单击向右箭头按钮，将两个变量配对选入"Y-X 对(Y)"文本框，在文本框内显示为"变量 A—变量 B"。

"标注个案"栏、"面板依据"栏、"标题"按钮和"选项"按钮的功能及其操作方法均与前面所讲的一致，读者可以参照前文学习，此处不再详细阐述。

仍然沿用上节中的数据文件"职工数据.sav"，将变量 sr 与 xl 作为配对变量选入"Y-X 对(Y)"文本框，再将变量 sr 与变量 zc 作为配对变量选入"Y-X 对(Y)"文本框。然后单击"确定"按钮，即可绘制重叠分布。

在输出结果窗口中输出所定义的重叠分布，如图 13-69 所示。

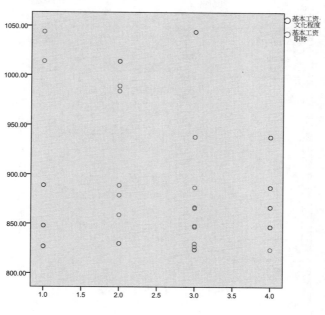

图 13-69 重叠分布

上述操作也可以通过如下的语法程序语句来实现：

```
GRAPH
  /SCATTERPLOT(OVERLAY)=xl zc  WITH sr sr (PAIR)
  /MISSING=LISTWISE .
```

13.9.4　3-D 分布实例

首先打开主对话框，在数据编辑窗口中的主菜单栏选择"图形"菜单，然后选择"旧对话框"子菜单，单击"散点/点状"命令，即可打开"散点图/点图"主对话框。

在"散点图/点图"主对话框中选择"3-D 分布"，然后单击"确定"按钮，打开"3-D 散点图"对话框，如图 13-70 所示。

该对话框与简单分布对话框基本一致，只是增加了"Z 轴"栏用于选择 Z 轴变量，以形成三维图形。其他选项及其功能均与简单分布对话框一样，读者可参照前文学习。

数据文件"hemoglo .sav"是根据 29 例儿童的血红蛋白、钙、镁等含量的数据建立的。现根据该数据文件绘制 3-D 分布。

将变量 fe 选入"Y 轴"栏作为 Y 轴变量，将变量 hemoglo 选入"X 轴"栏作为 X 轴变量，将变量 cu 选入"Z 轴"栏作为 Z 轴变量。

然后单击"确定"按钮，绘制三者的 3-D 分布，在结果输出窗口中输出结果，如图 13-71 所示。

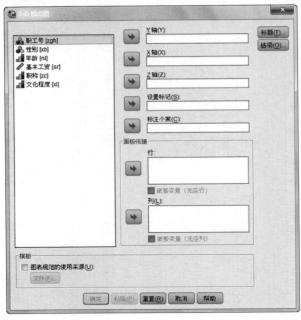

图 13-70 "3-D 散点图"对话框

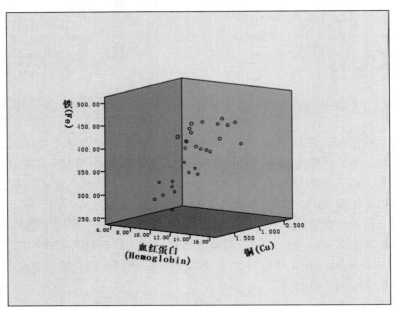

图 13-71 3-D 分布

上述操作也可以通过语法程序语句来实现，具体如下：

```
GRAPH
  /SCATTERPLOT(XYZ)=hemoglo WITH fe WITH cu
  /MISSING=LISTWISE .
```

从图中可以直观地看出每一个观测个案的具体分布情况。

13.10 直方图

13.10.1 直方图的类型和 SPSS 操作

直方图(直方图)是用条形的长短来表示连续性的绝对数(或称频数)资料的多少,各矩形的面积表示各组段的频数,各矩形面积的总和为总频数,适用于表示连续性资料的频数分布。

直方图的意义与本章前面所介绍的面积图相似,但面积图能进行多组资料的比较(如堆积式区域图),而直方图则不能。

没有绘制正态曲线的直方图与条形图很相似,但它们的区别在于,直方图的条带的长度与宽度都是有具体含义的,而条形图则没有。

建立或打开数据文件后,在数据编辑窗口中的主菜单栏选择"图形"菜单,然后选择"旧对话框"子菜单,单击"直方图"命令,即可打开"直方图"主对话框,如图 13-72 所示。

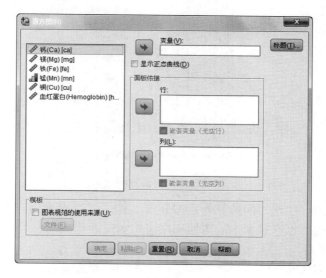

图 13-72 "直方图"主对话框

在前面很多模块的统计分析过程中,都会有"图"对话框,在该对话框中已经多次提到关于直方图的内容,直方图也是读者比较常用和熟悉的图形。在实践中,直方图的应用也非常广泛。

"变量"列表框用于从左边的源变量列表框中选入分析变量,下方"显示正态曲线"复选框用于选择是否在输出的图形上绘制正态曲线。该对话框的其他选项及其功能与前面所讲的大部分图形设置对话框一致,此处不再详细介绍,读者可参照前文学习。

设置结束后,单击"确定"按钮,即可绘制统计图形。

13.10.2 直方图的实例

本例中所使用的数据文件为 SPSS 系统自带的数据文件 "cars.sav"，分析步骤为：

(1) 在数据编辑窗口中的主菜单栏选择 "图形" 菜单，然后选择 "旧对话框" 子菜单，单击 "直方图" 命令，即可打开 "直方图" 主对话框，如图 13-72 所示。

(2) 在左边的源变量列表框中将变量 accel 选入 "变量" 列表框中。

(3) 选择 "显示正态曲线" 复选框，要求在结果中显示正态曲线。

(4) 单击 "确定" 按钮，即可绘制所定义的直方图，如图 13-73 所示。

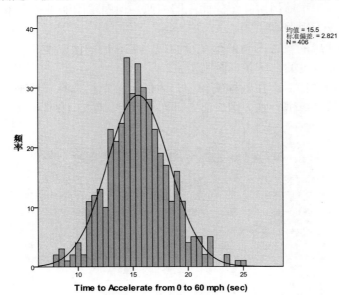

图 13-73　直方图

从图中可以看出，加速时间恰好为正态分布。

上述操作过程也可以通过如下的语法程序语句实现：

```
GRAPH
  /HISTOGRAM(NORMAL)=accel .
```

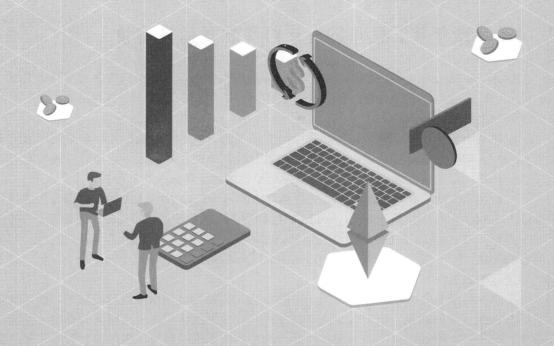

第 14 章
SPSS 在智商测试和开发分析中的应用

  智商是一种表示人的智力高低的数量指标,它是德国心理学家施特恩在 1912 年提出的。智商是智力商数的简称,用英文 IQ 表示。智商是智力年龄被生理年龄相除而得出的商数。智商表示人的聪明程度,智商越高,表示越聪明。生理年龄指的是儿童出生后的实际年龄,智力年龄或心理年龄是根据智力测量测出的年龄。本章将根据影响智商测定和开发各影响因素的变化情况,利用 SPSS 19 分析工具,分析不同智商测试方法的差异,探索智商开发的有效方法。

14.1 智商测试和开发方法的现状及研究价值

智商(Intelligence Quotient，IQ)通俗地可以理解为智力，具体是指数字、空间、逻辑、词汇、记忆等能力。某种意义上智商就像电脑的硬件，如 CPU，一个智商高的人在短时间内能够做很复杂的事情。

以往，脑科专家们总认为智力商数是与生俱来的，根本不可能提升。但是近年来的研究显示，人类的智商是可以在两岁之前获得提升的。即使在两岁之后，也可以通过富有启发性的环境，以及饮食来提升智商。当然，这里说的，是健康的饮食习惯，不是乱吃一通。

来自加拿大的脑外科手术医生阿里拉加扁(AliRajabian)认为，人类的智商可分为遗传性智商(Fluid IQ)和后天结晶智商(Crystallised IQ)两种。这两种智商都可通过"四管齐下"的做法来提升。这 4 种做法是：①改变儿童的饮食习惯；②为儿童营造一个具有启发性和刺激感官的环境；③增强孩子的情绪智商(Emotional Quotient)；④引导孩子制定一个目标，启发他们进行创意思考。

美国的科学人员曾对纽约 803 所小学的 1 万名资质普通的学生进行过试验，探讨饮食习惯与智商之间的联系。他们发现，学校在规定食堂不准售卖含附加糖分的食物，并规定学生不准带含有附加糖分的便当到学校后，学生的课业成绩和考试成绩都显著进步了。后来，科学家们又禁止这群学生吃含有色素和高脂肪(超过 30%)的食物。几个月后，学生们的学业成绩又再次出现骄人的表现。这份调查报告当时还被刊登在极具权威性的 *Lancet* 医学刊物上，引起了许多人的关注。

最近，美国、英国和以色列等国的科学家们也进行了类似试验。这次他们发现，儿童在改变饮食习惯(不吃含添加糖分、色素和高脂肪的食物)后的 6 个月，智商可增加 0 至 25 点。换句话说，要是该名儿童在改变饮食习惯前的智商是 100 点(普通智商)，后来却增加了 25 点，那他的智商就提升至天才儿童的智商。

现代科学研究表明，提高智商的方法还有如下几种：

(1) 降低左脑主观意识活动，提高右脑潜意识的活动，来达到开发智力、提高智商的目的。

(2) 在语言诱导的作用下，使大脑内的各器官细胞产生一种"运动""碰撞"，产生磁、热、电等，从而激活脑细胞，促进新陈代谢，加速脑内流体液的循环，以达到开发智力、提高智商的目的。

(3) 在潜意识状态下作正向诱导，从而促使条件反射等，使大脑和有关系统分泌出有利于大脑智商的正向荷尔蒙，以达到开发智力、提高智商的目的。

14.2 不同智商测试方法差异分析

14.2.1 案例描述

有两家公司设计了他们自己的智商检验方法，一位心理学家随机选取了 13 个人同时接受这两种测验方法,结果见表 14-1。试在 0.05 的显著水平下,检验是否可宣称这两种方法无显著差异。

表 14-1 智商测验得分表

对象	A	B	C	D	E	F	G	H	I	J	K	L	M
方法一	98	94	111	102	108	105	92	88	100	99	125	117	92
方法二	105	103	113	98	112	109	97	95	107	103	104	106	93

14.2.2 操作步骤和结果分析

操作步骤及结果说明如下。

(1) 打开 SPSS 主界面,单击窗口下方的"变量视图"按钮,如图 14-1 所示。

图 14-1 变量设置

(2) 单击窗口下方的"数据视图"按钮,如图 14-2 所示。输入完成后,单击窗口中的"文件"菜单,在弹出的下拉菜单中选择"另存为"命令,保存为"zhishang.sav"。

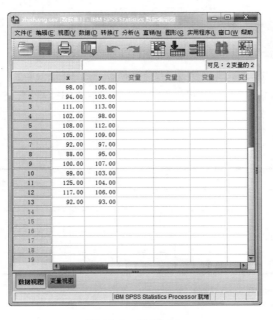

图 14-2 数据录入

(3) 在菜单栏中依次选择"分析"|"非参数检验"|"旧对话框"|"两个相关样本"选项，弹出"两个关联样本检验"窗口，如图 14-3 所示。

图 14-3 "两个关联样本检验"窗口

(4) 从窗口左侧的变量列表框中同时选"方法一[x]"和"方法二[y]"，单击 按钮使之进入"检验对"框；在"检验类型"框中选择 Wilcoxon 和"符号检验"复选框，如图 14-4 所示。

图 14-4 "两个关联样本检验"窗口设置

(5) 单击"确定"按钮，输出结果。输出秩次表，见表 14-2，包括 Negative Ranks(负秩)、Positive Ranks(正秩)、Ties(相同秩次)、Mean Rank(平均秩)、Sum of Ranks(秩和)。

表 14-2 秩次表

秩

		N	秩均值	秩和
方法二 - 方法一	负秩	3[a]	9.83	29.50
	正秩	10[b]	6.15	61.50
	结	0[c]		
	总数	13		

a. 方法二 < 方法一。
b. 方法二 > 方法一。
c. 方法二 = 方法一。

(6) 输出统计检测表。见表 14-3，可知双侧渐进概率 $P=0.261>0.05$，故用威克逊符号秩和检验方法得到两种智商测验方法无显著差异。

表 14-3 统计检测表

检验统计量[b]

	方法二 - 方法一
Z	-1.123^a
渐进显著性(双侧)	.261

a. 基于负秩。

b. Wilcoxon 带符号秩检验。

(7) 输出符号检测表。见表 14-4 和表 14-5，可知双侧精确概率 $P=0.092>0.05$，故用符号检验方法得到两种智商测验方法无显著差异。

表 14-4 符号检测表(a)

频率

		N
方法二 - 方法一	负差分 [a]	3
	正差分 [b]	10
	结 [c]	0
	总数	13

a. 方法二 < 方法一。

b. 方法二 > 方法一。

c. 方法二 = 方法一。

表 14-5 符号检测表(b)

检验统计量[b]

	方法二 - 方法一
精确显著性(双侧)	$.092^a$

a. 已使用的二项式分布。

b. 符号检验。

(8) 作为对比分析，还可用曼-惠特尼 U 检验和 K-S 检验方法。重新定义数据，如图 14-5 所示。

(9) 单击窗口下方的"数据视图"按钮，数据输入如图 14-6 所示。输入完成后，单击窗口中的"文件"菜单，在弹出的下拉菜单中选择"另存为"命令，保存为"zhishang.sav"。

(10) 在菜单栏中依次选择"分析"|"非参数检验"|"两个独立样本"选项，弹出"两个独立样本检验"窗口，如图 14-7 所示。

图 14-5 变量设置

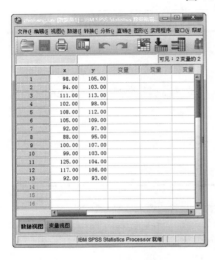

图 14-6 数据录入　　　　图 14-7 "两个独立样本检验"窗口

(11) 从窗口左侧的变量列表中选方法[x]，单击 按钮使之进入"检验变量列表"框；选分组[g]，单击 按钮使之进入"分组变量"框；此时，"定义组"按钮被激活，单击该按钮，弹出"两个独立样本：定义组"窗口，在"组 1"中填入 1，在"组 2"中填入 2，如图 14-8 所示；单击"继续"按钮，返回"两个独立样本检验"窗口。在"检验类型"框中选择 Mann-Whitney U 和 Kolmogorov-Smirnov Z，"两个独立样本检验"窗口设置结果如图 14-9 所示。

图 14-8 "两个独立样本：定义组"窗口设置　　　图 14-9 "两个独立样本检验"窗口设置

(12) 单击"确定"按钮，输出结果。输出秩次表，如表 14-6 所示，包括 Mean Rank(平均秩)、Sum of Ranks(秩和)。

表 14-6 秩次表

Ranks

	分组	N	Mean Rank	Sum of Ranks
方法	1	13	12.46	162.00
	2	13	14.54	189.00
	Total	26		

(13) 输出统计检测表。见表 14-7，可知双侧渐进概率 $P=0.488>0.05$，故用曼-惠特尼 U 检验方法得到两种智商测验方法无显著差异。

表 14-7 统计检测表

Test 统计量(b)

	方 法
Mann-Whitney U	71.000
Wilcoxon W	162.000
Z	−.693
Asymp. Sig. (2-tailed)	.488
Exact Sig. [2*(1-tailed Sig.)]	.511(a)

a. Not corrected for ties.
b. 组 ing Variable：分组。

(14) 输出符号检测表。见表 14-8 和表 14-9，可知双侧精确概率 $P=0.57>0.05$，故用 K-S 检验方法得到两种智商测验方法无显著差异。

表 14-8 符号检测表(a)

Frequencies

	分组	N
方法	1	13
	2	13
	Total	26

表 14-9 符号检测表(b)

Test 统计量(a)

		方 法
Most Extreme Differences	Absolute	.308
	Positive	.308
	Negative	−.154

续表

	方　法
Kolmogorov-Smirnov Z	.784
Asymp. Sig. (2-tailed)	.570

a. 组ing Variable：分组。

14.3 智商开发方法探索分析

14.3.1 案例描述

为了考查汉字具有的抽象图形符号的特性能否促进儿童空间和抽象思维能力，收集了232个美国亚裔学生的数学成绩和汉字读写能力的数据，见表14-10，该数据关于汉字读写能力的变量有三个水平："纯汉字"意味着可以完全自由使用纯汉字读写，用1表示；"半汉字"意味着读写中只有部分汉字(比如日文)，用2表示；而"纯英文"意味着只能够读写英文，而不会汉字，用3表示。而数学成绩有4个水平(A、B、C、D)。

表14-10　资料表

人　数		数学成绩			
		A	B	C	D
汉字使用	1	47	31	2	1
	2	22	32	21	10
	3	10	11	25	20

14.3.2 操作步骤和结果分析

(1) 打开SPSS主界面，单击窗口下方的"变量视图"按钮，变量设置如图14-10所示。

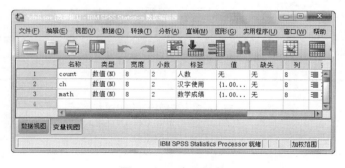

图14-10　变量设置

(2) 单击变量ch的值所对应的设置框，弹出"值标签"窗口，在"值"文本框中输入变量ch的不同值，在"标签"文本框中输入对应于变量ch值的名称，单击"添加"按钮进入下面的空白框，如图14-11所示。设置完成后，单击"确定"按钮返回主界面。

(3) 在图 14-10 中，单击变量 math 的值所对应的设置框，弹出"值标签"窗口，在"值"文本框中输入变量 math 的不同值，在"标签"文本框中输入对应于变量 math 值的名称，单击"添加"按钮进入下面的空白框，如图 14-12 所示。设置完成后，单击"确定"按钮返回主界面。

图 14-11　变量 ch 属性设置

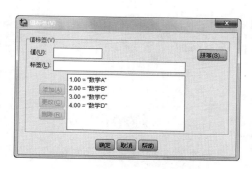

图 14-12　变量 math 属性设置

(4) 单击窗口下方的"数据视图"按钮，数据输入如图 14-13 所示。输入完成后，单击窗口"文件"菜单，在弹出的下拉菜单中选择"另存为"命令，保存为"zhili.sav"。

(5) 在菜单栏中依次选择"数据"|"加权个案"选项，弹出"加权个案"窗口，如图 14-14 所示。

(6) 选择"加权个案"复选框，从窗口左侧的变量列表框中选入"人数[count]"，单击 按钮使之进入"频率变量"框，"加权个案"窗口设置结果如图 14-15 所示。单击"确定"按钮，保存设置。

(7) 在菜单栏中依次选择"分析"|"降维"|"对应分析"选项，弹出"对应分析"窗口，如图 14-16 所示。

(8) 从窗口左侧的变量列表框中选择"汉字使用[ch]"，单击 按钮使之进入"行"框；此时"定义范围"按钮被激活，单击该按钮，弹出"对应分析：定义行范围"窗口，在"最小值"框中填入 1，在"最大值"框中填入 3，单击"更新"按钮使之进入"类别约束"框中，如图 14-17 所示。单击"继续"按钮返回"对应分析"窗口。

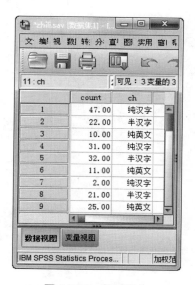

图 14-13　数据录入

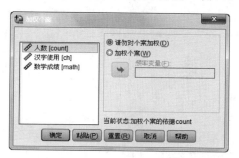

图 14-14　"加权个案"窗口

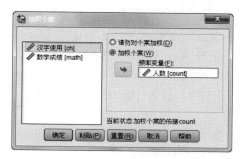

图 14-15　设置"加权个案"窗口

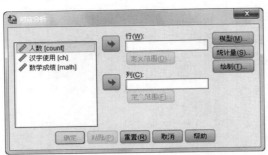

图 14-16　"对应分析"窗口　　　　图 14-17　"对应分析：定义行范围"窗口

（9）从窗口左侧的变量列表框中选择"数学成绩[math]"，单击 ➡ 按钮使之进入"列"框；此时"定义范围"按钮被激活，单击该按钮，弹出"对应分析：定义列范围"窗口，在"最小值"框中填入 1，在"最大值"框中填入 4，单击"更新"按钮使之进入"类别约束"框中，如图 14-18 所示。单击"继续"按钮返回"对应分析"窗口。

（10）"对应分析"窗口的设置如图 14-19 所示。

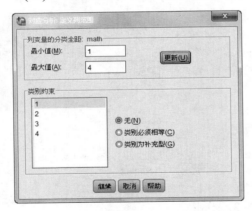
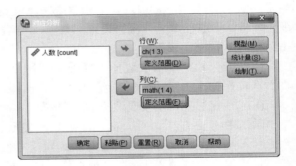

图 14-18　"对应分析：定义列范围"窗口　　　图 14-19　"对应分析"窗口设置

（11）单击图 14-16 中的"模型"按钮，弹出"对应分析：模型"窗口，在"解的维数"框中输入 2；在"距离度量"中选择"卡方"复选框；在"标准化方法"中选择"行和列均值已删除"复选框；在"正态化方法"中选择"对称"复选框，如图 14-20 所示。单击"继续"按钮返回"对应分析"窗口。

（12）单击图 14-16 中的"统计量"按钮，弹出"对应分析：统计量"窗口，勾选"对应表""行点概览""列点概览"复选框，如图 14-21 所示。单击"继续"按钮返回"对应分析"窗口。

（13）单击图 14-16 中的"绘制"按钮，弹出"对应分析：图"窗口，在"散点图"中勾选"双标图"复选框；在"散点图的标识标签宽度"文本框中填入 20，如图 14-22 所示。单击"继续"按钮返回"对应分析"窗口。

图 14-20　"对应分析：模型"窗口

图 14-21　"对应分析：统计量"窗口设置

图 14-22　"对应分析：图"窗口设置

(14) 完成上述步骤后，单击图 14-14 中的"确定"按钮，输出结果，如图 14-23 所示。

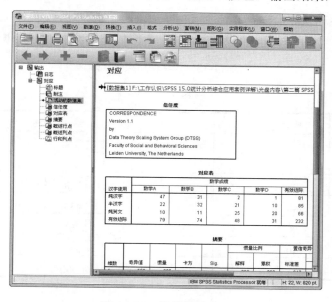
图 14-23　结果输出窗口

(15) 输出列联表。见表 14-11，对该列联表进行检验来考查行变量和列变量是否独立。

表 14-11 列联表

对应表

汉字使用	数学成绩				
	数学 A	数学 B	数学 C	数学 D	有效边际
纯汉字	47	31	2	1	81
半汉字	22	32	21	10	85
纯英文	10	11	25	20	66
有效边际	79	74	48	31	232

(16) 输出汇总表。见表 14-12，表里所涉及的是行与列因子载荷之间的关系；选择行和列变量显著的因子载荷的标准是一样的。

表 14-12 汇总表

摘要

维数	奇异值	惯量	卡方	Sig.	惯量比例		置信奇异值	
					解释	累积	标准差	相关
								2
1	.552	.305			.939	.939	.047	.174
2	.141	.020			.061	1.000	.065	
总计		.325	75.312	.000[a]	1.000	1.000		

a. 6 自由度。

(17) 输出数学成绩点坐标表。如表 14-13 所示，该表四个数学成绩点的坐标为：数学 A(-0.693, -0.345)，数学 B(-0.340, 0.438)，数学 C(0.928, 0.203)，数学 D(1.140, -0.479)。

表 14-13 汉字使用点坐标表

概述列点 [a]

数学成绩	质量	维中的得分		惯量	贡献				
					点对维惯量		维对点惯量		
		1	2		1	2	1	2	总计
数学 A	.341	-.693	-.345	.096	.296	.288	.940	.060	1.000
数学 B	.319	-.340	.438	.029	.067	.433	.703	.297	1.000
数学 C	.207	.928	.203	.100	.323	.061	.988	.012	1.000
数学 D	.134	1.140	-.479	.100	.315	.218	.957	.043	1.000
有效总计	1.000			.325	1.000	1.000			

a. 对称标准化。

(18) 输出分布图。如图 14-24 所示，运用纯汉字的点和最好的数学成绩 A 最接近，不会汉字只会英文的点与最差的数学成绩 D 最接近，而用部分汉字的和数学成绩 B 接近。由此可见，汉字的确会促进儿童空间和抽象思维能力的提升。

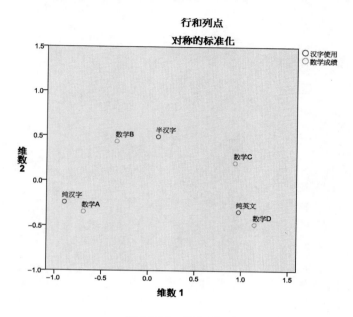

图 14-24　分布图

第 15 章
SPSS 在病毒培养和病症分析中的应用

　　病毒研究的发展常常与病毒培养和检测方法的进步有密切关系,特别是在脊椎动物病毒方面,小鼠和鸡胚接种、组织培养、超速离心、凝胶电泳、电子显微镜和免疫测定等技术,对病毒学的发展具有深刻影响。病毒学的研究和发展也促进了病症病理研究的发展。

15.1 病毒培养和病症分析的现状及研究价值

　　动物病毒(见脊椎动物病毒)的培养可在自然宿主、实验动物、鸡胚或细胞中进行，以死亡、发病或病变等作为病毒繁殖的直接指标，或以血细胞凝集、抗原测定等作为间接指标。收获发病动物的组织并磨成悬液或有病变的细胞培养液，即为粗制病毒。测定活病毒数量可采用空斑法，其原理与噬斑法相同，但以易感的动物单层细胞代替细菌，在接种适当稀释的病毒后，用含有培养液和中性红的琼脂覆盖，使病毒感染局限在小面积内形成病变区，衬底的健康细胞被中性红染成红色，病变区不染色而显示为空斑。

　　细胞培养在病毒学方面的研究最为广泛，除用作病毒的病原分离外，还可研究病毒的繁殖过程及其细胞的敏感性和传染性(细胞的病理变化及包涵体的形成)。观察病毒传染时细胞新陈代谢的改变，探讨抗体与抗病毒物质对病毒的作用方式与机制，以及研究病毒干扰现象的本质和变异的规律性，可用于病毒的分离鉴定，抗原的制备及疫苗，干扰素的生产，病毒性疾病诊断和流行病学调查等。

　　本章结合实例，利用 SPSS 25.0 统计分析工具，对病毒培养计数影响因素进行分析，以及对病毒性疾病患者病症进行判别分析。

15.2 钩端螺旋体培养计数分析

15.2.1 案例描述

　　表 15-1 为三因素析因实验的资料，请用方差分析说明不同基础液与不同血清种类对钩端螺旋体培养计数的影响。

表 15-1 不同培养液培养计数表

基础液(A)	血清种类(B)			
	兔血清浓度(C)		胎盘血清浓度(C)	
	5%	8%	5%	8%
缓冲液	648	1144	830	578
	1246	1877	853	669
	1398	1671	441	643
	909	1845	1030	1002
蒸馏水	1763	1447	920	933
	1241	1883	709	1024
	1381	1896	848	1092
	2421	1926	574	742

续表

基础液(A)	血清种类(B)			
	兔血清浓度(C)		胎盘血清浓度(C)	
	5%	8%	5%	8%
自来水	580	1789	1126	685
	1026	1215	1176	546
	1026	1434	1280	595
	830	1651	1212	566

15.2.2 操作步骤和结果分析

(1) 打开 SPSS 主界面,单击窗口下方的"变量视图"按钮,变量设置如图 15-1 所示。

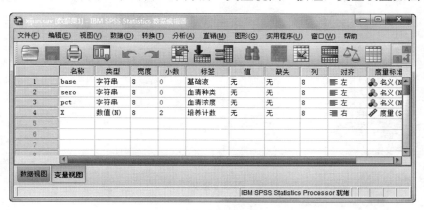

图 15-1 变量设置

(2) 单击窗口下方的"数据视图"按钮,输入数据如图 15-2 所示。输入完成后,单击窗口中的"文件"菜单,选择"另存为"命令,保存为"xijun.sav"。

(3) 在菜单栏中依次选择"分析"|"一般线性模型"|"单变量"选项,弹出"单变量"窗口,如图 15-3 所示。

(4) 从窗口左侧的变量列表框中选择"培养计数[X]",单击 ➡ 按钮使之进入"因变量"框;选择"基础液[base]""血清种类[sero]"和"血清浓度[pct]",单击 ➡ 按钮使之进入"固定因子"框,如图 15-4 所示。

(5) 单击图 15-4 中的"模型"按钮,弹出"单变量:模型"窗口,在"指定模型"中选择"全因子"复选框;在"平方和"中选择"类型Ⅲ";勾选"在模型中包含截距"复选框,如图 15-5 所示。单击"继续"按钮返回"单变量"窗口。

(6) 单击图 15-4 中的"对比"按钮,弹出"单变量:对比"窗口,在"更改对比"中的"对比"框中选择"无",如图 15-6 所示。单击"继续"按钮返回"单变量"窗口。

(7) 完成上述步骤后,单击图 15-4 中的"确定"按钮,输出分析结果,如图 15-7 所示。

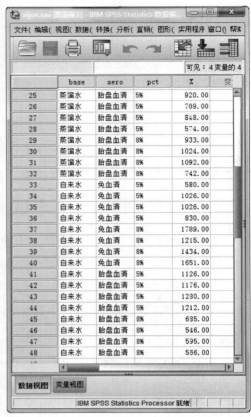

图 15-2 数据录入

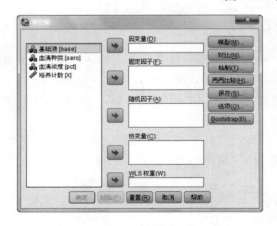

图 15-3 "单变量"窗口

图 15-4 "单变量"窗口设置

(8) 输出各目标因素表。见表 15-2,从中可以看出影响因素种类、水平和例数等。

(9) 输出各目标因素检验表。见表 15-3,模型总效应的 F 值为 10.551,p 值小于 0.001,说明三因素间有交互作用。

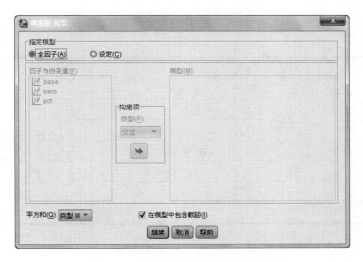

图 15-5 "单变量:模型"窗口设置

图 15-6 "单变量:对比"窗口设置

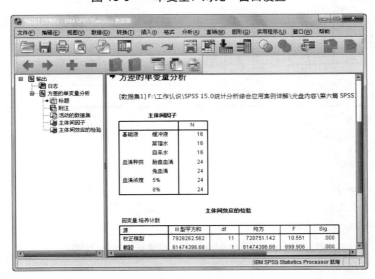

图 15-7 结果输出窗口

表 15-2 各目标因素表

主体间因子

		N
基础液	缓冲液	16
	蒸馏水	16
	自来水	16
血清种类	胎盘血清	24
	兔血清	24
血清浓度	5%	24
	8%	24

表 15-3 各目标因素检验表

主体间效应的检验

因变量：培养计数

源	III 型平方和	df	均方	F	Sig.
校正模型	7928262.562[a]	11	720751.142	10.551	.000
截距	61474396.687	1	61474396.687	899.906	.000
base	679967.375	2	339983.687	4.977	.012
sero	4184873.521	1	4184873.521	61.261	.001
pct	238713.021	1	238713.021	3.494	.070
base * sero	705473.042	2	352736.521	5.164	.011
base * pct	107005.542	2	53502.771	.783	.465
sero * pct	1089922.687	1	1089922.687	15.955	.000
base * sero * pct	922307.375	2	461153.688	6.751	.003
误差	2459233.750	36	68312.049		
总计	71861893.000	48			
校正的总计	10387496.312	47			

a. R 方 = .763(调整 R 方 = .691)。

数据结果说明：

单因素组间比较：

A：基础液(base)

$F = 4.977$，$p = 0.012$，说明三种培养基培养钩体的计数有差别。

B：血清种类(sero)

$F = 61.261$，$p < 0.001$，说明两种血清培养钩体的计数有差别。

C：血清浓度(pct)

$F = 3.494$，$p = 0.070$，说明两种血清浓度培养钩体的计数无差别。

两因素构成的一级交互作用：

A×B：基础液(base)×血清种类(sero)
F = 5.164，$p = 0.011$，交互作用明显。
A×C：基础液(base)×血清浓度(pct)
F = 0.783，$p = 0.465$，交互作用不明显。
B×C：血清种类(sero)×血清浓度(pct)
F = 15.955，$p < 0.001$，交互作用明显。
三因素构成的二级交互作用：
A×B×C：基础液(base)×血清种类(sero)×血清浓度(pct)
F = 6.751，$p = 0.003$，交互作用明显。

15.3 胃病病例判别分析

15.3.1 案例描述

见表 15-4，前 15 个观察值是 15 个确诊病例，第 16 个观察值是待判病例。判别指标为：铜蓝蛋白($x1$)、蓝色反应($x2$)、尿吲哚乙酸($x3$)、中性硫化物($x4$)，1 代表胃癌患者，2 代表萎缩性胃炎，3 代表其他胃病。试作判别分析。检验的显著性水平取 0.05。

表 15-4 病例资料表

分 组	x1	x2	x3	x4
1	228	134	20	11
1	245	134	10	40
1	200	167	12	27
1	170	150	7	8
1	100	167	20	14
2	225	125	7	14
2	130	100	6	12
2	150	117	7	6
2	120	133	10	26
2	160	100	5	10
3	185	115	5	19
3	170	125	6	4
3	165	142	5	3
3	135	108	2	12

15.3.2 操作步骤和结果分析

(1) 打开 SPSS 主界面，单击窗口下方的"变量视图"按钮，变量设置如图 15-8 所示。

图 15-8 变量设置

(2) 单击变量 gp 的值所对应的设置框,弹出"值标签"窗口,在"值"框中输入变量 gp 的不同值,在"标签"框中输入对应于变量 gp 值的名称,单击"添加"按钮进入下面的空白框,如图 15-9 所示。设置完成后,单击"确定"按钮返回主界面。

图 15-9 变量属性设置

(3) 单击窗口下方的"数据视图"按钮,数据输入如图 15-10 所示。输入完成后,单击窗口中的"文件"菜单,选择"另存为"命令,保存为"weibing.sav"。

(4) 在菜单栏中依次选择"分析"|"分类"|"判别"选项,弹出"判别分析"窗口,如图 15-11 所示。

(5) 从窗口左侧的变量列表框中选择"类别[gp]",单击 按钮使之进入"分组变量"框;单击"定义范围"按钮,弹出"判别分析:定义范围"窗口,在"最小值"框中填入 1,在"最大"框中填入 3,如图 15-12 所示。单击"继续"按钮返回"判别分析"窗口。

(6) 从窗口左侧的变量列表框中选择所有的指标变量,即 x1 至 x4,单击 按钮使之进入"自变量"框;选择"一起输入自变量"单选项,如图 15-13 所示。

(7) 单击图 15-13 中的"统计量"按钮,弹出"判别分析:统计量"窗口,在"描述性"栏中勾选全部复选框;在"函数系数"中勾选"未标准化"复选框,如图 15-14 所示。单击"继续"按钮返回"判别分析"窗口。

图 15-10　数据录入

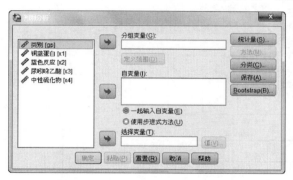

图 15-11　"判别分析"窗口

图 15-12　"判别分析定义范围"窗口

图 15-13　"判别分析"窗口

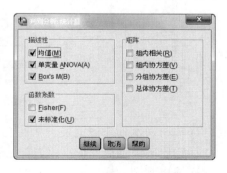

图 15-14　"判别分析：统计量"窗口

(8) 单击图 15-13 中的"分类"按钮，弹出"判别分析：分类"窗口，在"先验概率"框中选择"所有组相等"单选项，在"图"框中选择"区域图"复选框，如图 15-15 所示。

单击"继续"按钮返回"判别分析"窗口。

(9) 单击图15-13中的"保存"按钮,弹出"判别分析:保存"窗口,勾选"预测组成员"和"组成员概率"复选框,如图15-16所示。单击"继续"按钮返回"判别分析"窗口。

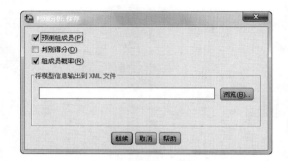

图15-15 "判别分析:分类"窗口设置　　　　图15-16 "判别分析:保存"窗口设置

(10) 完成上述步骤后,单击图15-13中的"确定"按钮完成分析,输出分析结果,如图15-17所示。

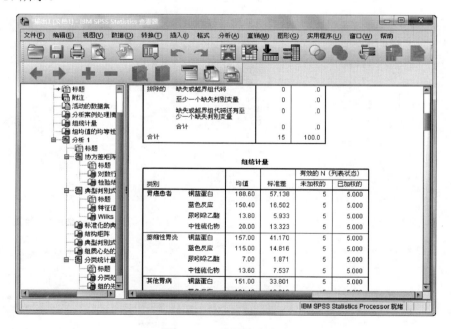

图15-17 结果输出窗口

(11) 输出样本处理概览表。见表15-5,有15个样本参加判别分析,无缺失值。

(12) 输出各组均值及标准差表。见表15-6,显示各组样本在各变量上的均值及标准差。

(13) 输出判别指标显著性检验表。见表15-7,在0.05的显著性水平下,蓝色反应、尿吲哚乙酸显著,铜蓝蛋白、中性硫化物不显著。

表 15-5 样本处理概览表

分析案例处理摘要

未加权案例		N	百分比
有效		15	100.0
排除的	缺失或越界组代码	0	.0
	至少一个缺失判别变量	0	.0
	缺失或越界组代码还有至少一个缺失判别变量	0	.0
	合计	0	.0
合计		15	100.0

表 15-6 各组均值及标准差表

组统计量

类别		均值	标准差	有效的 N(列表状态)	
				未加权的	已加权的
胃癌患者	铜蓝蛋白	188.60	57.138	5	5.000
	蓝色反应	150.40	16.502	5	5.000
	尿吲哚乙酸	13.80	5.933	5	5.000
	中性硫化物	20.00	13.323	5	5.000
萎缩性胃炎	铜蓝蛋白	157.00	41.170	5	5.000
	蓝色反应	115.00	14.816	5	5.000
	尿吲哚乙酸	7.00	1.871	5	5.000
	中性硫化物	13.60	7.537	5	5.000
其他胃病	铜蓝蛋白	151.00	33.801	5	5.000
	蓝色反应	121.40	13.012	5	5.000
	尿吲哚乙酸	5.00	1.871	5	5.000
	中性硫化物	8.00	7.314	5	5.000
合计	铜蓝蛋白	165.53	45.111	15	15.000
	蓝色反应	128.93	21.049	15	15.000
	尿吲哚乙酸	8.60	5.221	15	15.000
	中性硫化物	13.87	10.391	15	15.000

(14) 输出组间协方差矩阵相等的 Box's M 检验表，见表 15-8。

(15) 输出类协方差矩阵相等检验表。见表 15-9，$p=0.357>0.05$，因而在 0.05 的显著水平下接受零假设，三个类的协方差矩阵相等。

(16) 输出判别函数的判别能力与显著性检验特征值表。见表 15-10，判别函数 F_1 的特征值为 3.044，F_2 的特征值为 0.207，函数 F_1 的判别能力大于 F_2；方差百分比分别为 93.6%和 6.4%；典型相关系数显示第一对典型变量的相关系数是 0.868，第二对典型变量的相关系数是 0.414。

表 15-7 判别指标显著性检验表

组均值的均等性的检验

	Wilks 的 Lambda	F	df1	df2	Sig.
铜蓝蛋白	.857	1.003	2	12	.396
蓝色反应	.426	8.074	2	12	.006
尿吲哚乙酸	.442	7.564	2	12	.007
中性硫化物	.762	1.879	2	12	.195

表 15-8 组间协方差矩阵相等的 Box's M 检验表

对数行列式

类 别	秩	对数行列式
胃癌患者	4	20.943
萎缩性胃炎	4	12.237
其他胃病	4	15.315
汇聚的组内	4	19.919

打印的行列式的秩和自然对数是组协方差矩阵的秩和自然对数。

表 15-9 类协方差矩阵相等检验表

检验结果

	箱的 M		45.046
		近似	1.089
F		df1	20
		df2	516.896
		Sig.	.357

对相等总体协方差矩阵的零假设进行检验。

(17) 输出函数的显著性检验表。表 15-11 是判别函数显著性检验。原假设都是所列判别函数不显著。可见在 0.05 的显著性水平下,用 F_1、F_2 两个函数判别,Sig.=0.034,判别效果显著;单用 F_2 判别,Sig.=0.577,判别效果不显著。

表 15-10 判别函数的判别能力与显著性检验特征值表

特征值

函 数	特 征 值	方差的 %	累积 %	正则相关性
1	3.044[a]	93.6	93.6	.868
2	.207[a]	6.4	100.0	.414

a. 分析中使用了前两个典型判别式函数。

表 15-11 函数的显著性检验表

Wilks 的 Lambda

函数检验	Wilks 的 Lambda	卡 方	df	Sig.
1 到 2	.205	16.649	8	.034
2	.828	1.978	3	.577

(18) 输出标准化的典则判别函数系数表。见表 15-12,写成函数为

$$f_1 = 0.453X_1 + 0.596X_2 + 0.662X_3 + 0.299X_4$$
$$f_2 = -0.175X_1 - 0.811X_2 + 0.600X_3 + 0.608X_4$$

表 15-12 标准化的典型判别函数系数表

标准化的典型判别式函数系数

	函 数	
	1	2
铜蓝蛋白	.453	−.175
蓝色反应	.596	−.811
尿吲哚乙酸	.662	.600
中性硫化物	.299	.608

(19) 输出变量和判别函数之间的相关矩阵表。见表 15-13,表中数据为 Pearson 相关系数。

表 15-13 变量和判别函数之间的相关矩阵表

结构矩阵

	函 数	
	1	2
尿吲哚乙酸	.638*	.327
铜蓝蛋白	.234*	.057
蓝色反应	.643	−.645*
中性硫化物	.295	.478*

判别变量和标准化典型判别式函数之间的汇聚组间相关性。
按函数内相关性的绝对大小排序的变量。
*. 每个变量和任意判别式函数间最大的绝对相关性。

(20) 输出非标准化的典则判别函数系数表。见表 15-14,写成函数为

$$g_1 = 0.010X_1 + 0.040X_2 + 0.176X_3 + 0.031X_4 - 8.784$$
$$g_2 = -0.004X_1 - 0.055X_2 + 0.160X_3 + 0.062X_4 + 5.448$$

(21) 输出各组判别函数值组心表。表 15-15 是非标准化判别函数的类中心坐标值,各观

察值按照到哪个中心距离近归类。

表 15-14　非标准化的典则判别函数系数表

典型判别式函数系数

	函数	
	1	2
铜蓝蛋白	.010	-.004
蓝色反应	.040	-.055
尿吲哚乙酸	.176	.160
中性硫化物	.031	.062
(常量)	-8.784	5.448

非标准化系数。

表 15-15　各组判别函数值组心表

组质心处的函数

类　别	函数	
	1	2
胃癌患者	2.199	-.049
萎缩性胃炎	-.936	.522
其他胃病	-1.263	-.472

在组均值处评估的非标准化典型判别式函数。

(22) 输出各组先验概率表。见表 15-16。

表 15-16　各组先验概率表

组的先验概率

类　别	先　验	用于分析的案例	
		未加权的	已加权的
胃癌患者	.333	5	5.000
萎缩性胃炎	.333	5	5.000
其他胃病	.333	5	5.000
合计	1.000	15	15.000

(23) 输出区域图。如图 15-18 所示，显示第一类病人(胃癌患者)f_1 值偏大，第二类病人(萎缩性胃炎患者)f_2 值偏大，第三类病人(其他胃病患者)f_1、f_2 的值都不大。红点代表组心。

(24) 输出判别回代结果，生成新数据文件，如图 15-19 所示。其中，Dis_1 表示判别的组号；Dis1_1 表示第一个典则判别函数(F_1)的值；Dis2_1 表示第二个典则判别函数(F_2)的值；Dis3_1 表示第三个典则判别函数(F_3)的值。

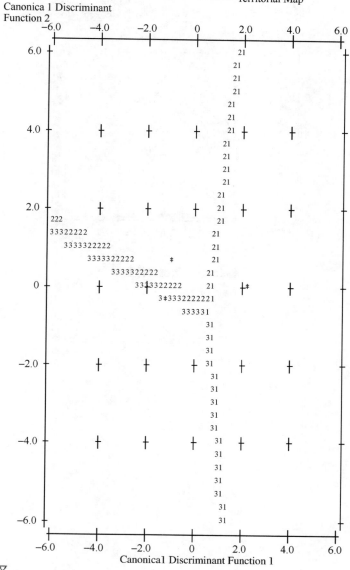

图 15-18 区域图

图 15-19　数据文件生成

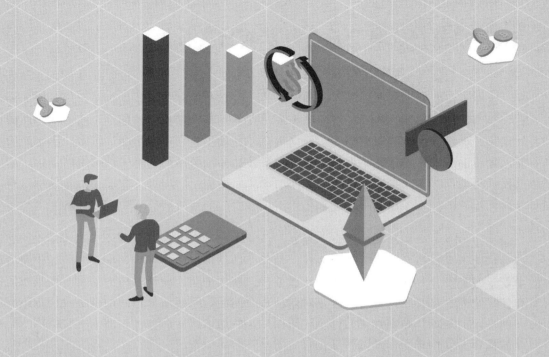

第 16 章

SPSS 在房地产交易分析中的应用

在中国的市场调研中，对统计方法应用的结果要求并不是很高，因为在一个行业的起步阶段并不会对市场分析要求很高的精度，有一个总体的了解即可。但是，任何一个成熟的行业都必然是一个专业性很强的结合体，房地产行业亦然。随着将来房地产行业的不断整合和专业化，定性分析占主导地位的分析方法必定要被定量分析占主导地位的分析方法所取代，经验的重要性将逐渐被统计分析所弱化。

16.1 房地产交易分析的现状和研究价值

在房地产分析中，主要研究的就是影响购房者的因素，以及对房地产价格的准确客观评估，以此来预测和指导房地产行业的发展。我国的房地产评估从无到有，已发展为一个富有生命力的朝阳行业。作为一个特殊行业，它不同于一般的物品定价。由于房地产持有人的用途、目的、时间等因素不同，价格也会差之千里。它不同于会计做账，房地产价格不能以简单的成本累加计算。近几年，国内诸多社会经济活动都离不开房地产估价，如土地批租、房地产买卖、租赁、抵押、保险、课税、拍卖、征用拆迁补偿、纠纷处理，以及企业各种经济活动中涉及的房地产等，整个市场对于专业房地产评估分析的需求变得越来越大。

随着我国房地产行业的不断整合和专业化，定性分析占主导地位的分析方法必定要被定量分析占主导地位的分析方法所取代，定性分析是根据经验进行分析判断，而定量分析的主要手段是统计分析，积累经验固然重要，但事实证明，统计分析方法将会更具发展前景和使用空间。尽管统计分析本身是对以往获得的经验的定量分析，是基于经验数据完成的，但不同的是统计是理性化的，统计数据是不会说谎的。在一个行业的起步阶段我们可能不会对市场分析要求很高的精度，有一个总体的了解即可。但是，任何一个成熟的行业都必然是一个专业性很强的结合体，房地产行业亦然。其实现在发达国家的决策已经主要依靠统计分析来完成了，而在我国，大到整个国家，小到地区的房地产行业，统计分析还只是在一个初级应用阶段，技术水平不高，不被重视。

在房地产行业，需要用统计数据分析消费者的心理，分析楼盘的价格及确定楼盘的定位等，而最直接的方法就是使用 SPSS 去分析。

16.2 家庭购房需求分析

16.2.1 案例描述

为研究各影响因素对不同家庭购房的影响，收集到 55 个家庭住房需求数据，见表 16-1（部分）。其中 1 为单身，2 为夫妻，3 为三口之家，4 为三代同堂，5 为城市富有阶级或其他人。

表 16-1 购房数据表

家庭人数	购买面积	购房单价	总购房款
1	108	1850	199800
1	60	1920	115200
1	65	1950	126750
1	100	2000	200000
1	86	2060	177160

续表

家庭人数	购买面积	购房单价	总购房款
1	95	2010	190950
1	120	2110	253200
1	80	3130	250400
1	110	2050	225500
1	85	1820	154700
2	106	1800	190800
2	117	1900	222300
2	110	1950	214500
2	120	2100	252000
2	150	2300	345000
2	165	3600	594000
2	125	3200	400000
2	150	2350	352500
2	155	2300	356500
2	175	2500	437500
2	162	2210	358020
2	145	1850	268250

16.2.2 操作步骤和结果分析

(1) 打开 SPSS 主界面，单击窗口下方的"变量视图"按钮，变量设置如图 16-1 所示。

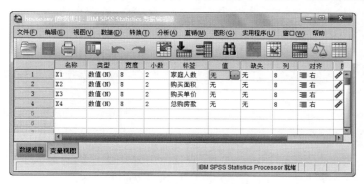

图 16-1 变量设置

(2) 单击变量 X1 的值所对应的设置框，弹出"值标签"窗口，在"值"文本框中输入变量 X1 的不同值，在"标签"文本框中输入对应于变量 X1 值的名称，单击"添加"按钮进入下面的空白框，如图 16-2 所示。设置完成后，单击"确定"按钮返回主界面。

(3) 单击窗口下方的"数据视图"按钮，输入数据如图 16-3 所示(部分)。输入完成后，单击窗口中的"文件"菜单，选择"另存为"命令，保存为"house.sav"。

图 16-2 变量属性设置

图 16-3 数据录入

（4）在菜单栏中依次选择"分析"|"描述统计"|"描述"选项，弹出"描述性"窗口，如图 16-4 所示。

（5）从窗口左侧的变量列表框中选择"购买单价[X3]"，单击 按钮，选入右侧"变量"框中，如图 16-5 所示。

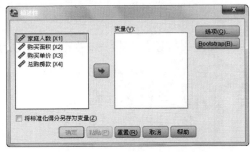

图 16-4 "描述性"窗口

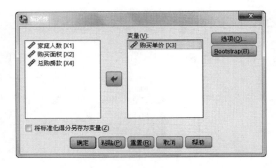

图 16-5 "描述性"窗口设置

（6）完成上述步骤后，单击"确定"按钮，输出分析结果，如图 16-6 所示。

（7）输出购买单价变量描述表。见表 16-2，可知购买单价的最大值、最小值、均值和标准差等信息，55 个数据总的均值为 2560，标准差为 720.968。

（8）总的描述是不够的，还应当看分组的描述情况，这里要用到文件分割功能。在菜单栏中依次选择"数据"|"拆分文件"选项，弹出"拆分文件"窗口，如图 16-7 所示。

（9）选择"按组组织输出"单选项，单击中间 按钮，将"家庭人数[X1]"变量选入右侧的"分组方式"框中，如图 16-8 所示。单击"确定"按钮，然后重复步骤(4)至步骤(6)。

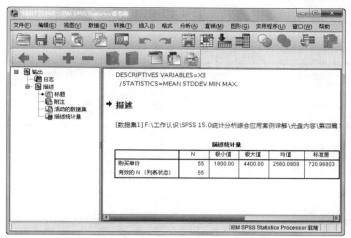

图 16-6 结果输出窗口

表 16-2 购买单价变量描述表

描述统计量

	N	最小值	最大值	均值	标准差
购买单价	55	1800.00	4400.00	2560.0909	720.96803
有效的 N (列表状态)	55				

 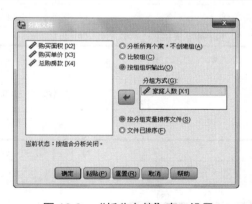

图 16-7 "拆分文件"窗口　　　　图 16-8 "拆分文件"窗口设置

(10) 输出购买单价分类描述表。如表 16-3 至表 16-7 所示,可知不同家庭人数下购房单价的最大值、最小值、均值和标准差等信息。从描述可知,五组的均数和标准差等数值,很明显四世同堂的消费水平最高,标准差排第二,说明这个群体期望的房价比较稳定;一个人的消费水平最低,且收入也比较稳定,如果样本数量多,说明当地租赁形势会比较好。

(11) 如果定义了文件分割,则它会在以后的所有统计分析中起作用,直到重新定义文件分割方式为止。所以,在接下来的分析过程中,还要取消变量分割,以免影响以后的统计分析,再次调出如图 16-7 所示的"拆分文件"窗口,选择"分析所有个案,不创建组"单选项,单击"确定"按钮即可,如图 16-9 所示。

表 16-3 购买单价分类描述表

描述统计量 a

	N	最小值	最大值	均值	标准差
购买单价	10	1820.00	3130.00	2090.0000	376.82887
有效的 N (列表状态)	10				

a. 家庭人数=单身。

表 16-4 购买单价分类描述表

描述统计量 a

	N	最小值	最大值	均值	标准差
购买单价	16	1800.00	3600.00	2231.2500	508.14532
有效的 N (列表状态)	16				

a. 家庭人数=夫妻。

表 16-5 购买单价分类描述表

描述统计量 a

	N	最小值	最大值	均值	标准差
购买单价	15	1900.00	3700.00	2333.6667	485.85149
有效的 N (列表状态)	15				

a. 家庭人数=三口之家。

表 16-6 购买单价分类描述表

描述统计量 a

	N	最小值	最大值	均值	标准差
购买单价	5	3200.00	4400.00	3660.0000	466.90470
有效的 N (列表状态)	5				

a. 家庭人数=四世同堂。

表 16-7 购买单价分类描述表

描述统计量 a

	N	最小值	最大值	均值	标准差
购买单价	9	3000.00	4200.00	3433.3333	374.16574
有效的 N (列表状态)	9				

a. 家庭人数=其他。

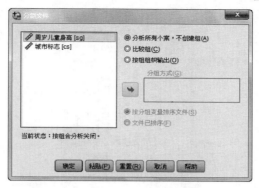

图 16-9 "拆分文件"窗口设置

(12) 统计指标只能给出数据的大致情况,而直方图会更直观。在菜单栏中依次选择"图形"|"图表构建程序"|"直方图"选项,弹出"因素构建程序"窗口,如图 16-10 所示。

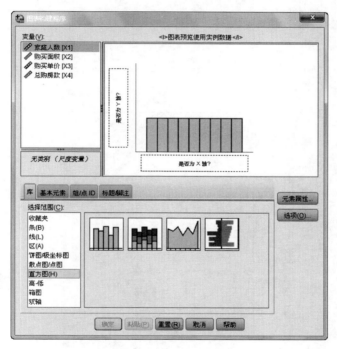

图 16-10 "图表构建程序"窗口

(13) 从窗口左侧的"变量"列表框中选中"购买单价[X3]",用鼠标拖进横轴的框内,如图 16-11 所示。

(14) 上述步骤完成后,单击"确定"按钮,输出直方图,如图 16-12 所示。

(15) 在菜单栏中依次选择"分析"|"比较均值"|"均值"选项,弹出"均值"窗口,如图 16-13 所示。

(16) 从窗口左侧的"变量"列表框中选中"购买单价[X3]",单击 按钮,选入"因变量列表"框中;选中"家庭人数[X1]",单击 按钮,选入"自变量列表"框中,如图 16-14 所示。

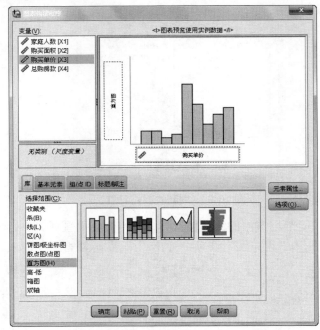

图 16-11 "图表构建程序"窗口设置

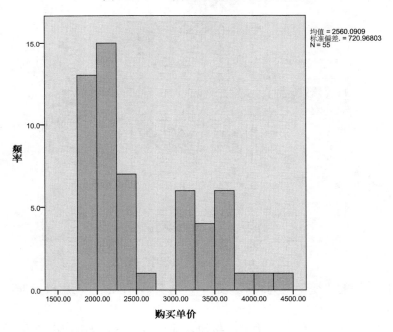

图 16-12 "购买单价"直方图

(17) 单击图 16-14 中的"选项"按钮，弹出"均值：选项"窗口，从窗口左侧的"统计量"框中选择"均值""个案数""标准差""总和的百分比""总个案数的百分比""组内中位数"，单击 按钮，使之进入"单元格统计量"框中，如图 16-15 所示，单击"继续"按钮返回"均值"窗口。

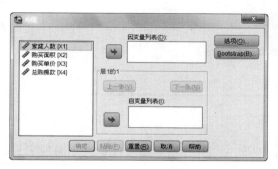
图 16-13 "均值"窗口

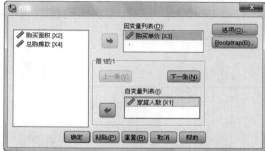
图 16-14 "均值"窗口设置

图 16-15 "均值:选项"窗口设置

(18) 上述步骤完成后,单击图 16-14 中的"确定"按钮,输出分析结果,如图 16-16 所示。

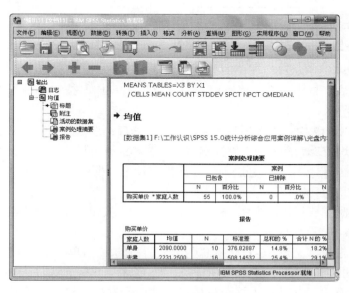
图 16-16 结果输出窗口

(19) 输出样本处理概览表，见表 16-8。

表 16-8　样本处理概览表

案例处理摘要

	案 例					
	已 包 含		已 排 除		总　计	
	N	百分比	N	百分比	N	百分比
购买单价 * 家庭人数	55	100.0%	0	.0%	55	100.0%

(20) 输出报告表，见表 16-9。表中基本的统计结果和数据一目了然。假如抽取样本时提取的样本比例和整个购房者家庭情况的真实比例相符，从整个访问者所占的比重可以看到，单身、夫妻、三口之家所占的比重最大，分别为 18.2%、29.1%、27.3%。那么是不是可以说，针对的消费群体主要是这三个群体而忽略四世同堂和其他呢？是不是也按这个比例投资呢？当然不是，因为还要考虑购买力。怎样来衡量家庭的购买力呢？还是用均值，但因变量是总购房款。

表 16-9　报告表

报告

购买单价

家庭人数	均值	N	标准差	总和的 %	合计 N 的 %	分组中值
单身	2090.0000	10	376.82887	14.8%	18.2%	2005.0000
夫妻	2231.2500	16	508.14532	25.4%	29.1%	2040.0000
三口之家	2333.6667	15	485.85149	24.9%	27.3%	2200.0000
四世同堂	3660.0000	5	466.90470	13.0%	9.1%	3500.0000
其他	3433.3333	9	374.16574	21.9%	16.4%	3350.0000
总计	2560.0909	55	720.96803	100.0%	100.0%	2240.0000

(21) 在图 16-13 中从窗口左侧的变量列表框中选中"总购房款[X4]"，单击 ▶ 按钮，进入"因变量列表"框中；选中"家庭人数[X1]"，单击 ▶ 按钮，进入"自变量列表"框中。如图 16-17 所示。

(22) 单击图 16-17 中的"选项"按钮，弹出"均值：选项"窗口，从窗口左侧的"统计量"框中选中"均值""个案数""标准差""总和的百分比""总个案数的百分比""组内中位数"，单击 ▶ 按钮，使之进入"单元格统计量"框中，如图 16-18 所示，单击"继续"按钮返回"均值"窗口。

(23) 上述步骤完成后，单击图 16-17 中的"确定"按钮，输出分析结果。输出样本处理概览表，见表 16-10。

(24) 输出报告表，见表 16-11。从总购房款所占的比例(单身占 7.8%，夫妻占 21.0%，三口占 21.8%，四世同堂占 18.5%，其他占 30.9%)来看，更应该关注夫妻、三口和其他三个群体，特别是富有阶级或其他人这个群体，房地产开发投资也应该参考这个比例，总购房款是房地产商人最关注的。

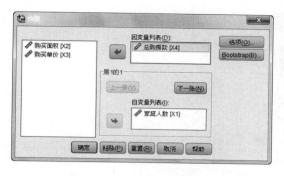

图 16-17 "均值"窗口设置

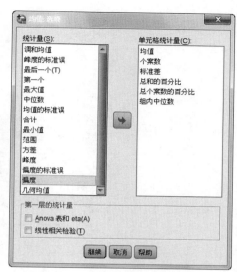

图 16-18 "均值：选项"窗口设置

表 16-10 样本处理概览表

案例处理摘要

	案 例					
	已 包 含		已 排 除		总 计	
	N	百分比	N	百分比	N	百分比
总购房款 * 家庭人数	55	100.0%	0	.0%	55	100.0%

表 16-11 报告表

报告

总购房款

家庭人数	均 值	N	标 准 差	总和的 %	合计 N 的 %	分组中值
单身	189366.0000	10	47260.66140	7.8%	18.2%	195375.0000
夫妻	319133.1250	16	100455.88556	21.0%	29.1%	282540.0000
三口之家	354150.0000	15	83272.07558	21.8%	27.3%	338250.0000
四世同堂	899400.0000	5	143399.09344	18.5%	9.1%	875000.0000
其他	836500.0000	9	104348.94884	30.9%	16.4%	837500.0000
总计	442500.7273	55	268058.56708	100.0%	100.0%	345000.0000

（25）用线图表示，从视觉角度能够有一个更为直观的认识，以购买面积和家庭人数直线图为例说明。在菜单栏中依次选择"图形"|"图表构建程序"|"线"选项，弹出"图表构建程序"窗口，如图 16-19 所示。

图 16-19 "图表构建程序"窗口

(26) 从窗口左侧的"变量"框中选中"购买面积[X2]",用鼠标拖进横轴的框内;选中"家庭人数[X1]",用鼠标拖进纵轴的框内,如图 16-20 所示。

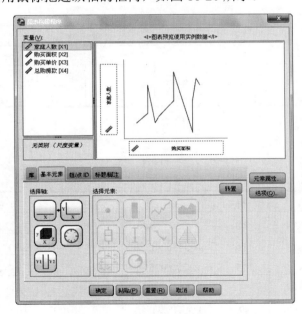

图 16-20 "图表构建程序"窗口设置

(27) 上述步骤完成后,单击"确定"按钮,输出直线图,如图 16-21 所示。

(28) 现在把住宅的均价定在 2500,判断消费者能接受的房价和已定的房价比,是不是差异很大或者接近,有什么差异。这就要用到 T 检验的过程。在菜单栏中依次选择"分析"|"比较均值"|"单样本 T 检验"选项,弹出"单样本 T 检验"窗口,如图 16-22 所示。

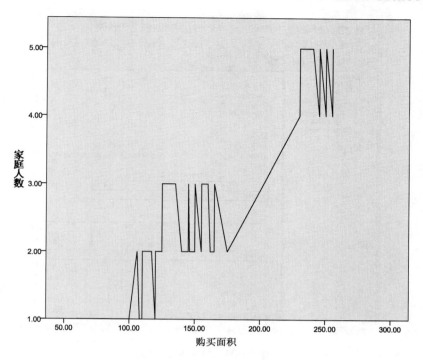

图 16-21 "购买面积和家庭人数"直线图

(29) 从窗口左侧的变量列表框中选中"购买单价[X3]"变量，单击 按钮，进入"检验变量"框中。建立无效假设，设两个数据相等，即在检验变量的赋值框内填入已知单价 2500，如图 16-23 所示。

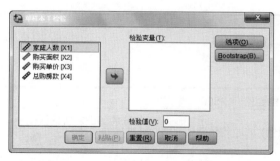

图 16-22 "单样本 T 检验"窗口

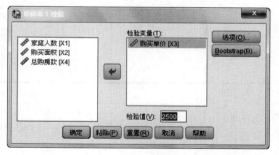

图 16-23 "单样本 T 检验"窗口设置

(30) 上述步骤完成后，单击"确定"按钮，输出分析结果，如图 16-24 所示。

(31) 输出单一样本分析表，如表 16-12 所示。

(32) 输出单一样本检验表，如表 16-13 所示。样本均值 2560 与 2500 比较，略高；t 值 0.618，自由度为 54，双尾 T 检验的 p 值为 53.9%>5%，说明无效假设成立，即已定的房价均值和消费者预期的房价均值基本相等。差分的 95%置信区间，说明消费者期望的均值和定价的差有 95%的可能性落在-134.8141～254.9959。

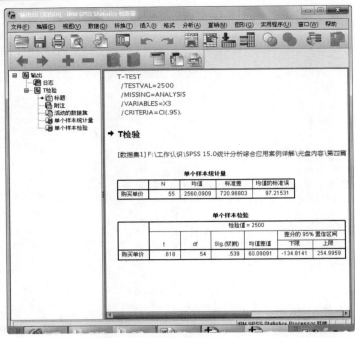

图 16-24 结果输出窗口

表 16-12 单一样本分析表

单个样本统计量

	N	均 值	标 准 差	均值的标准误
购买单价	55	2560.0909	720.96803	97.21531

表 16-13 单一样本检验表

单个样本检验

5	检验值 = 2500					
	t	df	Sig.(双侧)	均值差值	差分的 95% 置信区间	
					下 限	上 限
购买单价	.618	54	.539	60.09091	−134.8141	254.9959

16.3 住房抵押申贷分析

16.3.1 案例描述

有一对夫妇用所拥有的一套面积为 1800 平方尺,每年房屋税为 1500 美元且配有游泳池的住房,向银行提出抵押 19 万美元的申请,银行搜集的房屋销售数据见表 16-14,试以此判断银行能否接受这对夫妇的申请。

表 16-14　房屋销售数据表

居住面积 (百平方尺)	房屋税 (百元)	游泳池 (1 为有，0 为无)	销售价格 (千元)
15	1.9	1	145
38	2.4	0	228
23	1.4	0	150
16	1.4	0	130
16	1.5	1	160
13	1.8	0	114
20	2.4	0	142
24	4.0	0	265
19	2.3	0	140
21	2.6	1	149
17	2.1	0	135

16.3.2　操作步骤和结果分析

（1）打开 SPSS 主界面，单击窗口下方的"变量视图"按钮，变量设置如图 16-25 所示。X1 为居住面积，X2 为房屋税，X3 为游泳池，Y 为销售价格。

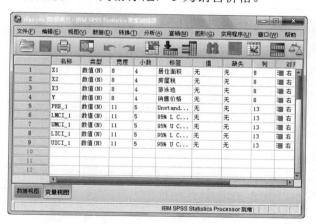

图 16-25　变量设置

（2）单击窗口下方的"数据视图"按钮，输入数据如图 16-26 所示。输入完成后，单击窗口中的"文件"菜单，选择"另存为"命令，保存为"diya.sav"。

（3）在菜单栏中依次选择"分析"|"回归"|"线性"选项，弹出"线性回归"窗口，如图 16-27 所示。

（4）从窗口左侧的变量列表框中选择"销售价格[Y]"，单击 按钮使之进入"因变量"框；选择"居住面积[X1]""房屋税[X2]"和"游泳池[X3]"，单击 按钮使之进入"自变量"框；在"方法"下拉列表框中选择"进入"方法，如图 16-28 所示。

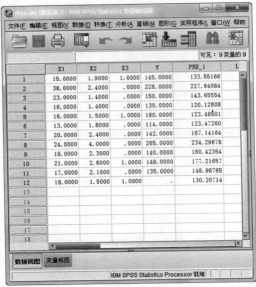

图 16-26 数据录入

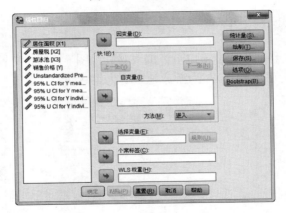

图 16-27 "线性回归"窗口

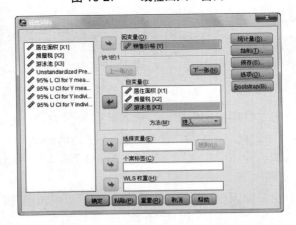

图 16-28 "线性回归"窗口设置

"方法"用于设置变量分析法,在其下拉列表框中共有 5 个选项。

- 进入:全部入选法,所选择的自变量将全部引入方程。
- 逐步:逐步引入剔除法,根据所设定的标准,在计算过程中逐一加入或剔除单个变量,直到没有一个自变量能引入方程和没有一个自变量可以从方程中剔除为止。
- 删除:强制剔除法,将根据设定的条件剔除自变量。
- 向后:向后剔除法,根据所设定的标准,自变量由多到少逐个从回归方程中剔除,直到方程中不再含有可剔除的变量为止。
- 向前:向前引入法,根据设定的标准,变量由多到少,每次增加一个,直至没有可引入的变量为止。

(5) 单击图 16-28 中的"统计量"按钮,弹出"线性回归:统计量"窗口,在"回归系数"栏中选择"估计"复选框,另外选择"模型拟合度"复选框,如图 16-29 所示。

图 16-29 "线性回归:统计量"窗口设置

(6) 上述步骤完成后,单击图 16-28 中的"确定"按钮,输出结果,如图 16-30 所示。

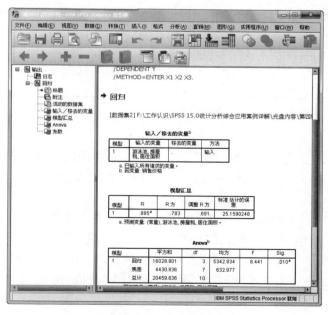

图 16-30 结果输出窗口

(7) 输出引入/剔除变量表。见表 16-15，使用全部引入法将变量引入。

表 16-15 引入/剔除变量表

输入 / 移去的变量 [b]

模 型	输入的变量	移去的变量	方 法
1	游泳池，房屋税，居住面积	.	输入

a. 已输入所有请求的变量。

b. 因变量：销售价格。

(8) 输出模型摘要表。见表 16-16，复相关系数 R=0.885，可决系数 R^2=0.783，估计标准误 S=25.159。

表 16-16 模型摘要表

模型汇总

模型	R	R方	调整R方	标准估计的误差
1	.885[a]	.783	.691	25.1590248

a. 预测变量：(常量)，游泳池，房屋税，居住面积。

(9) 输出方差分析表。如表 16-17 所示，可知 SSR=16028.801，SSE=4430.836，SST=20459.637，MSR=5342.934，MSE=632.977，F=8.441，p=0.010＜0.05，可认为变量 Y 与 X1、X2 和 X3 之间的线性回归关系显著。

表 16-17 方差分析表

Anova[b]

模型		平方和	df	均方	F	Sig.
1	回归	16028.801	3	5342.934	8.441	.010[a]
	残差	4430.836	7	632.977		
	总计	20459.637	10			

a. 预测变量：(常量)，游泳池，房屋税，居住面积。

b. 因变量：销售价格。

(10) 输出回归系数表。如表 16-18 所示，显示模型中的回归系数、常数及 t 检验结果，从表中可以看到 t 检验的 p 值，X1 回归系数的 p_1=0.030，X2 回归系数的 p_2=0.023，X3 回归系数的 p_3=0.598。

(11) 因为 p_3=0.598＞0.05，故变量 Y 与 X3 之间不存在线性关系。因而，剔除 X3。重复步骤(3)和步骤(4)，但不把"游泳池[X3]"选入"自变量"框中，如图 16-31 所示。

(12) 单击图 16-31 中的"保存"按钮，弹出"线性回归：保存"窗口，在"预测值"中选择"未标准化"；在"预测区间"中选择"均值"和"单值"，如图 16-32 所示。单击"继续"按钮返回"线性回归"窗口。

(13) 完成以上设置后，单击图 16-31 中的"确定"按钮，输出结果，如图 16-33 所示。

表 16-18 回归系数表

系数 [a]

模 型		非标准化系数		标准系数	t	Sig.
		B	标准误差	试 用 版		
1	(常量)	12.698	31.507		.403	.699
	居住面积	3.529	1.298	.532	2.719	.030
	房屋税	33.851	11.617	.555	2.914	.023
	游泳池	9.770	17.697	.101	.552	.598

a. 因变量：销售价格。

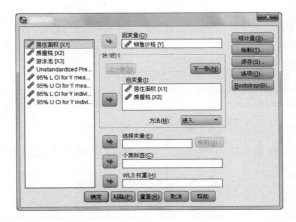

图 16-31 "线性回归"窗口设置

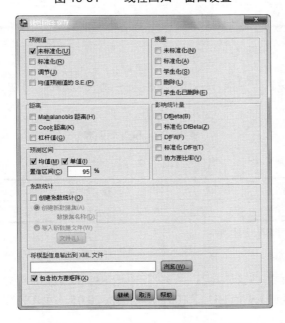

图 16-32 "线性回归：保存"窗口设置

图 16-33　结果输出窗口

（14）输出引入/剔除变量表。见表 16-19，表明使用全部引入法将变量引入。

表 16-19　引入/剔除变量表

输入／移去的变量[b]

模　型	输入的变量	移去的变量	方　法
1	房屋税，居住面积	.	输入

a. 已输入所有请求的变量。

b. 因变量：销售价格。

（15）输出模型摘要表。见表 16-20，复相关系数 $R=0.880$，可决系数 $R^2=0.774$，估计标准误 $S=24.0410291$。

表 16-20　模型摘要表

模型汇总[b]

模型	R	R 方	调整 R 方	标准估计的误差
1	.880[a]	.774	.718	24.0410291

a. 预测变量：(常量)，房屋税，居住面积。

b. 因变量：销售价格。

（16）输出方差分析表。见表 16-21，可知 SSR=15835.868，SSE=4623.769，SST=20459.637，MSR=7917.934，MSE=577.971，F=13.700，$p=0.003<0.05$，可认为变量 Y 与 X1 和 X2 之间的线性回归关系显著。

表 16-21　方差分析表

Anova[b]

模　型		平　方　和	df	均　方	F	Sig.
1	回归	15835.868	2	7917.934	13.700	.003[a]
	残差	4623.769	8	577.971		
	总计	20459.637	10			

a. 预测变量：(常量)，房屋税，居住面积。

b. 因变量：销售价格。

(17) 输出回归系数表。如表 16-22 所示，显示模型中的回归系数、常数及 t 检验结果，从表中可以看到 t 检验的 p 值，X1 回归系数的 p_1=0.024，X2 回归系数的 p_2=0.016，均小于 0.05，则可认为不存在线性回归关系，且回归方程为 Y=19.354+3.361X1+33.569X2。

表 16-22　回归系数表

系数[a]

模　型		非标准化系数		标准系数	t	Sig.
		B	标准误差	试用版		
1	(常量)	19.354	27.815		.696	.506
	居住面积	3.361	1.206	.507	2.787	.024
	房屋税	33.569	11.090	.551	3.027	.016

a. 因变量：销售价格。

(18) 保存结果的返回，如图 16-34 所示。可以看出，居住面积为 18，房屋税为 1.5 时，售价的点估计值(PRE_1)为 130.20714，其所有住家平均售价 95%置信区间为 107.28445(LMCI_1)～153.12983(UMCI_1)，其某一住家售价的 95%置信区间为 70.21630(LICI_1)～190.19798(UICI_1)。因而，这对夫妇的房屋售价的预测区间为 7.02163～25.019798，而现在他们向银行提的抵押金额已经是房屋售价的上限，风险较大，所以不应同意抵押。

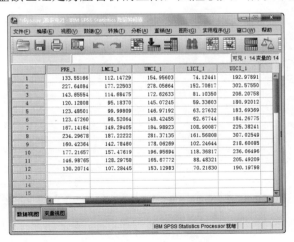

图 16-34　数据文件生成

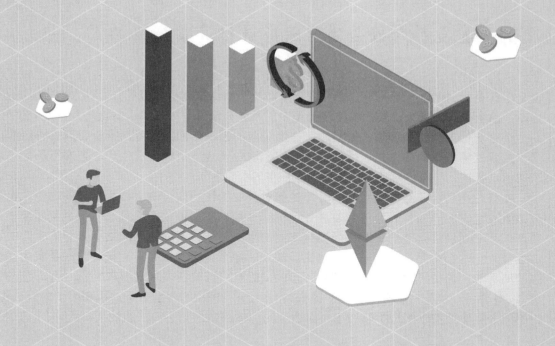

第 17 章

SPSS 在企业经济效益评价中的应用

企业经济效益从其内涵与提高角度看,可分为潜在经济效益、资源配置经济效益、规模经济效益、技术进步经济效益及管理经济效益。对企业来说,企业经济效益是企业一切经济活动的根本出发点。提高经济效益,有利于增强企业的市场竞争力。企业要发展,必须降低劳动消耗,以最小的投入获得最大的效益。只有这样,才能在市场竞争中不被淘汰,获得发展。运用科学的企业管理手段,有效地发挥人力、物力等各种资源的效能,以最小的消耗生产出最多的适应市场需要的产品,有利于企业提高经济效益。

17.1 企业经济效益研究的现状和价值

采用现代管理方法、提高经营管理水平是提高企业经济效益的主要方法,科学的管理也是现代企业制度的重要内容。企业经营中涉及产品结构调整、市场开发、人力资源配置、提高产品质量等一系列环节,在经济管理中能不能分清经营中的"大石块"并首先处理好,是一个企业管理科学与否的关键问题。作为企业的组织者和经营者,既要合理安排企业,又要从我国的基本国情出发,遵循价值规律,适时适宜地组织企业生产,把握市场信息,了解市场行情,提高产品质量,搞好售后服务等。

在努力提高企业经济效益的同时,如何对企业的经济效益做出符合实际的评价,也是应该重点考虑的问题。对经济效益进行评价有多种方法,单项指标只能从一个侧面或一个角度反映宏观经济效益的状况,而根据不同的生产环节、不同角度的指标来评价企业的经济效益,有时会得到不完全一致的结论。常规的综合评价方法和多元统计方法是实用性较强的两种综合评价方法,但是也都有各自的局限性,因此在使用时要权衡每一种方法的优劣,以对公司经济效益有全面客观的评价。本章使用 SPSS 的判别分析过程和因子分析过程,对不同企业按效益水平分类和排序,对企业的总体评估起到了很好的效果。

17.2 企业经济效益分类分析

17.2.1 案例描述

用一套打分体系来描绘企业的状况,该体系对每个企业的一些指标(变量)进行评分。这些指标包括企业规模(is)、服务(se)、工资比例(sa)、利润增长(prr)、市场份额(ms)、市场份额增长(msr)、流动资金比例(cp)、资金周转速度(cs)等。该数据收集了 21 个企业(21 个观测值),其中 7 个属于上升型,7 个属于稳定型,7 个属于下降型,具体数据见表 17-1。希望根据这些企业上述变量的打分和它们已知的类别(group-1 代表上升,group-2 代表稳定,group-3 代表下降)找出一个分类标准,以对没有被分类的企业进行分类。

表 17-1 企业数据表

企业编号	企业规模	服务	工资比例	利润增长	市场份额	市场份额增长	流动资金比例	资金周转速度
1	43.20	0.00	8.50	214.10	23.20	95.40	15.40	8.60
2	42.20	0.10	14.40	61.80	15.40	47.50	22.60	9.10
3	2.00	0.10	10.70	248.20	14.50	53.90	18.90	8.70
4	34.40	0.20	14.20	123.80	21.30	62.40	12.90	8.20
5	31.80	0.00	5.80	268.10	2.80	60.10	24.90	9.40
6	22.70	0.20	12.00	153.50	3.40	97.20	27.90	8.70
7	41.80	0.10	14.80	140.30	1.80	53.60	12.20	8.40

续表

企业编号	企业规模	服务	工资比例	利润增长	市场份额	市场份额增长	流动资金比例	资金周转速度
8	37.80	0.20	15.40	197.00	8.90	73.80	25.90	9.40
9	24.60	0.10	14.80	95.80	24.20	69.90	21.30	7.70
10	22.00	0.20	15.80	256.70	10.60	32.90	26.90	9.30
11	18.00	0.20	7.40	271.90	17.50	96.10	10.80	7.20
12	11.90	0.00	15.80	162.00	12.20	55.50	13.00	7.10
13	41.70	0.10	15.00	175.50	19.30	35.30	24.10	7.80
14	19.30	0.10	12.10	217.70	8.80	89.20	14.40	8.20
15	43.20	0.30	7.20	131.90	8.20	46.00	12.20	9.30
16	13.40	0.20	11.30	161.50	18.20	68.30	13.80	9.40
17	26.00	0.20	11.60	185.90	12.80	76.70	24.80	7.00
18	22.00	0.10	15.10	190.00	11.70	59.80	29.80	7.10
19	7.20	0.00	15.00	64.80	22.90	80.70	24.10	7.00
20	8.20	0.20	8.00	115.10	9.60	32.60	15.50	8.90
21	9.60	0.10	15.20	78.30	13.10	40.40	14.20	9.40

17.2.2 操作步骤和结果说明

(1) 打开 SPSS 主界面,单击窗口下方的"变量视图"按钮,变量设置如图 17-1 所示。

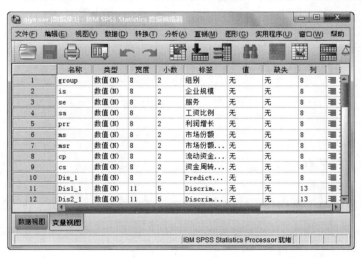

图 17-1 变量设置

(2) 单击窗口下方的"数据视图"按钮,输入数据如图 17-2 所示。输入完成后,单击窗口中的"文件"菜单,选择"另存为"命令,保存为"qiye.sav"。

(3) 在菜单栏中依次选择"分析"|"分类"|"判别"选项,弹出"判别分析"窗口,

如图 17-3 所示。

图 17-2 数据录入

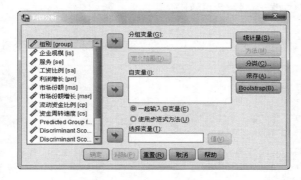

图 17-3 "判别分析"窗口

(4) 从窗口左侧的变量列表框中选择 group，单击 按钮使之进入"分组变量"框；单击"定义范围"按钮，弹出定义范围窗口，在"最小值"框中输入 1，在"最大"框中输入 3，如图 17-4 所示。单击"继续"按钮返回"判别分析"窗口。

图 17-4 定义范围窗口

(5) 在"自变量"框输入所有想用的变量，这里选中所有变量，单击 按钮使之进入"自变量"框；选择"一起输入自变量"单选项，如图 17-5 所示。

(6) 如果要用逐步判别，则不选择"一起输入自变量"单选项，而选择"使用步进式方法"单选项，此时图 17-5 中"方法"按钮被激活，单击该按钮，弹出"判别分析：步进法"窗口，在"方法"中选变量的准则，此处为默认值 Wilks'lambda，如图 17-6 所示。

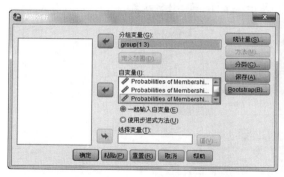
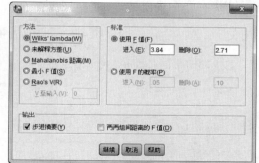

图 17-5 "判别分析"窗口设置　　　　图 17-6 "判别分析:步进法"窗口设置

系统有 5 种逐步选择方式:
- Wilks' lambda:按统计量 Wilks λ 最小值选择变量;
- 未解释方差:按所有组方差之和的最小值选择变量;
- Mahalanobis 距离:按相邻两组的最大 Mahalanobis 距离选择变量;
- 最小 F 值:按组间最小 F 值比的最大值选择变量;
- Rao's V:按统计量 Rao V 最大值选择变量。

因为本例选"一起输入自变量",所以这里不需要设置。

(7) 为了输出 Fisher 分类函数的结果,单击图 17-5 中的"统计量"按钮,弹出"判别分析:统计量"窗口,在"描述性"中选择"均值";在"函数系数"中选择 Fisher 和"未标准化";在"矩阵"中选择输出所需要的相关阵,这里全部选择,如图 17-7 所示。单击"继续"按钮返回"判别分析"窗口。

(8) 单击图 17-5 中的"分类"按钮,弹出"判别分析:分类"窗口,"先验概率"中的"所有组相等"表示所有的类都平等对待,而另一个选项"根据组大小计算",即按照类的大小加权,这里选择默认;"输出"选"个案结果""摘要表";"图"选"合并组""分组""区域图",如图 17-8 所示。单击"继续"按钮返回"判别分析"窗口。

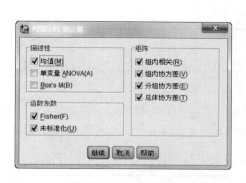
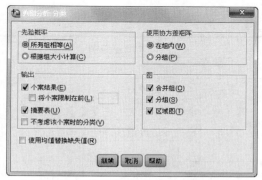

图 17-7 "判别分析:统计量"窗口设置　　　图 17-8 "判别分析:分类"窗口设置

(9) 单击图 17-5 中的"保存"按钮,弹出"判别分析:保存"窗口,选择全部选项,如图 17-9 所示。

(10) 完成上述步骤后，单击图 17-5 中的"确定"按钮，输出分析结果，如图 17-10 所示。

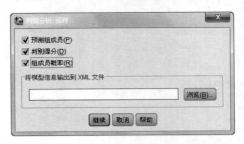

图 17-9 "判别分析：保存"窗口设置

图 17-10 结果输出窗口

(11) 输出样本处理概览表。如表 17-2 所示，显示一些处理过程的全局情况。

表 17-2 样本处理概览表

分析案例处理摘要

未加权案例		N	百 分 比
有效		21	100.0
排除的	缺失或越界组代码	0	.0
	至少一个缺失判别变量	0	.0
	缺失或越界组代码还有至少一个缺失判别变量	0	.0
	合计	0	.0
合计		21	100.0

(12) 输出组内数据分析表。如表 17-3 所示，反映的是组内数据的分析，从中可以看出均值等信息。

表 17-3 组内数据分析表

组统计量

组 别		均 值	标 准 差	有效的 N(列表状态)	
				未加权的	已加权的
1.00	企业规模	31.1571429	14.79209892	7	7.000
	服务	.1000000	.08164966	7	7.000
	工资比例	11.4857143	3.39039259	7	7.000
	利润增长	172.8285714	73.73790781	7	7.000
	市场份额	11.7714286	9.05551660	7	7.000
	市场份额增长	67.1571429	20.48827772	7	7.000
	流动资金比例	19.2571429	6.09558779	7	7.000
	资金周转速度	8.7285714	.40708020	7	7.000
	Predicted Group for Analysis 1	1.5714286	.78679579	7	7.000
	Discriminant Scores from 函数 1 for Analysis 1	.4429698	1.06288661	7	7.000
	Discriminant Scores from 函数 2 for Analysis 1	−.9072505	1.39920818	7	7.000
	Probabilities of Membership in Group 1 for Analysis 1	.5786831	.33584938	7	7.000
	Probabilities of Membership in Group 2 for Analysis 1	.2476345	.27529625	7	7.000
	Probabilities of Membership in Group 3 for Analysis 1	.1736824	.18334034	7	7.000
2.00	企业规模	25.0428571	10.83956597	7	7.000
	服务	.1285714	.07559289	7	7.000
	工资比例	13.7571429	3.07780070	7	7.000
	利润增长	196.6571429	59.90333483	7	7.000
	市场份额	14.5000000	5.92283716	7	7.000
	市场份额增长	64.6714286	24.68567157	7	7.000
	流动资金比例	19.4857143	6.63411099	7	7.000
	资金周转速度	8.1000000	.93094934	7	7.000
	Predicted Group for Analysis 1	2.1428571	.37796447	7	7.000
	Discriminant Scores from 函数 1 for Analysis 1	.8704446	.76351086	7	7.000
	Discriminant Scores from 函数 2 for Analysis 1	.7296627	.70574730	7	7.000

续表

组 别		均 值	标 准 差	有效的 N(列表状态)	
				未加权的	已加权的
2.00	Probabilities of Membership in Group 1 for Analysis 1	.2007680	.14914164	7	7.000
	Probabilities of Membership in Group 2 for Analysis 1	.6801772	.23334563	7	7.000
	Probabilities of Membership in Group 3 for Analysis 1	.1190548	.19636444	7	7.000
3.00	企业规模	18.5142857	13.02298335	7	7.000
	服务	.1571429	.09759001	7	7.000
	工资比例	11.9142857	3.37857395	7	7.000
	利润增长	132.5000000	49.70388985	7	7.000
	市场份额	13.7857143	5.11645338	7	7.000
	市场份额增长	57.7857143	18.58722039	7	7.000
	流动资金比例	19.2000000	6.88694417	7	7.000
	资金周转速度	8.3000000	1.19721900	7	7.000
	Predicted Group for Analysis 1	2.8571429	.37796447	7	7.000
	Discriminant Scores from 函数 1 for Analysis 1	−1.3134144	1.13460268	7	7.000
	Discriminant Scores from 函数 2 for Analysis 1	.1775878	.73765656	7	7.000
	Probabilities of Membership in Group 1 for Analysis 1	.1240273	.08728676	7	7.000
	Probabilities of Membership in Group 2 for Analysis 1	.1810002	.22247569	7	7.000
	Probabilities of Membership in Group 3 for Analysis 1	.6949724	.24848572	7	7.000
合计	企业规模	24.9047619	13.40718002	21	21.000
	服务	.1285714	.08451543	21	21.000
	工资比例	12.3857143	3.27632198	21	21.000
	利润增长	167.3285714	64.69200216	21	21.000
	市场份额	13.3523810	6.66180299	21	21.000
	市场份额增长	63.2047619	20.70964694	21	21.000
	流动资金比例	19.3142857	6.21251042	21	21.000
	资金周转速度	8.3761905	.90105758	21	21.000
	Predicted Group for Analysis 1	2.1904762	.74960307	21	21.000

续表

组别		均值	标准差	有效的 N(列表状态)	
				未加权的	已加权的
合计	Discriminant Scores from 函数 1 for Analysis 1	.0000000	1.35559348	21	21.000
	Discriminant Scores from 函数 2 for Analysis 1	.0000000	1.17705864	21	21.000
	Probabilities of Membership in Group 1 for Analysis 1	.3011595	.29028067	21	21.000
	Probabilities of Membership in Group 2 for Analysis 1	.3696040	.32455565	21	21.000
	Probabilities of Membership in Group 3 for Analysis 1	.3292366	.33305107	21	21.000

(13) 合并类内相关阵和协方差阵，如表 17-4 所示；总协方差阵如表 17-5 所示。

表 17-4 相关阵和协方差阵表

Pooled Within-Groups Matrices

		企业规模	服务	利润增长	市场份额	市场份额增长	流动资金比例	资金周转速度	工资比例
Covariance	企业规模	168.633	.281	112.381	-4.615	-26.08	5.978	1.652	-0.553
	服务	.281	.007	0.538	-.147	-.112	-.057	.029	-.057
	利润增长	112.381	.538	832.055	124.443	245.863	41.406	2.86	114.347
	市场份额	-4.615	.147	124.443	47.753	27.237	-3.674	-2.114	3.22
	市场份额增长	-26.080	-.112	245.863	27.257	458.212	-1.113	-7.591	-17.326
	流动资金比例	5.978	-.057	41.406	-3.674	-1.113	42.866	-.397	6.581
	资金周转速度	1.652	.029	2.86	-2.114	-7.591	-.397	.822	-.506
	工资比例	-.593	-.057	114.347	3.22	-17.326	6.551	-.506	10.794
Correlation	企业规模	1.000	.254	-.140	-.051	-.094	.070	0.14	-.014
	服务	0.254	1.000	.102	-.25	-.061	-102	0.373	-.201
	利润增长	-.140	0.102	1.000	-.291	0.186	.102	0.031	-.562
	市场份额	-051	-.250	-.291	1.000	.184	-125	-.337	.142
	市场份额增长	-.094	-.061	0.186	.184	1.000	-.008	-.391	-.246
	流动资金比例	.070	102	.102	-.125	-.008	1.000	-.067	0.306
	资金周转速度	.140	0.373	.051	-.337	-391	-.067	1.000	-.170
	工资比例	-.014	-.201	-.562	.142	.246	.206	-.170	1.000

a. The covariance matrix has 18 degrees of freedom.

表 17-5 总协方差阵表

Covariance Matrices

组 别		企业规模	服 务	利润增长	市场份额	市场份额增长	流动资金比例	资金周转速度	工资比例
1.00	企业规模	218.806	-.298	-584.524	14.659	15.211	-27.385	-.192	9.201
	服务	-.298	0.007	-3.415	-.022	0.068	0.008	-.018	.198
	利润增长	-584.524	-3.413	5437.279	-93.546	295.020	59.088	8.737	-216.421
	市场份额	14.659	-.022	-93.546	82.002	19.490	-24.351	-1.291	2.305
	市场份额增长	15.211	0.068	295.020	19.490	419.77	29.206	-1.530	-22.244
	流动资金比例	-27.385	0.008	59.088	-24.351	29.206	37.156	1.828	-7.791
	资金周转速度	-.192	-.018	8.737	-1.291	-1.530	1.825	.166	-.811
	工资比例	9.201	0.198	-216.421	2.305	-22.244	-7.791	-.811	11.495
2.00	企业规模	117.496	.264	-113.56	9.653	-86.684	51.824	4.503	10.404
	服务	.264	0.006	2.828	-.070	.299	.194	.043	-.079
	利润增长	-113.56	2.838	3588.410	-188.410	231.39	-61.502	14.705	-48.709
	市场份额	9.653	-.070	-188.410	35.080	-6.935	-1.207	-3.042	-2.565
	市场份额增长	-86.684	.299	231.39	-6.935	609.382	-106.882	-6.033	-56.690
	流动资金比例	51.824	.194	-61.502	-1.207	-106.882	44.011	4.820	13.951
	资金周转速度	4.503	.043	14.705	-3.042	-6.033	4.820	.867	1.218
	工资比例	10.404	-.079	-48.709	-2.565	-56.690	13.951	1.218	9.473
3.00	企业规模	169.598	.879	310.940	-38.158	-6.768	-6.503	.643	-21.385
	服务	.879	0.01	2.192	-.351	-.704	-.373	0.062	-.289
	利润增长	310.940	2.192	2470.477	-91.373	211.178	126.632	-14.862	-27.912
	市场份额	-38.158	-.351	-91.373	26.178	69.265	8.535	-2.010	9.924
	市场份额增长	-6.768	-.704	211.178	69.265	845.485	74.232	-15.208	26.937
	流动资金比例	-6.503	-.373	126.632	8.535	74.232	47.430	-7.838	13.583
	资金周转速度	.643	0.062	-14.862	-2.010	-15.208	-7.838	1.433	-1.925
	工资比例	-21.385	-.289	-27.912	9.924	26.937	13.583	-1.925	11.415
Total	企业规模	179.752	.127	-9.790	-8.527	-2.632	5.519	2.415	-1.383
	服务	0.127	.007	.081	-.113	-.195	-.052	.022	-.047
	利润增长	-9.790	.081	4185.055	-108.544	309.998	40.308	1.346	-84.821
	市场份额	-8.527	-.113	-108.544	44.38	22.111	-5.024	-2.220	3.875
	市场份额增长	-2.632	-.195	309.998	22.111	428.889	-.778	-6.341	-15.240
	流动资金比例	5.519	-.052	40.308	-5.024	-778	38.595	-.378	6.042
	资金周转速度	2.415	.022	1.346	-2.220	-6.841	-.378	.812	-.686
	工资比例	-1.383	-.047	-84.821	3.875	-15.240	6.042	-.686	10.734

a. The covariance matrix has 20 degrees of freedom.

(14) 输出特征值表，如表 17-6 所示。Eigenvalues 用于分析的前两个典则判别函数的特征值，是组间平方和与组内平方和之比值。最大特征值与组均值最大的向量对应，第二大特征值对应着第二大的组均值向量。

表 17-6 特征值表

Eigenvalues

函数	Eigenvalues	% of Variance	Cumulative %	Canonical Correlation
1	1.042(a)	65.9	65.9	.714
2	.539(a)	34.1	100.0	.592

a. First 2 canonical 判别函数 s were used in the 分析。

(15) 输出 Wilks' Lambda 统计量表，如表 17-7 所示。检验的零假设是各组变量均值相等。Lambda 接近 0 表示组均值不同，接近 1 表示组均值没有不同。Chi-square 是 Lambda 的卡方转换，用于确定其显著性。

表 17-7 Wilks' Lambda 统计量表

Wilks' Lambda

Test of 函数(s)	Wilks' Lambda	Chi-square	df	Sig.
1 through 2	.318	16.606	16	.412
2	.650	6.255	7	.510

(16) 输出标准化的典则判别函数系数表，如表 17-8 所示。使用时必须用标准化的自变量，即判别函数为(x 代表企业的各个指标)

$$y_1 = 0.623x_1 - 0.416x_2 + 1.112x_3 + 0.086x_4 + 0.349x_5 - 0.448x_6 + 0.319x_7 + 0.976x_8$$
$$y_2 = -0.386x_1 + 0.694x_2 + 0.554x_3 + 0.317x_4 - 0.345x_5 - 0.139x_6 - 0.587x_7 + 0.639x_8$$

表 17-8 标准化的典则判别函数系数表

Standardized Canonical 判别函数系数 s

	函数	
	1	2
企业规模	.623	-.386
服务	-.416	.694
利润增长	1.112	.554
市场份额	.086	.317
市场份额增长	.349	-.345
流动资金比例	-.448	-.139
资金周转速度	.319	-.587
工资比例	.976	.639

(17) 输出非标准化典则判别函数系数，见表 17-9。即判别函数为(x 代表企业的各个指标)

$$y_1 = 0.048x_1 - 4.864x_2 + 0.018x_3 + 0.012x_4 + 0.016x_5 - 0.068x_6 + 0.352x_7 + 0.297x_8 - 10.078$$
$$y_2 = -0.03x_1 + 8.127x_2 + 0.009x_3 + 0.046x_4 - 0.016x_5 - 0.021x_6 - 0.648x_7 + 0.195x_8 + 2.028$$

表 17-9　非标准化典则判别函数系数表

Canonical 判别函数系数 s

	函　数	
	1	2
企业规模	.048	-.030
服务	-4.864	8.127
利润增长	.018	.009
市场份额	.012	.046
市场份额增长	.016	-.016
流动资金比例	-.068	-.021
资金周转速度	.352	-.648
工资比例	.297	.195
(Constant)	-10.078	2.028

未标准化 coefficients。

(18) 输出典则判别函数值表。如表 17-10 所示，显示典则判别函数(前面两个函数)在类均值(重心)处的值。

表 17-10　典则判别函数值表

函数 s at Group Centroids

组　别	函　数	
	1	2
1.00	.443	-.907
2.00	.870	.730
3.00	-1.313	.178

未标准化 canonical 判别函数 s　evaluated at group 均值。

(19) 用判别函数对观测量分类结果，见表 17-11～表 17-13。表中给出了三个线性分类函数的系数。把每个观测点带入三个函数，就可以得到分别代表三类的三个值，哪个值最大，该点就属于相应的那一类。计算机软件的选项可以把这些训练数据的每一个点按照这里的分类法分到某一类。当然，我们一开始就知道这些训练数据的各个观测值的归属，即使是这些训练样本的观测值(企业)按照这里推导出的分类函数来分类，也不一定全能正确划分。

(20) 输出区域图，如图 17-11 所示。典则变量值把一个典则变量组成的坐标平面分成三个区域，红色*号为中心坐标。

表 17-11 聚类过程表

分类 Processing Summary

	Processed	21
Excluded	Missing or out-of-range group codes	0
	At least one missing discriminating variable	0
	Used in Output	21

表 17-12 每组先验概率表

先验概率 for Groups

组 别	Prior	Cases Used in 分析	
		Unweighted	Weighted
1.00	.333	7	7.000
2.00	.333	7	7.000
3.00	.333	7	7.000
Total	1.000	21	21.000

表 17-13 聚类函数系数表

分类函数系数 s

	组 别		
	1.00	2.00	3.00
企业规模	.273	.245	.157
服务	−30.665	−19.441	−13.305
利润增长	.168	.191	.146
市场份额	.919	.999	.947
市场份额增长	.504	.484	.458
流动资金比例	−.124	−.188	−.027
资金周转速度	20.140	19.231	18.820
工资比例	4.255	4.701	3.944
(Constant)	−151.824	−152.948	−132.292

Fisher's linear 判别函数 s。

(21) 输出判别结果表。如表 17-14 所示，为原始数据逐一回代的判别结果显示。其中 1 组有 3 个企业被错判(打*者)，编号为 3、4、6；2 组有 1 个企业被错判，编号为 9；3 组有 1 个企业被错判，编号为 18。

(22) 输出函数图，如图 17-12 所示。根据步骤(16)和(17)的函数，从任何一个观测值都可以算出两个数。把这两个数当成该观测值的坐标，这样数据中的 21 个观测值就是二维平面上的 21 个点。从图中已经能够分辨出三个企业类型了。这两个典则判别函数并不是平等的。其实一个函数就已经能够把这三类分清楚了。

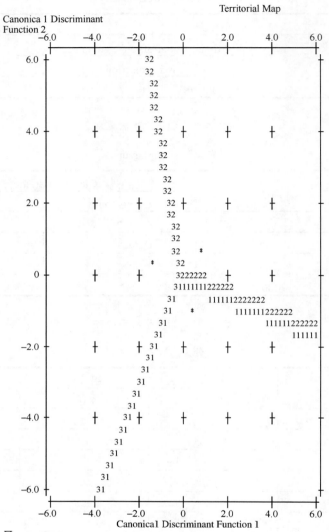

图 17-11　区域图

第 17 章
SPSS 在企业经济效益评价中的应用

表 17-14 判别结果表

Casewise Statistics

Casa Number	Actual Group	Predicted Group	Highest Group P(D>d | G=g) p	df	(G=g | D=d)	Squared Mahalanobis Distance to Centroid	Second Highest Group Group	(G=g | D=d)	Squared Mahalanobis Distance to Centroid	Discriminant Score Function 1	Function 2
Origin 1	1	1	.114	2	.927	4.245	2	.071	9.477	2.183	-2.055
5	1	1	.323	2	.710	1.288	3	.247	3.396	-.530	-1.491
3	1	2*	.678	2	.56	.776	3	.279	2.166	-.003	.847
4	1	2*	.852	2	.681	.321	3	.161	3.200	.327	.890
5	1	1	.131	2	.979	3.782	3	.011	12.821	.606	-5.845
6	1	3*	.477	2	.497	1.479	1	.446	1.696	-.859	-.950
7	1	1	.639	2	.671	.896	2	.311	2.434	1.376	-.746
6	2	2	.479	2	.590	1.471	1	.399	2.254	1.727	-.129
9	5	3*	.743	2	.558	.594	2	.25	2.199	.573	.392
10	5	2	.521	2	.952	1.302	1	.033	7.917	1.411	1.735
11	5	2	.761	2	.81	.546	3	.107	4.588	.476	1.355
12	5	2	.961	2	.800	.079	1	.131	3.704	.764	.990
13	5	2	.990	2	.799	.021	1	.152	2.384	.956	.845
14	5	2	.648	2	.561	.869	1	.414	1.476	1.332	-.080
15	3	3	.333	2	.818	1.250	1	.163	4.452	-1.667	-.883
16	3	3	.684	2	.488	.759	2	.268	1.959	.446	.254
17	3	3	.588	2	.651	1.061	2	.231	3.060	-.841	1.093
18	3	2*	.606	2	.62	1.001	3	.274	2.630	-.029	1.168
19	3	3	.917	2	.506	.173	1	.063	3.433	-1.697	.017
20	3	3	.088	2	.088	4.870	1	.004	16.004	-3.491	-.181
21	3	3	.884	2	.702	.246	1	.214	2.617	-1.024	-.225

**Misclassified case.

(23) 输出按组别分类函数图，如图 17-13～图 17-15 所示。

(24) 输出聚类结果表，可以看出分错率，如表 17-15 所示。从这个表的结果可知有 16 个点(76.2%)得到正确划分，有 5 个点被错误判别；其中第一类有两个被误判为第二类，有一个被误判为第三类；第二类有一个误判到第三类；第三类有一个误判到第二类。

(25) 系统将判别的结果以 dis1_1 等为变量名存入原始数据文件中，如图 17-16 所示。用户可通过原始数据库详细查阅。

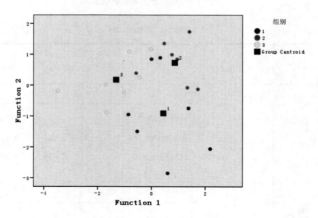

图 17-12 函数图

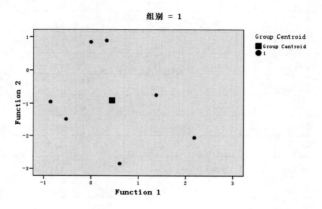

图 17-13 组 1 分类函数图

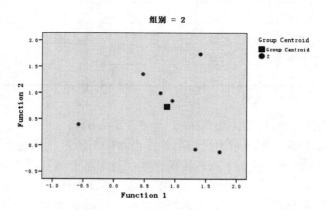

图 17-14 组 2 分类函数图

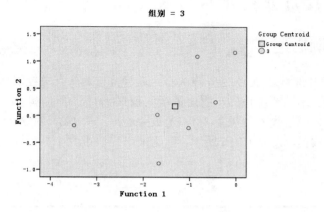

图 17-15 组 3 分类函数图

表 17-15 聚类结果表

分类 Results(a)

组别			Predicted Group Membership			Total
			1.00	2.00	3.00	
Original	Count	1.00	4	2	1	7
		2.00	0	6	1	7
		3.00	0	1	6	7
	%	1.00	57.1	28.6	14.3	100.0
		2.00	.0	85.7	14.3	100.0
		3.00	.0	14.3	85.7	100.0

a. 76.2% of original grouped cases correctly classified.

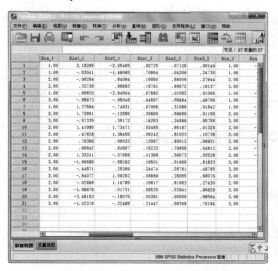

图 17-16 数据文件生成

17.3 企业经济效益差异分析

17.3.1 案例描述

对某市 15 个大中型工业企业经济效益差异进行分析。从有关经济效益指标中选取 7 个指标做分析,即固定资产产值率(%)、固定资产利税率(%)、资金利润率(%)、资金利税率(%)、流动资金周转天数、销售收入利税率(%)和全员劳动生产率(%)。对这 15 个大中型企业同时按这 7 个变量收集数据,如表 17-16 所示,以此来研究该市大中型工业企业经济效益的状况及差异。

表 17-16 企业数据表

企业编号	固定资产产值率	固定资产利税率	资金利润率	资金利税率	流动资金周转天数	销售收入利税率	全员劳动生产率
1	53.25	16.68	18.4	26.75	55	31.84	1.75
2	59.82	19.70	19.2	27.56	55	32.94	2.87
3	46.78	15.20	16.24	23.40	65	32.98	1.53
4	34.39	7.29	4.76	8.97	62	21.30	1.63
5	75.32	29.45	43.68	56.49	69	40.74	2.14
6	66.46	32.93	33.87	42.78	50	47.98	2.60
7	68.18	25.39	27.56	37.85	63	33.76	2.43
8	56.13	15.05	14.21	19.49	76	27.21	1.75
9	59.25	19.82	20.17	28.78	71	33.41	1.83
10	52.47	21.13	26.52	35.20	62	39.16	1.73
11	55.76	16.75	19.23	28.72	58	29.62	1.52
12	61.19	15.83	17.43	28.03	61	26.40	1.60
13	50.41	16.53	20.63	29.73	69	32.49	1.31
14	67.95	22.24	37.00	54.59	63	31.05	1.57
15	51.07	12.92	12.54	20.82	66	25.12	1.83

17.3.2 操作步骤和结果说明

(1) 打开 SPSS 主界面,单击窗口下方的"变量视图"按钮,变量设置如图 17-17 所示。

(2) 单击窗口下方的"数据视图"按钮,输入数据如图 17-18 所示。输入完成后,单击窗口中的"文件"菜单,选择"另存为"命令,保存为"gongsi.sav"。

(3) 在菜单栏中依次选择"分析"|"降维"|"因子分析"选项,弹出"因子分析"窗口,如图 17-19 所示。

(4) 从窗口左侧的变量列表框中选 X1、X2、X3、X4、X5、X6、X7,单击 按钮使之进入"变量"框,如图 17-20 所示。

图 17-17 变量设置

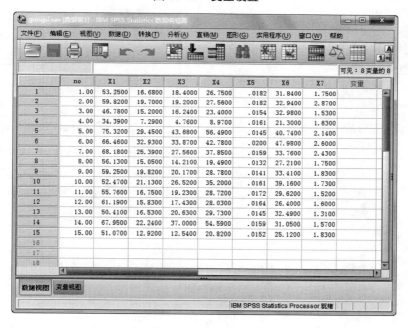

图 17-18 数据录入

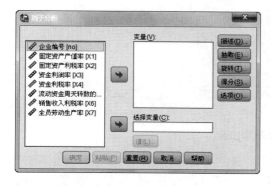

图 17-19 "因子分析"窗口

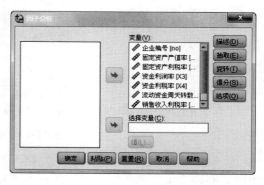

图 17-20 "因子分析"窗口设置

(5) 单击图 17-20 中的"描述"按钮,弹出"因子分析:描述统计"窗口,在"统计量"中选择"原始分析结果";在"相关矩阵"中选择"系数"和"显著性水平",如图 17-21 所示。单击"继续"按钮返回"因子分析"窗口。

(6) 单击图 17-20 中的"抽取"按钮,弹出"因子分析:抽取"窗口,在"方法"中选择"主成分";在"分析"中选择"相关性矩阵";在"抽取"中选择"因子的固定数量",并在"要提取的因子"文本框中填入 7;在"输出"中选择"未旋转的因子解"和"碎石图",如图 17-22 所示。单击"继续"按钮返回"因子分析"窗口。

图 17-21　"因子分析:描述统计"窗口设置

图 17-22　"因子分析:抽取"窗口设置

(7) 完成上述步骤后,单击图 17-20 中的"确定"按钮,输出分析结果,如图 17-23 所示。

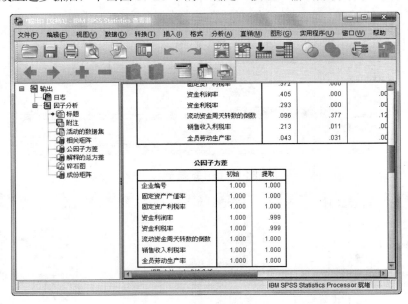

图 17-23　结果输出窗口

(8) 输出相关矩阵表。如表 17-17 所示,各变量间存在较强的相关关系,因此有必要进行主成分分析。表中的空格表明自身相关的相关系数为 1,其不相关的显著性概率为 0,因此不再显示。

表 17-17 相关矩阵表

相关矩阵

		企业编号	固定资产产值率	固定资产利税率	资金利润率	资金利税率	流动资金周天转数的倒数	销售收入利税率	全员劳动生产率
相关	企业编号	1.000	.100	-.092	.068	.153	-.356	-.222	-.457
	固定资产产值率	.100	1.000	.850	.856	.860	.089	.585	.493
	固定资产利税率	-.092	.850	1.000	.902	.849	.314	.904	.598
	资金利润率	.068	.856	.902	1.000	.988	.122	.767	.329
	资金利税率	.153	.860	.849	.988	1.000	.108	.683	.265
	流动资金周天转数的倒数	-.356	.089	.314	.122	.108	1.000	.375	.485
	销售收入利税率	-.222	.585	.904	.767	.683	.375	1.000	.497
	全员劳动生产率	-.457	.493	.598	.329	.265	.485	.497	1.000
Sig.(单侧)	企业编号		.361	.372	.405	.293	.096	.213	.043
	固定资产产值率	.361		.000	.000	.000	.377	.011	.031
	固定资产利税率	.372	.000		.000	.000	.127	.000	.009
	资金利润率	.405	.000	.000		.000	.332	.000	.115
	资金利税率	.293	.000	.000	.000		.351	.003	.170
	流动资金周天转数的倒数	.096	.377	.127	.332	.351		.084	.033
	销售收入利税率	.213	.011	.000	.000	.003	.084		.030
	全员劳动生产率	.043	.031	.009	.115	.170	.033	.030	

(9) 输出变量共度表。如表 17-18 所示，变量的共同度对所有变量都是 1，表明模型解释了每一个变量的全部方差，而不需要特殊因子，即特殊因子的方差为 0。

表 17-18 变量共度表

公因子方差

	初始	提取
企业编号	1.000	1.000
固定资产产值率	1.000	1.000
固定资产利税率	1.000	1.000
资金利润率	1.000	.999
资金利税率	1.000	.999
流动资金周天转数的倒数	1.000	1.000
销售收入利税率	1.000	1.000
全员劳动生产率	1.000	1.000

提取方法：主成分分析。

(10) 输出总方差解释表。如表 17-19 所示，变量相关阵有两个最大特征根，即 4.661 和 1.318，它们一起解释总方差的 85.419%（累积贡献率），这表明前两个主成分提供了原始数据的足够信息。基于过程内定取特征根大于 1 的规则，因子分析过程提取了两个主成分。

表 17-19 总方差解释表

Total Variance Explained

Component	Initial Eigenvalues			抽取 Sums of Squared Loadings		
	Total	% of Variance	Cumulative %	Total	% of Variance	Cumulative %
1	4.661	66.592	66.592	4.661	66.592	66.592
2	1.318	18.827	85.419	1.318	18.827	85.419
3	.555	7.924	93.343	.555	7.924	93.343
4	.361	5.154	98.497	.361	5.154	98.497
5	.090	1.290	99.786	.090	1.290	99.786
6	.013	.180	99.966	.013	.180	99.966
7	.002	.034	100.000	.002	.034	100.000

提取方法：Principal Component 分析。

(11) 输出碎石图。如图 17-24 所示，第一主成分与第二主成分的特征根大于 1，而其他主成分的特征值小于 1，可以认为前两个主成分能概括绝大部分信息。

(12) 输出因子负荷矩阵表，如表 17-20 所示。由表可知第一主成分、第二主成分与原始变量关系，可用下列线性组合表示：

$$z1 = 0.410 \times x1 + 0.456 \times x2 + 0.435 \times x3 + 0.419 \times x4 + 0.512 \times x5 + 0.400 \times x6 + 0.274 \times x7$$
$$z2 = -0.193 \times x1 + 0.0023 \times x2 - 0.256 \times x3 - 0.298 \times x4 + 0.72 \times x5 + 0.127 \times x6 + 0.524 \times x7$$

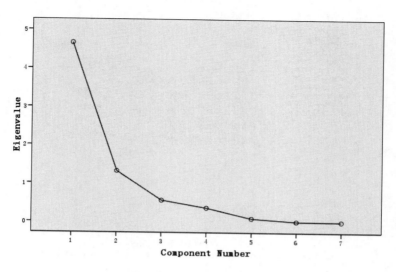

图 17-24 碎石图

表 17-20 因子负荷矩阵表

Component Matrix(a)

	Component						
	1	2	3	4	5	6	7
固定资产产值率	.886	−.219	−.263	.244	−.192	.034	.004
固定资产利税率	.985	.026	−.004	−.121	−.074	−.092	−.006
资金利润率	.939	−.293	.115	.053	.121	−.003	.036
资金利税率	.904	−.343	.130	.175	.129	.014	−.032
流动资金周天转数的倒数	.331	.825	.365	.275	−.026	.001	.002
销售收入利税率	.864	.143	.230	−.417	−.054	.051	−.003
全员劳动生产率	.591	.603	−.519	−.058	.114	.010	−.001

提取方法：Principal Component 分析。

a. 7 components extracted.

(13) 从以上输出信息及分析结果未能看出 15 个企业的综合经济效益的好坏及企业在经营过程中的优势与不足，故需要计算各企业在第一、二个主成分及综合效益方面的得分，以此作为评价的依据。在菜单栏中依次选择"转换"|"计算变量"选项，弹出"计算变量"窗口，如图 17-25 所示。

(14) 在"目标变量"中输入第一主成分名 Z1，单击"类型与标签"按钮，在"标签"框中填入"盈利方面得分"，如图 17-26 所示。

(15) 在"数字表达式"中输入步骤(12)中的公式 1，如图 17-27 所示。单击"确定"按钮。

图 17-25 "计算变量"窗口

图 17-26 "计算变量：类型和标签"窗口设置

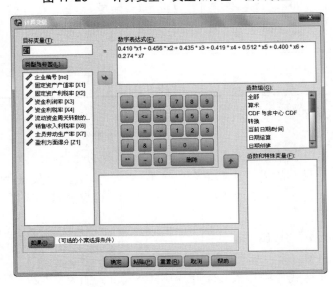

图 17-27 "计算变量"窗口设置

(16) 重复步骤(13),在"目标变量"中输入第一主成分名 Z2,单击"类型与标签"按钮,在"标签"框中填入"资金和人力方面得分",如图 17-28 所示。

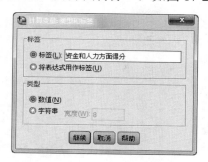

图 17-28 "计算变量:类型和标签"窗口设置

(17) 在"数字表达式"中输入步骤(12)中的公式 2,如图 17-29 所示,单击"确定"按钮。

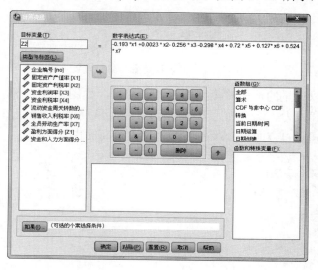

图 17-29 "计算变量"窗口设置

(18) 重复步骤(13),在"目标变量"中输入第一主成分名 Z,单击"类型与标签"按钮,在"标签"框中填入"综合得分",如图 17-30 所示。

图 17-30 "计算变量:类型和标签"窗口设置

(19) 在"数字表达式"中输入步骤公式 0.66592*Z1+0.18827*Z2 (其中系数分别为第一、二主成分的方差贡献率,见表 17-19),如图 17-31 所示,单击"确定"按钮。

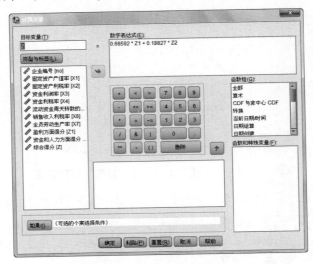

图 17-31 "计算变量"窗口设置

(20) 计算结果以变量的形式输出到数据输入窗口,如图 17-32 所示。由此可以对各个企业在盈利、资金和人力、综合能力方面进行排序。可以看出,企业 5 在盈利方面得分最高,企业 4 在资金和人力方面得分最高,综合能力最高的也是企业 5。

	X2	X3	X4	X5	X6	X7	Z1	Z2	Z
1	.6800	18.4000	26.7500	.0182	31.8400	1.7500	61.88	-17.95	37.83
2	.7000	19.2000	27.5600	.0182	32.9400	2.8700	67.38	-18.93	41.31
3	.2000	16.2400	23.4000	.0154	32.9800	1.5300	56.60	-15.12	34.84
4	.2900	4.7600	8.9700	.0161	21.3000	1.6300	32.23	-6.94	20.15
5	.4500	43.6800	56.4900	.0145	40.7400	2.1400	103.87	-36.18	62.36
6	.9300	33.8700	42.7800	.0200	47.9800	2.6000	94.84	-26.70	58.13
7	.3900	27.5600	37.8500	.0159	33.7600	2.4300	81.56	-25.86	49.44
8	.0500	14.2100	19.4900	.0132	27.2100	1.7500	55.59	-15.86	34.03
9	.8200	20.1700	28.7800	.0141	33.4100	1.8300	68.04	-19.92	41.56
10	.1300	26.5200	35.2000	.0161	39.1600	1.7300	73.58	-21.47	44.96
11	.7500	19.2300	28.7200	.0172	29.6200	1.5200	63.17	-19.63	38.37
12	.8300	17.4300	28.0300	.0164	26.4400	1.6000	62.64	-20.39	37.88
13	.5300	20.6300	29.7300	.0145	32.4900	1.3100	63.00	-19.01	38.37
14	.2400	37.0000	54.5900	.0159	31.0500	1.5700	89.83	-34.03	53.41
15	.9200	12.5400	20.8200	.0152	25.1200	1.8300	51.57	-15.08	31.50

图 17-32 结果输出

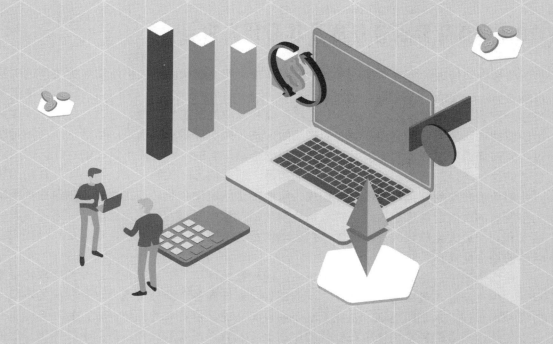

第 18 章
SPSS 在商品营销管理分析中的应用

中小企业最关心的事情是销售增长，所采用的一切手段都是为了促进销售的直接增长，但是企业对销售方式的运用过于简单和粗放，损害了销售的持续性增长。营销管理是销售工作的核心，只有具备良好的管理基础，销售才能获得持续增长。因此，每家企业都必须在营销理念、营销方式、营销策略、营销手段上进行相应的变革与创新，以适应信息时代的要求，才能获得持续的生存和发展。

18.1　商品营销管理的现状和研究价值

　　传统营销管理的经济学理论基础是厂商理论，即企业利润最大化，实际的决策过程是市场调研——营销——战略——营销策略——反向营销控制这样一个单向的链；没有把消费者整合到整个营销决策过程中去，它是将厂商利润凌驾于满足消费者之上。传统经济体系中的消费者，只能以购买企业生产的产品的方式，来实现需求的满足，尽管这一产品是经过厂家市场调查后开发的，但并不是针对每一个消费者的个性化需求进行的设计，因而消费者的这种满足，只是一种约束条件下的满足。随着信息时代的到来，网络即时互动的特点使消费者参与到营销管理的全过程成为可能，这就迫使企业必须真正贯彻以消费者需求为出发点的现代营销思想，将消费者整合到营销过程中来。为此，企业就必须将消费者的需求和利益最大化放到同等的位置，以追求消费者价值实现为出发点，形成信息时代企业营销的整合模式。

　　传统营销中，企业在通过市场调查后，便根据统计结果中出现频数最高的需求特征来设计、生产产品，最终将产品通过广泛的销售渠道推向各个细分市场。这种状况的形成一方面是由于技术水平的限制，企业无法了解也无法满足消费者的独特需求；另一方面也是由于传统消费者的需求还停留在较低的层次上，没有形成或意识到自身的个性需求。然而在信息时代，企业所面对的消费者与传统的处于被动商品接受者地位的消费者有本质的区别，他们要求自己在市场中处于主动地位，要求供应商提供给他们个性化的商品，要求企业按照他们自己的意愿来设计、生产产品。由于网络使得消费者不仅可以接收信息，而且可以发出信息，形成生产者与消费者之间充分的双向信息交流，从而使生产者可以为消费者"量身定做"。

　　传统大众传媒的促销方式如人员推销、广告等，其信息流动是单向的，且流动速度在很大程度上受制于有关物理媒介的空间移动速度，在信息发送与反馈之间存在较为明显的"时滞"。网络的实时性则为企业与消费者提供了一个全新的沟通方式，大部分传统的促销方式都能在网上找到实现的方式。在网络上提供与产品相关的专业知识进一步服务消费者，不但可增加产品的价值，同时也可提升企业形象。网络促销除了将企业产品的性能、特点、品质以及消费者服务内容充分加以显示外，更重要的是能以人性化与消费者导向的方式，针对个别需求做出一对一的促销服务。所有这些活动和目的在于加强企业与消费者的深入沟通。

　　随着生活节奏的加快，消费者外出购物的时间越来越少，迫切要求快捷方便的购物方式和服务。在这样一个交互性的信息时代，企业怎样才能抓住和吸引消费者的注意力？很简单的一个方法是为他们提供方便，而最方便的莫过于网上购物了。毋庸置疑，网络交易的产生对于企业现有渠道结构将是一大挑战。互联网直接与消费者建立联系，将商品直接展示在消费者面前，回答消费者的疑问，并接受订单。这种直接互动与超越时空的网络购物，无疑是营销渠道的革命。每个企业的成功取决于它形成能够重复购买的忠实消费者群体的能力，消费者往往是因为感兴趣而回头，而不愿去尝试培养另外一个供应商。传统的营销手段莫过于在信息媒体上进行大量的广告轰炸，或配之以名人效应、上门推销等加强手段，并依赖层层严密的分销渠道，来赢得消费者的注意力。这些方式，无论是从企业成本的角度出发还是从消费者满意度出发，都存在诸多缺陷。在未来，人员营销、市场调查、广告促销、经销代理等传统营销手法，将与网络营销结合并充分运用网上的各项资源，形成以最低成本投入获得最大市场销售量的新兴营销模式。

18.2 商场营业时间分析

18.2.1 案例描述

某商场每晚 7:00 关门，有人建议应延长营业时间至 10:00。经测算，若商场的经常性消费者中有 30%以上愿意在延长时间内购买商品，则值得延长营业时间。随机抽取了 60 个家庭，发现有 35 个经常性消费者，其中有 14 个家庭表示愿意在延长营业时间内购买商品，该商场是否可决定延长营业时间(α=0.05)。

18.2.2 操作步骤和结果分析

(1) 打开 SPSS 主界面，单击窗口下方的"变量视图"按钮，变量设置如图 18-1 所示。

图 18-1　变量设置

(2) 单击窗口下方的"数据视图"按钮，输入数据如图 18-2 所示。输入完成后，单击窗口中的"文件"菜单，选择"另存为"命令，保存为"shangchang.sav"。

(3) 在菜单栏中依次选择"数据"|"加权个案"选项，弹出"加权个案"窗口，如图 18-3 所示。

图 18-2　数据录入

图 18-3　"加权个案"窗口

(4) 选择"加权个案"项,从窗口左侧的变量列表框中选择"频数[f]",单击 按钮使之进入"频率变量"框,如图 18-4 所示。单击"确定"按钮保存设置。

(5) 在菜单栏中依次选择"分析"|"非参数检验"|"旧对话框"|"二项式"选项,弹出"二项式检验"窗口,如图 18-5 所示。

图 18-4 "加权个案"窗口设置

图 18-5 "二项式检验"窗口

(6) 从窗口左侧的变量列表框中选择"变量[x]",单击 按钮使之进入"检验变量列表"框;在"检验比例"中输入 0.50;在"定义二分法"中选择"从数据中获取",如图 18-6 所示。

(7) 以上步骤完成后,单击"确定"按钮,输出结果,如图 18-7 所示。

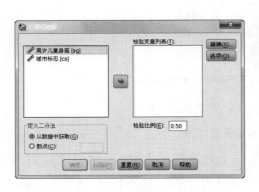

图 18-6 "二项式检验"窗口设置

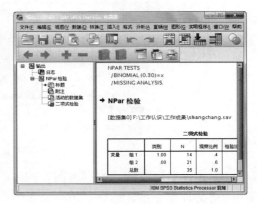

图 18-7 结果输出窗口

(8) 输出二项式检验表,如表 18-1 所示。Based on Z Approximation 表示根据近似 Z 值。由此可知,检验单侧渐进概率为 0.135>0.05,因而样本数据不支持延长营业时间。

表 18-1 二项式检验表

二项式检验

		类别	N	观察比例	检验比例	精确显著性(单侧)
变量	组 1	1.00	14	.4	.3	.135
	组 2	.00	21	.6		
	总数		35	1.0		

a. Based on Z Approximation.

18.3 营销方式与销售量关系分析

18.3.1 案例描述

5 个商场以不同的营销方式销售新型健身器,连续 4 天各商场健身器的销售量见表 18-2,销售量服从正态分布,且具有方差齐性,试分析营销方式对销售量有无显著影响,并对销售量作两两比较。

表 18-2 营销方式与销售量数据表

试验号	销售方式				
	A1	A2	A3	A4	A5
1	10	12	10	12	15
2	8	13	8	15	13
3	11	14	9	14	16
4	7	17	11	13	18
列和 T	36	56	38	54	62
平均数	9	14	9.5	13.5	15.5

18.3.2 操作步骤和结果分析

(1) 打开 SPSS 主界面,单击窗口下方的"变量视图"按钮,变量设置如图 18-8 所示。

图 18-8 变量设置

(2) 单击窗口下方的"数据视图"按钮,输入数据如图 18-9 所示。输入完成后,单击窗口中的"文件"菜单,选择"另存为"命令,保存为"xiaoshou.sav"。

(3) 在菜单栏中依次选择"分析"|"比较均值"|"单因素 ANOVA"选项,弹出"单因素方差分析"窗口,如图 18-10 所示。

(4) 从窗口左侧的变量列表框中选择"销售量[X]",单击 按钮,使之进入"因变量列表"框;选择"组别[G]",单击 按钮,使之进入"因子"框,如图 18-11 所示。

(5) 单击图 18-11 中的"两两比较"按钮,弹出"单因素 ANOVA:两两比较"窗口,在"假定方差齐性"中选择 LSD 和 Duncan 选项,如图 18-12 所示。单击"继续"按钮,返回"单因素方差分析"窗口。

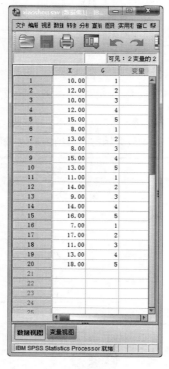

图 18-9　数据录入

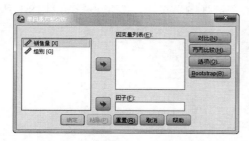

图 18-10　"单因素方差分析"窗口

图 18-11　"单因素方差分析"窗口设置

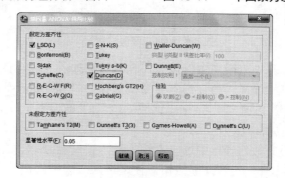

图 18-12　"单因素 ANOVA:两两比较"窗口设置

(6) 单击图 18-11 中的"选项"按钮,弹出"单因素 ANOVA:选项"窗口,在"统计量"中选择"描述性"和"方差同质性检验"选项;在"缺失值"中选择"按分析顺序排除个案"选项,如图 18-13 所示。单击"继续"按钮返回"单因素方差分析"窗口。

图 18-13 "单因素 ANOVA:选项"窗口设置

(7) 上述步骤完成后,单击图 18-11 中的"确定"按钮,输出结果,如图 18-14 所示。

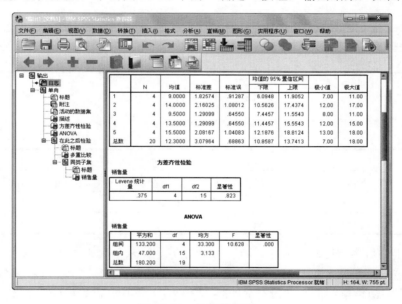

图 18-14 结果输出窗口

(8) 输出描述统计量表。如表 18-3 所示,反映各种不同销售方式销售量的均值、标准差、标准误、均值的 95%置信区间、最小值和最大值等。

(9) 输出方差齐性检验表。如表 18-4 所示,Levene Statistic 为 0.375,两个自由度分别为 4 和 15,双侧检验概率为 0.823,所以不能拒绝方差齐性的假设。

(10) 输出单因素方差分析表。如表 18-5 所示,组间离差平方和 SSR 为 133.200,组间均方 MSR 为 33.300,组内离差平方和 SSE 为 47.000,组内均方 MSE 为 3.133,总离差平方和 SST 为 180.200,F 为 10.628,F 检验概率为 0.000,小于 0.05,故不同销售方式的销售量之间有显著性差异。

表 18-3 描述统计量表

描述

销售量

	N	均值	标准差	标准误	均值的 95% 置信区间		最小值	最大值
					下限	上限		
1	4	9.0000	1.82574	.91287	6.0948	11.9052	7.00	11.00
2	4	14.0000	2.16025	1.08012	10.5626	17.4374	12.00	17.00
3	4	9.5000	1.29099	.64550	7.4457	11.5543	8.00	11.00
4	4	13.5000	1.29099	.64550	11.4457	15.5543	12.00	15.00
5	4	15.5000	2.08167	1.04083	12.1876	18.8124	13.00	18.00
总数	20	12.3000	3.07964	.68863	10.8587	13.7413	7.00	18.00

表 18-4 方差齐性检验表

方差齐性检验

销售量

Levene 统计量	df1	df2	显著性
.375	4	15	.823

表 18-5 单因素方差分析表

ANOVA

销售量

	平方和	df	均方	F	显著性
组间	133.200	4	33.300	10.628	.000
组内	47.000	15	3.133		
总数	180.200	19			

(11) 输出均数多重比较检验表。如表 18-6 所示，显示了采用 LSD 方法进行均值多重比较的结果。结果显示第 1、3 种销售方式，第 2、4 种销售方式，第 2、5 种销售方式和第 4、5 种销售方式的销售量均值之间没有显著性差异。在实际中，首先检验数据资料是否服从正态分布、是否方差齐性，然后才进行进一步的分析。

表 18-6 均数多重比较检验表

多重比较

因变量：销售量

	(I) 组别	(J) 组别	均值差 (I-J)	标准误	显著性	95% 置信区间	
						下限	上限
LSD	1	2	-5.00000*	1.25167	.001	-7.6679	-2.3321
		3	-.50000	1.25167	.695	-3.1679	2.1679

续表

	(I) 组别	(J) 组别	均值差 (I-J)	标准误	显著性	95% 置信区间	
						下 限	上 限
LSD	1	4	-4.50000*	1.25167	.003	-7.1679	-1.8321
		5	-6.50000*	1.25167	.000	-9.1679	-3.8321
	2	1	5.00000*	1.25167	.001	2.3321	7.6679
		3	4.50000*	1.25167	.003	1.8321	7.1679
		4	.50000	1.25167	.695	-2.1679	3.1679
		5	-1.50000	1.25167	.249	-4.1679	1.1679
	3	1	.50000	1.25167	.695	-2.1679	3.1679
		2	-4.50000*	1.25167	.003	-7.1679	-1.8321
		4	-4.00000*	1.25167	.006	-6.6679	-1.3321
		5	-6.00000*	1.25167	.000	-8.6679	-3.3321
	4	1	4.50000*	1.25167	.003	1.8321	7.1679
		2	-.50000	1.25167	.695	-3.1679	2.1679
		3	4.00000*	1.25167	.006	1.3321	6.6679
		5	-2.00000	1.25167	.131	-4.6679	.6679
LSD	5	1	6.50000*	1.25167	.000	3.8321	9.1679
		2	1.50000	1.25167	.249	-1.1679	4.1679
		3	6.00000*	1.25167	.000	3.3321	8.6679
		4	2.00000	1.25167	.131	-.6679	4.6679

*. 均值差的显著性水平为 0.05。

18.4 销售额影响因素分析

18.4.1 案例描述

为了研究销售额是否受到促销方式、售后服务和奖金这三个变量的影响以及如何被影响，收集了一些销售数据资料，见表 18-7。其中，促销方式分为无促销(0)、被动促销(1)和主动促销(2)三种，售后服务分为无(0)和有(1)两种。

表 18-7 销售资料表

编 号	促销方式	售后服务	销 售 额	奖 金
1	0	0	23.00	2.00
2	0	0	25.00	1.50
3	0	0	17.00	2.00
4	0	0	26.00	2.10

续表

编号	促销方式	售后服务	销售额	奖金
5	0	1	28.00	1.50
6	0	1	23.00	1.20
7	0	1	24.00	1.60
8	0	1	30.00	1.80
9	1	0	26.00	1.80
10	1	0	22.00	1.10
11	1	0	20.00	0.90
12	1	0	30.00	2.10
13	1	1	36.00	2.10
14	1	1	28.00	1.21
15	1	1	30.00	1.91
16	1	1	32.00	2.15
17	2	0	30.00	1.80
18	2	0	23.00	1.20
19	2	0	25.00	1.30
20	2	0	32.00	1.92
21	2	1	48.00	1.70
22	2	1	40.00	1.30
23	2	1	41.00	1.20
24	2	1	46.00	1.81

18.4.2 操作步骤和结果分析

（1）打开SPSS主界面，单击窗口下方的"变量视图"按钮，变量设置如图18-15所示。

（2）单击窗口下方的"数据视图"按钮，数据输入如图18-16所示。输入完成后，单击窗口中的"文件"菜单，选择"另存为"命令，保存为"cuxiao.sav"。

（3）在菜单栏中依次选择"分析"|"一般线性模型"|"单变量"选项，弹出"单变量"窗口，如图18-17所示。

（4）从窗口左侧的变量列表框中选择"销售额[sales]"，单击 按钮使之进入"因变量"框中；选择"促销方式[promot]"和"售后服务[service]"，分别单击 按钮使之进入"固定因子"框中；选择"奖金[bonus]"，单击 按钮使之进入"协变量"框中，如图18-18所示。

（5）单击图18-18中的"模型"按钮，弹出"单变量：模型"窗口，在"指定模型"中选择"设定"；在"因子与协变量"框中分别选择promot、service和bonus，单击 按钮使之进入"模型"框中；在"平方和"中选择"类型Ⅲ"；勾选"在模型中包含截距"复选框，如图18-19所示。单击"继续"按钮返回"单变量"窗口。

第 18 章
SPSS 在商品营销管理分析中的应用

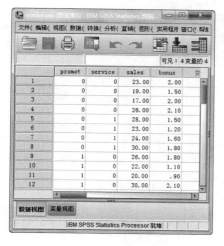

图 18-15　变量设置

图 18-16　数据录入

图 18-17　"单变量"窗口

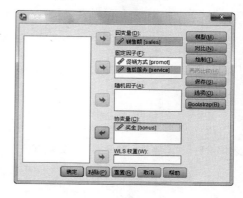

图 18-18　"单变量"窗口设置

图 18-19　"单变量：模型"窗口设置

(6) 单击图 18-18 中的"对比"按钮，弹出"单变量：对比"窗口，在"更改对比"中的"对比"框中选择"无"，如图 18-20 所示。单击"继续"按钮返回"单变量"窗口。

(7) 单击图 18-18 中的"绘制"按钮，弹出"单变量：轮廓图"窗口，从窗口左侧的"因子"框中选择 promot,单击▶按钮使之进入"水平轴"框中;选择 service,单击▶按钮使之进入"单图"框中,如图 18-21 所示。此时,"添加"按钮被激活,单击该按钮,使 promot、service 进入下面的框中,如图 18-22 所示。单击"继续"按钮返回"单变量"窗口。

(8) 单击图 18-18 中的"选项"按钮,弹出"单变量:选项"窗口,从窗口左侧的变量列表框中选择 promot、service、promot*service,分别单击▶按钮使之进入"显示均值"框中,如图 18-23 所示。单击"继续"按钮返回"单变量"窗口。

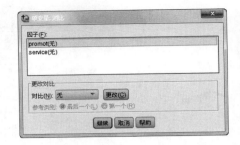

图 18-20 "单变量:对比"窗口设置

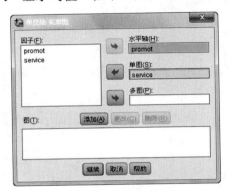

图 18-21 "单变量:轮廓图"窗口设置(一)

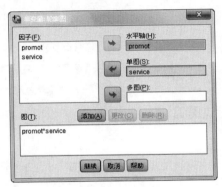

图 18-22 "单变量:轮廓图"窗口设置(二)

图 18-23 "单变量:选项"窗口设置

(9) 完成上述步骤后,单击图 18-18 中的"确定"按钮,输出结果,如图 18-24 所示。

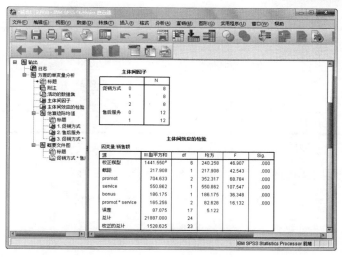

图 18-24　结果输出窗口

(10) 输出单变量方差分析表。如表 18-8 所示，促销方式因素有 3 个水平，每个水平有 8 例，售后服务因素有 2 个水平，每个水平有 12 例。

表 18-8　单变量方差分析表

主体间因子

		N
促销方式	0	8
	1	8
	2	8
售后服务	0	12
	1	12

(11) 输出目标间效应检验表。如表 18-9 所示，促销方式的 F 检验统计量取值为 68.784，p 值为 0.000；而售后服务的 F 检验统计量为 107.547，p 值为 0.000；R^2 为 0.943。

表 18-9　目标间效应检验表

主体间效应的检验

因变量：销售额

源	III 型平方和	df	均方	F	Sig.
校正模型	1441.550[a]	6	240.258	46.907	.000
截距	217.908	1	217.908	42.543	.000
promot	704.633	2	352.317	68.784	.000
service	550.862	1	550.862	107.547	.000
bonus	186.175	1	186.175	36.348	.000

续表

源	III 型平方和	df	均方	F	Sig.
promot * service	165.256	2	82.628	16.132	.000
误差	87.075	17	5.122		
总计	21887.000	24			
校正的总计	1528.625	23			

a. R 方=.943(调整 R 方 = .923)。

(12) 输出不同因素均值估计表, 如表 18-10～表 18-12 所示。

表 18-10 不同因素均值估计表(a)

1. 促销方式

因变量: 销售额

促销方式	均 值	标准误差	95% 置信区间	
			下 限	上 限
0	23.079[a]	.808	21.374	24.783
1	27.785[a]	.801	26.095	29.474
2	36.512[a]	.814	34.795	38.228

a. 模型中出现的协变量在下列值处进行评估: 奖金 = 1.6333。

表 18-11 不同因素均值估计表(b)

2. 售后服务

因变量: 销售额

售后服务	均 值	标准误差	95% 置信区间	
			下 限	上 限
0	24.332[a]	.653	22.953	25.711
1	33.918[a]	.653	32.539	35.297

a. 模型中出现的协变量在下列值处进行评估: 奖金 = 1.6333。

表 18-12 不同因素均值估计表(c)

3. 促销方式 * 售后服务

因变量: 销售额

4 促销方式	售后服务	均 值	标准误差	95% 置信区间	
				下 限	上 限
0	0	18.989[a]	1.192	16.474	21.505
	1	27.168[a]	1.142	24.759	29.577
1	0	25.842[a]	1.153	23.409	28.275
	1	29.727[a]	1.169	27.260	32.194

续表

4 促销方式	售后服务	均值	标准误差	95% 置信区间	
				下 限	上 限
2	0	28.164ª	1.137	25.765	30.563
	1	44.859ª	1.146	42.440	47.278

a. 模型中出现的协变量在下列值处进行评估：奖金 = 1.6333。

(13) 输出估计边缘均数图。如图 18-25 所示，可以看出两条线不平行，表示两因素间存在交互作用。模型是否有交互作用可以从下面点图中直观看出，图中两条折线都不与有及没有售后服务时三种促销状况的销售均值连接。

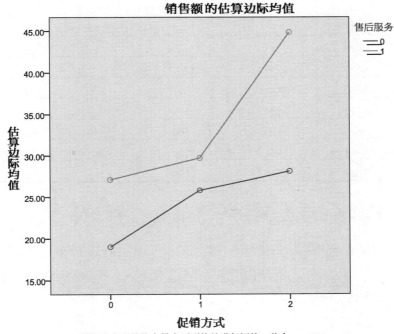

图 18-25　估计边缘均数图

18.5　电话线缆年销售量分析

18.5.1　案例描述

如表 18-13 所示，给出了电话线缆年销售量资料。其中 Y 为年销售量(百万线对英尺)，X1 为 GNP(十亿元)，X2 为新迁住宅(千户)，X3 为失业率(%)，X4 为半年期最低利率，X5 为话费收益率(%)。

表 18-13 电话线缆年销售量资料表

time	Y	X1	X2	X3	X4	X5
1	5873	1051.8	1053.6	3.6	5.8	5.9
2	7852	1078.8	1486.7	3.5	6.7	4.5
3	8189	1075.3	1434.8	5	8.4	4.2
4	7497	1107.5	2035.6	6	6.2	4.2
5	8534	1171.1	2360.8	5.6	5.4	4.9
6	8688	1235	2043.9	4.9	5.9	5
7	7270	1217.8	1331.9	5.6	9.4	4.1
8	5020	1202.3	1160	8.5	9.4	3.4
9	6035	1271	1535	7.7	7.2	4.2
10	7425	1332.7	1961.8	7	6.6	4.5
11	9400	1399.2	2009.3	6	7.6	3.9
12	9350	1431.6	1721.9	6	10.6	4.4
13	6540	1480.7	1298	7.2	14.9	3.9
14	7675	1510.3	1100	7.6	16.6	3.1
15	7419	1492.2	1039	9.2	17.5	0.6
16	7923	1535.4	1200	8.8	16	1.5

18.5.2 操作步骤和结果分析

（1）打开 SPSS 主界面，单击窗口下方的"变量视图"按钮，变量设置如图 18-26 所示。

图 18-26 变量设置

（2）单击窗口下方的"数据视图"按钮，输入数据如图 18-27 所示。输入完成后，单击窗口中的"文件"菜单，选择"另存为"命令，保存为"xianlan.sav"。

（3）在菜单栏中依次选择"分析"|"回归"|"权重估计"选项，弹出"权重估计"窗口，如图 18-28 所示。

（4）从窗口左侧的变量列表框中选择"年销售量[Y]"，单击 按钮使之进入"因变量"

框中；选择 GNP[X1]、"新迁住宅[X2]""失业率[X3]""半年期最低利率[X4]"和"话费收益率[X5]"，分别单击 按钮使之进入"自变量"框中；选择 time，单击 按钮使之进入"权重变量"框中，如图 18-29 所示。

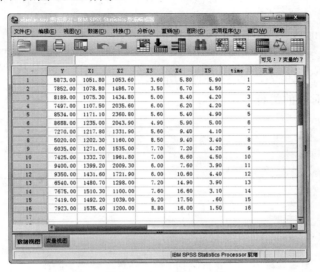

图 18-27 数据录入

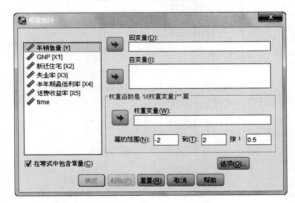

图 18-28 "权重估计"窗口

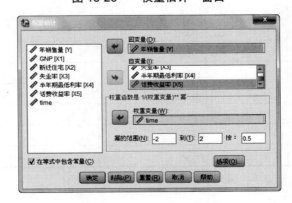

图 18-29 "权重估计"窗口设置

(5) 单击图 18-29 中的"选项"按钮,弹出"权重估计:选项"窗口,在"显示 ANOVA 和估计"中选择"对于最佳幂"方法,如图 18-30 所示。单击"继续"按钮返回"权重估计"窗口。

(6) 完成上述步骤后,单击图 18-29 中的"确定"按钮,输出结果,如图 18-31 所示。

图 18-30 "权重估计:选项"窗口设置

(7) 输出对数概率值表。如表 18-14 所示,最大对数概率值为-120.067,对应的最佳权数为-0.5。

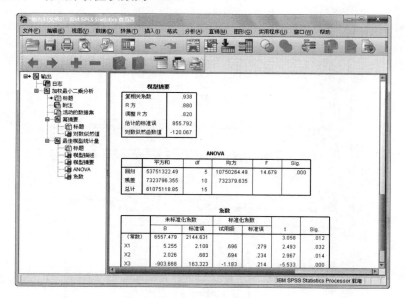

图 18-31 结果输出窗口

表 18-14 对数概率值表

对数似然值[b]

幂	-2.000	-123.684
	-1.500	-122.012
	-1.000	-120.744
	-.500	-120.067[a]
	.000	-120.076
	.500	-120.707
	1.000	-121.732
	1.500	-122.826
	2.000	-123.706

a. 选择对应幂以用于进一步分析,因为它可以使对数似然函数最大化。

b. 因变量:Y,源变量:time。

(8) 输出模型描述表,如表 18-15 所示。

表 18-15 模型描述表

模型描述

因变量		Y
自变量	1	X1
	2	X2
	3	X3
	4	X4
	5	X5
权重	源	time
	幂值	−.500

模型:MOD_1。

(9) 输出模型概要表。如表 18-16 所示,$R^2=0.880$,校正 $R^2=0.820$,S.E. =855.792。

表 18-16 模型概要表

模型摘要

复相关系数	.938
R 方	.880
调整 R 方	.820
估计的标准误	855.792
对数似然函数值	−120.067

(10) 输出方差分析表,如表 18-17 所示。

表 18-17 方差分析表

ANOVA

	平方和	df	均 方	F	Sig.
回归	53751322.496	5	10750264.499	14.679	.000
残差	7323796.355	10	732379.635		
总计	61075118.851	15			

(11) 输出相关系数表。如表 18-18 所示,加权最小平均方法求出多元线性回归模型为
$$Y = 6557.479 + 5.255X1 + 2.026X2 − 903.668X3 − 5.387X4 − 788.881X5$$

表 18-18 相关系数表

系数

	未标准化系数		标准化系数		t	Sig.
	B	标准误	试用版	标准误		
(常数)	6557.479	2144.631			3.058	.012
X1	5.255	2.108	.696	.279	2.493	.032
X2	2.026	.683	.694	.234	2.967	.014
X3	−903.668	163.323	−1.183	.214	−5.533	.000
X4	−5.387	116.078	−.020	.428	−.046	.964
X5	−788.881	227.085	−.886	.255	−3.474	.006

18.6 新产品营销资料分析

18.6.1 案例描述

某新产品制造企业欲研究不同的包装和不同类型商店对产品的销售影响。选择了三类商店：副食品店、食品店、超市。每种产品的包装不同，但价格和数量相同，其他因素可以认为大致相同。若以 A 表示商店，B 表示包装，调查时销售额如表 18-19 所示。分析不同包装和商店类型对该产品销售是否有显著影响。

表 18-19 不同商店、不同包装销售数据表

		包装			
		B1	B2	B3	B4
商店	A1	29	30	29	29
		29	30	28	30
		29	29	29	30
		30	29	30	31
	A2	32	33	29	32
		31	35	31	32
		31	34	29	32
		31	34	29	31
	A3	31	35	30	33
		31	35	30	32
		33	36	29	32
		32	34	30	31

18.6.2 操作步骤和结果分析

(1) 打开 SPSS 主界面，单击窗口下方的"变量视图"按钮，变量设置如图 18-32 所示。

图 18-32　变量设置

(2) 单击窗口下方的"数据视图"按钮，输入数据如图 18-33 所示。输入完成后，单击窗口中的"文件"菜单，选择"另存为"命令，保存为"baozhuang.sav"。

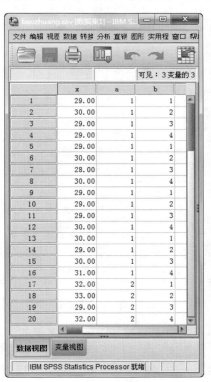
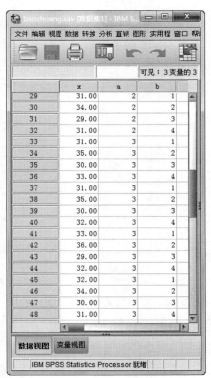

图 18-33　输入数据

(3) 在菜单栏中依次选择"分析"|"一般线性模型"|"单变量"选项，弹出"单变量"窗口，如图 18-34 所示。

(4) 从窗口左侧的变量列表框中选择"产品销售额[x]"，单击 按钮使之进入"因变量"框中；选择"不同商店[a]"和"不同包装[b]"，分别单击 按钮使之进入"固定因子"框中，如图 18-35 所示。

图 18-34 "单变量"窗口

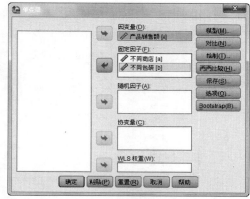

图 18-35 "单变量"窗口设置

（5）单击图 18-35 中的"模型"按钮，弹出"单变量：模型"窗口，在"指定模型"中选择"全因子"；在"平方和"中选择"类型Ⅲ"；勾选"在模型中包含截距"复选框，如图 18-36 所示。单击"继续"按钮返回"单变量"窗口。

（6）单击图 18-35 中的"对比"按钮，弹出"单变量：对比"窗口，在"更改对比"中的"对比"框中选择"无"，如图 18-37 所示。单击"继续"按钮返回"单变量"窗口。

图 18-36 "单变量：模型"窗口设置

图 18-37 "单变量：对比"窗口设置

（7）单击图 18-35 中的"绘制"按钮，弹出"单变量：轮廓图"窗口，从窗口左侧的"因子"列表框中选择 a，单击 按钮使之进入"水平轴"框中；选择 b，单击 按钮使之进入"单图"框中，如图 18-38 所示。此时，"添加"按钮被激活，单击该按钮，使 a、b 进入下面的框中，如图 18-39 所示。单击"继续"按钮返回"单变量"窗口。

（8）单击图 18-35 中的"选项"按钮，弹出"单变量：选项"窗口，从窗口左侧的"因子与因子交互"列表框中选择 a、b、a*b，分别单击 按钮使之进入"显示均值"框中；在"输出"中选择"描述统计""方差齐性检验""功效估计""分布-水平图"和"检验效能"选项，如图 18-40 所示。单击"继续"按钮返回"单变量"窗口。

图 18-38　"单变量：轮廓图"窗口设置(一)　　图 18-39　"单变量：轮廓图"窗口设置(二)

图 18-40　"单变量：选项"窗口设置

(9) 完成上述步骤后，单击图 18-35 中的"确定"按钮，输出结果，如图 18-41 所示。

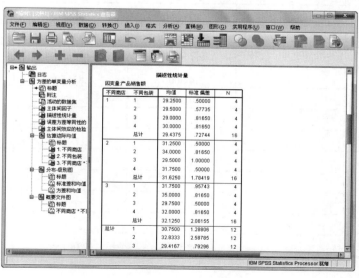

图 18-41　结果输出窗口

(10) 输出单变量方差分析表,如表 18-20 所示,不同商店因素有 3 个水平,每个水平有 16 例,不同包装因素有 4 个水平,每个水平有 12 例。

表 18-20 单变量方差分析表

主体间因子

		N
不同商店	1	16
	2	16
	3	16
不同包装	1	12
	2	12
	3	12
	4	12

(11) 输出统计描述表。如表 18-21 所示,显示不同商店、不同包装的均数、标准差和例数。

表 18-21 统计描述表

描述性统计量

因变量:产品销售额

不同商店	不同包装	均值	标准偏差	N
1	1	29.2500	.50000	4
	2	29.5000	.57735	4
	3	29.0000	.81650	4
	4	30.0000	.81650	4
	总计	29.4375	.72744	16
2	1	31.2500	.50000	4
	2	34.0000	.81650	4
	3	29.5000	1.00000	4
	4	31.7500	.50000	4
	总计	31.6250	1.78419	16
3	1	31.7500	.95743	4
	2	35.0000	.81650	4
	3	29.7500	.50000	4
	4	32.0000	.81650	4
	总计	32.1250	2.06155	16

续表

不同商店	不同包装	均　值	标准 偏差	N
总计	1	30.7500	1.28806	12
	2	32.8333	2.58785	12
	3	29.4167	.79296	12
	4	31.2500	1.13818	12
	总计	31.0625	1.98297	48

(12) 输出因变量描述表，如表 18-22 所示，显示方差齐性的 Levene 检验的 p 值为 0.967，按 0.05 检验水准，接受无效假设，可认为各格子因变量的残差方差齐同。

表 18-22　因变量描述表

误差方差等同性的 Levene 检验[a]

因变量：产品销售额

F	df1	df2	Sig.
.351	11	36	.967

检验零假设，即在所有组中因变量的误差方差均相等。

a. 设计：截距 ＋a＋b＋a＊b。

(13) 输出目标间效应检验表，如表 18-23 所示，因素 A：F 为 59.582，p 为 0.000，按 0.05 检验水准，拒绝无效假设，可以认为因素 A 效应显著，即表示不同类型商店对产品的销售有显著性影响；因素 B：F 为 43.582，p 为 0.000，按 0.05 检验水准，拒绝无效假设，可以认为因素 B 效应显著，即表示不同包装对产品的销售有显著性影响；因素 A*B 的交互作用：F 为 8.494，p 为 0.000，按 0.05 检验水准，拒绝无效假设，可以认为因素 A*B 效应显著，即表示不同类型商店与不同包装两因素有交互作用；Eta 平方：$Eta^2B > Eta^2A > Eta^2A*B$，可以认为各因素对总变异的贡献是因素 B>因素 A>因素 A*B；观察效能 A、观察效能 B 和观察效能 A*B 都等于 1，可以认为各因素的检验效能均很大，无须增加样本含量。

表 18-23　目标间效应检验表

主体间效应的检验

因变量：产品销售额

源	III 型平方和	df	均方	F	Sig.	偏 Eta 方	非中心参数	观测到的幂[b]
校正模型	165.062[a]	11	15.006	27.352	.000	.893	300.873	1.000
截距	46314.188	1	46314.188	84420.797	.000	1.000	84420.797	1.000
a	65.375	2	32.687	59.582	.000	.768	119.165	1.000
b	71.729	3	23.910	43.582	.000	.784	130.747	1.000
a * b	27.958	6	4.660	8.494	.000	.586	50.962	1.000

续表

源	III 型平方和	df	均方	F	Sig.	偏 Eta 方	非中心参数	观测到的幂[b]
误差	19.750	36	.549					
总计	46499.000	48						
校正的总计	184.812	47						

a. R 方=.893(调整 R 方=.860)。

b. 使用 alpha 的计算结果=.05。

(14) 输出不同因素均值估计表，如表 18-24～表 18-26 所示。

表 18-24 不同因素均值估计表(a)

1. 不同商店

因变量：产品销售额

不同商店	均 值	标准误差	95% 置信区间	
			下 限	上 限
1	29.438	.185	29.062	29.813
2	31.625	.185	31.249	32.001
3	32.125	.185	31.749	32.501

表 18-25 不同因素均值估计表(b)

2. 不同包装

因变量：产品销售额

不同包装	均 值	标准误差	95% 置信区间	
			下 限	上 限
1	30.750	.214	30.316	31.184
2	32.833	.214	32.400	33.267
3	29.417	.214	28.983	29.850
4	31.250	.214	30.816	31.684

表 18-26 不同因素均值估计表(c)

3. 不同商店 * 不同包装

因变量：产品销售额

不同商店	不同包装	均 值	标准误差	95% 置信区间	
				下 限	上 限
1	1	29.250	.370	28.499	30.001
	2	29.500	.370	28.749	30.251

续表

不同商店	不同包装	均值	标准误差	95% 置信区间	
				下限	上限
1	3	29.000	.370	28.249	29.751
	4	30.000	.370	29.249	30.751
2	1	31.250	.370	30.499	32.001
	2	34.000	.370	33.249	34.751
	3	29.500	.370	28.749	30.251
	4	31.750	.370	30.999	32.501
3	1	31.750	.370	30.999	32.501
	2	35.000	.370	34.249	35.751
	3	29.750	.370	28.999	30.501
	4	32.000	.370	31.249	32.751

(15) 输出因变量 x 的水平散点图。如图 18-42 和图 18-43 所示,可知均数与标准差或均数与方差均不成比例,表示各格子方差齐同。

(16) 输出估计边缘均数图。如图 18-44 所示,可以看出四条线不平行,表示因素 A 和因素 B 存在交互作用。

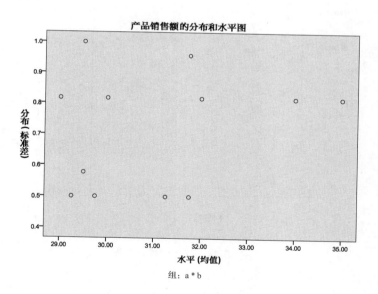

图 18-42　因变量 x 的水平散点图(一)

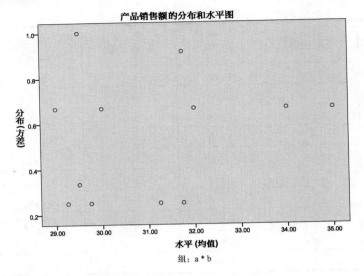

图 18-43　因变量 x 的水平散点图(二)

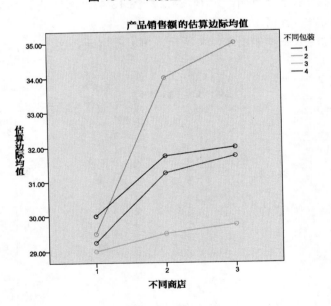

图 18-44　估计边缘均数图